U0841943

教育部人文社会科学重点研究基地重大项目
"211工程"重点学科建设项目
湖北省学术著作出版专项资金资助项目

湖北方言研究丛书

顾问：邢福义　张振兴
主编：汪国胜

咸宁方言研究

王宏佳／著

华中师范大学出版社

序　　言

　　汉语方言研究，意义重大。可以帮助我们追溯古代语音、语汇和语法之源流，更好地了解古代汉语，释读经典，研究中国文化，认识汉民族的发展；可以帮助我们全面了解"整体汉语"，有效地促进现代汉语共同语的发展，推进华语的全球化传播，加强全球华人的相互团结和寻根意识，提高华语在国际交往中的精确性和表述力。

　　湖北省有多种方言，包括西南官话、江淮官话、赣方言等，情况复杂多样，而且有相当大的代表性。多年来，学者们十分关注湖北方言。《湖北方言调查报告》，应是系统性很强的关于湖北方言的第一部重要著作。1936年，赵元任、丁声树、杨时逢、吴宗济等几位先生调查了当时湖北省的71个市县中的64个市县，于1948年由商务印书馆出版了《湖北方言调查报告》。序言中，作者们希望此书"成为方言调查报告的一个模型"，表达了老一辈著名语言学家对发展湖北方言研究的期盼。

　　湖北省智者众多，人才辈出。多位学者，从不同范围、不同角度，对湖北方言研究的推进作出了令人瞩目的贡献。在以往的研究基础上，由汪国胜教授领头，组织编写一套大型的"湖北方言研究丛书"，有二三十部。这是一个浩瀚的工程，将使湖北方言研究进入一个新的阶段。

　　这套丛书，由张振兴先生和我担任顾问。由于我比振兴先生大几岁，他一定要我来写序言。所知甚少，不敢多言。借用苏轼诗句，为这篇短序作结："山鸣谷应，风起水涌。"

邢福义
2014年9月16日

前　　言

　　湖北地处我国中部，处于汉语南北方言（官话和非官话）的交汇过渡地带，语言状况相当复杂。根据目前学界关于汉语方言的分区，湖北境内分布有赣语（鄂东南）和属于官话系统的江淮官话（鄂东北）及西南官话（其他地区）。就境内的赣语来说，相邻市县之间有的难以通话，可见内部差异之大。研究湖北方言，无论是对方言史、汉语史和语言（方言）接触问题的研究，还是对湖北地域文化的开发，和谐语言生活的建构，都有着重要的意义。

　　1936年，赵元任等先生全面调查了湖北方言，并于1948年出版了划时代的不朽之作《湖北方言调查报告》；同时，赵先生还重点调查了湖北钟祥方言，于1939年出版了方言重点调查的样本《钟祥方言记》，为我们留下了宝贵的方言史料。时隔70多年，湖北方言发生了哪些变化？赵先生当年的调查，重点是在语音，湖北方言在词汇、语法方面具有哪些特点？随着普通话的推广，特别是改革开放以来，人际交往的频繁，语言生活的活跃，给方言带来了怎样的影响？这些既是语言学关注的问题，也是社会学研究的课题。尤其是经济快速发展的城镇区域，方言面貌也在快速变化，有的甚至处于濒危状态。记录方言事实，抢救方言资源，已经成为语言学界的当务之急。上世纪90年代以来，湖北的语言学者就拟对湖北方言展开全面深入的调查和研究，特别是周边省份方言调查研究成果的不断推出，更增添了我们的使命感和紧迫感。但限于人力和财力等方面条件，工作难以推进，直到2007年才开始启动。2007年12月1日，华中师范大学"语言与语言教育研究中心"召开"湖北方言研究"项目会议，正式提出研究计划，并邀请张振兴先生到会讲学，就方言调查研究的有关问题提出具体要求。我们的设想是，通过调查研究，弄清湖北语情。力求做到两个结合：一是"点""面"结合，以"点"见"面"，通过重点方言的调查，反映当今湖北方言的基本面貌；二是"语""文"结合，以"语"观"文"，透过方言现象，发掘方言背后的文化内涵，展示地方文化的自然生态。项目的实施拟分两个阶段。第一阶段：方言重点调查；第二阶段：综合比较研究。先期启动第一阶段工程，计划选择 20—30 个市县方言点，进行全面深入的调查，形成系列成果"湖北方言研究丛书"。

为了便于第二阶段的比较研究，"丛书"在内容和体例上做了统一的规定，并制定了详细的内容大纲和体例规范。特别是语法方面，要求具有相对的系统性，既能显示方言语法的基本格局，又能突出方言语法的主要特点。当然，统一是相对的，在保证基本内容的前提下，作者可以根据各地点方言的实际情况做出适当的变通。比如，"方言的现代发展"要求写成一章，但如果觉得可写内容不多，难以成章，也可放在"导言"部分来叙述。全部书稿，哪怕是后记，要求风格统一，力求朴实，体现良好的学风和文品，反映湖北语言学者一贯坚持的崇实主张。

项目的实施和"丛书"的出版得到了多方面的大力支持。邢福义先生和张振兴先生作为顾问，身体力行，自始至终关心项目和"丛书"的进展，给予具体全面的指导。邢先生还亲自为"丛书"作序，表明对本项工作的高度重视和积极回应。张先生认真审读了每一部书稿，提出了非常详细的修改意见。项目由华中师范大学"语言与语言教育研究中心"组织实施，武汉大学、华中科技大学、中南民族大学等湖北高校的一批方言学者参与合作，得到教育部人文社会科学重点研究基地重大项目和"211 工程"重点学科建设项目的资助。"丛书"被列入华中师范大学出版社重点图书出版计划，并得到湖北省学术著作出版专项资金的资助。出版社社领导为"丛书"的出版花费了不少心血。对于各方面的支持，我们在此表示衷心的感谢。"丛书"力求客观反映方言事实，揭示方言特点，期望成为一部有价值的作品，能够得到学界的关注和肯定，但能否真正实现这一目标，还有待实践的检验。我们期盼着读者的批评和建议。

汪国胜

2014 年 10 月 6 日

目 录

第一章 导言 …………………………………………………… 1
　一、咸宁市概况 ………………………………………………… 1
　　（一）地理人口 ……………………………………………… 1
　　（二）历史沿革 ……………………………………………… 1
　　（三）行政区划 ……………………………………………… 2
　　（四）语言使用状况 ………………………………………… 3
　二、咸宁方言的内部差异 ……………………………………… 5
　三、关于咸宁方言的研究 ……………………………………… 6
　四、音标符号 …………………………………………………… 11
　五、发音合作人 ………………………………………………… 13

第二章 咸宁方言语音 ………………………………………… 14
　一、语音系统 …………………………………………………… 14
　　（一）声韵调分析 …………………………………………… 14
　　（二）声韵调配合关系 ……………………………………… 16
　　（三）音变 …………………………………………………… 29
　二、语音特点 …………………………………………………… 32
　　（一）音系特点 ……………………………………………… 32
　　（二）文白异读 ……………………………………………… 35
　　（三）新老派异读 …………………………………………… 39
　三、同音字汇 …………………………………………………… 40
　四、咸宁方言音系与北京音系比较 …………………………… 64
　　（一）声母比较 ……………………………………………… 64
　　（二）韵母比较 ……………………………………………… 69

（三）声调比较 ··· 73
　五、咸宁方言音系与中古音系比较 ····························· 75
　　（一）声母比较 ··· 75
　　（二）韵母比较 ··· 76
　　（三）声调比较 ··· 85

第三章　咸宁方言词汇 ··· 88
　一、词汇的特点 ··· 88
　　（一）构词方式 ··· 88
　　（二）词义差异 ··· 93
　　（三）特殊词语 ··· 96
　二、分类词表 ·· 100
　　（一）天文 ·· 102
　　（二）地理 ·· 103
　　（三）时令　时间 ··· 106
　　（四）农业 ·· 109
　　（五）植物 ·· 112
　　（六）动物 ·· 116
　　（七）房舍 ·· 119
　　（八）器具　用品 ··· 120
　　（九）称谓 ·· 123
　　（十）亲属 ·· 125
　　（十一）身体 ··· 126
　　（十二）疾病　医疗 ·· 130
　　（十三）衣服　穿戴 ·· 132
　　（十四）饮食 ··· 134
　　（十五）红白大事 ··· 139
　　（十六）日常生活 ··· 142
　　（十七）讼事 ··· 144
　　（十八）交际 ··· 145
　　（十九）商业　交通 ·· 146
　　（二十）文化教育 ··· 148

（二十一）文体活动 …………………………………… 150
　　（二十二）动作 ……………………………………… 151
　　（二十三）位置 ……………………………………… 156
　　（二十四）代词 ……………………………………… 159
　　（二十五）形容词 …………………………………… 159
　　（二十六）副词　介词等 …………………………… 163
　　（二十七）量词 ……………………………………… 169
　　（二十八）附加成分等 ……………………………… 171
　　（二十九）数字等 …………………………………… 171

第四章　咸宁方言语法 …………………………………… 175
　一、词法 ………………………………………………… 175
　　（一）重叠 …………………………………………… 175
　　（二）语缀 …………………………………………… 177
　　（三）方所 …………………………………………… 190
　　（四）时间 …………………………………………… 191
　　（五）趋向 …………………………………………… 192
　　（六）数量 …………………………………………… 193
　　（七）指代 …………………………………………… 195
　　（八）性状 …………………………………………… 197
　　（九）程度 …………………………………………… 198
　　（十）介引 …………………………………………… 199
　　（十一）关联 ………………………………………… 200
　　（十二）体貌 ………………………………………… 203
　　（十三）语气 ………………………………………… 205
　　（十四）拟音 ………………………………………… 206
　　（十五）变音 ………………………………………… 208
　　（十六）其他 ………………………………………… 208
　二、句法 ………………………………………………… 211
　　（一）处置句 ………………………………………… 211
　　（二）被动句 ………………………………………… 212
　　（三）致使句 ………………………………………… 214

　　　　（四）比较句 ··· 214
　　　　（五）疑问句 ··· 216
　　　　（六）否定句 ··· 217
　　　　（七）可能句 ··· 219
　　　　（八）存现句 ··· 220
　　　　（九）祈使句 ··· 221
　　　　（十）感叹句 ··· 222
　　　　（十一）双宾句 ·· 223
　　　　（十二）动补句 ·· 223
　　　　（十三）其他 ··· 224
　　三、语法例句 ··· 228
第五章　咸宁方言的现代发展 ·· 254
　　一、语音的发展 ·· 255
　　　　（一）声母的发展 ··· 255
　　　　（二）韵母的发展 ··· 260
　　　　（三）声调的发展 ··· 264
　　二、词汇的发展 ·· 265
　　　　（一）新旧词语交替 ·· 266
　　　　（二）双音节化有所加强 ··································· 266
　　　　（三）向北京话靠拢的趋势增强 ·························· 267
　　三、语法的发展 ·· 268
　　　　（一）词法的发展 ··· 268
　　　　（二）句法的发展 ··· 269
第六章　咸宁方言语料记音 ··· 271
　　一、故事　传说 ·· 271
　　二、民谣　儿歌 ·· 276
　　三、熟语　谜语 ·· 287
　　　　（一）熟语 ··· 287
　　　　（二）谜语 ··· 294
主要参考文献 ·· 295

附录 …… 297
　一、咸宁方言地图 …… 297
　二、咸宁地方器物 …… 298
　三、咸宁民俗文化 …… 302
　　（一）咸宁的桥文化 …… 302
　　（二）咸宁的嫦娥文化 …… 304
　　（三）咸宁的桂花文化 …… 304
　　（四）咸宁的楚文化 …… 306
后记 …… 308
补记 …… 311

第一章 导　言

一、咸宁市概况

(一) 地理人口

咸宁市①位于湖北省东南部，东临阳新，南及崇阳，西界赤壁，北交江夏，东南与通山接壤，西北与嘉鱼毗邻。东西宽58千米，南北长41千米。地理坐标为东经114°06′－114°43′，北纬29°39′－30°02′。总面积1501.6平方千米。

市人民政府驻浮山街道大畈，北距省会武汉67千米，铁路里程80千米，公路里程82千米，东南距原咸宁区行政公署驻地温泉镇7.1千米，公路里程9.5千米。

根据1982年底统计，全市共有81962户，376347人，其中农业67017户，313086人，非农业14945户，63261人。平均每平方千米250.6人。在总人口中，汉族376077人，回族173人，壮族48人，土家族12人，满族9人，彝族7人，布依族6人，苗族5人，侗族5人，蒙古族4人，维吾尔族1人。根据第五次人口普查数据，咸宁市总人口为567598人。

(二) 历史沿革

咸宁古为荆州地。汉属江夏郡沙羡县。唐代宗大历三年（公元768年）置永安镇。南唐李璟保大十三年（公元955年）升为永安县。宋真宗景德四年（公元1007年），为避永安陵讳，取"万国咸宁"之意，易名为咸宁

---

① 原咸宁地区已于1998年升为地级市，原咸宁市即现在的咸安区，这里仍沿用旧称"咸宁市"。

县。中华人民共和国成立后,咸宁县曾先后隶属大冶、孝感专区,武汉市及咸宁地区。1983年8月19日,国务院批准撤销咸宁县,设立咸宁市(县级)。1998年12月6日,国务院批准撤销咸宁地区和县级咸宁市,设立地级咸宁市,同时设立咸安区,辖原咸宁市的行政区域。

原市治永安镇自南唐由镇升县,始为县治。旧城创建于明孝宗弘治年间。至清宣宗道光年间形成"城周七百五十丈"规模,置承恩、宾阳、云稼、文治4门。城内外建有亭、台、楼、阁、寺庙、碑、坊30余座。古城山清水秀,景物宜人。道光年后,因屡经兵燹,古迹荡然无存。民国时期,又因战火频仍,古城遂成千疮百孔。至1949年,城区总面积不足1平方千米。人口不满4000。中华人民共和国成立后,特别是在1965年咸宁专员公署设治温泉后,城区建设迅速向东南方向扩展,永安、温泉、浮山逐渐连成一片。

(三)行政区划

截至2005年12月31日,咸宁市(咸安区)辖3个街道、9个镇、1个乡。共有41个居委会、135个村委会。

浮山街道 办事处驻龙潭,人口37204人,面积66.2平方千米。辖4个居委会:龙潭、大畈、淦河、双泉,9个村委会:双泉、浮山、大畈、沿河、旗鼓、杨下、余佐、白鹤、太乙。

永安街道 办事处驻永安,人口105702人,面积12.3平方千米。辖10个居委会:西大街、北正街、南大街、东门、环城路、桥头、二级站、文笔路、咸宝街、同心路,3个村委会:东门、西河、环城。

温泉街道 办事处驻温泉石棚路45号,人口92057人,面积11.8平方千米。辖9个居委会:希望桥、桂花路、岔路口、泉塘、花坛、南昌路、白茶、万年路、双鹤桥,5个村委会:泉塘、黄畈、白茶、温泉、肖桥。

汀泗桥镇 镇政府驻汀泗桥,人口34623人,面积179.1平方千米。辖3个居委会:汀泗桥、古田、花纹,14个村委会:黄荆塘、长寿、赤岗、彭碑、大桥、古田、洪口、程益桥、聂家、赛丰、马鞍、星星、大坪、垄下。

双溪桥镇 镇政府驻双溪桥,人口50066人,面积177.6平方千米。辖2个居委会:双溪桥、杨仁,17个村委会:杨堡、双溪、陈祠、九彬、郑良、李沛、毛祠、三桥、杨林、高铺、孙鉴、李容、浮桥、汤垴、杨仁、梅岐、峡山。

桂花镇　镇政府驻柏墩，人口33936人，面积185.6平方千米。辖2个居委会：柏墩、南川，13个村委会：明星、柏墩、鸣水泉、石城、苏家坊、盘源、南川、刘家桥、白沙、九坳、万寿桥、高升、毛坪。

马桥镇　镇政府驻马桥，人口32244人，面积125平方千米。辖2个居委会：马桥、麻塘，13个村委会：高赛、钱庄、樊唐、垅口、曾铺、鳌山、吕铺、四门楼、马桥、严洲、金桥、潜山、任窝。

高桥镇　镇政府驻高桥，人口22164人，面积92.4平方千米。辖1个居委会：高桥，10个村委会：澄水洞、白水、黄铁、高桥、王旭、刘英、洪港、白岩泉、刘桢、石溪。

横沟桥镇　镇政府驻横沟桥，人口31743人，面积115.4平方千米。辖1个居委会：横沟桥，9个村委会：凉亭垴、李堡桥、孙祠、长岭、鹿过、袁铺、孙田、傅桥、群力。

贺胜桥镇　镇政府驻贺胜桥，人口19074人，面积81.2平方千米。辖1个居委会：贺胜桥，7个村委会：贺胜、滨湖、桃林、黎首寺、万秀、黄祠、花坪。

官埠桥镇　镇政府驻张公庙，人口33135人，面积143.4平方千米。辖2个居委会：张公庙、官埠桥，14个村委会：马安、甘鲁、栗林、小泉、湖场、官埠、渡船、石子岭、窑咀、泉湖、河背、张公庙、雨坛垴、紫潭。

向阳湖镇　镇政府驻甘棠阁，人口22256人，面积146.2平方千米。辖2个居委会：甘棠、宝塔，8个村委会：广东畈、宝塔、铁铺、绿山、甘棠、祝垴、斩关、北塔。

大幕乡　乡政府驻常收，人口33648人，面积165.8平方千米。辖2个居委会：常收、石桥，13个村委会：井头、金鸡山、西山下、马安头、石桥、东源、南山、双垄、大幕、常收、石桥、泉山口、高峰。

（四）语言使用状况

本书所说的咸宁方言指以咸宁市永安、温泉两个街道为中心，辐射四周的咸宁话。本书作者家乡所在地马桥镇紧靠温泉、永安，家乡人所操话语与这里所说的咸宁话毫无二致，所以本书研究的咸宁方言实际上就是作者本人的母语。

与周边方言相比较，咸宁方言有其特殊性和复杂性。外地来咸宁求学的学子、做生意的商人、偶尔来走亲访友或游玩的过客，无不时刻感受到咸宁方言的与众不同，并感叹咸宁方言太难懂了！有些刻薄的人称之为"鸟语"①。一般人的感觉难免有夸大之嫌，但咸宁方言很早就引起学者的关注却是事实。省内一些高校在划分方言调查区域时，都希望到鄂南来；省外专家曾有研究鄂南方言的计划，北京大学师生也曾打算来鄂南调查；日本东京大学已故教授桥本万太郎就来鄂南调查过。前中央研究院历史语言研究所的赵元任、李方桂、丁声树、吴宗济、杨时逢等专门组织人马来咸宁调查过，1948 年出版的《湖北方言调查报告》就有咸宁分卷。

大致来讲，咸宁方言呈现如下状况：

语音方面，咸宁方言共有 19 个声母（含零声母），只有平舌音 [ts、ts'、s]，没有翘舌音 [tʂ、tʂ'、ʂ]，但有浊擦音 [z]、[ŋ]，除作韵尾外，还可以充当声母。咸宁方言边音 [n] 和鼻音 [l] 自由变读，北京话的 [x] 声母字在咸宁方言中有相当一部分混入 [f]；韵母共有 44 个，多单元音、鼻化韵，少后鼻韵；声调共有 6 大类，古平去两声均依声母清浊而在今方言中分阴阳，保留有入声。咸宁方音在某种程度上保留了古音成分，如我们常说的"孵鸡"一词在咸宁方言中往往不用，而用"菢鸡"（使用者主要是一些文盲或偏僻山区的老人），这可以说是"古无轻唇音"的又一例证。

词汇方面，咸宁方言词单音节较多；有很大一部分方言特征词与北京话及其他方言存在或多或少的差异；口语词非常丰富而且有特色，如动词特别是表示动作的动词很多，有的甚至无法在北京话或其他方言中找到合适的对应词；有相当一批词或词素常用，但本字需加考证或者有音义而无适当汉字可记；保留了部分古语词，如"硕、者"等。

与北京话相比，咸宁方言语音与北京话的差别最大，词汇次之，语法差异较小。但是这不等于说咸宁方言语法方面的特点可以忽略不计，实际上咸宁方言语法有自身的独到之处，如"把"字句用法很丰富，"倒"可附于动词后表进行体等；古汉语的某些说法在咸宁方言语法中有较大程度的残留，如使动用法：急煞人、你说话伤人。此外，咸宁方言一般不用"被"字来表示被动，似乎也正说明语法发展史上"被"是后起的用于表示被动

---

① 详见《咸宁地名（相声）》，原题为《咸宁风貌》，发表在《咸宁文艺》1980 年第 1 期。

的词这一语言事实。

据《中国语言地图集》，咸宁方言属于赣语大通片。《湖北方言调查报告》把咸宁方言纳入赣语。《人大复印资料目录》就一直把关于咸宁方言的文章录入赣语一栏。当然，以上见解都还是可以讨论的。不过，可以肯定的是：从人口迁徙、地理环境以及方言自身等多方面的情况来看，咸宁方言与湘语、赣语均有着较为密切的联系。陈有恒先生在讨论咸宁及其周边的方言时说："以本区方言主要特征与湘语及省内东北部方言比，它们之间很难完全分开，与赣语比，似乎也很难完全吻合，联系詹伯慧教授在《现代汉语方言》中所叙情况来看，则湘鄂赣这一三角边缘地带的语言特征，实在是你中有我，我中有你。"① 这段话是极其客观的。陈先生虽然是就整个鄂南方言而言的，但结论同样适用于咸宁方言。

二、咸宁方言的内部差异

任何方言内部不可能完全一致。按照区域的差异，咸宁方言大致可划分为永安、贺胜桥、担山、大幕四个方言片。永安片主要包括永安、浮山、温泉三个街道以及马桥、桂花、官埠桥、横沟桥、汀泗桥五个乡镇，面积最大，人口最多，兼有永安、温泉两个中心城区，可作为咸宁方言的代表。

从语音来看，贺胜桥片有些 [tɕ]、[tɕʰ]、[ɕ] 声母字混入 [tʰ]，例如：绝 [tʰieㄐ]、前 [tʰieㄨ]、详 [tʰiaŋㄐ]；韵母 [i] 尾较明显，例如：碑 [peiㄧ]、龟 [kueiㄧ]、追 [tɕyeiㄧ]。担山片鼻化韵母相对较少，一般读成前鼻韵母，其他各片读 [ã]，担山片读 [an]，例如：担 [tanㄨ]、山 [sanㄧ]。其他各片一般读 [n] 声母的字，大幕片读 [ȵ]，较明显，例如：业 [ȵiㄧ]、凉 [ȵiõㄨ]。各片声调方面的差别可忽略。

从词汇来看，有些常用词语各片说法有差异。表示"一会儿"义，其他各片一般说"一下崽 [iㄧ xɑㄨ tsaㄨri]"，贺胜片说"一下子 [iㄧ xɑㄨ tsʅri]"。表示第三人称"他"义，其他各片一般说"伊 [eㄨ]"，贺胜片说"其 tɕiㄧ"。

---

① 详见陈有恒著：《鄂南方言志略》，咸宁地区地方志办公室主持编印，1991年第1版。

表示"母亲"义,其他各片一般说"娘［niõ˧］",担山片说"姆［i˧］"。表示"凋谢"义,其他各片一般说"谢［ɕia˧］",担山片说"败禾［pʻa˧ xə˨］"。表示"石头"义,其他各片一般说"石头［sa˧ tʻe˨］",大幕片说"麻牯［mɑ˨ ku˨］"。表示"我们"义,其他各片一般说"我都［ŋə˨ tau˧］",大幕片说"囗都［xã˨ tau˧］"。

从语法来看,各片差别不明显。

本书研究的主体是永安片,该片面积最大,人口最多,兼永安、温泉又是政治、经济、文化中心,所以该方言片具有最大的权威性,可作为咸宁方言的代表;其他各片因地处外围,受外界及经济等诸多因素影响,在地位上是不能与永安片同日而语的。本书主要目的在于揭示咸宁方言的共性而不是它的内部差异,所以对于各方言片之间的差异(主要是个别读音、个别词的差异)一般不作过多描述。

三、关于咸宁方言的研究

咸宁地处鄂东南。咸宁方言与大冶方言、阳新方言、通山方言、崇阳方言、通城方言、嘉鱼方言、赤壁方言一起统称为鄂东南方言。新中国成立后,湖北省方言学界曾到鄂东南作过三次调研;北京大学多次组织师生来鄂东南调查语音;日本学者桥本万太郎先生来此作过田野调查;2002年,湖北师范学院黄群建教授带领本校及咸宁学院两所高校五位教师赴各地调查方言,其后出版《鄂东南方言音汇》;2003年,北京语言大学曹志耘教授率四位博士会同咸宁学院三位教师赴通城、崇阳、通山调查方言。笔者作为后两次方言调查的参与者以及《鄂东南方言音汇》一书编著之一,对鄂东南方言的特殊性和重要性有着深切的感受。就咸宁方言而言,截至目前,论述或论及咸宁方言的研究成果主要有(以时间为序):

(1)《湖北方言调查报告》,赵元任等著,商务印书馆,1948年版。

分地报告中有咸宁方言,主要侧重论述咸宁方言的声韵调及同音字汇,是关于咸宁方言研究的最早文献,对于我们认识20世纪四五十年代的咸宁方言的语音系统以及其半个世纪以来的历史演变有一定的帮助。不足的是:

由于特殊的时代关系，当时并没有找到最合适的发音人，有些记录和代表性区域的咸宁方言有一定的出入。

(2)《湖北方言概况（初稿）》，湖北省方言调查指导组编著，1960年9月。

内部油印稿。对湖北方言进行了分区介绍，咸宁方言被纳入鄂南区。较为系统地介绍了咸宁方言的声韵调系统。

(3)《咸宁话声调与古话、北京话声调的关系》，陈有恒，《咸宁师专学报》，1979年第1期。

这是陈有恒先生论述鄂东南方言最早的一篇文章。就鄂东南方言的声调以及利用鄂东南方言声调辨析古平仄和北京话四声的问题谈了一些看法。这篇文章在一定程度上揭示了咸宁方言的声调。

(4)《鄂东南方言的特征》，陈有恒，《咸宁师专学报》，1979年第2期。

文章从整体上论述了鄂东南方言在语音、词汇和语法诸方面的特征。

(5)《鄂南方言里的"AA甚"》，陈有恒，《咸宁师专学报》，1982年第1期。

文章论述了流行于嘉鱼、赤壁、崇阳、通城等县市的"AA甚"结构，从形态结构、意义特征和语法功能三个方面进行了详细说明，并把"AA甚"与流行于大冶、阳新、通山、咸宁等县市的"炽个A"进行比较分析。

(6)《鄂南方言里的"把""到""在"》，陈有恒，《咸宁师专学报》，1982年第3期。

文章论述了"把""到""在"三个词在鄂南方言中与北京话不同的意义和用法。

(7)《咸宁口语拾零》，陈有恒，《咸宁师专学报》，1984年第1期。

文章描写了咸宁方言仅流行于口头而不能反映在书面语中的口语词。文章指出，由于无适当的字可记，或者虽有字可记但又古僻罕用，这些口语词在书面语中没有席位，而且，随着北京话的推广，这些词的应用圈子正在日渐缩小以至处于逐渐消失的状态中。

(8)《鄂东南的活古话》，陈有恒，《咸宁师专学报》，1986年第1期。

文章简介了鄂东南方言词汇中保留的古语词："何""个""着""话""至"。

(9)《鄂东南方言的内部分歧与外部联系》,陈有恒、刘兴策,《咸宁师专学报》,1986年第3期。

文章论述了鄂东南方言在语音、词汇和语法诸方面的主要特征和内部差异,并与邻近的湘语、赣语及省内其他方言作了对比研究。

(10)《鄂南方言的词汇特点》,陈有恒,《咸宁师专学报》,1989年第1期。

文章从词形、词义和词源三个方面论述了鄂南方言在词汇上的一些突出特点。

(11)《鄂南方言的几个语法现象》,陈有恒,《咸宁师专学报》,1990年第1期。

文章从词的形态变化、词的组合特例、语序和句式共四个方面论述了鄂南方言一些较突出的语法现象。

(12)《〈论语〉词语在现代咸宁口语中的反映》,万献初,《咸宁师专学报》,1990年第4期。

文章对咸宁方言现代口语中的一些常用词语进行分析,指出它们源自《论语》,是《论语》文化的产物。

(13)《鄂南方言志略》,陈有恒著,咸宁地区地方志办公室主持编印,鄂咸地图内字第29号,1991年8月第1版。

文章比较系统地介绍了包括咸宁、赤壁、通山、阳新、崇阳、通城、嘉鱼和大冶在内的鄂南方言在语音、词汇和语法诸方面的主要特点,并对鄂南方言进行了纵向和横向对比。研究内容有待深入。

(14)《湖北方言里的十个词语现象》,陈有恒,《咸宁师专学报》,1991年第2期。

文章论述了湖北方言中"吃""个""蛮""冒""煞""草把牛吃了""站到比坐到高""送一本文他""事情真急人""把信发了它"共10个词语在意义和用法上的特殊之处及分布情况。

(15)《咸宁市志》,咸宁市地方志编纂委员会,中国城市出版社,1992年版。

市志中的民俗方言部分对咸宁方言的语音、词汇和语法作了简明扼要的介绍。

(16)《引导说方言的人依方音推求北京话语音》，陈有恒，《咸宁师专学报》，1993年第4期。

文章以咸宁方言为例，引导说方言的人从自己熟知的方音中推求北京话语音。

(17)《鄂南地名志中的地名俗字评议》，万献初，《咸宁师专学报》，1994年第3期。

文章对鄂南七县（市）1982－1984年先后出版的《地名志》中出现的方言地名俗字进行了一番考查和评议，揭示了方言俗字的产生规律和文化含蕴。

(18)《湖北省志·方言》，湖北省地方志编纂委员会，湖北人民出版社，1996年版。

本书从全局的高度全面介绍了湖北省各地方言的声韵调系统并列表比较，并就重点词汇进行了对比，缺少语法方面的论述。

(19)《咸宁方言中的人体动作类俗字探微》，万献初，《咸宁师专学报》，1997年第1期。

文章对咸宁方言中40个典型的常用动作类俗字进行索源探义，归类整理出方言俗字构形的一般规律，并略述其与汉字传统的构形精神的内在联系。

(20)《从中古音看咸宁话与北京话的声母差异及对应关系》，祝敏鸿、尤翠云，《咸宁师专学报》，2000年第1期。

(21)《从中古音看咸宁话与北京话的韵母差异及对应关系》，祝敏鸿、尤翠云，《咸宁师专学报》，2001年第4期。

(22)《从中古音看咸宁话与北京话声调差异及对应关系》，祝敏鸿、尤翠云，《咸宁师专学报》，2002年第4期。

以上三篇文章是祝敏鸿、尤翠云合作撰写的，以中古音为桥梁，全面而深入地分析了咸宁方言与北京话在声母、韵母和声调三个方面的差异及对应关系。

(23)《鄂东南方音辨正》，陈有恒、尤翠云主编，中国地质大学出版社，2002年版。

文章从北京话学习的角度，对鄂东南方言的语音进行了列表比较。

(24)《鄂东南方言音汇》，黄群建主编，华中师范大学出版社，2002年版。

本书是由湖北师范学院黄群建教授主持编撰的。全书记录了湖北省东南部的阳新、大冶（包括黄石市）、通山、咸宁、嘉鱼、赤壁、崇阳、通城八个县市的方言音系，并通过古今字音对比，分别整理出了各自的语音特点，进而归纳出同音字表，全面而深入地勾勒出鄂东南方言的语音系统，尚未涉及词汇和语法方面的论述。

(25)《湖北咸宁方言的调值和调类——兼介绍〈桌上语音工作室〉软件》，王宏佳，《咸宁学院学报》，2003年第2期。

文章在实地调查的基础上，通过《桌上语音工作室》软件的精密分析，确定了咸宁方言的调值和调类，作者希望为方言语音调查寻求一个相对统一、客观的标准。

(26)《鄂东南方言东片山咸摄舒声字》，祝敏鸿，《咸宁学院学报》，2004年第2期。

文章就《切韵》音系山咸摄舒声字今读的韵母这一具体问题对鄂东南方言东片各点进行共时平面的比较研究，通过分析各方言点山咸摄舒声字今读的基本情况，总结了东片方言的共性与差异。

(27)《中国咸宁咸安区方言词典》，吴培根，鄂咸内图字2004年第43号，2004年。

该词典收录了5500多个词条，含有5700多个方言词语。是目前收录咸宁方言词语较为完善的一部词典。部分考本字的内容有待商榷。

(28)《咸宁方言俗语词火部本字》，祝敏鸿，《咸宁学院学报》，2005年第4期。

结合文献材料和口语用例，考察了咸宁方言一组与火相关的俗语词的本字，并探讨了其词义演变。

(29)《湖北咸宁方言的语缀》，王宏佳，《咸宁学院学报》，2006年第2期。

本文由王宏佳的硕士学位论文压缩而成。文章从构词能力、语法意义和语法功能等方面对咸宁方言的语缀进行了描写和说明，目的在于揭示咸宁方言词汇的现状及其形态特征，并且指出咸宁方言的语缀是咸宁方言个性特征的体现。

(30)《咸宁方言词汇研究》，王宏佳著，华中师范大学出版社，2009年版。

本书由王宏佳博士学位论文改写而成。以湖北省咸宁市方言的词汇为研究对象。在实地调查的基础上，整理出咸宁方言词汇表，再以词汇表为依托，进行了纵、横两个方面的对比研究。横向比较包括咸宁方言词汇与北京话词汇的对比研究；咸宁方言词汇与周边方言词汇的对比研究；咸宁方言词汇与七大方言区代表方言词汇的对比研究。纵向比较包括咸宁方言词汇与《诗经》《论语》《楚辞》《说文解字》《方言》《广韵》《集韵》及其他古代文献词汇的对比研究，同时考证了部分咸宁方言口语词的本字和语源。通过对比研究，提取和描写了咸宁方言词汇特征词语。最后结合语音和词汇两个方面的标准对咸宁方言的归属问题给出了一个阶段性的结论。

(31)《咸安区方言志》，吴培根编著，崇文书局，2012年版。

本志是咸安区第一部方言志，作者从老派咸宁方言的视角，较为全面地介绍了咸宁方言的语音、词汇和语法，并考证了大量口语词的本字。不足之处表现在，有些考证还有待商榷，词汇和语法方面的论述还有待深入。

四、音标符号

本书所用音标为国际音标，为方便起见，一般不用方括号。

1. 辅音

本书所用辅音如表1-1。

表1-1 辅音表

方法 部位	塞音		塞擦音		擦音		鼻音	边音
	不送气	送气	不送气	送气	清	浊		
双唇	p	pʻ					m	
唇齿					f			

续表

方法\部位	塞音		塞擦音		擦音		鼻音	边音
	不送气	送气	不送气	送气	清	浊		
舌尖前			ts	tsʻ	s	z		
舌尖中	t	tʻ					n	l
舌尖后			tʂ	tʂʻ	ʂ	ʐ		
舌面			tɕ	tɕʻ	ɕ			
舌根	k	kʻ			x		ŋ	

2. 元音

本书所用主要舌面单元音如图1-1。

除图中的元音外，咸宁方言中还有舌尖前元音 ɿ 以及一系列的鼻化元音 ã、ẽ、õ（鼻化元音在元音音标上加"～"符号表示）。

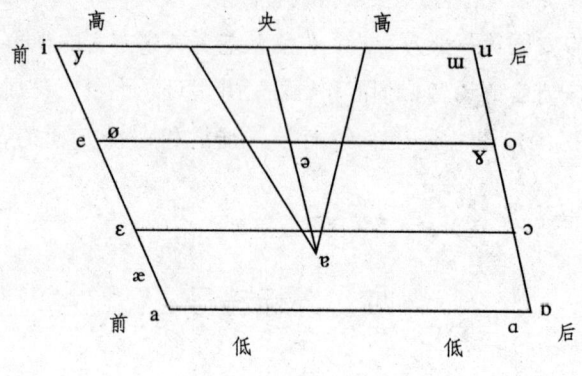

图1-1 舌面元音图

3. 声调

本书采用五度制声调符号标注咸宁方言声调，即把字调的相对音高分为"低、半低、中、半高、高"五度，分别用"1、2、3、4、5"表示，调值符号的竖线为比较线，竖线左边的线条表示声调高低升降的变化。调号如下：

┐44 阴平调　　˧˩31 阳平调　　˦˨42 上声调

˨˩˧213 阴去调　˧˧33 阳去调　˥˥55 入声调

˩轻声

变调表示方法是：在原调号后标出变调后调号，如在咸宁方言"娃娃"一词中，前一个"娃"读本调阳平，后一个要读成入声调：娃娃 ua˧˩ ua˥˥。

五、发音合作人

本书主要发音合作人情况如下：

(1) 王明和，男，76岁，咸宁马桥镇人，一直居住在咸宁市马桥镇王家垅。仅读过小学一年级。长期务农。不会其他方言。

(2) 吴桂珍，女，67岁，咸宁马桥镇人，18岁以前住通山县，18岁以后一直住咸宁市马桥镇王家垅。上过小学二年级。长期务农。已不会说通山话。

(3) 王美荣，女，67岁，咸宁马桥镇人，一直居住在咸宁市马桥镇王家垅，仅读过小学四年级。现在也能认一些字。发音较为纯正，对咸宁各方面的情况都比较熟悉，有很多方言数据直接来自于她。

(4) 王丽，女，43岁，咸宁马桥镇人，20岁以前一直居住在咸宁市，初中文化。不会其他方言。

(5) 笔者，男，37岁，咸宁马桥镇人，19岁以前除朗读文章外，日常生活一般不说北京话，24岁以前一直在咸宁市内各校读书，24岁以后外出读书，会其他方言，如武汉方言。北京话及其他方言对笔者有一定的负面影响。

(6) 孙首斌，男，34岁，咸宁甘棠乡人，初中在嘉鱼读书，大学在黄石读书，会说汉腔和城关话。

(7) 樊仁旭，男，27岁，咸宁马桥樊塘村人，一直在咸宁读书，会城关话，他对咸宁方言的语感很好。

(8) 蔡访贤，男，86岁，咸宁双溪桥镇胡泉村人，读过私塾，至今能写会认。一直在当地，不曾外出。不会其他方言。

第二章　咸宁方言语音

一、语音系统

（一）声韵调分析

1. 声母

咸宁方言有 19 个声母（包括零声母），详见表 2-1。

表 2-1　咸宁方言声母表

p	波本不	pʻ	坡跑匹	m	摸谋灭	f	方废法		
t	多等督	tʻ	拖度铁	n	罗南勒				
ts	知招足	tsʻ	痴迟赤			s	思苏索	z	认然日
tɕ	鸡朱局	tɕʻ	区去切			ɕ	修新狭		
k	哥锅刮	kʻ	棵夸哭	ŋ	压硬额	x	呵河鹤		
∅	衣乌玉								

说明：咸宁方言 [n、l] 混读，本书记为 [n]，部分音节鼻音成分不够；[k] 组发音部位稍前。

2. 韵母

咸宁方言有 44 个韵母（包括自成音节的 [ŋ̍]），详见表 2-2。

表 2-2　咸宁方言韵母表

ɿ	支痴思而	i	衣机奇希	u	乌姑哭补	y	迂虚朱输
ɑ	巴打桠沙	iɑ	鸦加恰夏	uɑ	蛙瓜夸花	yɑ	抓靴刷
o	包刀劳抄	io	交敲孝效				
ə	波哥多喝	iə	约略雀学	uə	窝锅过课		
e	北偷克社	ie	妖瞄焦肖	ue	国阔活	ye	月决缺

续表

a	八胎海杀	ia	解谐蟹	ua	歪乖怪筷	ya	倔喘甩
æ	悲飞嘴洗			uæ	威胃亏柜	yæ	锐追吹税
ɑu	都图周肉	iɑu	优流秋休				
ã	班单眼争	iã	颜平轻醒	uã	弯玩关贯	yã	扔
ẽ	更肯恒然	iẽ	咽边研先			yẽ	冤元全宣
õ	邦方安霜	iõ	央娘江香	uõ	汪王官宽		
ən	登本孙认	iən	因兵宁姓	uən	温文滚困	yən	晕军春训
əŋ	绷东通生	iəŋ	勇用穷凶	uəŋ	翁功空共		
n̩	你嗯						

说明：[æ] 组有时有较弱的 [i] 尾，本书均记作 [æ、uæ、yæ]；有少量后鼻音韵 [əŋ、iəŋ、uəŋ]，但鼻音不是很明显；[n̩] 自成音节，仅有两个代表字，即"你、嗯"。

咸宁方言 [a] 和 [ɑ] 是两个音位，例如：[naㄱ] 辣 ≠ [nɑㄱ] 纳，[taㄱ] 跶 ≠ [tɑㄱ] 搭，[kaㄱ] 街 ≠ [kɑㄱ] 家，[kuaㄱ] 乖 ≠ [kuɑㄱ] 瓜。[ia] 和 [ya] 领字较少，[ia] 所领字多为文读音。个别字有两读，例如：八，年轻人多读 [paㄱ]，老年人多读 [pɑㄱ]。

3. 声调

咸宁方言有 6 个单字调（不包括轻声），详见表 2-3。

表 2-3 咸宁方言声调表

调名	调号	调值	例字
阴平	ㄱ	44	诗衣资乌迂巴蛙包波坡妖悲
阳平	˧˩	31	时移奇扶茶袍驼谋摇条盘盆
上声	˦˨	42	使椅启雨卡保火蟹娶楚展长
阴去	˨˩˧	213	试意记句瘦爱肺兔炭更汉秤
阳去	˧	33	事易步下号合社在罪受命善
入声	˥	55	识叶日切哭括喝热辣绿肉畜

说明：有少量变调现象，主要是阴去字，详见连读音变一节；各调类的调值都用南开大学朱思愈教授等人研制开发出来的《桌上语音工作室》软件（专业版、教学版，英文名称 MiniSpeechLab1.0 版）测试过①。

---

① 王宏佳：《湖北咸宁方言的调值和调类——兼介绍〈桌上语音工作室〉软件》，载《咸宁学院学报》2003 年第 2 期，第 55～60 页。

（二）声韵调配合关系

1. 声韵配合关系

咸宁方言的声韵配合关系详见表 2-4。表左是声母，表头是韵母，按四呼排列。开口呼把 [ɿ] 单独列出来，齐齿呼和合口呼分别把 [i]、[u] 单独列出来。表中例字表示声韵能够相配，空格表示声韵无配合关系。

表 2-4　咸宁方言声韵配合关系表

声母＼韵母	开口呼		齐齿呼		合口呼		撮口呼
	ɿ	其他	i	其他	u	其他	
p pʻ		巴趴班朋	瘪别	壁劈饼坪	补捕		
m		麻买妈忙	灭篾	瞄棉明			
f		发飞方风			扶服		
t tʻ		打他东通	爹铁	刁挑丁厅			
n		拉来狼聋	义仪捏	略研宁			
k kʻ x		家卡虾孔			姑枯	瓜夸官	
ŋ		桠袄眼安					
tɕ tɕʻ ɕ			几期希	家巧凶江			居区输
ts tsʻ s z	知痴思而	渣车沙生					
∅			衣移椅	鸦咬优因	乌舞	蛙汪温	于锐云

说明：

(1) [p pʻ] 可拼开口呼、齐齿呼、合口呼，其中合口呼仅限 [u]。

(2) [m] 只拼开口呼、齐齿呼。与单元音 [i] 相拼时仅有"灭篾"等少数入声字。

(3) [f] 只拼开口呼和合口呼的 [u]。

(4) [t tʻ] 只拼开口呼、齐齿呼。

(5) [n] 可与开口呼、齐齿呼相拼。

(6) [k kʻ x] 可拼开口呼和合口呼。

(7) [ŋ] 仅与开口呼相拼。

(8) [tɕ tɕʻ ɕ] 可与齐齿呼、撮口呼相拼。

(9) [ts tsʻ s z] 限拼开口呼。

(10) 除开口呼外，其余三呼均有零声母音节。

2. 声韵调配合关系

咸宁方言的声韵调配合关系详见表 2-5 至表 2-16。表左是声母，表中是例字，表头是韵母和声调。空格表示不存在声韵调配合关系。某音节只有一个代表，而且有音无字或本字暂无考的用①②③……等表示，表后加注。黑体表示该字值得注意，也在表后加注。本表优先收录咸宁方言常用字。

表 2-5　咸宁方言声韵调配合表之一

韵母	ɿ					i					u					y				
声母	阴平 ˧	阳平 ˧	上声 ˩	阴去 ˥	阳去 ˩	阴平 ˧	阳平 ˧	上声 ˩	阴去 ˥	阳去 ˩	阴平 ˧	阳平 ˧	上声 ˩	阴去 ˥	阳去 ˩	阴平 ˧	阳平 ˧	上声 ˩	阴去 ˥	阳去 ˩
p p' m f						①		粃	屄 别灭		补 铺 夫	布 葡 符	不 普 虎	铺 富	步 女	扑 复				
t t' n						爹 呢	仪	叠 铁 蚁	义	业										
k k' x ŋ											姑 枯	古 跍	故 苦	谷 裤	咕 哭					
tɕ tɕ' ɕ						机 期 希	麂 奇 涎	记 启 喜	急 气 戏	及 切						居 区	举 渠	据 处	局 处	柱 出
ts ts' s z	知 痴 思 儿	纸 祠 时 耳	志 齿 死 二	汁 次 四 日	② 柿 事															
∅						衣 移 椅 意 易 一					乌 吴 五 恶 务 屋					于 鱼 雨 誉 玉				

说明：

①［pi˧］，表示"不正"义：画箇线画～了。

② [tsʻŋ˦]，本字可能为"濅"，表示"很冷"，咸宁有"濅人"一说。

铺 [pʻu˦]，动词，铺开；[pʻu˩]，名词，店铺。

呢 [ni˦]，是文读音。白读音是 [næ˦]。

跍 [kʻu˦]，蹲。《广韵》模韵苦胡切："蹲貌。"

儿 [ʐŋ˩]，在咸宁方言中不常用，一般说"崽"，但"猫"常说成"猫儿"。

恶 [u˩]，是文读音，不常用。

表2-6 咸宁方言声韵调配合表之二

韵母	a				ia				ua				ya			
声母	阴平 ˦	阳平 ˩	上声 ˨˩	阴去 ˧˥	阳去 ˩˩	阴入 ˥	阳入 ˩		阴平 ˦	阳平 ˩	上声 ˨˩	阴去 ˧˥	阳去 ˩˩	阴入 ˥	阳入 ˩	
p	巴	把	坝	爸			壁									
pʻ	趴	爬	怕	白拍			劈									
m		麻	马	骂麦												
f	花		话	法												
t			打	答												
tʻ	他		踏	达			踢									
n	拉拿	哪	腊			①										
k	家	贾	驾	夹					瓜	剐	挂	括				
kʻ	掐	卡	胯	客					夸		垮	跨				
x	虾	哈	下	吓					花华		化画	划				
ŋ	桠	牙	哑	鸭												
tɕ					家	假	借	甲					抓			
tɕʻ					掐	卡		喫								
ɕ					虾斜写②夏锡								靴		刷	
ts	渣		炸	摘												
tsʻ	车茶		扯	岔杂尺												
s	沙	蛇	舍	晒石												
z				惹												
ø					鸦爷	野亚	夜鸭		蛙娃	瓦	凹		③	④	⑤	

说明：

① [nia˦]，有"屙"义，适用范围比较窄：～鸡屎。

② [ɕiaɹ]，有"轻度融化"义：汤圆煮~了。

③ [ya˥]，一般指小孩哭。

④ [yaɹ]，使用频率较高，有"喊、叫"等义：去~伊回来喫饭。

⑤ [ya˥]，有"吐"义：小孩~奶。

把 [paɹ]，可作动词，有"给予"义，另外还可充当量词。

花 [fa˥]，多用于老派方言。

话 [fa˥]，多用于老派方言。

他 [ta˥]，是文读音，一般说"伊 [eɹ]"。

踏 [ta˥]，是名词，有"脚踏"义。

虾 [ɕia˥]，是文读音。白读音为 [xa˥]。

鸭 [ia˥]，是文读音。白读音为 [ŋa˥]。

表2-7 咸宁方言声韵调配合表之三

韵母	o					io					au					iau				
声母	阴平 ˥	阳平 ˧	上声 ˨	阴去 ˥	阳去 ˧	阴平 ˥	阳平 ˧	上声 ˨	阴去 ˥	阳去 ˧	阴平 ˥	阳平 ˧	上声 ˨	阴去 ˥	阳去 ˧	阴平 ˥	阳平 ˧	上声 ˨	阴去 ˥	阳去 ˧
p	包		保	报																
pʻ	抛	袍	跑	炮	抱															
m	猫	毛	卯①	帽																
f																				
t	刀		岛	到							都		肚	妒	督	丢				
tʻ	滔	桃	讨	套	道						②图	土		兔	毒突					
n	捞	劳	老	闹								奴鲁		路	六		溜流	柳		③绿
k	高		搞	窖																
kʻ	敲		考	铐																
x	蒿	豪	好	耗	号															
ŋ	鳌	熬	袄	奥	傲															
tɕ						交		饺	较							灸		酒	救	菊
tɕʻ						敲		巧								秋	求		舅	曲
ɕ						消		孝	效							休		朽	绣续	畜
ts	糟		早	灶							周		组	做	竹					
tsʻ	抄	曹	草	糙	皂						初锄		丑	臭	族畜					
s	臊		嫂	潲							梳		手	数	熟叔					
z												柔		肉						
∅								咬								优	油	有	幼右	育

说明：按同音字表的顺序，韵母［ɑu］、［iɑu］当在［yæ］后，为节省篇幅计，放在本表。

① ［moˬ］，表示"无牙齿或牙齿不好的人慢慢咀嚼的样子"。

② ［tʻɑuˍ］，本字疑为"吐"（阴去）的变读，表示"某物从某地方以较快的速度冒出来"：水从眼嘞只个～箇。

③ ［niɑuˍ］，有"漏斗"义：油～。

耸 ［ŋoˍ］，有"抬头"义：头壳往上～。

咬 ［ioˬ］，是文读音。咸宁方言一般不说"咬"，而要说齧 ［ŋaˎ］：蛇～人。

表 2-8　咸宁方言声韵调配合表之四

韵母 声母	ə 阴阳上阴阳入 平平声去去声 ˧ ˩ ˦ ˥ ˨ ˥	iə 阴阳上阴阳入 平平声去去声 ˧ ˩ ˦ ˥ ˨ ˥	uə 阴阳上阴阳入 平平声去去声 ˧ ˩ ˦ ˥ ˨ ˥	阴阳上阴阳入 平平声去去声 ˧ ˩ ˦ ˥ ˨ ˥
p pʻ m f	波　播　博 坡婆剖破薄勃 摸膜拇　磨木			
t tʻ n	多　朵剁毅 拖驼妥唾舵托 啰笋裸　糯落	略		
k kʻ x ŋ	哥　个各 棵可课壳 呵河火货合喝 　俄我　饿恶		锅果过郭 窠　课	
tɕ tɕʻ ɕ		脚 雀 学削		
ts tsʻ s z	①　左左桌 搓　错坐戳 梭　锁　唆			
∅		约	窝　卧握	

说明：

① [tsə˧]，有"硬物扎人、穿刺"义：针～人。

毃 [tə˧]，有"捣击"义：拿棍把雀窠～落了。《集韵》沃韵都毒切："《说文》椎击物也。"

课 [kʰə˥]，是文读音。[kʰuə˥]，是白读音。

左 [tsə˨]，表示姓氏或单用，[tsə˨]，作修饰语用。

表 2-9 咸宁方言声韵调配合表之五

韵母 声母	e 阴平 阳平 上声 阴去 阳去 阴入 阳入	ie 阴平 阳平 上声 阴去 阳去 阴入 阳入	ue 阴平 阳平 上声 阴去 阳去 阴入 阳入	ye 阴平 阳平 上声 阴去 阳去 阴入 阳入
p pʻ m f	北 白魄 哞谋宙 茂脉 浮否 或	标 表 飘瓢 票 瞄苗 秒		
t tʻ n	兜 斗斗 德 偷头 透豆脱 ②楼搂③漏勒	叼 ①调 挑条 跳 聊鸟 尿		
k kʻ x ŋ	沟 狗锯 格 抠 扣 刻 齁猴吼齁后黑 欧 藕怄 额		国 阔 活	
tɕ tɕʻ ɕ		椒 姐借 锹桥④峭轿 肖 晓笑谢		决 拐 缺 说
ts tsʻ s z	招 走照 啄 超愁扯凑赵策 烧苕少瘦社色 惹 热			
∅	伊	妖摇也要夜	曰	月

说明：

① [tie˨]，有"坏、厉害"义：那个人蛮～。

② [ne˧]，有"翻"义：心中只个～。

③ [neˋ]，有"精力旺盛而好动好斗"义：你在发~吧？

④ [tɕieˇ]，常与"哦"连用，表否定语气词，本字不详。

斗 [teˇ]，可作名词，表示"一种容器"，也可作量词，表示容器的单位。斗 [teˋ]，是动词：~鸡。

齁 [xe˧]，表示"喉管发出的声音"。[xeˋ]，指"喉管发声"的动作。

额 [ŋe˥]，是文读音，白读为 [ŋa˥]。

姐 [tɕie˥]，是文读音，白读为 [tɕia˥]。

借 [tɕie˥]，是文读音，白读为 [tɕia˥]。

笑 [ɕie˥]，是文读音，但"笑"没有相应的白读音，因为咸宁一般用奢 [se˧] 表示"笑"。

表 2-10　咸宁方言声韵调配合表之六

韵母	a					ia					ua					ya				
声母	阴平 ˧	阳平 ˩	上声 ˥	阴去 ˋ	阳去 ˎ	入声 ˊ	阴平 ˧	阳平 ˩	上声 ˥	阴去 ˋ	阳去 ˎ	入声 ˊ	阴平 ˧	阳平 ˩	上声 ˥	阴去 ˋ	阳去 ˎ	入声 ˊ		
p		摆	拜		八															
pʻ	排		派	败																
m		埋	买	卖②																
f		怀		坏																
t	呆	歹	戴	跶																
tʻ	胎	台	太	大③																
n		来	奶	耐	辣															
k	街		改	介④								乖		拐	怪	刮				
kʻ	开		蟹	概																
x	懈	鞋	海		害	瞎														
ŋ	挨	癌	矮	爱	艾	齩														
tɕ									解								倔			
tɕʻ																	揣	喘	揣	
ɕ								谐		懈									甩	
ts	灾		崽	债		扎														
tsʻ	差	才	采	菜	在	擦														
s	筛		洒	赛		杀														
z																				
∅												歪			外	挖				

说明：

① ［pa˧］，有"整人、分开"等义：过细小心点，搞烦了我～死你。

② ［ma˧］，有"等一下"之义：～看等着瞧。

③ ［t'a˧］，有"嘴巴厉害"义：伊嘴只个～，说不赢伊。

④ ［ka˧］，"笆子"咸宁叫作［ka˧］。

跶［ta˧］，摔、摔跤。《集韵》曷韵他达切："足跌。"

揣［tɕ'ua˧］，有"用脚踢"的意思。［tɕ'ua˩］，有"强行塞给"的意思。

表2-11　咸宁方言声韵调配合表之七

韵母	æ					uæ					yæ										
声母	阴平	阳平	上声	阴去	阳去	入声	阴平	阳平	上声	阴去	阳去	入声	阴平	阳平	上声	阴去	阳去	入声	阴平	阳平	上声	阴去	阳去	入声
p p' m f	悲　比贝　笔 披皮痞配鼻匹 霉煤米　妹密 飞回悔痱会拂																					
t t' n	堆　底对　敌 推提体替弟剔 呢雷李蕾累力																					
k k' x ŋ						规　轨贵　骨 亏葵跪愧柜①																
tɕ tɕ' ɕ											追　缀 吹锤 谁水税										
ts ts' s z	②　嘴最积 催脐取脆罪七 西随洗岁席媳																					
ø						威围尾畏胃杌						锐										

说明：

① [kʻuæ˧]，同"挖"组合成"挖～"，表示"故意做坏事以阻拦别人"。

② [tsæ˧]，指"面团切成的小条"。

吹 [tɕʻyæ˧]，为文读音。"吹"在"～嘴"中读文读音，在"～气"中读白读音 [tɕʻy˧]。

锤 [tɕʻyæ˨]，为文读音，白读音为 [tɕʻy˨]。

表 2-12　咸宁方言声韵调配合表之八

韵母	ã	iã	uã	yã
声母	阴阳上阴阳入 平平声去去声 ˧ ˨ ˩ ˧ ˨ ˥	阴阳上阴阳入 平平声去去声 ˧ ˨ ˩ ˧ ˨ ˥	阴阳上阴阳入 平平声去去声 ˧ ˨ ˩ ˧ ˨ ˥	阴阳上阴阳入 平平声去去声 ˧ ˨ ˩ ˧ ˨ ˥
p	班　板	饼		
pʻ	攀　盼办	平　病		
m	妈蛮　慢	明　命		
f	翻凡反畈饭			
t	单　胆担	钉　钉		
tʻ	贪坛毯炭蛋			
n	郎男懒①烂	零岭　令		
k	间　拣间		关　梗贯②	
kʻ	坑　砍嵌			
x	憨咸喊爃			
ŋ	壅　眼硬硬			
tɕ		睛　井监		
tɕʻ		轻晴请清		
ɕ		星衔醒腥限		
ts	争　盏站			
tsʻ	参蚕产灿			
s	三　伞散			
z				
∅		颜影晏雁	弯玩晚　万	扔③

说明：

① [nã˨]，有"试着往外屙"义：～屁，也有"蘸"义：～点水巴贴上去。

② [kʻuã˧]，有"流、流动"义：塘池塘里头简水都～跑了。

③ [yã˩]，有"晃、晃动"义：前面有盏灯在～。

郎 [nã˧]，人称代词的后缀，表敬称：你～、伊～。

钉 [tiã˧]，为名词。[tiã˩]，为动词。

间 [kã]，是量词。[kã˩]，意为"隔开"。

燂 [xã˩]，指"把肉等放入锅中迅速地煮一下子（七八成熟）"。

壅 [ŋã˧]，盖住，培土。《集韵》钟韵於容切，又於用切："塞也，一曰加土封也。"

硬 [ŋã˩]，指"硬物（如床）扎人"。[ŋã˩]，与"软"相对。

表 2-13 咸宁方言声韵调配合表之九

韵母	ẽ	iẽ	uẽ	yẽ
声母	阴阳上阴阳入 平平声去去声 ˧˩˩˩˥˥	阴阳上阴阳入 平平声去去声 ˧˩˩˩˥˥	阴阳上阴阳入 平平声去去声 ˧˩˩˩˥˥	阴阳上阴阳入 平平声去去声 ˧˩˩˩˥˥
p pʻ m f		边　扁变 偏便片骗辨 棉免　面		
t tʻ n		灯　等店 吞田舔①电 研年脸辗念		
k kʻ x ŋ	更　耿更 铿　啃 ②恒很　恨 恩			
tɕ tɕʻ ɕ		尖　剪见 千前浅欠件 先贤显线现	专　卷转 穿全犬劝传	
ts tsʻ s z	粘　展占 ③缠 膻　闪扇善 　然染			
∅		烟盐演燕艳	冤元远怨院	

说明：

① [tiẽ˩]，有"平衡"义：挑东西要～头。

② [xẽ˦]，有"抢、打"义：～伊几巴掌。

③ [tsẽ˦]，有"毛不顺"：狗毛是～个。

辗 [niẽ˦]，有"翻滚"义：牛在田里～泥。

传 [tɕʻyẽ˦]，是文读音，在"自传"中读此音。白读为 [tɕʻyẽ˩]。

表 2-14 咸宁方言声韵调配合表之十

韵母	õ					iõ				uõ				yõ			
声母	阴平 ˦	阳平 ˧	上声 ˨	阴去 ˩	阳去 ˥	入声 ˩	阴平 ˦	阳平 ˧	去声 ˩	去声 ˥	阴平 ˦	阳平 ˧	去声 ˩	去声 ˥	阴平 ˦	阳平 ˧	去声 ˩ 去声 ˥
p	搬		膀	半													
pʻ	潘	盘		胖伴													
m			忙	满													
f	方		防	访放													
t	当		挡	凼													
tʻ	汤塘	躺	趟荡														
n		狼	嗳	浪			娘粮	仰	量								
k	缸		赶	杠						官	管	罐					
kʻ	糠	扛	㼌	看						宽	款						
x	荒	行	晃	汉巷													
ŋ	安	昂		暗岸													
tɕ							江	讲	酱								
tɕʻ							枪强	抢	呛匠								
ɕ							香降	想	向象								
ts	张		长	账													
tsʻ	疮肠	厂	唱状														
s	霜尝	嗓	算上														
z		瓤	壤	让													
ø							央羊	养	映		汪王	往	望				

说明：

凼 [tõ˩]，小坑。

娘 [niõ˦]，表示"母亲"，面称时常读此音，背称可读 [niõ˩]，桂花一带读 [nia˩]。

㼌 [kõ˩]，意为"盖住"：把鸡～在箩笪里里面。

表 2-15 咸宁方言声韵调配合表之十一

韵母	ən	iən	uən	yən
声母	阴平 阳平 上声 阴去 阳去 入声	阴平 阳平 上声 阴去 阳去 入声	阴平 阳平 上声 阴去 阳去 入声	阴平 阳平 上声 阴去 阳去 入声
p	奔 本奔	冰 丙并		
pʻ	膨盆 笨	拼瓶品聘**病**		
m	闷门 焖	名敏 命		
f	分坟粉粪混			
t	瞪等顿	叮 顶钉		
tʻ	①豚 钝	厅亭挺听定		
n	②轮冷愣嫩	灵领 另		
k			滚棍	
kʻ			昆 捆困	
x				
ŋ				
tɕ		金 景进		军 准郡
tɕʻ		亲情寝庆静		春裙蠢
ɕ		心行**醒**姓杏		熏纯瞬训顺
ts	针 整正			
tsʻ	村诚惩秤阵			
s	孙神省胜肾			
z	人忍 认			
ø		因萤引印	温蚊稳颎问	

说明：

① [tʻən˧]，指"用余热煮"：把饭~一下。

② [nən˧]，是河中的一种小鱼：麻骨~。

奔 [pən˧]，跑。[pən˨]，有"努力"义：~命。

病 [pʻiən˧]，是文读音。白读为 [pʻiã˨]。

等 [tən˨]，是文读音。白读为 [tiẽ˨]。

钉 [tiən˧]，是文读音，白读为 [tiã˧]（作名词）或 [tiã˨]（作动词）。

醒[ɕiəŋˇ]，是文读音，用于个别词中，如"坐醒"，意为"干坐着"。白读为[ɕiãˇ]。

頒[uənˇ]，意为"淹没"。《广韵》没韵乌没切："内头水中。"

表 2-16　咸宁方言声韵调配合表之十二

韵母	əŋ	iəŋ	uəŋ	ŋ̩
声母	阴阳上阴阳入 平平声去去声 ˥ ˧ ˦ ˩ ˨ ˥	阴阳上阴阳入 平平声去去声 ˥ ˧ ˦ ˩ ˨ ˥	阴阳上阴阳入 平平声去去声 ˥ ˧ ˦ ˩ ˨ ˥	阴阳上阴阳入 平平声去去声 ˥ ˧ ˦ ˩ ˨ ˥
p	绷　凸蹦崩			
p'	胮朋捧碰埲			
m	蒙蒙猛　梦			
f	风红哄讽奉			
t	东　懂冻①			
t'	通同桶痛洞			
n	聋脓陇　弄②			
k	公　拱③		功　巩贡　⑤	
k'	孔④吭		空　恐空共⑥	
x	哼			
ŋ	哼			
tɕ		⑦窘		
tɕ'		穷　　　共		
ɕ		凶雄　嗅颂		
ts	中　种粽			
ts'	聪重宠铳重			
s	参⑧耸送诵			
z				
ø		拥融勇拥用	翁　⑨	你

说明：这四个韵中，除[ŋ̩]自成音节，只有两个代表字"你嗯"外，其余的口语词较多，使得大量有音无字现象存在。另外，[əŋ]、[uəŋ]韵还有一部分入声字，[ŋ]尾是阳声韵的特征而不是入声韵的特征，这在一定程度上能解释为什么咸宁方言鼻尾韵少且鼻音不明显。

① [təŋˇ]，有"撞、骗"等义：水~得响。不要听别人~。

② [nəŋˇ]，有"做事慢"义：个人做事~得。

③ [kəŋ˧]，表示"往前钻"：在人浪里头只个～。

④ [kʻəŋ˧]，表示"植物的较嫩的一端"：刺～。

⑤ [kuəŋ˥]，有"大口喝"义：喝水只个～。

⑥ [kʻuəŋ˥]，"狗叫"。

⑦ [tɕiəŋ˥]，有"跑"义：不晓得你～哪里去了。

⑧ [səŋ˥]，有"傻、苕"：做个样事情，真～。

⑨ [uəŋ˥]，有"涌动"义：人只个～。

捧 [pʻəŋ˧]，有"飞起、扬起"义：灰只个～。

蒙 [məŋ˥]，是动词，有"盖、穿、隐瞒"义：把桌～倒。[məŋ˧]，用于"发蒙（启蒙）"。

空 [kʻuəŋ˥]，有"中间没有东西"义：屋是～个。[kʻuəŋ˥]，是"空闲"的"空"。

哼 [xəŋ˥]，义同"哼歌"的"哼"。[xəŋ˧]，指"答应，理睬"：人家跟你说话，你要～一声。又有"否定"义：～，我不想去。

拥 [iəŋ˥]，是文读音。[iəŋ˧]是白读音。

（三）音变

语流当中，由于音素之间的互相影响使得音素读音发生改变，这就是语流音变。这种变化有的表现在音段音位上，有的表现在超音段音位（声调）上。在咸宁方言中，语流音变现象并不突出，这里列举几种情况。

1. 连读变调

1.1 叠字变调

在咸宁方言中，某些名词重叠成双音节时，声调有时要发生变化：前一个音节若为阳平调则保持不变，若不是阳平调则要变为阳平调，后一个音节则要变为入声调。例如：

(1) 姐姐：[tɕie˥ tɕie˥] → [tɕie˥ tɕie˧]

(2) 爷爷：[ie˥ ie˥] → [ie˥ ie˧]

(3) 娃娃：[ua˥ ua˥] → [ua˥ ua˧]

此外，大人与咿呀学语的孩子说话时，当提到某人或某物时，若用叠字，也发生此类音变。例如：

(4) 个是桃桃（这是桃子）：[tʻo˥ tʻo˥] → [tʻo˥ tʻo˧]

(5) 来吃鱼鱼：[y˥ y˥] → [y˥ y˧]

(6) 不要打弟弟：[tʻæ˥ tʻæ˥] → [tʻæ˥ tʻæ˧]

当称呼某人时，若用名字中的某个字叠字称呼，也会发生此类音变。例如：

(7) 红红：[fəŋ˩ fəŋ˩] → [fəŋ˩ fəŋ˥]

(8) 桃桃：[tʻo˩ tʻo˩] → [tʻo˩ tʻo˥]

(9) 强强：[tɕʻiõ˩ tɕʻiõ˩] → [tɕʻiõ˩ tɕʻiõ˥]

(10) 乾乾：[tɕʻiẽ˩ tɕʻiẽ˩] → [tɕʻiẽ˩ tɕʻiẽ˥]

被叠字一般是阳平字，个别为上声字（姐）。若被叠字不是阳平字一般不发生变调，如：兵兵（阴平）、分分（阴平）、坤坤（阴平）、辣辣（入声）。被叠字一般是名词性成分，如果不是也不发生变调，如：吹吹打打、嘻嘻哈哈、蹦蹦跳跳、松松垮垮、密密麻麻，个别情况下有变调现象是服从押韵的需要。例如：

(11) 背背驼驼，打酒喝（儿歌）：[tʻə˩ tʻə˩] → [tʻə˩ tʻə˥]。

其他重叠变调现象，如：

(12) "嵌嵌"[kã˩ kã˩] → [kã˩ kã˥]

(13) "早不早"[tso˩ pu˥ tso˩] → [tso˩ pu˥ tso˥]

(14) "雀雀"[tɕʻiə˩ tɕʻiə˥] → [tɕʻiə˩ tɕʻiə˥]

1.2 人称代词作定语时变调

咸宁方言三身代词单数作定语时，要发生变调，"我、你"由上声变为阴去，"伊"由阳平变阴去。例如：

(1) 我→我屋（我家）、我老爷：[ŋə˩] → [ŋə˥]

(2) 你→你娘（你妈妈）、个是你车上的东西：[n̩˩] → [n̩˥]

(3) 伊→伊哥（他哥）、伊娘箇爷箇老弟：[e˩] → [e˥]

1.3 非阴去调变阴去调现象

"撞鬼"中的"撞"由阳去变为阴去：[tsõ˥ kuæ˥] → [tsõ˥ kuæ˥]；"别人屋"中的"人"由阳平变为阴去：[pʻiẽ˥ zən˩ u˥] → [pʻiẽ˥ zən˥ u˥]；"山林"中的"林"由阳平变为阴去：[sã˥ nien˩] → [sã˥ nien˥]。"左手"中的"左"由上声变为阴去：[tso˩ sau˥] → [tso˥ sau˥]。

1.4 其他变调现象

"眼泪"中的"眼"由上声变为阳平：[ŋã˩ næ˥] → [ŋã˩ næ˥]。"胸门前"中的"门"由阳平变为阳去：[ɕiəŋ˥ mən˩ tɕʻiẽ˩] → [ɕiəŋ˥ mən˩ tɕʻiẽ˩]。

2. 轻声儿化

在咸宁方言中，轻声音节非常少，只有几个轻声词。咸宁方言语气词相对较少，没有"吗"和"呢"，虽然有"啊 [ŋa˥]"、"哦 [ŋo˥] 或 [ŋo˧˩]"、"吧 [pa˧˩]"、"啦 [na˥]"，但使用频率极低，即使是用到语气词，咸宁方言也不读轻声；北京话助词"着、了、过、的、地、得、们"等要读轻声，其对应的咸宁方言助词"倒 [to˧˩]、了 [na˧˩]、过 [kuə˧˩]、箇 [kə˥]、箇 [kə˥]、得 [tɛ˥]、都 [tau˥]"一般都不读轻声，"了"偶尔听起来像轻声 [na·]；咸宁方言基本无"子"缀，仅有的几个子缀词中的"子"不读轻声，如：滚子 [tsɿ˧˩]。咸宁方言有一个类似于"子"的名词性后缀："嘞 [ne·]"，一般读轻声，而且都附着在单音节名词性语素后。"头"缀也不读轻声，如：石头 [tʻɛ·]；咸宁方言方位词中表示方位的语素不读轻声；咸宁方言叠音词较少，动词也基本不用重叠式，北京话动词重叠式（VV）在咸宁方言中往往说（V一下），因此，也就不存在叠音词和动词的重叠形式后一音节要读轻声的问题；咸宁方言表示趋向的动词最后一个音节不读轻声；咸宁方言常用的双音节词的第二个音节都不读轻声。

可以说，没有轻声或者说轻声音节不明显也是咸宁方言的特点。这也是咸宁方言词汇在走向多音节化过程中所表现出来的语音特点。

咸宁方言没有儿化韵。咸宁方言中仅有一个"儿缀"词，即"猫儿"。在惊讶"儿"缀何以能在如此狭小的空间中存活下来的同时，我们又在思索：为什么像咸宁方言这样的南方方言基本上都没有"儿"缀词语，而北方方言特别是北京话中的"儿化尾"却很多？詹伯慧等认为："'儿'在北京话和北方各地方言里用得很多、很广……东南各方言里的'儿'总的来说没有北京话和官话方言中那样发达，有的方言里虽有'儿尾'，但语音形式很不相同。"[①] 袁家骅先生也说："'儿'尾在各方言的音值有显著的差别，对前一音节韵母的音色的影响也各不相同。这是因为各方言的语音自成系统，'儿'尾必须服从各自的语音演变规律和语音结构规律。"[②] 我们一直在考虑咸宁方言"儿"缀词语罕见可能与咸宁方言的语音系统有一定

---

① 詹伯慧：《汉语方言及方言调查》，湖北教育出版社，1991年版，第265页。
② 袁家骅：《汉语方言概要》，文字改革出版社，1960年版，第49页。

的联系，当然，这只是一种推测，目前还缺少必要的佐证，限于篇幅，这里不作讨论。

3. 合音

咸宁方言中的合音现象有：

[mæ˧] 霉，表示"什么"的意思，当为"么呢"[mo˩ næ˧] 的合音。北京话中的"你在做什么?"、"说什么?"，若用咸宁方言表达，说慢点是："你在做么呢?"、"说么呢?"，说快点就成："你在做～?"、"说～?"。

[kã̌˧] □，表示"刚好、刚刚"的意思，当为"嵌嵌"[kã̌˧ kã̌˧] 的合音，如：我～说到伊，伊就来了。

[tsæ˩] □，表示"照理"的意思，当为"照理"[tse˩ næ˩] 的合音，当要表达"照理说"的意思时，说快点，就成了 [tsæ˩ ɕye˧]。

[sa˧] □，表示"是不是"的意思，当为"是不是啊 [sɿ˧ pu˩ sɿ˧ ŋa˧]"的合音，如：伊不是好人，你说～?

[iɑ˧] 压，表示"全部、都"的意思，当为"一下 [i˧ xɑ˧]"的合音，如：你都～怪我。

二、语音特点

(一) 音系特点

咸宁方言音系在声韵调诸方面呈现以下特点。

1. 声母

(1) 咸宁方言古全浊声母字，今读塞音、塞擦音时，不论平仄，一般读为送气清音，如：pʻə˩ 婆｜薄 pʻə˧｜驼 tʻə˩｜舵 tʻə˧｜矬 tsʻə˧｜坐 tsʻə˧｜茶 tsʻɑ˩｜查 tsʻɑ˩｜赵 tsʻe˧｜助 tsʻau˧｜巨 tɕʻy˩｜词 tsʻɿ˩｜船 tɕʻyẽ˩｜仇 tsʻu˩｜植 tsʻɿ˧。有少数读不送气清音，属例外，並母例外字有：鲍 po˩｜拔 pɑ˧｜弼 pæ˩｜勃 pə˩｜馞 pə˩｜並 piən˩；定母例外字有：队 tæ˩｜兑 tæ˩｜叠 ti˧｜碟 ti˧｜谍 ti˧｜牒 ti˧｜诞 tã˩｜盾 tən˩｜遁 tən˩｜调 tie˩｜沓 tɑ˩｜邓 tən˩｜笛 tæ˧｜狄 tæ˧；澄母例外字有：赚 tɕyən˩｜箸 tɕy˩｜滞 tsɿ˧。

(2) 咸宁方言不分尖团音，如：酒＝九 tɕiau˩｜尖＝肩 tɕiẽ˧。

(3) 咸宁方言晓匣合口洪音在果摄、宕摄前读 [x]；在其他各摄前皆

读 [f]，与非敷奉不分，如：虎＝府 fu˨｜灰＝飞 fæ˦｜昏＝分 fən˦。

（4）咸宁方言精组洪音与知庄章组开口呼今皆读 [ts tsʻs]，如：子＝指 tsղ˨｜作＝桌 tsə˦｜草＝炒 tsʻo˨｜增＝徵 tsən˦｜总＝种 tsəŋ˨｜素＝数 sau˨。

（5）咸宁方言知庄章组合口今读 [tɕ tɕʻɕ]，跟见系细音相混，如：柱＝巨 tɕʻy˨｜唇＝裙 tɕʻyən˨｜船＝权 tɕʻyẽ˨｜书＝虚 ɕy˦。

（6）咸宁方言来母混入泥母，今声母皆读作 [n]，如：南＝蓝 nã˨｜农＝隆 nəŋ˨｜年＝连 niẽ˨。遇摄个别字读 [∅]，如：女（泥母）＝吕（来母）＝旅（来母）y˨。

（7）咸宁方言影疑两母在开口一等韵前今读 [ŋ]，如：爱 ŋa˨｜艾 ŋa˦｜欧 ŋe˦｜偶 ŋe˨｜安 ŋõ˦｜岸 ŋõ˦；在开口二等韵前大部分今读 [ŋ]，如：牙 ŋa˨｜鸦 ŋa˦，一小部分今读 [∅]，如：乐 iɔ˦｜握 uɔ˦；在开口三四等韵前，影母今读 [∅]，疑母今读 [n]，不混，如：噎 i˦ ≠ 业 ni˦｜约 iɔ˦ ≠ 虐 niɔ˦｜烟 iẽ˦ ≠ 研 niẽ˦。影疑两母在合口字（除果摄一等字外）前今皆读 [∅]，如：污 u˦｜误 u˦｜威 uæ˦｜魏 uæ˦｜意 i˨｜遇 y˦｜央 iõ˦｜愿 yẽ˦。

（8）咸宁方言日母开口字今读 [z]，如：惹 ze˨｜儿 zղ˨｜柔 zau˨｜热 ze˦｜让 zõ˨｜仍 zən˨｜冗 zəŋ˨｜肉 zua˦｜辱 zau˨。日母合口字今读 [∅]，如：如 y˨｜软 yẽ˨｜闰 yən˦｜入 y˦｜润 yən˦｜儒 y˨｜乳 y˨。日母有个别字例外，如：弱 niɔ˦。

2. 韵母

（1）遇摄模韵端系字和鱼虞韵庄组字今读 [au] 韵，跟通入端知系及流摄庄章组字相混，如：素＝兽 sau˨｜楚＝丑 tsʻau˨｜助＝族 tsʻau˦｜杜＝读 tʻau˦。

（2）遇摄三等泥知章日组今读 [y] 韵，跟见系混，如：女＝吕＝与 y˨｜书＝虚 ɕy˦｜柱＝巨 tɕʻy˨｜如＝鱼 y˨。

（3）效摄一二等今读 [o io] 韵，如：保 po˨｜桃 tʻo˨｜炒 tsʻo˨｜搅 ko˨｜好 xo˨｜孝 ɕio˦；三四等今读 [e ie] 韵，如：招 tse˦｜饶 ze˨｜表 pie˨｜聊 nie˨｜消 ɕie˦｜晓 ɕie˨。

（4）流摄一等端见系、三等庄组今读 [e] 韵，跟效摄三等知章组相混，如：奏＝照 tse˨｜愁 tsʻe˨｜口 kʻe˨｜后 xe˦；三等端见系今读 [iau] 韵，如：酒 tɕiau˨｜流 niau˨｜休 ɕiau˨｜幼 iau˦。

（5）咸山两摄舒声开口一等端系字今读 [ã] 韵，如：南 nã˨｜难 nã˨，

见系今读 [õ]，如：干 kõ˧ | 含 xõ˩ | 寒 xõ˩。开口二等见系字今读 [ã] 韵或 [iã] 韵，跟三四等见系字今读 [iẽ] 分划犁然，如：眼 ŋã˩ | 咸 xã˩ | 减 tɕiã˩ ≠ 茧 tɕiẽ˩ | 限 ɕiã˧ ≠ 现 ɕiẽ˧。

（6）山摄舒声一等端系开口今读 [ã] 韵，如：旦 tã˧ | 烂 nã˧；合口今读 [õ] 韵，如：短 tõ˩ | 乱 nõ˧。

（7）臻摄一等开口今读 [ẽ] 韵，如：跟 kẽ˧ | 恩 ŋẽ˧；合口今读 [ne] 韵或 [uən] 韵，如：顿 tən˩ | 存 tsʰən˩ | 昏 fən˧ | 坤 kʰuən˧。

（8）深臻曾梗摄舒声开口三四等知系及日母今皆读 [ən] 韵，今韵尾相混，[-ŋ] 尾多变成 [-n] 尾，如：臻 tsən˧ | 徵 tsən˧ | 贞 tsən˧ | 沉 tsʰən˩ | 陈 tsʰən˩ | 成 tsʰən˩ | 人 zən˩ | 仍 zən˩；帮端见系今读 [iən] 韵，[-ŋ] 尾也多变成 [-n] 尾，如：贫 pʰiən˩ | 瓶 pʰiən˩ | 侵 tɕiən˧ | 津 tɕiən˧ | 丁 tiən˧ | 林 niən˩ | 邻 niən˩ | 陵 niən˩ | 灵 niən˩ | 今 tɕiən˧ | 巾 tɕiən˧ | 京 tɕiən˧ | 经 tɕiən˧。梗摄开口细音舒声字有些有文白两读，文读为 [iən] 韵，白读为 [iã] 韵，常见的文白异读字有"清晴请轻醒饼听钉病命井平坪岭"等。

（9）曾摄舒声一等开口帮端系今读 [əŋ] 韵，如：朋 pʰəŋ˩ | 能 nəŋ˩；见系今读 [ẽ] 韵，如：肯 kʰẽ˩ | 恒 xẽ˩。

（10）山摄入声合口一等见系字今读 [ue] 韵，如：阔 kʰue˧ | 活 xue˧，曾摄入声合口一等见系字今读 [e] 韵或 [ue] 韵，如：或 fe˧ | 国 kue˧。

（11）深臻曾梗摄入声三四等帮端系今皆读 [æ] 韵，如：必 pæ˧ | 逼 pæ˧ | 碧 pæ˧ | 壁 pæ˧ | 立 næ˧ | 栗 næ˧ | 力 næ˧ | 历 næ˧。

（12）通摄入声明母字今读 [ə] 韵，如：木 mə˧ | 目 mə˧ | 穆 mə˧，其他帮系字今读 [u] 韵，如：扑 pʰu˧ | 服 fu˧；端知系及日母今读 [au] 韵，如：读 tʰau˧ | 鹿 nau˧ | 六 nau˧ | 绿 nau˧ | 足 tsau˧ | 竹 tsau˧ | 烛 tsau˧ | 肉 zau˧。

3. 声调

（1）咸宁方言的平声分阴阳，分化的条件是古音声母的清浊（含次浊）：古清声母平声字今读阴平，古浊声母平声字今读阳平。有少数例外字，如："跑"，古为全浊声母平声字，今读上声；"玻"，古为次浊声母平声字，今读阳去。

（2）咸宁方言去声也分阴阳，分化的条件是古音声母的清浊（含次浊）：古清声母去声字今读阴去；古浊声母去声字今读阳去。古全浊声母去声字有少数例外，如："召、逗"，今读阴平；"驮"，今读阳平。古次浊声母去声字也有极少数例外字，如："溜"，今读阴平；"饵"，今读上声。

（3）古全浊声母上声字今读阳去，也有少数例外字，如："诞、键"，今读阴去；"苎"，今读阳平。

（4）今入声调短急高促，但无塞音尾。咸宁方言中，保留入声的主要是古清声母入声字、次浊声母入声字，清入有一小部分归阴去，全浊入声有部分转归其他调类，其中转阳去者居多，其次是阳平。这些例外字是：清声母入声字今归阴去的有"窒试拭闭错忆亿"；归阴平的只有"腌"字。浊声母入声字转阳去的有"食石族独续蜀属熟"；转阳平的有"滑猾斛"；转阴去的有"炸剧式"；转阴平的有"屐"。

（二）文白异读

咸宁方言存在比较突出的文白异读现象。咸宁方言中的文白异读，有的只涉及声母或韵母；有的既涉及声母，又涉及韵母；还有的涉及声、韵、调三个方面。下面将文白异读字分类列举，先列例字，次列文读音，后列白读音。

1. 声母不同

文读声母为 [tsʻ]，白读声母为 [ts]。例如：翅膀 tsʻ˧˥/tsˤ˥；文读声母为零声母，白读声母为 [n]。例如：艺术 i˧/ni˧；文读声母为 [f]，白读声母为 [pʻ]。例如：伏 fu˧/pʻu˧；文读声母为 [x]，白读声母为 [f]。例如：欢喜 xõ˧/fõ˧；文读声母为 [tɕ]，白读声母为 [tɕʻ]。例如：年纪 tɕi˥/tɕʻi˥；文读声母为 [s]，白读声母为 [tsʻ]。例如：约束 sau˥/tsʻau˥；文读声母为 [ɕ]，白读声母为 [tɕʻ]。例如：像 ɕiõ˧/tɕʻiõ˧、袖 ɕiau˥/tɕʻiau˥、续 ɕiau˧/tɕʻiau˧。

北京话中，"翅"的声母是送气清音，咸宁方言白读音是不送气清音，为了与北京话找到相似点，文读音读成送气清音。"伏"单用时一般读白读音，清代学者钱大昕提出"古无轻唇音"，这在咸宁方言中得到了充分证明。"伏"在"埋伏"、"伏击"之类的词中读文读音。"欢"在咸宁方言中白读声母是 [f]，符合咸宁方言语音"晓匣合口洪音在果摄、宕摄前读 [x]；在其他各摄前皆读 [f]，与非敷奉不分"的规律，为与北京话语音相接近，文读音声母改读 [x]。"像"单用时既可读白读音也可以读文读音，当它与"好"连用表示"特别像"的意思时（注意：这里"好像"是短语，不是词），更多地读成白读音，而在"好像"一词中，则较多地读成文读音。

2. 韵母不同

2.1 文读韵母为 [ʅ]，白读韵母为 [a]。例如：米达尺 tsʰʅ˧/tsʰa˧、火石 sʅ˩/sa˧、赤卫队 tsʰʅ˧/tsʰa˧。

与白读音相比，文读音在读音上与北京话语音更加接近。以上三个词语，除"米达尺"中的"尺"文白两可外，其他两个词语中的"石"和"赤"一般都只能读文读音。

2.2 文读韵母为 [uə]，白读韵母为 [ə]。例如：科学 kʰə˧/kʰuə˧、课文 kʰə˩/kʰuə˩、姓郭 kə˧/kuə˧。

这三对文白读音界限已经模糊，很多人已经分不出自己到底是在读文读音还是白读音。

2.3 文读韵母为 [e]，白读韵母为 [a]。例如：惹 ze˩/za˩、麦乳精 me˧/ma˧、舍得 se˩/sa˩、球拍 pʰe˧/pʰa˧、射击 se˧/sa˧、客气 kʰe˧/kʰa˧、金额 ŋe˧/ŋa˧。

以上七个词语，"惹、麦乳精、舍得"中的"惹、麦、舍"文白两可，而"球拍、射击、客气、金额"中的"拍、射、客、额"只能读文读音。

2.4 文读韵母为 [ie]，白读韵母为 [ia]。例如：爷爷 ie˩/ia˩、夜晚 ie˧/ia˧、姐姐 tɕie˩/tɕia˩、书写 ɕie˩/ɕia˩。

咸宁"爷爷、姐姐"原本分别称作"爹、哥"，受北京话影响，开始出现"爷爷、姐姐"的称呼方式，前一个字读白读音，后一个字有连读音变现象，分别读作：爷 [ie˧]、姐 [tɕie˧]。

2.5 文读韵母为 [ən]，白读韵母为 [ã]。例如：冷气 nən˩/nã˩、争论 tsən˧/tsã˧、门诊 tsən˧/tsã˧、响声 sən˧/sã˧。

咸宁人治病一般说 [tsã˧ pʰiã˩]，很多人不知道 [tsã˧] 的本字其实就是"诊"，不过在"门诊"一词中，"诊"只能读文读音。

2.6 文读韵母为 [iən]，白读韵母为 [iã]。例如：水平 pʰiən˩/pʰiã˩、明日 miən˩/miã˩、命运 miən˧/miã˧、钉 tiən˧/tiã˧、领导 niən˩/niã˩、岭 niən˩/niã˩、颈 tɕiən˩/tɕiã˩、井 tɕiən˩/tɕiã˩、青年 tɕʰiən˧/tɕʰiã˧、清楚 tɕʰiən˧/tɕʰiã˧、邀请 tɕʰiən˩/tɕʰiã˩、引擎 tɕʰiən˩/tɕʰiã˩、星 ɕiən˧/ɕiã˧、坐醒 ɕiən˩/ɕiã˩。

"水平、命运、领导、清楚、引擎"中的"平、命、领、清、擎"一般只能读文读音。"钉"读 [tiã˧] 时是名词，有对应的文读 [tien˧]，读 [tiã˩] 时是动词，没有对应的文读音。当说到"岭、井、星"时一般要读文读音。此外，还有一个零声母字"影"在咸宁方言中也有文白两读，白读 [iã˩]，而在"电影"一词中只能读 [iən˩]。

2.7 文读韵母为 [æ]，白读韵母为 [ɑ]。例如：壁画 pæ˧/piɑ˧、地板 tʻæ˧/tʻiɑ˩、踢球 tʻæ˧/tʻiɑ˧、屋脊 tsæ˧/tɕiɑ˧。

"壁、地、踢"单用时文白两可，但在"壁画、地板、踢球"中一般只能读文读音。"屋脊"中的"脊"文白两可。

2.8 文读韵母为 [y]，白读韵母为 [yæ]。例如：吹牛 tɕʻyæ˧/tɕʻy˧、锤 tɕʻyæ˩/tɕʻy˩、捶 tɕʻyæ˩/tɕʻy˩、水平 ɕyæ˩/ɕy˩。

"吹"单用或在"吹火、吹气"等词中文白两可，但在"吹牛"中只能读文读音，"水平"中的"水"也只能读文读音。"锤、捶"文白两可。

2.9 其他不成系统的文白异读。例如：么呢 ni˧/næ˧、役 i˧/y˧、防疫 i˧/y˧、诚恳 kẽ˩/kã˩、开垦 kẽ˩/kã˩、菊花 tɕy˧/tɕiɑu˧、骨 ku˧/kuæ˧、书生 səŋ˧/sã˧、潘 pũ˧/põ˧、选择 ɕyẽ˩/ɕiẽ˩、永远 iəŋ˩/yən˩、温泉 tɕʻyẽ˩/tɕʻiẽ˩、完全 tɕʻyẽ˩/tɕʻiẽ˩、孔夫子 kʻuəŋ˩/kʻəŋ˩、鸡公 kʻuəŋ˧/kəŋ˧、包含 xõ˩/xã˩、换 xuõ˧/xõ˧、梗 kẽ˩/kuã˩。

"书生、孔夫子"中的"生、孔"一般只能读文读音，说到一个人的生日时，往往单说一个"生"，如：今日是我箇生。这里的"生"读白读音，若"生、日"连用，则"生"往往要读文读音。咸宁人说"鸡公"时，"公"文白两可，若说"公鸡"，"公"一般读文读。"潘"作姓时文白两可，若说到地名"潘家湾"，"潘"一般读文读音。其余的几个一般文白两可。

3. 声韵皆不同

3.1 有些古牙喉音字，文读音声母为 [tɕ、tɕʻ、ɕ、ø]，韵母有介音 [i]；白读音声母为 [k、kʻ、x、ŋ]，韵母无介音 [i]。

3.1.1 文读韵母为 [iɑ]，白读韵母为 [ɑ]。例如：自家 tɕiɑ˧/kɑ˧、姓贾 tɕiɑ˩/kɑ˩、出嫁 tɕiɑ˩/kɑ˩、驾驷 tɕiɑ˩/kɑ˩、牙膏 iɑ˩/ŋɑ˩。

咸宁"自家"意为"自己"，"家"读白读音，而在"家庭"等中一般只能读文读音。咸宁用"驾驷"表示"开始"义，其中"驾"一般读白读音，而在"驾驶"一词中，"驾"一般读文读音。"牙"单说或在"牙齿"一词中文白两可，但在"牙膏"一词中只能读文读音。

3.1.2 文读韵母为[io]，白读韵母为[o]。例如：搅动 tɕioˇ/koˇ、教书 tɕioˉ/koˉ、敲 tɕʰioˉ/kʰoˉ。

3.1.3 文读韵母为[ia]，白读韵母为[a]。例如：解放 tɕiaˇ/kaˇ、老蟹 ɕiaˇ/kʰaˇ。这里"蟹"的白读声母是[kʰ]，对应的文读声母却是[ɕ]，而不是[tɕʰ]。

3.1.4 文读韵母为[iã]，白读韵母为[ã]。例如：艰难 tɕiãˉ/kãˉ、中间 tɕiãˉ/kãˉ。

3.2 文读声母是[ɕ]，韵母是[y]，白读声母是[s]，韵母是[æ]。例如：必须 ɕyˉ/sæˉ、需要 ɕyˉ/sæˉ、叙述 ɕyˉ/sæˉ、头绪 ɕyˉ/sæˉ、顺序 ɕyˉ/sæˉ。

3.3 文读声母是[z]，韵母是[əŋ]，白读声母是[ø]，韵母是[iəŋ]。例如：戎事 zəŋˇ/iəŋˇ、毛绒 zəŋˇ/iəŋˇ、光荣 zəŋˇ/iəŋˇ。

3.4 文读声母是[x]，韵母是[õ]，白读声母是[ø]，韵母是[uõ]。例如：黄 xõˇ/uõˇ、蚂蟥 xõˇ/uõˇ。

3.5 文读声母是[x]，韵母有介音[u]，白读声母是[f]，韵母无介音[u]。例如：或者 xueˉ/feˉ、宦官 xuãˉ/fãˉ。

3.6 其他声韵不成系统的文白异读。例如：入 yˉ/zɿˉ、菜梗 kẽˇ/kuãˇ、项目 ɕiõˉ/xõˉ、锡 sæˊ/ɕiaˊ、卧铺 uəˉ/ŋəˉ、共 kʰuəŋˉ/tɕʰiəŋˉ、空闲 ɕiãˇ/xãˇ、聚 tɕʰyˉ/tsæˉ、外头 uaˉ/ŋaˉ。

4. 声调不同

例如：自 tsʰɿˉ/tsʰɿˉ、指 tsɿˇ/tsɿˊ。

咸宁方言中通过改变声调来体现文白异读的方言词很少，目前仅见"自、指"两个。周边其他言如通山方言、阳新方言，声调不同的文白异读也很少（阳新：十、拾、耳、凿，通山：柄、溜、瞄）[①]。

总的来说，咸宁方言的文读音和白读音大多数可以任意变读，同一个词可以用两种读音去读，用文读音多少带点"文雅"的色彩，用白读音则

---

① 黄群建：《阳新方言志》，中国三峡出版社，1995年版，第38页；《通山方言志》，武汉大学出版社，1994年版，第55页。

比较通俗，如"家"在"人家"一词中既可读文读音［tɕiɑ˧］，也可读白读音［kɑ˧］，有时，文白两读分别用于书面语词和口语词，不能自由变读，如"地"单念时既可文读也可白读，在"地上"这个词组中也可变读，但在"地板"一词中，只能读文读音［tʻæ˦］而不能读白读音［tʻiɑ˦］。个别字的文白读出现的环境各不相同，完全不能变读，如"吹牛尿"和"吹气"中的"吹"就只能分别用文读音和白读音去读。

文白异读现象不是孤立的、散乱的语言现象，而是成系统的、有规律的语言现象。就语音而言，文读音与白读音之间一般存在比较规则的对应关系，无规则的文白异读是比较少的；就词汇而言，文白异读与词语的性质密切相关，并非所有的方言词语都有文读音。一般来说，只有记录新生事物的新词新语、相对庄重典雅的词语（大多涉及政治、经济、文化各方面）才有可能产生文读音。

文白异读是个动态变化的过程，旧文读变成新白读，新文读取代旧白读，既是方言语音演变的表现形式之一，也是方言语音演变的推动力之一。由于受共同语的影响，咸宁方言白读音的使用范围有逐渐缩小的趋势，一些青少年对某些白读音已经有了陌生感。

（三）新老派异读

由于社会的发展和方言自身的发展演变，咸宁方言在不同的历史时期语音面貌已经有了不同，从同一时间段来看，就表现为新老派异读。主要反映在单音字的声母和韵母上，有的还同时表现在声韵上。新老派异读和文白异读有着内在的联系，一般来说，新派读法往往跟文读音相联系，而老派读法往往与白读音相联系。

1. 声母异读

老派声母读［f］，新派声母读［x］，例如：欢 fõ˧/xõ˧、方 fõ˧/xõ˧；老派声母读［s］，新派声母读［tsʻ］，例如：常 sõ˩/tsʻõ˩；老派声母读［n］，新派声母读零声母，例如：艺 ni˧/i˧。

2. 韵母异读

老派韵母读［y］，新派韵母读［i］，例如：疫 y˧/i˧；老派韵母读［uə］，新派韵母读［ə］，例如：课 kʻuə˦/kʻə˦、棵 kʻuə/kʻə、科 kʻuə˧/kʻə˧；老派韵母读［iɑu］，新派韵母读［y］，例如：菊 tɕiɑu˧/tɕy˧。

3. 声韵异读

老派声母读 [f]，韵母读 [e]，新派声母读 [x]，韵母读 [ue]，例如：或 fe˧/xue˧；老派声母读 [s]，韵母读 [æ]，新派声母读 [ɕ]，韵母读 [y]，例如：须 sæ˧/ɕy˧、序 sæ˨/ɕy˨；老派声母读 [z]，韵母读 [ɿ]，新派声母读零声母，韵母读 [y]，例如：入 zɿ˥/y˥；老派声母读 [ɕ]，韵母读 [iəŋ]，新派声母读 [s]，韵母读 [əŋ]，例如：诵 ɕiəŋ˧/səŋ˧；老派声母读零声母，韵母读零声母，新派声母读 [z]，韵母读 [əŋ]，例如：荣 iəŋ˨/zəŋ˨、绒 iəŋ˨/zəŋ˨。

三、同音字汇

凡　例

（1）本表收录咸宁方言大部分用字，力求反映方言特色。

（2）本表先按韵母分类，同韵字再按声母排列，同声同韵字再按声调排列。同调字按使用频率由高而低排列。韵母的顺序如下：

ɿ	i	u	y	ɑ	iɑ	uɑ	yɑ	o
io	ə	iə	uə	e	ie	ue	ye	a
ia	ua	ya	æ	uæ	yæ	au	iau	ũ
iã	uã	yã	ẽ	iẽ	yẽ	õ	iõ	uõ
ən	iən	uən	yən	əŋ	iəŋ	uəŋ	n̩	

声母的顺序如下：

p	pʻ	m	f	t	tʻ	n	ts	tsʻ
z	tɕ	tɕʻ	ɕ	k	kʻ	ŋ	x	ø

声调的顺序如下：

阴平	阳平	上声	阴去	阳去	入声
44	31	42	213	33	55

（3）字有多读的，分记多处，用阿拉伯数字上标，如：只[1]。

(4) 少数需要说明的，在字后用六号字体注明义例，例中用"～"代替原字。

(5) 凡单字有意义且难懂的，直接注明意义；凡单字无意义或意义不明显的，则先组词后注释。

(6) 有文白异读的，字下加单线表示白读音，字下加双线表示文读音。

(7) 有新旧区别的，字下加单浪线表示老读音，字下加双浪线表示新读音。

(8) 本表不用同音代替字或训读字，有音无字的或本字暂无考的用"□"标记。

(1) ɿ

ts [44] 自吱芝支枝□揸蜘　　　　　　　　殖蛰
　　　　肢姿脂胭~兹滋资咨　　　　　[55] 潰冰冷秩斥赤叱掷尺
　　　　恣辎淄孜知之孳　　　　　s [44] 厕思私尸司丝撕师蛳狮诗
　　[42] 籽姊紫止址趾纸栀梓只¹~　　　　　施斯
　　　　有旨指¹~点脂~肪子仔秭　　[31] 时匙蒔菜梗
　　[213] 志痣翅智置制至致窒稚　　[42] 死屎始史使驶矢
　　[55] 只²单用常读此音炙¹~肉汁　　[213] 四泗世式试拭轼弑势肆
　　　　指²~头职织帜执挚质滞　　[33] 十鼓事实是什拾食示已伺
ts' [44] 摛伸痴眙看疵眦蚩雌　　　　　　　士仕誓似嗜氏寺侍恃市视
　　[31] 糍磁祠池瓷饲伺词慈弛驰　　　　　石蚀
　　　　持迟辞　　　　　　　　　[55] 室湿适识失逝释饰
　　[42] 耻齿侈□塞给，把东西~得　z [31] 而儿
　　　　你此　　　　　　　　　　[42] 耳饵尔
　　[213] 刺次茨翅饬敕　　　　　　[33] 二贰
　　[33] 字治柿直俟自~从值植　　　[55] 日入

(2) i

p [44] 躄鞋穿得不正　　　　　　　[55] 屄
　[42] 癟秕　　　　　　　　　p' [55] 别撇鳖

m [55] 灭蔑篾搣用手分糸~屑：
       啰嗦
t [44] 爹嘀
   [55] 跌迭叠喋
t' [55] 铁贴页帖蝶谍牒碟
n [44] 呢
   [31] 泥疑宜尼仪倪妮
   [42] 拟蚁你
   [33] 义议毅艺
   [55] 业孽列烈裂捏聂劣猎
       镊咧臬
tɕ [44] 几¹茶~饥肌讥机基鸡箕姬
       羁稽
   [42] 几²~多麂己纪¹~律戟
   [213] 记寄继计季既系²拴冀妓
   [55] 急节接揭级吉劫结激疖截
       洁圾秸
tɕ'[44] 期欺溪

[31] 奇骑其旗棋圻祈茄蕖
[42] 启起纪²年~岂技企
[213] 气汽器弃
[33] 徛站及极忌
[55] 切乞迄讫
ɕ [44] 希稀浠牺嘻曦熙溪
[31] 涎旋邪
[42] 喜禧
[213] 戏
[33] 系¹提手
[55] 血雪歇屑楔协吸薛穴泣
ø [44] 衣依医伊倚
[31] 移姨夷遗贻怡痍
[42] 椅以已矣
[213] 意亿忆屹癔
[33] 易异□撒□~头：开端艺
[55] 一壹益噎叶译揖翼逸乙液
    亦邑溢驿佚不实役疫

(3) u

p [42] 补
   [213] 布怖
   [55] 不
p' [44] 捕铺¹表动作
   [31] 葡菩朴¹~刀潜液体沸腾漫出
       荸蒲
   [42] 普圃气流从双唇间冲出谱噗
       埔圃浦甫
   [213] 铺²店~

[33] 步部伏埠匍
[55] 卜¹算扑朴²~素仆瀑曝
f [44] 夫肤敷俘呼麸虎¹马~孚
[31] 壶糊湖斧符扶胡湖蝴狐弧
    乎葫斛芙乎和嬴牌猢
[42] 府俯腐釜抚虎²老~浒甫
    辅唬
[213] 付附富咐副赴驸赋戽~水
    负¹正~

	[33] 父妇负²~气伏埋~互护袱户服沪		[213] 裤裤
	[55] 复腹福辐幅忽拂覆		[33] 咕埋怨□下沉
			[55] 哭酷窟
k	[44] 姑菇辜孤箍	ø	[44] 乌呜污巫诬坞
	[42] 古估鼓牯公牛股		[31] 吴无梧蜈芜
	[213] 故固顾雇		[42] 五伍午武舞侮戊鹉
	[55] 谷骨		[213] 恶¹厌~
k'	[44] 枯鈷~饼		[33] 务雾悟误晤
	[31] 葫跍蹲		[55] 屋物龌~龊
	[42] 苦		

(4) y

tɕ	[44] 猪朱蛛株居诸诛珠拘		[31] 徐殊
	[42] 举主煮		[42] 水暑鼠许栩
	[213] 据句注锯驻剧铸		[213] 恕庶署成
	[55] 局桔菊		[33] 术述树睡竖叙绪序
tɕ'	[44] 吹区驱枢	ø	[44] 于迂淤瘀
	[31] 拳锤杵捶除渠储厨苎		[31] 余鱼渔愚娱如芋儒舆盂萸隅虞竽
	[42] 处¹~理拄		[42] 雨女羽铝与语乳旅吕予禹汝宇屿
	[213] 去过~：以前处²到~		[33] 裕誉遇预愈愉喻逾
	[33] 柱具俱住巨距拒苣		[55] 玉役疫域入钰扝使弯曲
	[55] 出屈		
ɕ	[44] 输舒书虚抒嘘须		

(5) ɑ

p	[44] 巴¹尾~粑疤芭笆叭		[55] 爸八伯柏胈裂开□跨步拔跋
	[42] 把¹动词：给屄屎靶	p'	[44] 趴
	[213] 坝霸把²介词，兼"把"和"被"的功能		[31] 爬耙¹用于梳理的家具，有长柄（杷）扒（弄）琶巴²下~

	[213] 怕		[42] 扯□不正
	[33] 罢耙²碎土、平地的农具 白颜色		[213] 岔
	[55] 拍拔跋酦酿酒		[33] 杂遮²遮挡使不入莅一~雨
m	[44] 妈㧥抓:~灰		[55] 拆尺察坼裂开赤
	[31] 麻蛮蚂蟆	s	[44] 沙赊牟母牛挲散开衫纱
	[42] 马码		[31] 蛇佘
	[33] 骂		[42] 舍傻洒撒□语气词，和"了"连用，表示"完了"
	[55] 麦抹		
f	[44] 花		[213] 晒
	[31] 华滑划桦猾		[33] 石射¹
	[213] 化		[55] 萨靸射²点亮、传染
	[33] 话罚乏画伐筏	z	[42] 扰惹
	[55] 发（發）¹出~法	k	[44] 家稼枷架¹双脚夹住脖子坐着肩头上
t	[42] 打		
	[55] 答搭沓遢瘩		[42] 贾嘎
t'	[44] 他她它		[213] 驾架²垫起、放置嫁
	[33] 踏¹脚~		[55] 夹旮胛
	[55] 达塔踏²~实塌揭褐挞	k'	[44] 搭（掆）(用虎口)~脖子
n	[44] 拉垃		[31] 蛤牛跨
	[31] 拿哪¹~里		[42] 卡
	[42] 喇了¹表完成		[213] 胯¹阴部
	[213] 哪²~个		[55] 客掐~菜薹甲¹指~
	[55] 腊纳蜡旯邋呐	ŋ	[44] 阿桠鸦
ts	[44] 渣楂遮¹盖		[31] 牙~齿芽蚜
	[213] 炸榨蔗诈奓张开		[42] 哑
	[55] 隻窄炙²烤:~火摘扎眨闸铡札		[55] 额鸭压押轧轧
		x	[44] 虾哈¹~~大笑
ts'	[44] 差叉车		[42] 哈²傻
	[31] 茶搽查		[33] 下

[55] 吓

(6) ia

| p [55] 壁 | [55] 脊甲²~乙 |

p [55] 壁　　　　　　　　　　[55] 脊甲²~乙
pʻ [42] □淡而无味　　　　　　tɕ [55] 喫恰洽
　　[55] 劈　　　　　　　　　ɕ [31] 斜霞邪
tʻ [33] 地¹扫~　　　　　　　　[42] 写
　　[55] 踢缔系　　　　　　　[213] □煮~了
n [31] □酸痛　　　　　　　　[33] 匣夏厦
　　[42] □歪、斜　　　　　　 [55] 狭锡瞎，~说
　　[213] □撒娇　　　　　　ø [44] 丫爷¹叔,细~
　　[55] 栎搩去汁水□屙，~鸡屎　　[31] 芽牙~膏爷²父亲,引称蚜
tɕ [44] 加家佳嘉稼　　　　　　[42] 也野雅
　　[42] 贾假姐　　　　　　　[213] 亚
　　[213] 借价嫁架³打~驾　　　[33] 夜

(7) ua

k [44] 瓜呱　　　　　　　　　[213] 化
　　[42] 寡剐　　　　　　　　[33] 画划²剖开话
　　[213] 挂褂卦　　　　　　 [55] 划³搅,~糊
　　[55] 括刮□聊天　　　　ø [44] 蛙剜
kʻ [44] 夸　　　　　　　　　　[31] 娃
　　[42] 垮胯²大~　　　　　　[42] 瓦
　　[213] 跨　　　　　　　　 [213] 洼凹
x [44] 花　　　　　　　　　　[55] 搲舀
　　[31] 华桦滑猾划¹~船

(8) ya

tɕ [44] 抓　　　　　　　　　ɕ [44] 靴

	[55] □剔除□灵活		[213] □喊
ø	[44] □哭，特指小孩的哭		[55] □吐，小孩吃奶打~

(9) o

p	[44] 包苞胞褒		[33] 闹唠用药物毒死
	[42] 保宝饱堡	ts	[44] 糟遭
	[213] 报豹凸鲍齙门齿外凸		[42] 早找爪澡枣
p'	[44] 抛泡¹卖弄，发~、类似草莓的野生浆果		[213] 灶躁燥罩
		ts'	[44] 抄钞操
	[31] 袍狍		[31] 曹槽嘈巢□猪饿了，在发~，疑为"嘈"
	[42] 跑		
	[213] 炮爆泡² 水~		[42] 草吵炒
	[33] 抱刨暴雹菢孵小鸡		[213] 造糙伅刚长大的家畜槽碰，不要~
m	[44] 猫孖¹□霉，生~		
	[31] 毛茅锚矛		[33] 皂
	[42] 冇² 疑问句中，有~得？卯铆么	s	[44] 臊骚梢捎
			[42] 嫂扫稍
	[213] □没有牙齿的人吃东西		[213] 哨潲
	[33] 冒帽貌	k	[44] 高膏糕跤篙
t	[44] 刀		[42] 搞稿搅
	[42] 岛捣倒		[213] 告窖玟教：~书□种
	[213] 到	k'	[44] 敲
t'	[44] 滔蹈韬涛掏绦		[42] 考拷烤
	[31] 淘陶桃逃		[213] 铐靠
	[42] 讨导	ŋ	[44] 嗷仰，抬头
	[213] 套绹拴、捆		[31] 熬遨
	[33] 道盗稻		[42] 袄拗把椅~起来，即把椅的前脚抬起来，人体往后稍仰
n	[44] □打~，猪吃食时留下粗食□收拾，~衣		
			[213] 奥厉害，小王蛮~嘞懊澳坳
	[31] 捞涝牢捞~篱，用来从油锅中捞取食物的网状器具		[33] 傲
		x	[44] 蒿薅~草
	[42] 老佬脑垴恼姥		[31] 豪嚎毫

	[42] 好¹形容词，坏的反义		[33] 号浩
	[213] 好²动词，喜欢耗		

(10) io

tɕ	[44] 交郊蕉胶		[42] 巧
	[42] 缴搅饺剿	ɕ	[31] 淆酵
	[213] 较教~室		[213] 孝哮
tɕ'	[44] 敲		[33] 校效行、能干

(11) ə

p	[44] 波菠玻		[31] 驼坨柁砣铎陀
	[42] 跛		[42] 妥椭挼低垂
	[213] 播簸		[213] 唾
	[55] 博剥驳膊搏渤		[33] 舵度踱惰择选□盖子，锅~
p'	[44] 坡		[55] 托庹两臂伸开的距离
	[31] 婆	n	[44] 啰挼用手搓揉
	[42] 颇剖		[31] 罗箩逻锣萝挪
	[213] 破		螺骡脶手指上圆形指纹
	[33] 薄		[42] 裸卵男阴
	[55] 勃		[33] 懦糯
m	[44] 摸¹偷偷~~么		[55] 络洛落烙骆乐
	[31] 模膜馍魔磨¹折~	ts	[44] □尖状物扎人
	[42] 母姆拇		[42] 佐左
	[33] 墓磨²石~幕暮募		[55] 作桌濯捉酌泥
	[55] 木摸²碰触莫睦目穆	ts'	[44] 搓
t	[44] 多□滚动		[213] 错挫锉措
	[42] 朵垛躲		[33] 坐着凿昨座
	[213] 剁堕		[55] 戳
	[55] 涿量词，滴、堆汋滴下、淋剫捔	s	[44] 梭□飞快地爬，蛇~了过去
			[42] 所锁琐嗾使唤狗唆
t'	[44] 拖掇拿		[55] 嗍吸硕索

k   [44] 哥歌戈个¹量词   [42] 我
    [213] 个²这   [33] 饿卧
    [33] 箇相当于结构助词"的"   [55] 恶讹
    [55] 各阁合¹量词鸽角葛郭咯母   x   [44] 呵
          鸡叫声   [31] 河何禾和荷□~溜，搔痒
k' [44] 棵颗科柯   [42] 火伙
    [42] 可   [213] 货□骗
    [213] 课   [33] 合²盒贺祸
    [55] 壳扩磕瞌确¹的~嗑敲击头部 [55] 喝霍鹤豁盍蠚虫、纤维等刺
ŋ   [31] 俄娥蛾鹅   激物引起皮肤不适

(12) iə

n   [55] 略掠弱疟虐   ɕ   [33] 学
tɕ [55] 脚觉角嚼   ø   [55] 削
tɕ' [55] 雀确²~实却榷鹊   [55] 约药跃岳乐

(13) uə

k   [44] 锅恭~贺   x   [213] 货
    [42] 果裹   [213] 课
    [213] 过   ø   [44] 窝涡蜗倭屙莴
    [55] 郭   [33] 卧
k' [44] 窠科   [55] 握沃煠热、烫

(14) e

p   [55] 北百钵拨柏伯   [33] 茂贸
p' [33] 白明~卜   [55] 末墨默脉麦
    [55] 追魄帕拍球~泼   f   [31] 浮蜉
m   [31] 牟眸谋   [42] 否缶
    [42] 某亩   [33] 或活获惑
    [213] 哞唤牛   t   [44] 逗兜裤~蔸篼

	[42] 斗量词，名抖陡		[42] 少舍¹～得㮇耕田，～田
	[213] 斗动词，～鸡		[213] 舍²宿～瘦
	[55] 德得		[33] 社舌射²折～本
t'	[44] 偷		[55] 设塞色涉瑟涩虱
	[31] 头投	z	[31] 绕饶
	[213] 透敨展、抖		[42] 惹
	[33] 特¹～别夺豆痘窦		[55] 热
	[55] 脱忒特²～殊	k	[44] 勾沟钩
n	[44] 唎名词后缀，相当于"子"		[42] 狗㖞苟枸
	□翻动		[213] 锯够购构
	[31] 楼娄		[55] 革格隔葛割胳
	[42] 搂篓缕	k'	[44] 抠¹用手指甲抓挠
	[213] □～不过，精力过剩		[213] 扣寇
	[33] 漏陋		[55] 克刻客
	[55] 勒肋捋	ŋ	[44] 欧殴鸥抠²挖
ts	[44] 昭招朝		[42] 偶藕呕
	[42] 者走□撒娇，发～		[213] 沤怄
	[213] 照		[55] 扼呃额
	[55] 折¹～断哲则责仄啄褶	x	[44] 齁喉管发出的声音
ts'	[44] 超□往前推		[31] 侯猴喉
	[31] 愁朝潮		[42] 吼
	[213] 奏凑		[213] □哮喘
	[33] 择泽赵宅贼		[33] 后候厚
	[55] 策册撤澈厕		[55] 黑核赫
s	[44] 搜烧馊□笑	ø	[31] 伊第三人称代词
	[31] 苕绍勺芍		

(15) ie

p	[44] 标镖彪膘焱飙飞射	p'	[44] 飘漂¹浮
	[42] 表裱婊		[31] 嫖瓢
			[213] 漂²用水浸泡票

m　[44]　瞄¹一般地看　　　　　　　[213]　叫用于询问姓名
　　[31]　苗描瞄²～准　　　　tɕ'　[44]　悄锹跷翘
　　[42]　秒渺藐杳　　　　　　　　[31]　乔桥樵翘
　　[33]　庙妙　　　　　　　　　　[42]　撬□语气词，表示否认
t　[44]　刁叼雕　　　　　　　　　[213]　峭俏鞘去²过～，动词□弯
　　[42]　鸟□拐，你蛮～　　　　　[33]　轿绝杰捷
　　[213]　吊掉调¹～查钓碉　　ɕ　[44]　霄肖消销硝逍嚣
t'　[44]　挑　　　　　　　　　　　[42]　小晓写
　　[31]　条调²～整迢　　　　　　[213]　笑泻卸
　　[213]　跳眺籴　　　　　　　　[33]　谢
n　[31]　辽疗僚嘹燎撩聊　　　ø　[44]　耶椰妖幺腰邀
　　[42]　鸟了²完，动词　　　　　[31]　摇谣瑶遥窑姚爷
　　[33]　廖谬尿¹屙～料□补，～衣服　[42]　也
tɕ　[44]　焦礁娇骄浇椒　　　　　[213]　要缥捆东西的绳
　　[42]　姐　　　　　　　　　　　[33]　耀夜

(16) ue

k　[55]　国蝈聒声大扰人　　　　x　[33]　活获或惑
k'　[55]　阔

(17) ye

tɕ　[55]　决诀抉揭蹶　　　　　ɕ　[55]　说
tɕ'　[42]　瘸拐折断　　　　　　ø　[44]　曰
　　[55]　缺阙　　　　　　　　　[55]　月阅越粤悦

(18) a

p　[44]　□～人，整人　　　　　　[213]　派□分，～箧
　　[42]　摆　　　　　　　　　　　[33]　败稗
　　[213]　拜湃　　　　　　　m　[31]　埋
　　[55]　八捌　　　　　　　　　[42]　买
p'　[31]　排徘牌　　　　　　　　[33]　卖

	[55] □语气词，~看啦		[55] 擦
f	[31] 怀淮槐	s	[44] 筛鳃腮塞垫
	[33] 坏		[42] 洒
	[55] 发（髮）²头~		[213] 赛帅率蟀
t	[44] 呆²痴~		[55] 杀煞
	[42] 歹	k	[44] 该欠街阶皆
	[213] 带戴		[42] 改解¹~开、~放
	[55] □跳，鱼只个~跶跌		[213] 钙介盖芥界疥解²~板
t'	[44] 胎		戒械
	[31] 台抬苔		[55] □毛~，山上一种结果的小灌木篼
	[213] 太态泰	k'	[44] 开揩
	[33] 大代贷袋待		[42] 楷蟹凯
	[55] 獭□会说且利害		[213] 概溉慨
n	[31] 来崃	ŋ	[44] 哀埃挨¹紧~□动不动，
	[42] 乃奶□不安地动，只个~		一~就跑
	[33] 耐奈赖		[31] 呆¹不灵活挨²~打崖
	[55] 辣癞捺		磑研磨癌伢岩
ts	[44] 灾斋哉栽		[42] 矮
	[42] 崽宰□一种用来截断硬物的工具		[213] 爱
	[213] 再载债		[33] 艾碍外
	[55] 扎□商量		[55] 嗌啊
ts'	[44] 差猜□移位，~了	x	[44] 懈~得，有磨蹭的意思
	[31] 才材财裁柴		[31] 孩鞋还¹副词
	[42] 采彩睬踩		[42] 海
	[213] 菜蔡		[33] 害亥
	[33] 在		[55] 瞎

(19) ia

tɕ	[42] 解		[33] 解懈
ɕ	[31] 偕谐		

(20) ua

k　[44] 乖　　　　　　　　　　　　　[213] 快会筷
　　[42] 拐坏　　　　　　　　　ø　　[44] 歪
　　[213] 怪　　　　　　　　　　　　[33] 外
　　[55] 刮从某某上用力刨下什么　　　[55] 挖袜□歪
kʻ　[42] 块

(21) ya

tɕ　[213] 倔犟　　　　　　　　　ɕ　　[44] 衰摔
tɕʻ　[44] 揣　　　　　　　　　　　　[42] 耍甩
　　[42] 喘　　　　　　　　　　　　[213] 帅
　　[213] 揣塞给

(22) æ

p　[44] 卑碑悲杯萆背¹动词　　　　　　[31] 回肥蛔
　　[42] 比妣彼　　　　　　　　　　　[42] 毁悔贿匪诽讳
　　[213] 贝狈钡辈闭蔽背²名词　　　　[213] 痱肺废费
　　[55] 必笔毕逼碧臂滗壁　　　　　　[33] 会汇惠慧
pʻ　[44] 批披坯砒胚　　　　　　　　　[55] 拂抚平，~壳
　　[31] 皮陪培枇脾　　　　　　　t　　[44] 堆低
　　[42] 鄙痞丕　　　　　　　　　　　[42] 底抵□~实，很好
　　[213] 配屁佩庇　　　　　　　　　[213] 帝谛递碓对兑
　　[33] 币备避被倍鼻焙　　　　　　　[55] 敌滴的嫡
　　　　背³~诵毙鎞磨刀使锋利　　　tʻ　[44] 推梯锑笛
　　[55] 匹辟劈　　　　　　　　　　　[31] 提堤啼屉
m　[44] 霉¹生~眯□"么呢"的合音　　　[42] 体腿
　　[31] 霉²倒~弥谜¹单用眉梅煤迷枚　[213] 退替剃煺去毛
　　[42] 米每美　　　　　　　　　　　[33] 弟第娣地²~主隶
　　[33] 妹汤潜水谜²~语媚寐　　　　　[55] 剔惕踢
　　[55] 密蜜秘泌　　　　　　　　n　　[44] 呢
f　[44] 飞非灰恢辉挥　　　　　　　　[31] 雷离厘狸犁黎梨篱

	[42] 李礼里理鲤娌履屡	[213] 脆趣悴粹碎
	[213] 蕾癗	[33] 罪聚籍集疾
	[33] 泪内丽累类利例厉励虑滤	[55] 七柒漆膝辑戚□理眯
	[55] 立粒力历律荔栗笠	s [44] 西须虽尿²射~
ts	[44] □条状物，把面团切成~	[31] 随隋
	[42] 咀嘴挤	[42] 洗徙
	[213] 最际济□机灵	[213] 岁细絮□舍不得，疑为"细"
	[55] 积绩即脊鲫唧□男阴	[33] 序叙绪遂席习
tsʻ	[44] 催蛆妻摧	[55] 息媳熄婿袭膝锡昔惜些悉
	[31] 齐脐荠	蟋戌
	[42] 取娶	

(23) uæ

k	[44] 规归龟硅	[55] □挖~，坏
	[42] 轨鬼诡	∅ [44] 威巍煨偎峗陷入
	[213] 贵桂癸	[31] 危为微唯维围违
	[55] 骨	[42] 伟纬尾委苇
kʻ	[44] 亏魁岿	[213] 畏慰
	[31] 逵葵	[33] 胃渭谓未味卫尉位
	[42] 跪	[55] 机一种没有靠背的坐具 崴□骗
	[213] 愧溃	搣使弯曲
	[33] 柜	

(24) yæ

ts	[44] 追椎锥	ɕ [31] 谁
	[213] 赘坠缀	[42] 水
tsʻ	[44] 吹~牛炊	[213] 税睡
	[31] 垂锤捶	∅ [33] 锐瑞蕊

(25) ɑu

t [44] 都
　[42] 肚赌
　[213] 妒□堆起，脸~起来
　[55] 督笃毅自上而下撞击臣底，碗~
t' [44] □往外直冒
　[31] 图途徒屠涂
　[42] 土吐¹呕~
　[213] 吐²排出兔
　[33] 杜毒独读□内脏，鸡~犊
　[55] 突牍秃渎
n [31] 奴炉芦庐颅
　[42] 努鲁卤
　[33] 怒路露鹭
　[55] 六绿陆鹿录碌擄捞睩□凶狠
ts [44] 周舟租州洲
　[42] 组阻祖诅
　[213] 昼做咒
　[55] 足竹筑嘱烛卒粥祝堑堵塞
ts' [44] 粗初抽
　[31] 仇锄绸稠酬
　[42] 楚丑
　[213] 臭醋□理睬，我懒~你得
　[33] 族逐轴宙助妯
　[55] 促触畜
s [44] 苏梳收筲□撒娇，你真~得
　[42] 手首守数¹动词
　[213] 数²~目素嗽兽
　[33] 受授寿属熟蜀塾
　[55] 速缩叔孰肃
z [31] 柔揉
　[55] 肉辱褥

(26) iɑu

t [44] 丢
n [44] 溜妞
　[31] 流留刘牛榴硫琉
　[42] 纽扭柳
　[213] 绺
　[33] □油~，倒油的漏斗□敏捷、熟
　[55] 绿
tɕ [44] 纠灸鸠鬏卷曲瘛蜷缩
　[42] 久玖酒九韭殷用力扭
　[213] 究救□拗，倔强
　[55] 菊掬鞠□螺丝~
tɕ' [44] 丘邱秋揪鳅湫
　[31] 求球囚
　[33] 就续袖舅旧臼
　[55] 曲
ɕ [44] 修休羞
　[42] 朽
　[213] 秀绣
　[33] 袖续
　[55] 畜肃宿
ø [44] 优忧悠
　[31] 邮油尤犹由

[42] 有友酉
[213] 幼诱

[33] 又右釉
[55] 育浴欲□作～，恶心欲吐

(27) ã

p [44] 掰班斑扳
　[42] 板版□只个～，哀极而动的样子
p' [44] 攀潘□撑开
　[213] 盼扮□打皮～，通奸绊襻裤～
　[33] 办瓣□洞
m [44] 妈祖母
　[31] 蛮馒
　[33] 慢谩漫蔓熳
f [44] 番翻蕃藩
　[31] 凡帆矾环还烦
　[42] 反返
　[213] 畈泛贩
　[33] 范犯饭患幻宦
t [44] 单郸丹眈耽□拿
　[42] 胆掸□杀青，把青菜～水
　[213] 石旦担诞
t' [44] 贪摊瘫滩
　[31] 痰坛弹潭谈檀
　[42] 毯坦□火只个～，火势凶猛
　[213] 炭叹碳探
　[33] 蛋淡弹但
n [44] □你～，敬称词尾□瘦
　[31] 南男难兰拦栏楠蓝篮阑
　[42] 冷览揽缆懒爁燎、火烧
　[213] □往外挤

[33] 烂滥
ts [44] 争睁挣后跟，鞋有得～
　[42] 斩盏攒暂诊偡齐整
　[213] 站赞绽醮□表示完结的动态助词
ts' [44] 参掺餐搀[1]添加鯵河中的一种小鱼，体型较长撑
　[31] 残蚕瀺馋
　[42] 产惨铲阐槛
　[213] 灿挦[2]扶
　[33] 郑瓒水冲击、雕刻
s [44] 三参生山删声衫甥
　[42] 散[1]形容词伞糁饭粒
　[213] 散[2]动
k [44] 间[1]量词艰
　[42] 拣
　[213] 间[2]隔开
k' [44] 刊勘堪坑龛
　[42] 砍坎槛□咳嗽
　[213] 嵌
ŋ [44] 埯覆盖，水把田～了
　[42] 眼
　[213] 晏□硬，床～人，困倒不舒服
　[33] 硬雁
x [44] 酣憨
　[31] 含函涵闲咸[1]～淡衔

[42] 罕喊　　　　　　　　　　　　水中煮成八九成熟

[213] 熯~肉，把块状生肉放在

(28) iã

p　[42] 饼¹月~　　　　　　tɕ'　[44] 清¹~水轻青

p'　[31] 平坪　　　　　　　　　[31] 晴擎举

　　[33] 病　　　　　　　　　　[42] 请

m　[31] 明~日　　　　　　　　[213] 清²用清水漂，~衣服

　　[33] 命　　　　　　　　ɕ　[44] 星□老~，大哥

t　[44] 钉¹名词　　　　　　　　[31] 咸²都

　　[213] 钉²动词　　　　　　　[42] 醒

t'　[213] 听　　　　　　　　　 [213] 腥

n　[31] 零~钱铃　　　　　　　 [33] 限陷馅

　　[42] 领岭　　　　　　　ø　[31] 颜

tɕ　[44] 睛艰奸腈瘦肉　　　　　[42] 影

　　[42] 颈简减井　　　　　　　[213] 映放牧、看管

　　[213] 鉴舰监　　　　　　　 [33] 雁

(29) uã

k　[44] 关鳏　　　　　　　ø　[44] 弯湾

　　[42] 梗　　　　　　　　　　[31] 玩顽

　　[213] 贯惯　　　　　　　　 [42] 晚挽

k'　[44] □漏、流，水只个~　　 [33] 万□不~，不习惯

x　[33] 患宦

(30) yã

ø　[44] 扔　　　　　　　　　　[42] □晃，有个东西一~就过去了

(31) ẽ

ts　[44] 粘沾毡罾曾²姓　　　　　[42] 展

	[213] 占战颤甄蒸笼	k	[44] 更耕根跟羹庚
ts'	[44] 籴皴皮肤不光滑		[42] 埂梗耿亘粳
	[31] 缠蝉婵曾¹~孙禅		[213] 更
s	[44] 膻	k'	[44] 铿
	[42] 闪陕		[42] 肯啃垦垦
	[213] 扇搧	ŋ	[44] 恩
	[33] 善缮鳝	x	[44] 亨□抡,我~两巴掌你
z	[31] 然燃		[31] 恒衡
	[42] 染		[42] 很狠
			[33] 恨

(32) iẽ

p	[44] 边鞭编蝙		[213] □平衡,挑东西要~头
	[42] 贬扁匾蝙褊		[33] 电佃垫奠簟
	[213] 变	n	[44] 研拈
p'	[44] 篇偏		[31] 言年严廉泥连莲恋联镰楹
	[31] 便¹~宜□~斜一点（往角上站一点）		[42] 碾脸
			[213] 骊在地上蹭:牛~泥
	[42] □割,疑为"片"		[33] 念验炼练殓谚凌¹冰酽浓
	[213] 片遍骗	tɕ	[44] 尖肩兼坚煎
m	[33] 便²方~辨辩辫		[42] 剪检碱茧俭捡
	[31] 棉绵眠		[213] 见荐建键
	[42] 免勉娩缅	tɕ'	[44] 千奸迁牵签铅谦纤
	[33] 面		[31] 前钱全泉潜乾钳拑
t	[44] 灯颠巅		[42] 浅且遣
	[42] 等点典碘		[213] 欠歉堑伣想念
	[213] 店惦踮凳砧战掂量		[33] 件健贱溅
t'	[44] 吞天添	ɕ	[44] 先仙鲜掀轩
	[31] 田甜填藤誊腾		[31] 贤嫌弦舷边沿
	[42] 舔		[42] 显险选癣

[213] 线献宪凶镦~鸡，阉割了的鸡　　[42] 演掩衍□吃饭拖拉
[33] 现县　　　　　　　　　　　[213] 厌宴燕堰㘎用菜下饭
ø [44] 咽烟淹腌焉　　　　　　　[33] 艳焰
[31] 炎延筵盐檐

(33) yẽ

tɕ [44] 专砖捐娟　　　　　　　　ɕ [44] 宣喧轩
[42] 卷捲转¹~移　　　　　　　　[31] 玄悬
[213] 转²~圈赚篆圈¹猪~　　　　　[42] 选

tɕ' [44] 川穿圈²圆~　　　　　　ø [44] 冤鸳渊□弯曲
[31] 全泉船权拳传¹~说　　　　　[31] 元园圆原源员援缘辕
[42] 犬　　　　　　　　　　　　[42] 远软阮
[213] 串劝　　　　　　　　　　[213] 怨
[33] 传²自~倦篆　　　　　　　　[33] 院愿

(34) õ

p [44] 搬邦帮般浜　　　　　　　[42] 短挡党档
[42] 榜膀绑　　　　　　　　　　[213] 当宕凼坑
[213] 半棒磅谤　　　　　　　t' [44] 汤

p' [44] 潘□滩，一~血　　　　　　[31] 唐塘搪糖堂膛棠
[31] 盘傍旁磐庞滂　　　　　　　[42] 躺倘淌
[213] 胖叛判　　　　　　　　　[213] 趟烫
[33] 伴畔棒　　　　　　　　　　[33] 断段荡洗，用水把碗~一下

m [31] 忙盲芒茫氓　　　　　　n [31] 狼郎廊榔拦
[42] 满　　　　　　　　　　　　[42] 暖朗琅

f [44] 方芳欢　　　　　　　　　[33] 浪乱眼晾晒
[31] 房防坊妨肪　　　　　　ts [44] 张庄桩装脏¹不干净章樟彰
[42] 访纺仿　　　　　　　　　　[42] 长¹动词涨掌□扶，~稳
[213] 放　　　　　　　　　　　[213] 帐胀障葬壮仗

t [44] 当端铛　　　　　　　　ts' [44] 昌娼猖窗仓疮

佘把肉等快速煮一下

[31] 长²形容词肠藏躲~床常

[42] 厂场敞闯

[213] 唱倡畅创

[33] 状丈杖撞脏²内~

s [44] 霜伤商桑丧双酸

[31] 尝裳

[42] 爽嗓赏

[213] 算蒜

[33] 上尚

z [31] 瓤

[42] 嚷壤

[33] 让

k [44] 冈刚钢纲缸干肝甘柑

[42] 港敢赶感擀

[213] 杠

k' [44] 康糠慷□养，~猪

[31] 扛狂

[42] 齷盖

[213] 看炕抗塝圹矿旷□田地边的高岸况

[33] □架

ŋ [44] 安鞍庵□哭

[31] 昂

[213] 暗案按

[33] 岸

x [44] 荒慌鼾犴欢

[31] 行航含寒杭房皇凰黄璜

[42] 晃□挖，~圹

[213] 汉

[33] 巷换项旱汗苋

(35) iõ

n [44] 娘¹母亲

[31] 良娘²姑~（姑妈）粮凉量梁粱

[42] 仰两辆俩

[33] 量亮

tɕ [44] 江将姜疆缰浆

[42] 讲奖蒋桨

[213] 降酱强犟

tɕ' [44] 枪筐框腔

[31] 强墙翔祥

[42] 抢

[213] 呛

ɕ [33] 匠像

[44] 香乡襄镶相厢湘箱

[31] 降

[42] 想享响饷

[213] 向相像¹肖~□~菜，给菜加佐料

[33] 象像²相似橡项

ø [44] 央秧殃鸯鸯

[31] 羊洋扬杨阳

[42] 养痒氧鞅固定牛轭的绳

[213] 映漾

[33] 样□发情，猪~了

(36) uõ

k	[44] 官棺观光		[31] 黄簧皇蝗蟥
	[42] 管馆		[42] 谎晃
	[213] 罐灌		[33] 唤换焕
k'	[44] 宽	ø	[44] 汪
	[42] 款		[31] 王完黄蟥亡丸
	[213] 旷		[42] 往枉碗
x	[44] 荒慌		[33] 望旺妄忘

(37) ən

- p [44] 奔¹~跑
  - [42] 本
  - [213] 奔²用力的样子
- p' [44] 膨
  - [31] 盆彭澎
  - [33] 笨拌
- m [44] 闷¹形容词，~热
  - [31] 门们
  - [213] 闷²动词，憋、不吭声
  - [33] 焖闷³苦~
- f [44] 分芬纷昏荤浑
  - [31] 坟焚魂横
  - [42] 粉
  - [213] 喷愤奋粪
  - [33] 份混
- t [44] 瞪敦墩蹲登蹬墩
  - [42] □石~，疑为"墩"
  - [213] 吨顿炖遁敦
- t' [44] □用余热煮
  - [31] 豚类似鹅而脖短的家禽

- [33] 钝
- n [44] □河沟最小的小鱼
  - [31] 仑沦伦轮
  - [42] 冷
  - [213] 楞愣
  - [33] 论嫩
- ts [44] 针真贞侦争狰珍增臻征
  - [42] 怎疹诊拯枕整
  - [213] 正证症振震镇
- ts' [44] 村称抻皴皮肤因干燥而起皱
  - [31] 成城诚呈程存乘¹~法
  -     臣沉沈橙尘陈承¹~认
  - [42] 惩拯按
  - [213] 寸秤澄
  - [33] 趁郑阵
- s [44] 孙升身声申伸深森
  - [31] 辰晨乘²~凉神绳塍
  -     承²承载
  - [42] 省笋沈审婶
  - [213] 胜圣逊

	[33] 甚慎盛剩肾		[42] 刃忍纫仞
z	[31] 人仁壬		[33] 仍任妊认

(38) iən

p	[44] 兵宾滨冰斌彬	tɕ	[44] 今金精斤茎晶京筋经荆
	[42] 丙炳秉饼²肉丸子禀		[42] 井颈谨紧锦景憬
	[213] 并		[213] 进竞竟镜敬晋径浸劲
p'	[44] 拼		
	[31] 瓶屏凭频平萍苹评		
	[42] 品	tɕ'	[44] 亲清青顷倾
	[213] 聘		[31] 情秦勤禽芹寻擎
m	[31] 名明铭民暝鸣		[42] 请寝
	[42] 皿敏抿		[213] 庆沁渗透
	[33] 命		[33] 近静净噤
	[213] □下种，~苔种	ɕ	[44] 心星新辛兴流行
t	[44] 丁叮汀盯钉名词		[31] 行形型寻句
	[42] 顶鼎		[42] 醒□者
t'	[44] 厅□互相指责		[213] 姓信性兴高兴
	[31] 亭停庭蜓		[33] 杏幸□得~，傻
	[42] 艇挺	ø	[44] 因音阴荫殷英婴樱鹰□窥视
	[33] 定淀锭碇		
n	[31] 宁狞林银淋迎灵鳞零¹无铃邻陵		[31] 淫寅蝇盈赢营萤□塘底部出水口
	[42] 领岭		[42] 引蚓隐瘾饮眼颖影电~
	[33] 令另凌²食物变得不酥、因寒冷而冻住		[213] 应印擩测度

(39) uən

k	[42] 滚磙锟辊	k'	[44] 昆坤□严肃、不高兴
	[213] 棍		[42] 捆

[213] 困睏

ø [44] 温瘟

[31] 蚊文纹闻

[42] 稳絻吻

[213] 蕰䫥淹没、淹死

[33] 问

(40) yən

tɕ [44] 军君均钧肫

[42] 准

[213] 郡俊甽~塍，田之间的分界处

[42] 瞬

[213] 训² 教~ 驯舜

[33] 顺

tɕ' [44] 春椿

[31] 群裙琼唇

[42] 蠢

ø [44] 晕

[31] 云耘匀郧

[42] 允永

ɕ [44] 熏勋训¹~斥

[31] 纯莼

[213] 韵泳熨□自我得意

[33] 运闰润晕孕

(41) əŋ

p [44] 绷崩□麦蚣~大屎

[42] 凸

[213] 蹦泈水激声

[55] □打死

f [44] 风枫疯丰蜂锋封烘

[31] 逢缝¹ 裁~ 冯红虹宏弘鸿
洪蕻

[42] 哄轰

[213] 讽

[33] 奉凤缝²~隙

p' [44] □松□散发，~气色（气味）

[31] 朋棚鹏蓬

[42] 捧蚌

[213] 碰

[33] 埲尘土飞扬熢火苗上扬

t [44] 东冬咚

[42] 董懂□用脚踩

[213] 冻栋挏在水中上下抖动

[55] □落，撞。屎~得响
□骗，不要听伊~你

m [44] 蒙¹ 盖幪外衣朦

[31] 萌蒙² 发~盟朦濛

[42] 猛蟒懵□木质腐烂或为虫所蛀

[213] 蜢

[33] 孟梦

t' [44] 通

[31] 同桐筒铜童瞳苘

[42] 统桶

	[213] 疼痛	s	[44] 生~活牲笙参嵩松
	[33] 动洞		[31] □傻
n	[44] 耸□变松漏水		[42] 怂耸㧪往前推
	[31] 农浓脓能隆龙笼咙垄陇侬		[213] 宋送
			[33] 讼颂诵
	[42] 拢	z	[31] 戎绒荣茸
	[213] 齉鼻塞饟饭食稀软	k	[44] 公¹与"母"相对弓¹弯
	[33] 弄		[42] □往前钻
	[55] □手脚慢		[213] □用栗凿打
ts	[44] 中钟盅忠宗棕踪综终鬃□~瞌术		[55] □敲打
		kʻ	[42] 孔灶~
	[42] 总种¹名词，谷~肿		[213] 茎植物的嫩枝
	[213] 众种²动词中纵粽		[55] 吭
tsʻ	[44] 充冲¹往前跑囱聪葱忽	x	[44] 哼~歌
	[31] 从虫重¹~新崇枞		[42] 㨍
	[42] 宠□气味~人，疑为"冲"		[55] □表示否定
	[213] 铳冲¹往上冒		
	[33] 重²~量仲		

（42）iəŋ

n	[213] □蠕动		[213] 嗅
tɕ	[44] 腔弯腰		[33] 颂诵
	[42] 窘迥趟急走	ø	[44] 庸痈壅邕臃
	[55] 殡死（贬义）		[31] 容融荣绒溶熔榕戎
tɕʻ	[31] 穷穹琼枊枞树		[42] 勇涌恿蛹永
	[33] 共		[213] 拥
ɕ	[44] 凶胸兄汹芎		[33] 用佣
	[31] 雄熊詤恐吓		

(43) uəŋ

k [44] 功攻宫弓²~箭躬恭蚣   [213] 空²~闲控
 工公²~家供¹~销社   [33] 共公~
 [42] 巩拱汞   [55] □狗叫
 [213] 贡供²~菩萨   ∅ [44] 翁嗡
 [55] □大口喝   [42] 滃涌
k' [44] 空¹~间   [213] 翁
 [42] 孔姓~恐

(44) n̩

∅ [42] 你嗯

四、咸宁方言音系与北京音系比较

（一）声母比较

宏观地讲，咸宁方言与北京话在声母上的差异主要表现在以下几个方面：

（1）声母数目不一样。咸宁方言有19个声母（包括零声母），北京话有22个声母（包括零声母），咸宁方言比北京话少3个声母。

（2）咸宁方言中有 [z、ŋ] 这两个声母，北京话没有；而北京话的 [tʂ、tʂʻ、ʂ、ʐ、l] 5个声母，咸宁方言没有。

（3）咸宁方言和北京话都有声母 [p、pʻ、m、f、t、tʻ、n、ts、tsʻ、s、tɕ、tɕʻ、ɕ、k、kʻ、x]，但就某些声母而言，咸宁方言与北京话的实际音值不完全相同，如咸宁方言的 [k] 组发音部位比北京话偏前。

（4）咸宁方言的声韵调配合关系与北京话也有不同。咸宁方言的声韵调配合情况可以参看第二章第一节第二部分（声韵调配合关系）。

（5）咸宁方言与北京话每个声母所包含的字更是不同。下面列表比较每个声母所包含字的大致情况，从中可以看出咸宁方言声母与北京话声母的对应关系，详见表2-17。

表 2-17 咸宁方言音系与北京音系声母比较表

咸宁	北京	例字	例外及说明
p	p	瘪补布不巴把爸坝跛拔芭粑笆疤壁包保宝豹波播	北京话"秘鲁"中的"秘"也读 p
	m	秘（秘密）	
p'	p'	铺普怕趴爬杷劈抛泡袍炮批披攀盼潘盘偏片骗胖平拼瓶旁盆朋碰	北京话"胸脯"中的"脯"也读 p'
	p	捕步部抱暴薄白败稗鄙币备避庇被倍鼻扮绊办瓣病伴畔笨拌蚌遍	
	f	甫脯匍	
m	m	灭麻蛮马骂麦抹猫毛冒摸茆某秒买米密妈慢命棉忙闷明	
f	f	夫符服付附浮否飞非肥匪诽肺废番凡反泛范犯饭芳分芬风蜂冯奉凤方房放	"喷"咸宁话读作 f；"活、或、获、花、话、欢、滑、猾、换""方、房、放"也读 x
	x	胡湖狐乎虎浒互户或怀槐坏灰挥回毁悔贿讳会汇惠患幻宦昏魂横混红虹宏弘鸿洪活或获花话欢滑猾换	
t	t	爹嘀迭打答搭刀岛到多斗都肚单旦当端等吨蹲丁东冬董	"砧"咸宁话读作 t
	t'	遢汀涕	
t'	t'	铁贴他她踏踢滔涛掏绦桃讨套偷投土图途贪摊汤唐通同	"隶"咸宁话读作 t'；"页"咸宁话读作 t'
	t	达挞导道盗稻舵惰夺豆痘窦大代贷袋待笛杜毒独读犊蛋但淡电佃垫奠荡钝定淀动洞地堤	
n	n	尼泥你拟捏拿脑闹奶耐奴男鸟	"弱"咸宁话读作 n
	l	列拉垃劳老罗洛乐娄捋辽嘹料来雷李丽立六绿陆柳兰了	
	ø	仪疑宜蚁义毅艺业研言严验谚仰迎狱	
k	k	姑古故瓜挂刮高膏哥个锅果过勾够盖格公功攻宫弓供贡	
	k'	括	
	tɕ	家稼枷架贾驾嫁夹梗搅锯街阶皆解介芥界戒械间艰拣	

续表

咸宁	北京	例字	例外及说明
kʻ	kʻ	枯哭苦卡客夸跨考靠棵颗可课壳扩科慨空孔抠	"葫"咸宁老读作 kʻ
	k	概溉柜跪共箍	
	tɕ	甲	
	tɕʻ	掐敲嵌	
	ɕ	蟹	
x	x	下吓化画蒿薅好豪耗河禾和火货合盒祸喝霍候后黑核孩海害酗憨喊含很荒汉换皇黄	
	ɕ	虾下吓瞎咸（咸淡）	
tɕ	tɕ	几鸡记急居举锯局桔加家姐甲脚觉窘军君均今斤晶京井竟江将讲降娟尖俭见	"吸"咸宁老读作 tɕ
	tʂ	诸朱蛛诛猪主煮准专砖转追抓赘缀锥	
tɕʻ	tɕʻ	期奇气泣切区屈雀穹群裙青庆枪腔强全犬轻请缺	"枢"咸宁话读作 tɕʻ
	tɕ	及技具俱巨距静噤件健贱就舅轿绝杰	
	ɕ	翔祥像袖续溪膝纤降寻	
	tʂ	柱住传（自传）篆	
	tʂʻ	除储厨锤处杵出吃春唇蠢川穿船传（传说）串	
	kʻ	筐框	
ɕ	ɕ	希戏系虚序虾写学削凶兄心星新行幸香想向相宣先显线校	
	tɕ	酵	
	tɕʻ	泣	
	tʂʻ	纯畜醇	
	ʂ	输舒书殊水暑鼠恕术述树竖顺刷说甩	
	s	颂诵俗宿粟	
ts	ts	咨糟早左走则栽崽再嘴最祖	"翅"咸宁话读作 ts
	tʂ	知渣炸摘扎找桌者折招斋周	
	tɕ	积绩即济际祭挤鲫迹	

续表

咸宁	北京	例字	例外及说明
ts'	ts'	雌伺曹草搓策澈猜采催脆	"痰"咸宁话读作 ts'；"寺"咸宁老读作 ts'；"澄"（动词）咸宁话读作 ts'
	tʂ'	持耻差车抄措超愁才擦粗仇	
ts	ts	字自杂造糟皂坐奏泽在族逐助	
	tʂ	治直植殖秩赵逐助状撞	
	ʂ	柿束	
	s	碎饲粹寺	
	tɕ	集疾籍寂缉聚	
	tɕ'	妻蛆齐脐娶趣七柒漆戚	
s	s	思私死晒臊所搜色洒赛虽随肃缩	
	ʂ	师诗施时沙梢社设杀苏梳收手首守数	
	tʂ'	常尝辰晨塍	
	ɕ	西须洗细絮徙序叙绪席袭锡昔惜息熄媳戌悉蟋需夕习婿	
z	ʐ	日入惹柔揉肉辱然染让嚷人仁仍认任	"而儿二"咸宁话读作 z
ŋ	ø	桠鸦牙鸭压押熬袄奥傲我恶俄卧欧偶沤眼硬雁恩安案按暗岸	
ø	ø	衣意叶于余约摇妖野要外补袜锐优油有育用云温文因引乐	
	ʐ̩	如儒乳入锐软阮润	
	n	女	
	l	吕侣铝旅	

通过上表的比较，我们可以看出：咸宁方言声母与北京话声母异中有同、同中有异；相同是主要的，差异是次要的。这充分表明了咸宁方言和北京话有着共同的源头，二者是血肉相连的，即使有差异，差异之中也可以找到较为严整的对应规律。另一方面，正是差异的存在，使得咸宁方言和北京话各自表现出了语音方面的特色。下面归纳咸宁方言与北京话在声母方面的具体差异：

（1）咸宁方言没有［tʂ、tʂ'、ʂ、ʐ］，北京话［tʂ］声母字分化到咸宁方言［ts、tsʻ、tɕ、tɕʻ］中去了；北京话［tʂ］声母字分化到咸宁方言［tsʻ、s、tɕʻ、ɕ］中去了；北京话［ʂ］声母字分化到咸宁方言［ts、s、ɕ］中去了；北京话［ʐ］声母字分化到咸宁方言［ø、z］中去了。

（2）北京话［x］声母字有相当一部分（主要是合口呼）混到咸宁方言［f］中去了。受北京话影响，咸宁方言一些原本混到［f］声母中去了的字，也可以读［x］，出现了［f］、［x］摇摆不定的状况，如：活、或、获、花、话、欢、滑、猾、换。正是这种摇摆不定导致咸宁方言个别本来读［f］的字也可以读［x］，而且也摇摆不定，如：方、放、房。有些学者以为咸宁方言［x］、［f］相混，其实是没有认清问题的实质。从事实来看，是［x］混入［f］，不是［f］混入［x］，更不是相混；从现象来看，［f］、［x］摇摆不定并不意味着［f］混入［x］："活、或、获、花、话、欢"由读［f］到可以读［x］只是回到原来的面目；"方、放、房"由读［f］到可以读［x］还只是个别现象，不是普遍现象。有些人可能误以为"方、放、房"读［x］早已有之，其实也不对。《湖北方言调查报告》记录咸宁语音时，仅有的几个例字"活、滑、或、获、换"，声母都记作［f］，压根没有提到"方、放、房"读［x］之类的现象。在进行音韵特点总结时，也只说到"晓匣合口洪音跟非敷奉不分"，这实际上是说［x］声母字混入［f］声母中去了，显然不等同于相混。

（3）咸宁方言有［n］无［l］。北京话［n、l］两个声母的字，齐齿呼在咸宁读近［nʲ］，其他为［n］，因无辨义作用，今统记为［n］。有些学者笼统地讲咸宁方言［n］、［l］不分也是不对的，这给人一种错觉，以为［n］可以读成［l］，［l］也可以读成［n］。若说［l］跟［n］不分倒差强人意，准确地说，应该是"咸宁方言有［n］无［l］"。

（4）咸宁方言送气音较多。北京话中今读不送气音［p、t、k、tɕ、ts］的字，若中古为全浊声母，咸宁方言一般（有个别例外，如：载、截、寨、盾）读送气音［pʻ、tʻ、kʻ、tɕʻ、tsʻ］。

（5）北京话［tɕ、tɕʻ、ɕ］声母字有相当一部分（主要是除开 i 的齐齿呼）混入到咸宁方言［k、kʻ、x］中去了，主要对应关系是：［tɕ］混入［k］；［tɕʻ］混入［kʻ］；［ɕ］混入［x］，个别例外。这一类字往往有文白两读，白读［k］则文读［tɕ］；白读［kʻ］则文读［tɕʻ］；白读［x］则文读［ɕ］。

(6) 北京话 [tɕ、tɕʻ、ɕ] 声母字有相当一部分（韵母为 i 或 y）混入到咸宁方言 [ts、tsʻ、s] 中去了，主要对应关系是：[tɕ] 混入 [ts]，一小部分 [tɕ] 混入 [tsʻ]；[tɕʻ] 混入 [tsʻ]；[ɕ] 混入 [s]，个别例外。

(7) 北京话零声母字分别混到咸宁方言的 [n、ŋ、ø]，主要对应关系是：源于中古影疑两母开口一等韵的，咸宁读 [ŋ]；源于中古影疑两母开口二等韵的咸宁大部分读 [ŋ]，一小部分读 [ø]；源于中古影疑两母开口三四等韵的，影母咸宁大部分读 [ø]，疑母咸宁读 [n]；源于中古影疑两母合口韵（除果摄一等外）的，咸宁都读 [ø]。北京话 [ʐ、n、l] 声母部分字则混入到咸宁方言 [ø] 中去了。

(二) 韵母比较

咸宁方言与北京话在韵母上的差异主要表现在以下几个方面：

(1) 咸宁方言有韵母 44 个，而北京话有韵母 39 个（不含儿化韵），从数量上看，咸宁方言比北京话多了 3 个韵母。

(2) 咸宁方言有韵母 [ɿ、i、u、y、a、ia、ua、o、e、ie、ye、ən、uən、əŋ、uəŋ] 等，北京话也有，但个别韵母的音值有差异，如咸宁方言的韵母 [a] 舌位比北京话稍前。实际上，咸宁方言单韵母的舌位普遍比北京话稍前。

(3) 咸宁方言有韵母 [ɑ、iɑ、uɑ、yɑ、io、ə、iə、uə、ue、ya、æ、uæ、yæ、au、iau、ã、iã、uã、yã、ẽ、iẽ、yẽ、õ、iõ、uõ、iən、yən、iəŋ、n̩] 等，北京话没有；而北京话中的 [u、o、ɤ、ɚ、ai、uai、ei、uei、au、iau、ou、iou、an、ian、uan、yan、in、yn、aŋ、iaŋ、uaŋ、iŋ、uŋ、yŋ]，咸宁方言也没有。

(4) 北京话中，[ŋ] 只作韵尾，而咸宁方言中 [ŋ] 既能充当声母，又能充当韵尾。

(5) 咸宁方言的单元音、鼻化韵较多，北京话没有鼻化韵。北京话前鼻韵和后鼻韵特别是后鼻韵较多，咸宁方言则较少。

(6) 咸宁方言与北京话每个韵母所包含的字更是不同。下面列表比较每个韵母所包含字的大致情况，从中可以看出咸宁方言韵母跟北京话韵母之间的对应关系，详见表 2-18。

表 2-18　咸宁方言音系与北京音系韵母比较表

咸宁	北京	例字	例外及说明
ɿ	ɿ	兹伺思死次自子词私	"入"北京话韵母为 u
	ʅ	只职字史十逝日是事	
	əʴ	而儿二尔饵	
i	i	衣意秕仪义几期及希戏系	
	ie	爹灭列业结捏接洁迭铁协	
	ye	血雪薛穴	
u	u	乌五不步夫付姑谷枯苦哭	
y	y	于余居举局区距序	"水"北京话韵母为 uei
	u	儒乳入除处出输树竖	
a	a	巴把爸爬麻打他拉卡哈茶	"麦"北京话韵母为 ai
	ia	家稼贾夹桠鸦哑鸭虾下	
	ua	花话	
	ɤ	客车蛇舍惹	
	ʅ	尺	
ia	ia	芽加家恰夏狭瞎	
	ie	爷也时野姐借写	
	i	壁劈踢	
ua	ua	蛙娃瓜夸花化挂刮跨	"括"北京话韵母为 uo
ya	ua	抓刷	
	ye	靴	
o	au	包保猫刀讨劳高考熬好草皂	"么、敲"北京话韵母分别为 ɤ、iau
io	iau	咬交较巧淆孝效	
ə	o	波跛坡婆勃菠	"凿、角"北京话韵母分别为 au、iau
	u	母姆幕磨木目	
	uo	多朵拖罗络左错所坐货火	
	ɤ	哥个这课俄恶河合喝	
iə	ye	约略雀确鹊学削	"脚"北京话韵母为 iau
uə	uo	窝卧锅果过郭	
	ɤ	窠科课	

续表

咸宁	北京	例字	例外及说明
e	ai	百柏脉白（文读）	"亩、脱、帕、锯"北京话韵母分别为 u、uo、a、y
	o	伯迫魄泼	
	ou	谋否斗偷头投楼漏勾抠欧侯后	
	ɑu	茂贸昭招潮烧绍	
	ɣ	德得特扼额设蛇惹热	
	ei	北黑	
ie	ie	耶椰也野姐杰泻谢	"绝"北京话韵母为 ye
	iɑu	妖标漂秒挑条焦叫乔肖笑	
ue	uo	国阔活或获	
ye	ye	日月决缺诀阙	"说"北京话韵母为 uo
a	ai	摆败呆台来哀爱海灾才在	
	uai	怀淮槐坏	
	a	八大扎洒杀煞	
	ie	街阶皆界介	
ia	ie	解谐蟹懈	
ua	uai	歪外补乖拐怪块快会	
	ua	挖袜	
ya	ye	倔	"喘"北京话韵母为 uan
	uai	揣甩帅摔	
æ	ei	悲背备雷累梅每美妹	
	i	比必笔毕皮币密低敌提弟立李齐七细昔	
	uei	灰辉回悔会嘴脆罪	
	y	取娶趣聚须絮序	
uæ	uei	威为伟胃规轨亏愧	"骨"北京话韵母为 u
yæ	uei	锐追吹谁水税睡	
ɑu	u	都肚图土杜奴粗楚族苏速辱	"绿、六、做"北京话韵母分别为 y、iou、uo
	ou	周舟昼咒锄臭手首受肉	
iɑu	iou	优油有又丢流纠九丘就修	
	y	育欲菊掬曲续畜	
	u	宿肃	
ã	an	斑班盼单贪男咸斩残三散板版反参	"妈、硬"北京话韵母分别为 a、iŋ
	uan	患幻宦	
	ian	间艰拣眼	
	əŋ	争声生	

续表

咸宁	北京	例字	例外及说明
iã	ian	颜晏艰奸鉴咸陷	
	iŋ	影饼病明睛轻请星	
uã	uan	弯玩晚万关贯	"梗"北京话韵母为 əŋ
yã	əŋ	扔	
ẽ	ən	根跟肯啃很狠	
	əŋ	更铿恒衡恨	
	an	粘沾展占闪然染	
iẽ	ian	咽艳边天年尖见先	
	əŋ	灯等凳藤腾	
	yan	选癣	
yẽ	yan	冤元娟宣玄远软川全劝	
	uan	专砖转	
õ	aŋ	膀党狼康岸场常房防方	
	an	盘安叛敢感暗	
	uan	端欢算	
	iaŋ	巷项	
	uaŋ	皇黄庄装	
iõ	iaŋ	央洋娘量讲枪香向	
uõ	uaŋ	汪王黄官管宽	
ən	ən	本门分陈神人	
	əŋ	等征成省镇冷	
	uən	魂吨村孙	
iən	in	因拼今心	
	iŋ	引名厅另星姓	
uən	uən	温蚊文问滚昆捆	
yən	uən	准春群纯顺	"永"北京话韵母为 yŋ
	yn	晕云军勋	
əŋ	əŋ	绷蹦生牲	"参（人参）"北京话韵母为 ən
	uŋ	红洪东通农中冲	
iəŋ	yŋ	拥勇用穷凶	"嗅"北京话韵母为 iou
	uŋ	融绒溶送	
uəŋ	əŋ	翁瓮	
	uŋ	功公巩贡空孔控共	
ŋ̍	i	你	嗯

通过上表我们可以看出：

(1) 从整体上讲，由于韵母众多，咸宁方言与北京话韵母的对应关系远比声母复杂。

(2) 比较规则的对应（咸宁方言韵母单向对应北京话韵）有：咸宁方言的［u］韵字全部来自北京话［u］韵字；［o］韵字全部来自北京话［ɑu］韵字；［io］韵字全部来自北京话［iɑu］韵字；［iə］韵字全部来自北京话［ye］韵字；［ue］韵字全部来自北京话［uo］韵字；［ye］韵字全部来自北京话［ye］韵字；［ia］韵字全部来自北京话［ie］韵字；［uæ］韵字全部来自北京话［uei］韵字；［yæ］韵字全部来自北京话［uei］韵字；［uɑ̃］韵字全部来自北京话［uan］韵字；［yɑ̃］韵字全部来自北京话［əŋ］韵字；［iõ］韵字全部来自北京话［iaŋ］韵字；［uen］韵字全部来自北京话［uəŋ］韵字；［ņ］韵字全部来自北京话［i］韵字。

(3) 咸宁方言前鼻韵和后鼻韵远比北京话少，北京话的前鼻韵与后鼻韵大部分与咸宁方言的鼻化韵对应。北京话的前鼻韵与后鼻韵咸宁方言基本上不能区分。

(三) 声调比较

咸宁方言和北京话在声调上的差异主要表现在以下几个方面：

(1) 调类数目不同。咸宁方言有6个调类，而北京话只有4个，咸宁方言去声分阴阳，北京话不分，咸宁方言还多了一个入声调类。

(2) 从调值来看，咸宁方言和北京话相同的调类，调值却不一样。咸宁方言的阴平调值为44，而北京话为55；咸宁方言阳平是降调，调值为31，北京话阳平为高升调，调值为35；咸宁上声为中降调，调值为42，北京话上声为低降升调，调值为214；咸宁阴去调为低升降调，调值为213，阳去调为中平调，调值为33，北京话只有一个去声，调值为51；咸宁方言还有一个入声，是个高升而且短促调，调值为55。

(3) 字调归并不同。具体字在咸宁方言和北京方音中的调类归属是不一致的，但对应关系比较整齐。下面列表比较咸宁方言和北京话调类及调值之间的关系，详见表2-19。

表 2-19　咸宁方言音系与北京音系调类及调值比较表

咸宁	北京	例字
阴平 44	阴平 55	咨衣期居夫霉猜开西悲休班关专香官
	阳平 35	雌
	去声 51	自
阳平 31	阳平 35	词泥吴符眉杵容逢文情门王狼盘年恒
	去声 51	绍
上声 42	上声 214	止以史举府美拱孔怂捧捆景冷手品粉
	去声 51	跪讳贿蟹
阴去 213	去声 51	志试记据付配贡控冻众送奋吨胜向见
	上声 214	窘迥左
	阴平 55	拥搀
	阳平 35	十实石
阳去 33	去声 51	字义务父备系部具距罢下道幕饿坐贸
	阳平 35	直毒独及杂石昨合学
	上声 214	企蕊属蜀
入声 55	阴平 55	只一激接屋积剥喝拍黑鞠缺八七漆昔
	阳平 35	织迭急局绩博核菊决媳敌嫡折责得
	上声 214	指乙匹笔辱
	去声 51	执译逝泣复密鹤握沃脉设育月立力

　　从上表可以看出，与声母、韵母相比，咸宁方言声调与北京话声调的关系显得简单得多。咸宁方言阴平字主要来自北京话阴平字，有极个别例外字来自北京话阴平和去声字；咸宁方言阳平字主要来自北京话阳平字，有极个别例外字来自北京话去声字；咸宁方言上声字主要来自北京话上声字，有少数例外字来自北京话去声字；咸宁方言阴去字主要来自北京话去声字，有少数例外字来自北京话上声、阴平和阳平字；咸宁方言阳去字主要来自北京话去声字和部分阳平字，有个别例外字来自北京话上声字；咸宁方言入声字来源较广，北京话四声都有字对应咸宁方言的入声字，其中阴平、阳平和去声字对应的入声字较多，较少的是上声字。

五、咸宁方言音系与中古音系比较

咸宁方言音系是指现代咸宁方言的语音系统，中古音系是指以《切韵》、《广韵》为代表的语音系统。比较时我们以《方言调查字表》（修订本，商务印书馆 1988 年印）作为中古音的依据，探索咸宁方言音系从古到今的语音演变。

（一）声母比较

声母的比较见表 2-20 和表 2-21（＊表示例外情况或个别情况）。

表 2-20 咸宁方言音系和中古音系声母比较表

	清		全浊	
			平	仄
帮组	帮波 pə˧	滂坡 pʰə˧	並婆 pʰə˩	薄 pə˧
非组	非夫 fu˧	敷俘 fu˧	奉扶 fu˩	父 fu˧
端泥组	端多 tə˧	透拖 tʰə˧	定驼 tʰə˩	舵 tə˧
精组 今洪	资 tsɿ˧ ＊奏 tsʰɿ˧ 精	次 tsʰɿ˧ 清	慈 tsʰɿ˩ 从	字 tsɿ˧
今细	焦 tɕie˧	悄 tɕie˧	瞧 tsʰie˩	就 tɕiau˧
知组 今洪	昼 tsau˩ 知	丑 tsʰau˩ 彻	绸 tsʰau˩ 澄	宙 tsʰau˩
今细	著 tɕy˧	褚 tɕʰy˧	厨 tɕʰy˧	住 tɕʰy˧
庄组 今洪	渣 tsa˧ 庄	叉 tsʰa˧ 初	查 tsʰa˩ 崇	助 tsʰau˧
今细	抓 tɕya˧	揣 tɕʰya˧		撰 tɕʰyẽ˧
章组 今洪	指 tsɿ˩ 章	齿 tsʰɿ˩ 昌	神 sən˩ 船	示 sɿ˧
今细	专 tɕyẽ˧	川 tɕʰyẽ˧	船 tɕʰyẽ˩	顺 ɕyən˧
日母				
见晓组 今洪	规 kuæ˧ ＊矿 kʰõ˩ 见	盔 kʰuæ˧ 溪	葵 kʰuæ˩ 群	柜 kʰuæ˧
今细	京 tɕien˧	轻 tɕʰiã˧	群 tɕʰyən˩ ＊鲸 tɕien˧	巨 tɕʰy˧
影组	阿 ŋa˧ 恶 ŋɤ˧ 影哀 ŋai˧ 亚 ia˧ 于 y˧			

表 2-21 咸宁方言音系和中古音系声母比较表（续）

次浊		清	全浊		
			平	仄	
明磨 mə˩					帮组
微无 u˩					非组
泥挪 nə˩	来罗 nə˩				端泥组
		赐 tsʼɿ˩ 梭 sə˦ 心 消 ɕie˦	词 tsʼɿ˩ 松 səŋ˦ 邪 斜 ɕia˩ * 囚 tɕʻuɤ˩	似 sɿ˩ 袖 ɕiau˩	今洪 精组 今细
					今洪 知组 今细
		产 tsʻã˩ 沙 sa˦ 生 帅 ɕya˩			今洪 庄组 今细
		翅 tsʼɿ˩ 奢 se˦ 书 舒 ɕy˦	臣 tsʻən˩ 时 sɿ˩ 禅 垂 tɕʻyæ˩ 谁 ɕyæ˩	殖 tsʼɿ˩ 是 sɿ˩ 署 ɕy˩ * 瑞 yæ˦	今洪 章组 今细
日惹 za˩ 如 y˩ * 弱 niɛn˩					日母
牙 ŋa˩ 俄 ŋə˩ 疑 倪 ni˩		虎 fu˩ 荷 xə˩ * 况 kõ˩ * 歪 ua˦ 晓 靴 ɕya˦	互 fu˦ * 械 ka˩ 怀 fa˩ 贺 xə˦ 河 xə˩ 匣 霞 ɕia˩	* 溃 kʻæ˩ 幸 ɕien˦	今洪 见晓组 今细
云雨 y˩	以爷 ia˩				影组

下面列出其他声母有例外情况但上表没有标明的。帮母：谱 pʻu˩ 鄙 pʻæ˩ 爆 pʻo˦ 扮 pã˩ 遍 pʻiɛ˩ 别 pʼɿ˩ 绊 pã˩ 迫 pʻə˦；滂母：玻 pə˦ 怖 pu˩ 扳 pã˦、喷 fən˩；微母：芒 mõ˩；知母：拄 tɕʻy˩；彻母：侦 tsən˦；庄母：侧 tsʻə˦；初母：厕 sɿ˩ 篆 tɕyən˩；书母：产 tsã˩ 翅 tsʼɿ˩ 春 tsən˩；影母：秽 fæ˦；云母：汇 fæ˦；以母：铅 tɕʻien˦ 捐 tɕyən˦。

（二）韵母比较

咸宁方言音系与中古音系的韵母比较详见表2-22至表2-29。表2-22至

表2-29从古韵母出发，考察古韵母和今咸宁方言韵母的对应关系。表的左右两端以摄为序，再分舒声、入声、开口、合口；表的上端先分等，再分声母的系和组；表中先举例字，其后的标音为今咸宁音的韵母。

表 2-22　咸宁方言音系与中古音系韵母比较表之一

		一等			二等			
		帮系	端系	见系	帮系	泥组	知庄组	见系
果开	例字		多他大	可				
	白读		ə ɑ	ə				
	文读		a					
果合	例字	婆	朵	火	窝			
	白读	ə	ə	ə	ɤu			
	文读							
假开	例字				爸 帕	拿	茶	家 伢
	白读				ɑ e	ɑ	ɑ	ɑ ɑ
	文读							ia
假合	例字						傻	瓜 蜗
	白读						ɑ	ua ɤu
	文读							
遇合	例字	布 模	土 错	古				
	白读	u ə	ɑu ə	u				
	文读							
蟹开	例字	贝	带	改	买 罢	奶	柴	介 骸
	白读	æ	a	a	a a	a	a	a e
	文读							
蟹合	例字	梅	雷	盔灰外			拽	怪坏蛙
	白读	æ	æ	uæ æ a			ya	ua a uɑ
	文读			ua				
止开	例字							
	白读							
	文读							
止合	例字							
	白读							
	文读							
效开	例字	保	草	高	包	闹	罩 抓	教交坳
	白读	o	o	o	o	o	o ya	o o o
	文读							io

表 2-23　咸宁方言音系与中古音系韵母比较表之一（续）

帮系	端组	泥组	精组	庄组	知章组	日母	见系		
三四等									
							茄	例字	果开
							i	白读	
								文读	
							瘸 靴	例字	果合
							ye ya	白读	
								文读	
			姐		庶 爹	惹	夜	例字	假开
			ia		ɑ i	ɑ	ia	白读	
			ie				ie	文读	
								例字	假合
								白读	
								文读	
府		女 庐 虑	徐 须	初 所	住	乳	居 去	例字	遇合
u		yɑu æ	yæ	au ə	y	y	y ie	白读	
		y					y	文读	
米	弟	礼 泥	济		制		启	例字	蟹开
æ	æ	æ i	æ		ʅ		i	白读	
								文读	
肺			岁		税	芮	闺	例字	蟹合
æ			æ		yæ	yæ	uæ	白读	
								文读	
卑	地	犁 尼	此 徙	师 筛	示	儿	移 伊	例字	止开
æ	iɑ	æ ʅ	æ ʅ	a	ʅ	ʅ	i e	白读	
	æ		i				i	文读	
飞 尾			类	嘴	帅	追	蕊 规	例字	止合
æ uæ			æ	æ	a	yæ	yæ uæ	白读	
					ya			文读	
庙	跳	料	焦		照	饶	桥	例字	效开
ie	ie	ie	ie		e	e	ie	白读	
								文读	

表 2-24 咸宁方言音系与中古音系韵母比较表之二

		一 等			二 等			
		帮系	端系	见系	帮系	泥组	知庄组	见系
流开	例字	母某	头	口				
	白读	ə	e	e				
	文读							
咸舒开	例字		胆	龛 敢			斩 眨 赚	咸 监
	白读		ã	ã õ			ã ɑ yẽ	ã iã
	文读							
咸舒合	例字							
	白读							
	文读							
深舒开	例字							
	白读							
	文读							
山舒开	例字		弹	干渴罕	板		山	间 苋
	白读		ã	õ ə ã	ã		ã	ã õ
	文读							iã
山舒合	例字	般漫拼	短	换玩			拴 篡	关
	白读	õ ã iən	õ	uõ uã			õ yẽ	uã
	文读							
臻舒开	例字		吞	恩				
	白读		iẽ	ẽ				
	文读							
臻舒合	例字	门	敦 逊	昆 混				
	白读	ən	ən ən	uən ən				
	文读		yən					
宕舒开	例字	旁	堂	康				
	白读	õ	õ	õ				
	文读							
宕舒合	例字			广				
	白读			uõ				
	文读							
江舒开	例字				胖		窗	讲 巷
	白读				õ		õ	iõ õ
	文读							

表 2-25 咸宁方言音系与中古音系韵母比较表之二（续）

	三　四　等								
帮系	端组	泥组	精组	庄组	知章组	日母	见系	例字	
富 谋	丢	流	酒	瘦 皱	受	柔	久	例字	流开
u e	iɑu	iɑu	iɑu	e ɑu	ɑu	ɑu	iɑu	白读	
								文读	
贬	甜	念	尖		闪	染	险	例字	咸舒开
iẽ	iẽ	iẽ	iẽ		ẽ	ẽ	iẽ	白读	
								文读	
犯								例字	咸舒合
ã								白读	
								文读	
品		林	心	簪 森	深	任	音	例字	深舒开
iən		iən	iən	ã ən	ən	ən	iən	白读	
								文读	
编	典	年	钱		展	然	件 轩	例字	山舒开
iẽ	iẽ	iẽ	iẽ		ẽ	ẽ	iẽ yẽ	白读	
								文读	
反 晚		恋	全		船	软	圆	例字	山舒合
ã uã		iẽ	iẽ		yẽ	yẽ	yẽ	白读	
								文读	
彬		吝	进	衬	神	忍	巾	例字	臻舒开
iən		iən	iən	ẽ	ən	ən	iən	白读	
								文读	
分		轮	尊 旬		春 盾	闰	均	例字	臻舒合
ən		ən	ən yən		yən ən	yən	yən	白读	
								文读	
		娘	将	爽	昌 饷	让	香	例字	宕舒开
		iõ	iõ	õ	õ iõ	õ	iõ	白读	
								文读	
房 亡							王	例字	宕舒合
õ uõ							uõ	白读	
								文读	
								例字	江舒开
								白读	
								文读	

表 2-26 咸宁方言音系与中古音系韵母比较表之三

		一 等			二 等			
		帮系	端系	见系	帮系	泥组	知庄组	见系
曾舒开	例字	崩	等	肯				
	白读	əŋ	ən	ē				
	文读							
曾舒合	例字							
	白读							
	文读							
梗舒开	例字				烹猛浜	冷	争	更行坑
	白读				ən ne	õ	ã	ē iən õ
	文读					ən	ən	
梗舒合	例字							横轰矿
	白读							õ ŋe əŋ õ
	文读							
通舒合	例字	蓬	东	空 公				
	白读	əŋ	ŋe	ŋe uəŋ				
	文读			uəŋ				
咸入开	例字		踏	喝			眨	恰 夹
	白读		ɑ	ə			ɑ	iɑ ɑ
	文读							iɑ
咸入合	例字							
	白读							
	文读							
深入开	例字							
	白读							
	文读							
深入合	例字							
	白读							
	文读							
山入开	例字		獭 达	割 喝	八		察	轧 瞎 辖
	白读		a ɑ	e ə	ɑ		ɑ	ɑ ɑ iɑ
	文读				a			iɑ
山入合	例字	钵	脱	活 豁			刷	滑
	白读	e	e	ue ə			yɑ	ɑ
	文读							uɑ

表 2-27　咸宁方言音系与中古音系韵母比较表之三（续）

帮系	端组	泥组	精组	庄组	知章组	日母	见系		
			三　四　等						
凭		凌			证	仍	兴	例字	曾舒开
iən		iən			ən	ən	iən	白读	
								文读	
								例字	曾舒合
								白读	
								文读	
平	丁	领	精　净		正		轻	例字	梗舒开
iən	iən	iən	iã　iən		ən		iã	白读	
			ən				iən	文读	
								例字	梗舒合
								白读	
								文读	
风		龙	从	崇	虫	绒	弓　勇	例字	通舒合
əŋ		əŋ	əŋ	əŋ	əŋ	iəŋ	əŋ　iəŋ	白读	
						əŋ	uən	文读	
	贴	猎	接		摄		业	例字	咸入开
	i	i	i		e		i	白读	
								文读	
法								例字	咸入合
ɑ								白读	
								文读	
	立	集	涩		十	入	急	例字	深入开
	æ	æ	e		ʅ	ʅ	i	白读	
								文读	
灭	铁	烈	泄		折	热	揭　杰	例字	山入开
i	i	i	i		e	e	i　ie	白读	
								文读	
发　袜		劣	绝　雪		拙　说		悦　血	例字	山入合
ɑ　ua		i	ie　i		ə　ye		ye　i	白读	
a								文读	

表 2-28 咸宁方言音系与中古音系韵母比较表之四

		一等			二等			
		帮系	端系	见系	帮系	泥组	知庄组	见系
臻入开	例字							
	白读							
	文读							
臻入合	例字	不勃没	突	忽核				
	白读	u ə e	ɑu	u e				
	文读							
宕入开	例字	博泊	托	各				
	白读	ə e	ə	ə				
	文读							
宕入合	例字			霍郭				
	白读			ə ə				
	文读			ɐn				
江入开	例字				剥朴雹		桌	觉饺壳
	白读				ə o o		ə	iə io ə
	文读							e oi ei
曾入开	例字	北	特	黑				
	白读	e	e	e				
	文读							
曾入合	例字							
	白读							
	文读							
梗入开	例字				百		泽拆	格
	白读				e		e a	e
	文读							
梗入合	例字							虢获画
	白读							ue e uɑ
	文读							
通入合	例字	扑木	秃	哭沃				
	白读	u ə	ɑu	u ɐn				
	文读							

表 2-29　咸宁方言音系与中古音系韵母比较表之四（续）

帮系	端组	泥组	精组	庄组	知章组	日母	见系		
			三　四　等						
必		栗	七	瑟	质	日	一	例字	臻入开
æ		æ	æ	e	ɿ	ɿ	i	白读	
								文读	
佛		律	戌	率	出		屈　掘	例字	臻入合
u		æ	æ	a	y		y　ye	白读	
				ya				文读	
		略	雀		着　勺	若	脚	例字	宕入开
		iə	iə		ə　e	ə	iə	白读	
								文读	
								例字	宕入合
								白读	
								文读	
								例字	江入开
								白读	
								文读	
逼		力　匿	即	侧	食		极	例字	曾入开
æ		æ　i	æ	e	ɿ		i	白读	
								文读	
							域	例字	曾入合
							y	白读	
								文读	
壁	敌	历　溺	昔		尺		益	例字	梗入开
ia	æ	æ　i	æ		ɑ		i	白读	
æ								文读	
					疫			例字	梗入合
					y			白读	
					i			文读	
服　目		六	足　俗	缩	祝　淑	肉	菊　玉	例字	通入合
u　ə		au	au　iau	au	au　y	au	iau　y	白读	
							y	文读	

（三）声调比较

咸宁方言音系与中古音系的声调比较详见表 2-30。表左是古调类，每个调类再依声母的清浊分成三种情况，表上方是今咸宁方言的调类，表中是例字，按古声母帮端知见四系各举一例。

表 2-30　咸宁方言音系与中古音系声调比较表

古＼今		阴平 44	阳平 31	上声 42	阴去 213	阳去 33	入声 55
		帮端知见	帮端知见	帮端知见	帮端知见	帮端知见	帮端知见
平	清	波都爹锅					
	次浊		磨刘如牙				
	全浊		婆图茶渠				
上	清			把肚挂果			
	次浊			马奶软雅			
	全浊					部杜柱巨	
去	清				簸剁著过		
	次浊					暮类二悟	
	全浊					薄度住具	
入	清				式		八答哲夹
	次浊						抹劣肉业
	全浊		滑			石食	拔碟秩掘

下面按平、上、去、入四声开列咸宁方言中常见不合常规的例外字：

(1) 古平声字今读例外

颇 滂母清平　pʰəˋ　　　　　犍 见母清平　tɕiẽˋ

过 见母清平　kuəˋ　　　　　看 溪母清平　kõˋ

孵 敷母清平　fu⁻　　　　　　扇 书母清平　sẽˋ

些 心母清平　sæˋ　　　　　　滂 滂母清平　põˋ

脂 章母清平　tsʅˋ　　　　　肪 非母清平　fõˋ

萎 影母清平　uæˋ　　　　　　妨 敷母清平　fõˋ

坳 影母清平　ŋoˋ　　　　　　粳 见母清平　kẽˋ

监 见母清平　tɕiãˋ　　　　　纵 精母清平　tsənˋ

供见母清平 kuəŋ˧ 跑並母全浊平 pʻo˧
讹疑母次浊平 ŋe˧ 跳定母全浊平 tʻie˧
璃来母次浊平 næ˧ 拼並母全浊平 pʻiən˧
虻明母次浊平 məŋ˧ 膨並母全浊平 pʻən˧
矬从母全浊平 tsʻe˧ 鲸群母全浊平 tɕiən˧
涛定母全浊平 tʻo˧ 聋来母次浊平 nəŋ˧

（2）古上声字今读例外

簸帮母清上 po˨ 唯喻母次浊上 uæ˨
颗溪母清上 kʻuə˨ 燎来母次浊上 nie˨
坞影母清上 u˨ 垅来母次浊上 nəŋ˨
斧非母清上 fu˨ 冗日母次浊上 iəŋ˨
傀溪母清上 kʻuæ˨ 杵床母全浊上 tɕʻy˨
癸见母清上 kʻau˨ 腐奉母全浊上 fu˨
漂滂母清上 pʻie˨ 辅奉母全浊上 fu˨
悄清母清上 tɕʻie˨ 陛並母全浊上 pæ˨
纠见母清上 tɕiau˨ 妓群母全浊上 tɕi˨
慷溪母清上 kõ˨ 鳔並母全浊上 pʻie˨
拥影母清上 iəŋ˨ 圈群母全浊上 tɕyẽ˨
靡明母次浊上 mæ˨ 愤奉母全浊上 fən˨
垒来母次浊上 næ˨

（3）古去声字今读例外

佐精母清去 tse˥ 契溪母清去 tɕʻi˥
荷晓母清去 xe˥ 缢影母清去 i˥
爸帮母清去 pa˧ 臂帮母清去 pæ˧
帕滂母清去 pʻa˧ 痹帮母清去 pʻæ˧
夏生母清去 ɕia˧ 思心母清去 sʅ˧
假见母清去 tɕia˥ 厕初母清去 sʅ˧
塑心母清去 so˧ 膏见母清去 ko˧
傅非母清去 fu˧ 稍生母清去 so˧
输书母清去 ɕy˧ 断端母清去 tõ˧

腕影母清去	uõ˅		偶疑母次浊去	ŋe˅
绢见母清去	tɕyən˧		溜来母次浊去	niɑu˧
访敷母清去	fõ˅		玩疑母次浊去	uã˅
柄帮母清去	piən˅		行匣母次浊去	ɕiən˅
统透母清去	t'ŋ˅		驮定母全浊去	t'o˅
和匣母次浊去	xə˅		召澄母全浊去	tse˧
瓦疑母次浊去	uɑ˅		逗定母全浊去	te˧
华匣母次浊去	xuɑ˅		复奉母全浊去	fu˧
饵日母次浊去	zɿ˅		暂从母全浊去	tsã˅
疗来母次浊去	nie˅		竞群母全浊去	tɕiən˅

（4）古入声字今读例外

腌影母清入	ie˧		履群母全浊入	tɕi˧
忆影母清入	i˅		淑禅母全浊入	ɕy˧
亿影母清入	i˅		滑匣母次浊入	xuɑ˅
闭帮母清入	pæ˅		猾匣母次浊入	xuɑ˅
错清母清入	ts'o˅		斛匣母次浊入	fu˅
饺见母清入	tɕio˅		炸崇母全浊入	tsɑ˅
剧群母全浊入	tɕy˅			

第三章 咸宁方言词汇

一、词汇的特点

这里谈咸宁方言词汇的特点,主要是拿咸宁方言词汇和北京话词汇作比较所得出的结论,个别情况下则是拿咸宁方言词汇和周边方言词汇进行比较。

(一)构词方式

构词方式是语言生活中人们利用构词材料构造新词的方法,也就是词素组合的方式和方法。同北京话相比,咸宁方言的构词方式表现出如下差异:

1. 单音节单纯词较多

咸宁方言词汇单音节单纯词较多,许多北京话的复音词,在咸宁方言中仍为单音节词。例如:

北京话　　爷爷　奶奶　儿子　女儿　想念　桌子　筷子　脖子　锯子
咸宁方言　爹　　妈　　崽　　女　　忪　　桌　　筷　　颈　　锯

从上面可以看出,在汉语由单音节向多音节(主要是双音节)演变的过程中,北京话和咸宁方言各自的进程表现出较大的差异,咸宁方言演变得较慢,也较为保守。

2. 构词语素及排列顺序差异较大

咸宁方言的某些词与北京话的某些词意义相同,但词形不同,有的构词语素不同,有的构词语素虽然相同,但排列顺序不同。

2.1 构词语素相同,但排列顺序不同。例如:

北京话　　热闹　客人　公鸡　公狗　兄弟　喜欢　回去　力气　拖鞋
　　　　　鳝鱼　夜宵
咸宁方言　闹热　人客　鸡公　狗公　弟兄　欢喜　去回　气力　鞋拖
　　　　　鱼鳝　宵夜

2.2 构词语素一部分相同，另一部分不同。例如：

北京话	刮风	下雨	明天	中午	老鹰	晚饭	围巾	腰带	故意
咸宁方言	起风	落雨	明日	中时	黄鹰	夜饭	围颈	裤带	有意
北京话	失手	用力	烤火	棉絮	床单	被面	娇惯	认识	用力
咸宁方言	失措	着力	炙火	被絮	被单	包被	惯识	认得	着力

2.3 构词语素完全不同。例如：

北京话	太阳	青蛙	窗户	漂亮	轮子	开始	老人	胞衣	知道
咸宁方言	日头	蛤蟆	格子	灵醒	滚子	驾驷	老者	胎盘	晓得
北京话	倒霉	小心	浪费	肮脏	可怜	妻子	脖子	奶奶	很
咸宁方言	背时	过细	糟踏	龌龊	作孽	屋里	颈	妈	蛮
北京话	没	丢	墙	睡	有意思	针鼻孔	吃得苦	没问题	
咸宁方言	有得	落壁	困	有味	针眼	咬得蛮	有得经		

3. 名词性重叠式比较少

在北京话和一些方言中，利用两个相同的词素重叠可以构成一大批名词性重叠式，但咸宁方言名词性重叠式很少，很多北京话中常用的名词性重叠式在咸宁方言中都是单音节词。例如：

| 北京话 | 哥哥 | 弟弟 | 爸爸 | 叔叔 | 奶奶 | 星星 |
| 咸宁方言 | 哥 | 弟 | 爸 | 爷 | 妈 | 星 |

4. 派生词较具特色

有一批体现咸宁方言个性的词缀。详见第四章词法部分。

5. 有一定批量的音变构词

音变构词是语言或方言增强其自身表达能力的一种重要手段。咸宁方言不但有一定的音变构词量，而且所涉及的形式较多，具有一定的系统性。

(1) 清 [tɕʰiã˧]水——清 [tɕʰiã˦]衣服 漂洗衣服

(2) 爷 [ia˨] 父亲，引称——细爷 [ia˦] 叔叔

"爷"本义是"父亲"。《玉篇·父部》："爷，以遮切。俗为父爷字。"《乐府诗集·横吹典辞五·木兰诗》："军书十二卷，卷卷有爷名。阿爷无大儿，木兰无长兄。愿为市鞍马，从此替爷征。""爷"也写作"耶"。如杜甫《兵车行》："耶娘妻子走相送，尘埃不见咸阳桥。""爷"或"耶"中古音"以遮切"，今读作 [ia˨]，和咸宁方言表示"父亲"含义的"爷"正好相符。

咸宁人称呼父亲，面称用"爸"，引称可用"爸"，也可用"爷"，读作[ia˩]，如：个是我爸（或"我爷"）。｜我爸（或"我爷"）出去，你郎找伊有么事？当要说明某两个人是父子关系时，只能说"爷"，不能用"爸"，如"父子俩"咸宁人叫作"两爷崽"，"父子关系"咸宁人叫作"爷崽货"，"父亲和他的几个儿子"咸宁人叫作"几爷崽"。

咸宁人称呼伯伯和叔叔，面称用"爷"，读作[ia˦]，按照排行，分别叫作"大爷、二爷、三爷……细爷"，"细爷"也可简称作"爷"。表示"伯伯、叔叔"的"爷"应当是由表示"父亲"的"爷"音变而成。父亲的兄弟处于同样的地位，表示"父亲"的"爷"向表示"伯伯、叔叔"引申，是极有可能的事情。咸宁人称呼"伯伯、叔叔"，引称也用"爷"，而且既可读作[ia˦]，也可读作[ia˩]，似乎正说明了这一点。

（3）把 [pa˩] 动词，给——刀把 [pa˩] ——把 [pa˩] 介词，相当于北京话的"把"和"被"

"把"本来是个动词。《说文》："把，握也。"现代汉语至今仍有"把握"一词，被握在手中的器具的那一部分就是"把 [pa˩]"，成了名词。与北京话相似，咸宁方言作动词用的"把"基本上不再单独表示"握"的含义，只在"把握"中体现出"握"的意思来。咸宁方言作动词用的"把"更多地用来表示"给"，例如：把几个苹果伊喫！｜做么呢把得伊不把得我？实词虚化以后，咸宁方言作介词用的"把"一身兼两职，相当于北京话的"把"和"被"，分别表示处置和被动，例如：伢崽把书落了。｜牛把草喫了。｜草把牛喫了。前面两个"把"表示处置，后一个"把"表示被动。

（4）冲 [tsʰəŋ˦] 向前冲——冲 [tsʰə˦] 向上冒

（5）划 [xua˩] 船——划 [xua˦] 开——划 [xua˦] 胡乱地搅动

（6）起凌 [niən˦] 因寒冷而冻住——凌 [niẽ˦] 冰冰——凌 [niən˦] 食物因吸收空气中水分变得不酥

（7）架 [ka˦] 双腿夹住脖子坐在肩头上——架 [ka˩] 垫起、码起、放置——打架 [tɕia˩]

笔者小时候出外探亲访友，经常走很远的路，实在走不动了，父亲就让我双腿夹住他的脖子坐在他的肩头上，咸宁人叫作"架 [ka˦]"。"架 [ka˩]"有"垫起、码起、放置"等义，例如：家业受潮容易烂，做一个东西把柜脚架起来。｜板凳到处都是箇，你都把伊架起来。｜不晓得我娘把我箇书架得哪里去了，寻煞都寻不到。

（8）肚[tauˇ]皮——肚[tauˇ]钵 中部鼓起像肚子的钵子

有一种钵子，中部向四周突出，就像人的肚子向外挺着一样，这种钵子被称为"肚钵"。咸宁方言"肚[tauˇ]"比较常用，除作形容词外，还可作动词用，例如：伊屋生活过得好，你看伊脸都肚起来了。

（9）硬[ŋã˧]——硬[ŋãˇ] 人硬物使人体不适

如果有硬物使人体不适，咸宁说"硬[ŋãˇ]"，例如：光板床睏了硬人。｜不穿鞋走路脚板硬得疼。

（10）生[sã˧]米——生[sãˇ]蛋 下蛋

北京话既用"下蛋"也用"生蛋"，咸宁方言只说"生蛋"，由"生[sã˧]米"的"生[sã˧]"音变而来，老百姓日常生活中经常用到，但往往不知道就是"生"字。卵生类动物下蛋咸宁方言都说"生蛋"或者"生子"，如：鸡生蛋｜鸭生蛋｜蛇生蛋｜蚕生子｜扑灯蛾生子｜鱼生子｜鱼鳅生子。

（11）看[kõˇ]见——看[kõ˧]猪 喂养猪

北京话的"看"也有音变构词现象，"看见"和"看护"两个词中的"看"读音就不一样，前面的读去声，后面的读阴平。但咸宁方言中"看护"的"看"与"看见"的"看"读音一致，都读[kõˇ]，例如：帮我把东西看一下。｜我看见一只狗。咸宁方言表示"看护"义的"看"还引申出其他意义：喂养、扶养、生育，且读作[kõ˧]，例如：看崽不读书，不如看隻猪。｜有爷娘看有得爷娘教。第一个和第三个"看"表示"生育并抚养"，第二个"看"表示"喂养"。值得一提的是，咸宁方言人与其他哺乳动物的生育所用动词不一样，"生小猪"、"生小狗"分别叫"落猪崽"、"落狗崽"，而"生小孩"叫"看伢崽"。在音变构词的背后，我们可以看到咸宁方言"看"在词义上的引申脉络：看见→看护→喂养、抚养→生育。

（12）承[tsʰənˇ]认——承[sənˇ]起来 垫起

北京话有"承受"一词，"承"，甲骨文字形上面像跽跪着的人，下面像两只手，合起来表示人被双手捧着或接着，本义：捧着。"受"，甲骨文字形像两手中间有一只舟，表示传递东西，本义：接受，承受。《说文》："承，奉也。受也。"由此可见，"承"和"受"本是一对同义或近义词。北京话的"承受"咸宁方言用单音节词"承"来表示，北京话说"这把椅子承受不起他的重量"，咸宁方言说"个把椅承不起伊"。《广韵》禅母平声蒸韵署陵切:"承,次也,奉也,受也。"音义俱合。

(13) 咸 [ɕiãɹ] 宁——咸 [xãɹ] 淡

"咸"可以作副词,表示"全部、都"之意。《说文》:"咸,皆也,悉也。"现代汉语北京话口头一般不这么用了,咸宁方言因为地名的关系(咸宁古为荆州地。汉属江夏郡沙羡县。唐代宗大历三年(768)置永安镇。南唐李璟保大十三年(955)升为永安县。宋真宗景德四年(1007),为避永安陵讳,取"万国咸宁"之意,易名为咸宁县),作副词用的"咸"仍活在人们的口头语中。《广韵》平声匣母咸韵胡谗切:"咸,皆也,同也,悉也。"照理说,咸宁方言表示"咸淡"的"咸"保留的是中古音,而"咸宁"的"咸"却是在发展过程中变了音的。

(14) 射 [sɑɹ] 射出——射 [ɾɑɹ] 灯——射 [ɾɑɹ] 传染

"射出"的"射"咸宁方言读 [sɑɹ],而"点灯"咸宁叫"射 [ɾɑɹ] 灯",因为灯点亮了,光线射出,由此看来咸宁方言侧重的是结果,而不是点灯动作本身。咸宁方言的"射 [ɾɑɹ]"还有"传染"义,传染和光线射出有类似之处。例如:红眼病射人。

6. 古语词较多

咸宁方言保留了大量的古语词。许多人认为咸宁方言土,原因之一就是有些词在人们的口语中经常使用,却又一时不知道记录它们的字,因而认为它们土。事实上,这些看起来很土的词,许多都是古语词的保留。

咸宁方言所保留的古语词可以上推至《诗经》和诸子等先秦文献。例如:《诗经·魏风·硕鼠》"硕鼠硕鼠,无食我黍"中的"硕"在咸宁即使是文盲也能理解,咸宁方言常用"硕"表示"大",而且还有"大硕"的说法;《诗经·鄘风·相鼠》:"相鼠有皮,人而无仪。"《诗经·大雅·公刘》:"相其阴阳,观其流泉。"其中的"相"有"看"义,这在咸宁方言中完整保留:我生了病,都冇得人来作(朝)我相一下;咸宁称老人为"老者",其义与《论语》"老者安之,少者怀之"中的"老者"同;春秋时齐国发生饥荒,有人在路上施舍饮食,对一个饥饿的人说"嗟,来食",饥饿的人不吃"嗟来之食",终于不食而死(见于《礼记·檀弓》)。其中"嗟"还在咸宁方言口语中保留,例如:嗟,把得你吃。

后世文人诗词作品等中的一些词也常见于咸宁方言口语。例如:鲍照《清河颂》:"亘古通今,明鲜晦多。"其中的"亘"有"整体、整个"义,这在咸宁方言中也得到充分的证明,如:把～钱拆散、猪脚～个么样喫?"个"在咸宁也是通用的词,但咸宁"个"的特殊用法是作指示代词用,相当"这",如"个多"就是"这多","个长"就是"这长","你个死猪"就是"你这死猪",所以咸宁人理解李白诗"白发三千丈,缘愁似个长"是丝毫不费劲的。咸宁一般用"斫"而不用"砍",而晚唐杜荀鹤诗《山中寡妇》中就有"时挑野菜和根煮,旋斫生柴带叶烧"句。

类似的古语词还有很多。如"驾驷"咸宁表示"开始"义。《说文》:"驾,马在轭中。"《玉篇》:"驷,四马一乘也。"要出行,先得套好车马,引而申之,凡做一切事情都有一个开始,因此,咸宁"驾驷"就有了"开始"义。如"哉",是表示感叹的语气词,在古代汉语中极为常用。而这个词如今仍活在咸宁人的口头:"我跟伊不来来往～。""真是怪～。"其余的常用古语词有:晏晚、策骗人、徛站、跍蹲、炙烤火、手袱毛巾等等。

最后,介绍几个保留古音的咸宁方言词。咸宁老年人多说"菢 pˈo˧鸡"而很少说或不说"孵 fu˧鸡";咸宁"伏在地上"叫"匐 pˈuˈ˧";"甫"读作 pˈuˈ˧,这让我们从方言中找到了"古无轻重唇音"的例证。而"秘"读 pæ˧,则只能从更早的上古音去寻找答案了。咸宁"挑选东西"叫"择 tˈə˧","砧板"的"砧"读 tiẽ˩,则让我们从中找到了"古无舌上音"的例证。

(二) 词义差异

咸宁方言的某些词与北京话词词形相同,但意义有差异。主要有以下几种情况。

1. 二者意义完全不同

具体情况详见表 3-1。

表 3-1　咸宁方言与北京话词义项比较表之一

例词	北京话	咸宁方言
妈	母亲	相当北京话的"祖母"
姑娘	未婚女性	相当北京话的"姑妈"
对手	竞赛或斗争的对方	帮手,如:找一个人来做～
看	看护	饲养、抚养、生育
袱	妇女的包头巾	毛巾

续表

例词	北京话	咸宁方言
红叶	红色的叶子	媒人
屋里	房间里面	妻子
卵	蛋	男阴
零碎	细碎的东西	零食，例如：喫～
向	对着	放，例如：向盐
炙	烤肉	烤火
戳	用锐器的尖端刺击	性交

2. 不完全相同

这里主要讨论两种情况（对于交叉的情况，即咸宁方言词和北京话词有相同的义项，但各自又有着对方所没有义项，这里不作讨论）：

2.1 咸宁方言词的义项比北京话词多，即同一词形在咸宁方言中的意义有多种，而在北京话中却只有其中一部分意义。详见表3-2。

表3-2 咸宁方言与北京话词义项比较表之二

例词	咸宁方言	北京话
瀎	①呼吸道分泌而由口、鼻腔排出的黏液 ②涎水、口水，如：喫药没得水，就用～吞	有①无②
肉	①名词，动物等的肌肉 ②形容词，肥，如：～猪 ③形容词，胖，如：个人好～	有①无②③
清	①水清 ②稀，不稠，与酽相对，如：粥太～了	有①无②
腥臜	①肮脏，污秽 ②鬼神，如：看见～	有①无②
落	①掉下来，往下降 ②下，如：～雨、～雪 ③遗留在后面 ④丢失，如：伊把我箇书～了	有①③无②④
哥	①同父母（或只同父，只同母）或同族同辈而年龄比自己大的男子 ②姐姐	有①无②

续表

例词	咸宁方言	北京话
脚	①小腿以下部分 ②小腿 ③大腿 ④整条腿	有①无②③④
把	①介词，表处置 ②介词，表被动，相当于"被"，如：草把牛喫了 ③动词，给，如：把几块钱得我用	有①无②③
谷	①水稻 ②稻谷	有①无②
格子	①方形的空栏或框子 ②窗户	有①无②
爷	①父亲 ②叔叔、伯伯	有①无②
屋	①单间的 ②整栋的	有①无②
气色	①一个人的精神和皮肤色调 ②气味，如：身上有气色	有①无②

2.2 北京话词的义项比咸宁方言词多，即同一词形在北京话中的意义有多种，而在咸宁方言中却只有其中一部分意义。详见表3-3。

表3-3 咸宁方言与北京话词义项比较表之三

例词	北京话	咸宁方言
折	①折叠、打折 ②使断成两截	有①无②
糠	①稻麦等子实的皮或壳（多指脱下来的） ②萝卜因失掉水分而中空	有①无②
房	①单间 ②整栋的房屋	有①无②
晏	①迟、晚 ②天清无云 ③鲜艳	有①无②③
炭	①木炭 ②煤	有①无②

(三) 特殊词语

1. 称谓词语

称谓特别是亲属称谓是表现方言特色的一个重要方面。这些称谓词语沿用已久，在方言中根深蒂固，很多时候并不能用业已建立的某一方言的称谓系统去理解另一方言（甚至是相挨很近的方言）的称谓系统，否则就会闹出笑话来，例如：咸宁方言把"姑母"叫做"姑娘"，把"祖母（包括外祖母）"叫做"妈"。

1.1 妈 [mɑ˧]

意思为"祖母（包括外祖母）"。"妈"本义是"母亲"，《广雅·释亲》："妈，母也。"咸宁方言表示"母亲"用"娘"。父亲的母亲（祖母）和母亲的母亲（外祖母）都称为"妈"，若要区别，外祖母也可称作"家婆妈"。

1.2 爷 [iɑ˧]

意思为"父亲的兄弟"，是表示"父亲"义的"爷 iɑ˩"的音变构词。详见音变构词部分论述。

值得注意的是，父亲的姐妹，如果尚未出嫁，也被称为"爷"，不用北京话的"姑姑"，也不用咸宁方言固有的表示"姑妈"含义的"姑娘"，因为"姑娘"一词意味着成年和已婚，而没有出嫁的女子是忌讳被称为"姑娘"的。

1.3 期爷 [tɕʰi˧ iɑ˧]

意思为"岳父"。周边大冶方言和武汉方言有"亲爷"的叫法，有人认为"亲"当理解为"亲家"的"亲"，但"亲家"的"亲"读 [tɕʰnei˩]，与"[tɕʰi˧]"的读音大为不合，故而不能记作"亲爷"。本书认为，"岳父"因"婚姻、婚期"而确立的，因此当记作"期爷"。

1.4 期娘 [tɕʰi˧ niõ˩]

意思为"岳母"。见上条"期爷"。例如：

(1) 期爷、期娘，你□您一齐到我屋去玩得玩耍。

(2) 咸宁的风俗是正月初二要到期爷期娘屋唡去拜年。

1.5 哥 [kə˧]

咸宁方言至今把姐姐称作"哥"，和表示"兄长"义的"哥"共用一词，和女性性别刚好相反。为什么会出现这种现象呢？中国古代传统风俗是重男轻女，但这并不排除人们对女性的喜爱和重视。比如有的家庭有多个男孩，就是没有女孩，做父母的就往往希望拥有一个女孩，如果幸运生得一女孩，咸宁口语一般不说"千金"，要说"女儿种"，和"崽种"相对。咸宁呼姐为哥，正是通过称呼的改变来表达对女性的喜爱和尊重。北京话的称呼则严格区分"兄长"和"姐姐"的性别。

1.6 一哥 [i˥ kə˥]

意思为"姐夫"。理据有待考证。

(3) 我一哥大我大姐姐八岁。

1.7 歇奴家 [ɕi˥ nɑu˧˩ kɑ˥]

意思为"新娘"。有人认为"[ɕi˥ nɑu˧˩ kɑ˥]"当是"新来家 [ɕiən˥ nɑ˧˩ kɑ˥]"语音之讹变，但咸宁方言语流音变现象并不突出，况且"[ɕiən˥ nɑ˧˩ kɑ˥]"和"[ɕi˥ nɑu˧˩ kɑ˥]"语音之间的差距是比较大的，以语音讹变来证明"[ɕi˥ nɑu˧˩ kɑ˥]"为"新来家"，恐难服人。本书认为，"歇奴家"的称呼当来自女性自身的感受：即女性出嫁之后，也就是找到了自己的归宿。古代女子可谦称为"奴"，"歇"也就是归宿，"家"是指归宿之处。女性找到自己的归宿之处，也就意味着出嫁，她的身份就是新娘子。

1.8 屋里 [u˥ næ˧˩]

咸宁方言把"妻子"叫作"屋里"，大概取"妻子是自己屋里的人"之意。之所以强调"妻子是自己屋里的人"，是因为妻子与自己的父母兄弟姐妹不一样，嫁过来之前是别人家的人，嫁过来之后才成为自己屋里的人了。同时也和传统的社会分工"男主外，女主内"有一定的联系。

2. 婚丧词语

2.1 禁忌语

当说话人有所禁忌时，会用比较含蓄、委婉的话语来表达要说的意思，这时候就产生了禁忌语。如"人死"咸宁说"过身"，逢年过节，或死去的人为自己的长辈时，一般只能说"过身"而不能说"死"。当人们谈到鬼怪时，往往要讳称"齷齪"，例如"碰到或看到齷齪"。

2.2 拜新香 [pɑ˧˩ ɕiən˥ ɕiõ˥]

死者为大，春节外出拜年先去祭拜刚死不久的人叫作"拜新香"。

例如：

(1) 伊爹爷爷正月初二箇新香，我哪里都不能去，先得去伊屋跟伊爹爷爷拜新香。

2.3 红叶 [fəŋ˅ i˥]

咸宁方言表示"媒人"用"红叶"。宋代传奇小说《流红记》讲述了"红叶题诗取韩氏"的故事：书生于祐在御沟中拾得落叶一片，上有题诗四句："流水何太急，深宫尽日闲。殷勤谢红叶，好去到人间。"于祐自此终日思念，于是别取红叶，题诗二句："曾闻叶上题红怨，叶上题诗寄阿谁？"置于御沟上流，使流入宫中。后来于祐娶得获罪被遣宫女韩氏为妻。成婚之日，当二人出示所藏红叶时，相对感泣，以为天意撮合，韩氏因写诗咏其事："一联佳句题流水，十载幽思满素怀。今日却成鸾凤友，方知红叶是良媒。"咸宁方言的"红叶"当来源于此。"红叶"一词还可变作"红人"。

例如：

(2) 说人家嫁人要请红叶。

(3) 老王是我都两个人的红人。

3. 农事词语

3.1 麦黄枯 [ma˥ uõ˅ kʻu˥]

类似布谷鸟的鸟，它的叫声如果用咸宁方言的语音来模拟，大致相当于"麦黄枯"。当地传说这种鸟是懒人死后变成的，认为它的叫声是在警示人们到了收割的季节一定要积极行动，不能错过季节，因为麦子成熟过度以后就变枯，而且往往一碰就掉了，根本收割不起来。

3.2 各家插禾 [kə˥ tɕia˥ tsʻa˥ xɤ˅]

即"布谷鸟"。咸宁当地至今还有一个传说：古时候，有个人只关心眼前的一饭一食，农忙时一心帮别人做事，图的就是一日三餐有饭吃，结果错过了播种期。后来，别人粮食丰收了，他却饿死了。于是他的灵魂变成一只小鸟，每到农忙时节就凄怨地鸣叫，警示世间的人们不要像他那样。咸宁把布谷鸟的叫声理解为"各家插禾"正缘于此。

咸宁方言通过象声的方式来给布谷鸟命名，同时又把农耕嵌寓其中，真可谓一箭双雕，妙不可言。北京话的"布谷鸟"没有通过象声的方式来给布谷鸟命名。

3.3 栽田 [tsa˧ tˢiẽ˩]

咸宁方言的"栽田"是把水稻秧苗栽在田中，凡是有完整植株，有根须的东西，咸宁都用"栽"而不用"插"，如"栽辣椒秧""栽树"；反之，没有完整植株，也没有根须的东西，咸宁才用"插"，如"插苕""插葡萄藤"，是把红薯、葡萄的藤剪成段扦插到地里。北京话的"插秧"强调动作的直接作用对象是"秧"，而且是"插"进去的。

3.4 字榴 [tsʅ˧ niɑu˩]

即"石榴"。正如"枣子"可以喻意"早生贵子"，"橙子"可以喻意"生个儿子"一样，石榴多子，多子多孙正是民间所祈盼的，因而石榴成了咸宁民间多子多孙的象征，"石榴"也就被咸宁人民改造成了"字榴"。之所以叫"字榴"，是因为"字"的本义就是"生孩子"。《说文》："字，乳也。"段玉裁注："人及鸟生子曰字。"国人都视石榴为吉祥物，以为多子多福的象征。但到目前为止，关于石榴的称呼，还只发现咸宁方言在一个看似平常的名字中寄寓着人们对生活的美好愿望。北京话的"石榴"是"安石榴"的省称，得名的理据已经不怎么清楚了，但可以肯定的是，"字榴"比"石榴"更具人情味。

3.5 呆袋 [ŋa˩ tˢa˧]

即为"荷包"。咸宁方言把所有的袋子均泛称作"袋"，而"荷包"称"呆袋"，"袋"表明荷包与袋子一样：可以装东西，"呆"则表明荷包与一般的袋子不一样：固定在衣服上，不像其他袋子那样可以随意移动。咸宁方言"呆"有"不灵活"之义，引申言之，东西被固定也叫"呆"。例如：

(1) 人是活簻，树是呆簻，你走路不作路相看，撞得树上去了，还怪我。

(2) 伊手脚不么干净，从人家屋别人家耳耳悄悄偷了一呆袋东西出来。

3.6 帽笠 [mo˧ næ˧]

即"草帽"。咸宁把竹制的且戴在头上的雨具叫作"斗笠"，而把"草帽"叫作"帽笠"，用"笠"表明它的功能与"斗笠"相似：斗笠遮雨，帽笠主要用于遮阳，也可用作遮雨。用"帽"和"斗"相对，表明它和"斗笠"形状有别：帽笠形状似帽子，而斗笠形状如斗，体形较大。咸宁方言"帽笠"和表示"什么"义的"么呢[moˇnæ˧]"谐音,说话时,若有人问到"么呢",而自己又不耐烦,不愿意回答,可以这样说:还么呢(帽笠),□ma˧ 表示推测、估计还草帽哦!通过谐音,把"么呢(帽笠)"与北京话的"草帽"相对,巧妙表达自己的情绪,语言生动活泼而且富有生活情趣。

3.7 藏蛋[tsõˇtã˧]

用盐水腌制禽蛋,也指腌制好的蛋(咸蛋)。北京话的"咸蛋"着眼于禽蛋腌制好以后味道是咸的,而咸宁方言着眼于腌制的过程:腌制咸蛋主要在农历四月份到六月份之间,这是禽类产蛋的高峰时期,气温逐渐升高,蚊子也慢慢出现。禽蛋多了,又容易受温度影响及蚊子叮咬而成为寡(坏)鸡蛋,因此需要把禽蛋有效地储藏起来,"藏蛋"也因之得名。闽语福建顺昌话"咸蛋"叫作"藏卵","卵"本来就有"蛋"义,可以说,"藏卵"和"藏蛋"异曲而同工。吴语浙江富阳话"咸鸭蛋"叫作"藏鸭蛋",徽语浙江建德话"咸鸭蛋"叫作"藏鸭子","鸭子"也就是"鸭蛋"。

3.8 酦酒[pʻa˧tɕiauˇ]

酿酒,用米饭加酒曲制作米酒。《广韵》入声末韵普活切:"酦,醅酦酒",从"酉"的字都与酒有关。杜甫《客至》:"盘飧市远无兼味,樽酒家贫只旧醅。"这里的"醅"指"没过滤的酒",清桂馥《札朴》:"吾乡造酒者既漉,复投以他酒更酿,谓之酦酒。"这里的"酦酒"指"酒二次酿造"。由此可知,"醅酦酒"也就是"酿酒","酦"有"酿酒"义,"酦酒"也就是"酿酒"。咸宁有童谣:"茶它枳[tsʻaˇtʻa˧tsʅ˧],酦水酒,今日酦,明日有。""茶它枳[tsʻaˇtʻa˧tsʅ˧]"就是金缨子,它的果实以前是民间制作酒曲的原料之一。

二、分类词表

凡 例

(1) 本词表收录的词语主要根据中国社会科学院语言研究所方言组所

编的《方言调查词汇表》(《方言》1981年第3期)调查整理所得。为反映方言特色,在某些地方有所增删。

(2) 每条词语先写出汉字,然后用国际音标注音,再用五度制调号标调。有连读变调的,则把声韵调的变化情况也表示出来,变调的音节用两个调号,左边表示原调,右边表示变调,变声变韵的音节则用〈〉号标出原声韵调。

(3) 记录某词条时,往往随后记录与之相关的词条,如记录名词"风"的时候,也将词组"起风"等收录在一起。

(4) 与北京话差异较大的词在音标后面加以简单的注释,少数条目举出用例。

(5) 同义词或近义词排列在一起,第一条顶格排列,其他各条缩一格另行排列。

(6) 多义词的不同义项用圆圈数码①②③等分开。

(7) 少数方言词有音无字,或暂时未考出本字,则用同音字代替,在同音字下面加浪线"～",如果没有合适的同音字代替,则用"□"表示。

(8) 分类词表目录如下:

(一)	天文	(二)	地理	(三)	时令 时间
(四)	农业	(五)	植物	(六)	动物
(七)	房舍	(八)	器具 用品	(九)	称谓
(十)	亲属	(十一)	身体	(十二)	疾病 医疗
(十三)	衣服 穿戴	(十四)	饮食	(十五)	红白大事
(十六)	日常生活	(十七)	讼事	(十八)	交际
(十九)	商业 交通	(二十)	文化教育	(二十一)	文体活动
(二十二)	动作	(二十三)	位置	(二十四)	代词等
(二十五)	形容词	(二十六)	副词 介词等	(二十七)	量词
(二十八)	附加成分等	(二十九)	数字等		

(一) 天文

1. 日月星辰

日头 zɿ˧ t'ɤ˅

太阳眼 t'aˇ iõˇ ŋã˧

日头眼 zɿ˧ t'ɤ˅ ŋã˧

太阳 t'aˇ iõˇ

底下 tæˇ xa˧

阴处着 iən˧ tɕ'y˧ tso˅ 阴凉的地方

月亮 ye˧ niõ˧

月亮生毛 ye˧ niõ˧ sã˧ mo˅ 月晕

天河 t'iẽ˧ xa˅

星 ɕiã˧

北斗星 pe˅ te˅ ɕiã˧

扫帚星 so˅ tsau˅ ɕiã˧ ①彗星②喻带来不幸与灾难的人

天狗喫月 t'iẽ˧ ke˅ tɕ'ɿ˧ ye˧ 月食

星屙屎 ɕiã˧ uə˧ ʂɿ˅ 流星

牛郎织女 niau˅ nõ˅ tsʅ˧ y˅ 指牛郎织女星

2. 风雨雷电云

风 fəŋ˧

起风 tɕ'i˅ fəŋ˧

旋风 ɕi˅ fəŋ˧

龙卷风 nəŋ˅ tɕyẽ˅ fəŋ˧

顺风 ɕyən˅ fəŋ˧

倒风 to˅ fəŋ˧

大风 t'a˧ fəŋ˧

细风 sæˇ fəŋ˧

东风 təŋ˧ fəŋ˧

南风 nã˅ fəŋ˧

西风 sæ˧ fəŋ˧

北风 pe˧ fəŋ˧

霜风 sõ˧ fəŋ˧ 打霜季节刮的风

起霜风 tɕ'iˇ sõ˧ fəŋ˧

雨 y˅

麻喷雨 maˇ fən˧ y˅ 蒙蒙雨

细雨 sæˇ y˅ 小雨

雨脚 y˅ tɕia˧ 将停的雨

漂风雨 p'ieˇ fəŋ˧ y˅

雷雨 næˇ y˅

暴雨 p'o˅ y˅

落雨 nə˧ y˅ 下雨

走暴 tseˇ p'o˅ 下暴雨

打湿 ta˅ ʂɿ˧ 淋湿

在雨 ts'a˧ y˅ 淋雨

頹 uən˅ 淹没

雷 næˇ

炸雷 tsa˅ næˇ

打雷 ta˅ næˇ

豁闪 xə˅ sẽ˅ 闪电

打豁闪 ta˅ xə˅ sẽ˅ 打闪

云 yən˅

乌云 u˧ yən˅

黑云 xe˧ yən˅

毛影 mo˅ iã˅ 虹

3. 冰雪霜露雾

冰 piən˧

凌冰 niən˧ piən˧

结冰 tɕi˧ piən˧

起凌 tɕ'i˅ niən˧

凌冰吊 niən˦ piən˦ tie˧˥　屋檐沟或
　树上吊的条状冰锥
冰雹 piən˦ pʼo˩
落冰雹 nə˩ piən˦ pʼo˩
雪 ɕi˧˥
鹅毛大雪 ŋo˩ mou˩ tʼa˩ ɕi˧˥
落雪 nə˩ ɕi˧˥
雪子 ɕi˧˥ tsᵨ˩
雨加雪 y˩ tɕia˩ ɕi˧˥
只个呕 tsᵨ˧˥ kə˩ ŋɤ˩　形容雪下得大
堪尺厚 kã˦ tsʼᵨ˧˥ xɤ˦　近尺来厚
融雪 iəŋ˩ ɕi˧˥
雪水 ɕi˧˥ ɕy˩
霜 sõ˦
打霜 ta˩ sõ˦
起凌 tɕʼi˩ niən˦
霜凌 sõ˦ niən˦
露水 nau˦ ɕy˩
下露 xa˦ nau˦
雾 u˦
起雾 tɕʼi˩ u˦

4. 气候

天气 tʼiẽ˦ tɕʼi˩

天时 tʼiẽ˦ sᵨ˩
作天时 tsə˦ tʼiẽ˦ sᵨ˩　变天
天道 tʼiẽ˦ tʼo˦
晴天 tɕʼiã˩ tʼiẽ˦
开天 kʼa˦ tʼiẽ˦　天转晴
阴天 iən˦ tʼiẽ˦
阴阴天 iən˦ iən˦ tʼiẽ˦
一掩掩嘞 i˧˥ ŋã˩ ŋã˩ ne˦　指太阳
　欲出不出的样子
雨天 y˩ tʼiẽ˦
发大水 fa˦ tʼa˦ ɕy˩
天干 tʼiẽ˦ kõ˦
伏天 fu˩ tʼiẽ˦
头伏 tʼɤ˩ fu˩
二伏 zᵨ˦ fu˩
三伏 sã˦ fu˩
秋老虎 tɕʼiau˦ nou˦ fu˩
一九 i˧˥ tɕiau˩
二九 zᵨ˦ tɕiau˩
三九 sã˦ tɕiau˩
倒春寒 to˩ tɕʼyən˦ xõ˩
小阳春 ɕie˩ iõ˩ tɕʼyən˦

（二）地理

1. 山、田、地

山 sã˦
柴山 tsʼa˩ sã˦
茅山 mou˩ sã˦
荒山 xõ˦ sã˦
坟山 fən˩ sã˦　作坟地的山
祖坟山 tsau˩ fən˩ sã˦　祖宗的坟墓
　所在的山
山尖 sã˦ tɕiẽ˦
山高垴 sã˦ ko˦ nou˩　山顶上

山顶 sã˧ tiən˩
山窝 ˥-sã˧ uə˧
山坳 sã˧ ŋo˩
半山腰 põ˩ sã˧ ie˧
山脚下 sã˧ tɕiə˩-ɒx ˧
山林 sã˧ niən˨
山沟 sã˧ ke˧
田 t'iẽ˩
水田 ɕy˨ t'iẽ˩
沙田 sɒ˧ t'iẽ˩　沙质且易断水的田
冬水田 təŋ˧ ɕy˨ t'iẽ˩　浸冬的田
过水丘 kuə˩ ɕy˨ tɕiau˧
缺口 tɕ'ye˧ k'e˩
田缺口 t'iẽ˩ tɕ'ye˧ k'e˩
田塍 t'iẽ˩ sən˨
地 t'æ˧
平地 p'iã˨ t'æ˧
荒地 xõ˧ t'æ˧
开荒 k'a˧ xõ˧
沙子地 sɒ˧ tsɿ˩ t'æ˧
点 tiẽ˨　块
一点崽地 i˧ tiẽ˨ tsa˨ t'æ˧　一小块地
博 pə˧　有地的山坡
博地 pə˧ t'æ˧　山坡上的地

2. 江、河、湖、海、水

江 tɕiõ˧
长江 tsõ˨ tɕiõ˧
河 xə˨
河边 xə˨ piẽ˧
河堤 xə˨ t'æ˧

堰 iẽ˩
坝 pa˩
塥 kõ˩　陡的崖岸：田～
洲 tsau˧
沙洲 sa˧ tsau˧　河中的浅滩
湖 fu˨
海 xa˨
塘 tõ˨
塘崽 tõ˨ tsa˩　小池塘
塘崽下 tõ˨ tsa˩ xa˧
塘头 tõ˨ t'e˨
塘尾 tõ˨ uæ˨
塘塍 tõ˨ sən˨
沟 ke˧
阴沟 iən˧ ke˧　水沟
沟坑 ke˧ k'ã˧
港 kõ˩　小河或稍大的小溪
港沟（崽）kõ˩ ke˧（tsa˨）　小河沟
凼 tõ˩　低凹且易积水的小坑
水凼 ɕy˨ tõ˩
水 ɕy˨
清水 tɕ'iã˧ ɕy˨
浑水 fən˧ ɕy˨
刮浑 kua˧ fən˧　水很混浊的样子
泥巴水 ni˨ pa˧ ɕy˨
河水 xə˨ ɕy˨
江水 tɕiõ˧ ɕy˨
湖水 fu˨ ɕy˨
海水 xa˨ ɕy˨
雨水 y˨ ɕy˨

泉水 tɕʰiẽ˧ ɕy˧
井水 tɕiã˧ ɕy˧
地下水 tʰæ˧ xɑ˧ ɕy˧
冰水 piən˧ ɕy˧
冷水 nã˧ ɕy˧
开水 kʰə˧ ɕy˧
煻水 uən˧ ɕy˧　热水，比开水温度稍低
温煻水 uən˧ uən˧ ɕy˧　温水
潲水 so˧ ɕy˧
猪食水 tɕy˧ sʰɿ˧ ɕy˧
洗米水 sæ˧ mæ˧ ɕy˧
大水 tʰa˧ ɕy˧　洪水
发大水 fɑ˧ tʰa˧ ɕy˧

3. 石沙、土块、矿物

石头 sɑ˧ tʰe˧
麻牯 mɑ˧ ku˧　石头，有些地方这样说
石头崽 sɑ˧ tʰe˧ tsa˧　小石头
青石 tɕʰiã˧ sɑ˧
黄砾米 uõ˧ niɑ˧ mæ˧　一种略带黄色、易碎的石头
铁石 tʰiʔ˧ sɑ˧
吸铁石 ɕi˧ tʰiʔ˧ sɑ˧　磁铁
沙 sɑ˧
黄沙 xõ˧ sɑ˧
河沙 xə˧ sɑ˧
土 tʰau˧
土巴 tʰau˧ pɑ˧
土巴坨 tʰau˧ pɑ˧ tʰə˧
土粉 tʰau˧ fən˧

砖 tɕyẽ˧
青砖 tɕʰiən˧ tɕyẽ˧　较老式且较粗大的砖
分砖 fən˧ tɕyẽ˧　包括小青砖和红砖
红砖 fəŋ˧ tɕyẽ˧
泥砖 ni˧ tɕyẽ˧　未经烧制的泥坯
瓦 uɑ˧
瓦甲 uɑ˧ tɕiɑ˧
瓦甲锋 uɑ˧ tɕiɑ˧ fəŋ˧　破碎后的小瓦块
明瓦 miən˧ uɑ˧　用玻璃制成供采光用的瓦
沟瓦 ke˧ uɑ˧　走水用的瓦
盖瓦 ka˧ uɑ˧　盖在沟瓦上面的瓦
屋檐沟 u˧ iẽ˧ ke˧　屋檐上往下溜水的地方
红瓦 fəŋ˧ uɑ˧
丝棉瓦 sʰɿ˧ miẽ˧ uɑ˧
灰 fæ˧
灰尘 fæ˧ tsʰən˧
灰土 fæ˧ tʰau˧
土粉 tʰau˧ fən˧
泥巴 ni˧ pɑ˧
泥巴坨 ni˧ pɑ˧ tʰə˧
泥脚 ni˧ tɕiɑ˧　水田里可供翻耕的一层泥土
作泥 tsə˧ ni˧　用人或牛将泥巴踩匀供作砖坯用
玉 y˧
金 tɕiən˧

银 niən˩

铜 tʻəŋ˩

铁 tʻi˧

锡 ɕia˧

铝 y˩

钢 kõ˧

钢筋 kõ˧ tɕiən˧

煤 mæ˩

煤子 mæ˩ tsʅ˩　煤块

煤灰 mæ˩ fæ˧

煤油 mæ˩ iau˩

汽油 tɕʻi˩ iau˩

柴油 tsʻa˩ iau˩

桐油 tʻən˩ iau˩

桐油灰 tʻən˩ iau˩ fæ˧　石灰加桐油调和而成，在刷油漆前用来填补木器等的缝隙

炭 tʻã˩　专指木炭

板炭 pã˩ tʻã˩　用硬木烧成的炭

火子 xə˩ tsʅ˩　燃烧着的炭块

水泥 ɕy˩ ni˩

水泥地 ɕy˩ ni˩ tʻi˧

石灰 sa˧ fæ˧

村 tsʻən˧

屋场 u˧ tsõ˩　村庄

屋下 u˧ xa˧

畈 fã˩　比较大而开阔的地方

人烟 zən˩ iẽ˧

街 ka˧

街上 ka˧ sõ˧　①城里 ②大街上

乡嘞 ɕiõ˧ ne˧

乡下 ɕiõ˧ xa˧

乡巴佬 ɕiõ˧ pa˧ no˩

老屋 no˩ u˧

老家 no˩ tɕia˧　故乡

角落 kə˧ nə˩

陇角坼 nəŋ˩ kə˧ tsʻa˧　狭小的地方

山旮旯 sã˧ ka˧ na˧　僻远的小山村

路 nau˧

走路 tse˩ nau˧

大路 tʻa˧ nau˧

细路 sæ˩ nau˧　小路

岔路 tsʻa˩ nau˧

码头 ma˩ tʻe˩

4. 城乡、处所

地方 tʻæ˧ fõ˧

（三）时令　时间

1. 季节

四季 sʅ˩ tɕi˩

春 tɕʻyən˧

春天 tɕʻyən˧ tʻiẽ˧

夏 ɕia˧

夏天 ɕia˧ tʻiẽ˧

热天 zeˉ tˈiẽˉ
热天道 zeˉ tˈiẽˉ tˈoˉ
秋 tɕˈiauˉ
秋天 tɕˈiauˉ tˈiẽˉ
冬 təŋˉ
冬天 təŋˉ tˈiẽˉ
冷天 nãˇ tˈiẽˉ
冷天道 nãˇ tˈiẽˉ tˈoˉ
老王历 noˇ uõˇ næˉ ①历书 ②旧思想、旧观念
日历 zɿˉ næˉ
农历 nəŋˇ næˉ
　阴历 iənˉ næˉ
公历 kuəŋˉ næˉ
　阳历 iõˇ næˉ
立春 næˉ tɕˈyənˉ
雨水 yˇ ɕyæˇ
惊蛰 tɕiənˉ tsˈɿˉ
春分 tɕˈyənˉ fənˉ
清明 tɕˈiənˉ miənˇ
谷雨 kuˉ yˇ
立夏 næˉ ɕiaˉ
小满 ɕieˇ mõˇ
芒种 mõˇ tsuŋˉ
夏至 ɕiaˉ tsɿˇ
小暑 ɕieˇ ɕyˇ
大暑 tˈaˉ ɕyˇ
立秋 næˉ tɕˈiauˉ
处暑 tɕˈyˇ ɕyˇ
白露 pˈeˉ nauˉ
秋分 tɕˈiauˉ fənˉ

寒露 xõˇ nauˉ
霜降 sõˉ tɕiõˇ
立冬 næˉ təŋˉ
小雪 ɕieˇ ɕiˉ
大雪 tˈaˉ ɕiˉ
冬至 təŋˉ tsɿˇ
小寒 ɕieˇ xõˇ
大寒 tˈaˉ xõˇ

2. 节日

小年 ɕieˇ niẽˇ　农历腊月二十四
小年夜 ɕieˇ niẽˇ iaˉ
大年 tˈaˉ niẽˇ
大年三十 tˈaˉ niẽˇ sãˉ sɿˉ
三十夜 sãˉ sɿˉ iaˉ　除夕夜晚
三十夜箇火，月半夜箇灯 sãˉ sɿˉ iaˉ kəˉ xeˇ, yeˉ põˇ iaˉ kəˉ tiẽˉ　指三十晚上火要旺，正月十五晚上灯要亮
大年初一 tˈaˉ niẽˇ tsˈauˉ iˉ
拜年 paˇ niẽˇ
正月十五 tsənˉ yeˉ sɿˉ uˇ　元宵节
正月半 tsənˉ yeˉ põˇ
汤圆 tõˉ yeˇ
三月三 sãˉ yeˉ sãˉ　吃用荠菜煮的鸡蛋，据说可以预防感冒
端阳 tõˉ iõˇ　端午节
大端阳 tˈaˉ tõˉ iõˇ　农历五月五日
细端阳 sæˇ tõˉ iõˇ　农历五月十五日
粽 tsuŋˇ
粽叶 tsuŋˇ iˉ　箬叶

扎粽 tsa˧ tsəŋ˧　包粽

六月六 nau˧ ye˧ nau˧　这一天晒东西可避虫咬，故有"六月六，晒红绿"的说法

七月半 tsʰæ˧ ye˧ põ˨　七月十五，又称鬼节

中秋 tsəŋ˧ tɕʰiəu˧

冬秋 təŋ˧ tɕʰiəu˧

过冬秋 kuə˨ təŋ˧ tɕʰiəu˧　过中秋节

重阳节 tsʰəŋ˨ iõ˨ tɕi˧

儿童节 z̩˨ tʰəŋ˨ tɕi˧

国庆节 kue˧ tɕʰien˨ tɕi˧

元旦 yẽ˨ tã˨

3.年

年 niẽ˨

今年 tɕien˧ niẽ˨

去年 tɕʰy˨ niẽ˨

旧年 tɕʰiəu˧ niẽ˨　①去年 ②前些年

往 uõ˨ niẽ˨

往些年间 uõ˨ sæ˧ niẽ˨ kã˧

明年 mien˨ niẽ˨

年年 niẽ˨ niẽ˨　每年

上半年 sõ˧ põ˨ niẽ˨

下半年 xa˧ põ˨ niẽ˨

年头 niẽ˨ tʰe˨

年尾 niẽ˨ uæ˨

年下 niẽ˨ xa˧

一年四季 i˧ niẽ˨ s̩˨ tɕi˨

年份 niẽ˨ fən˧　年景

年成 niẽ˨ tsʰəŋ˨

一年到头 i˧ niẽ˨ to˨ tʰe˨　整年

十几年 s̩˧ tɕi˨ niẽ˨

几十年 tɕi˨ s̩˧ niẽ˨

蛮多年 mã˨ to˧ niẽ˨　好多年

4.月

月 ye˧

闰月 yən˧ ye˧

月初 ye˧ tsʰu˧

月底 ye˧ tæ˨

上个月 sõ˧ kə˨ ye˧

下个月 xa˧ kə˨ ye˧

月月 ye˧ ye˧　每月

上旬 sõ˧ ɕien˨

中旬 tsəŋ˧ ɕien˨

下旬 xa˧ ɕien˨

月大 ye˧ tʰa˧　有三十一天的月份

月细 ye˧ sæ˨　只有三十天的月份

正月 tsən˨ ye˧　农历一月

冬月 təŋ˧ ye˧　农历十一月

腊月 na˧ ye˧　农历十二月

寒冬腊月 xõ˨ təŋ˧ na˧ ye˧

个把月 kə˨ pa˨ ye˧　一个月

5.日、时

今日 tɕien˧ z̩˨

明日 mien˨ z̩˨

后日 xe˧ z̩˨

老后日 no˨ xe˧ z̩˨　大后天

万后日 uã˨ xe˧ z̩˨　大后天的后一天

外后日 ua˧ xe˧ z̩˨

昨日 tsʰə˧ z̩˨

前日 tɕʰiẽ˧ zʅ˩
向前日 ɕiõ˩ tɕʰiẽ˩ zʅ˩
上昼 sõ˧ tsau˩　上午
　上昼夜 sõ˧ tsau˩ ia˧
下昼 xa˧ tsau˩　下午
　下昼夜 xa˧ tsau˩ ia˧
半日 põ˩ zʅ˩
日夜 zʅ˧ ia˧　整天整夜
通宵 tʰəŋ˧ ɕie˧
一天（日）到黑 i˧ tʰiẽ˧（zʅ˧）to˩
　xe˧　整日
早晨 tso˩ sən˩
中时 tsəŋ˧ sʅ˩　中午
夜嘞 ia˧ ne˧　夜里
下昼边 xa˧ tsau˩ piẽ˧　傍晚
　天煞黑 tʰiẽ˧ sa˩ xe˧
太阳落山 tʰa˩ iõ˩ nɔ˩ sã˧
　太阳喝水 tʰa˩ ex˩ õi˩ ɕy˩
半夜三更 põ˩ ia˧ sã˧ kẽ˧

半夜 põ˩ ia˧
鸡啼 tɕi˧ tʰæ˩　指鸡鸣的时候
麻喷亮 ma˩ fən˩ niõ˩　天蒙蒙亮
漆黑 tsʰæ˧ xe˧
漆摸黑 tsʰæ˧ mə˩ xe˧
晏 ŋã˩　晚
星期 ɕiən˧ tɕʰi˧
礼拜 næ˩ pa˩
星期一 ɕiən˧ tɕʰi˧ i˧
星期二 ɕiən˧ tɕʰi˧ zʅ˧
星期天 ɕiən˧ tɕʰi˧ tʰiẽ˧
时候 sʅ˩ xe˧　时间
么时候 mo˩ sʅ˩ xe˧
几巴早 tɕi˩ pa˧ tso˩　什么时候
一刻崽 i˧ kʰe˧ tsa˩　一会儿
　一下崽 i˧ xa˧ tsa˩
如今 y˩ tɕiən˧
　如是今 y˩ sʅ˧ tɕiən˧

（四）农业

1. 农事

种庄稼 tsəŋ˩ tsõ˧ ka˧
种田 tsəŋ˩ tʰiẽ˩
　作田 tsə˧ tʰiẽ˩
耰田 se˩ tʰiẽ˩　耕田
耙田 pʰa˧ tʰiẽ˩
搭田塍脚 ta˧ tʰiẽ˩ sən˩ tɕiə˧　在田
　边堆一道泥以防漏水
泥缺 tsə˩ tɕʰye˧　筑田缺口
浸谷种 tɕiən˩ ku˧ tsəŋ˩

田 tʰiẽ˩
秧田 iõ˧ tʰiẽ˩
放秧水 fõ˩ iõ˧ ɕy˩　为秧田加水
种秧 tsəŋ˩ iõ˧
扯秧 tsʰa˩ iõ˧
扎秧 tsa˧ iõ˧　把扯好的秧苗捆扎
　起来
栽田 tsa˧ tʰiẽ˩　插秧
发棵 fa˧ kʰua˧　分蘖
薅田 xo˧ tʰiẽ˩　除去田中的杂草

下肥 xaˉ fæ˩
化肥 xua˩ fæ˩
尿素 nie˩ sau˩
农家肥 nəŋˉ tɕia˩ fæ˩
沤肥 ŋˉ fæ˩
追肥 tɕyæˉ fæ˩
打叶 ta˩ iˉ 采集山上灌木的嫩叶（踩到田里可以做肥料）
粪 fən˩
粪窖 fən˩ ko˩
猪屎 tɕyˉ s̩˩
牛屎 niau˩ s̩˩
牛尿 niau˩ nieˉ
鸡屎粪 tɕiˉ s̩˩ fən˩
抽水 ts'auˉ ɕy˩
车水 ts'aˉ ɕy˩ 用水车把水从低处往高处抽运
泼水 p'eˉ ɕy˩ 为农作物洒水
滴水 tæˉ ɕy˩
放水 fõ˩ ɕy˩ 为农田加水, 也指把水从某个地方放走
戽水 fu˩ ɕy˩
割谷 keˉ kuˉ
谷头 ku˩ t'e˩ 稻子割下后晒干打成捆
打谷 ta˩ kuˉ 使谷子与稻穗分离, 把谷子脱成米也叫"打谷"
脱谷 t'eˉ kuˉ 脱粒
晒谷 sa˩ kuˉ
扇谷 sẽ˩ kuˉ 用风车把杂物从稻谷中扇出

窖东西 ko˩ təŋˉ sæ˩ 种庄稼
窖黄豆 ko˩ uõ˩ t'eˉ 种黄豆
洼芝麻 ua˩ tsɿˉ ma˩ 种芝麻
抿苕种 miən˩ ˩ se˩ tsəŋ˩ 把红薯种种到田里
屯苕种粮 tən˩ se˩ tsəŋ˩ niõ˩
割苕藤 keˉ se˩ t'iẽˉ
剪苕叶 tɕiẽ˩ se˩ iˉ 把红薯的藤剪成八寸左右长以备迁插
插苕 ts'aˉ se˩ 把剪好的红薯藤迁插到地里
打苕 ta˩ se˩ 将收获的红薯粉碎
滤苕粉 næˉ se˩ fən˩ 把粉碎后的红薯兑水后过滤, 沉淀出淀粉
澄 ts'ənˉ 沉淀
苕渣 se˩ tsaˉ 红薯粉碎过滤后剩下的渣子
轧棉花 ŋaˉ miẽ˩ xuaˉ
夹米 kaˉ mæ˩ 筛米
筛米 saˉ mæ˩
映牛 iã˩ niau˩ 放牛
映鸡 iã˩ tɕiˉ 晾晒粮食时防止鸡来偷食
映鸭 iã˩ ŋaˉ 放养鸭子
锄草 ts'au˩ ts'o˩
挖地 uaˉ t'æˉ
搓绳 ts'ɔˉ sən˩
栽树 tsaˉ ɕy˩
开荒 k'aˉ xõˉ
弹棉花 t'ã˩ miẽ˩ xuaˉ
看团 k'o˩ t'õ˩ 看山

做屋 tsau˧ ɿ˨ 做房子
下脚 xa˧ tɕia˧ 做房子时奠定基础
泥泥 tsə˧ niẽ˨ 取水田中的泥用人或牛踩成浆以便做成土砖，也用来讽刺某人做事慢且拖拉，像踩泥一般过于精细
斫柴 tsə˧ tsʻa˨ 砍柴
棋麻须 tɕi˨ ma˨ sæ˧ 地上的干松树叶
烧窑 se˧ ie˨
插豆壳换 tsʻa˧ tʻe˧ kʻɿ˧ tsãu˨ 插上用来支撑豆角等的杆子
打鱼 ta˨ y˨
戽鱼 fu˨ y˨ 把水舀干捉鱼
摸虾 mə˧ xa˨ 捉虾

2. 农具

水车 ɕy˨ tsʻa˧
板车 pã˨ tsʻa˧
滚子 kuən˨ tsɿ˧ 轮子
犁 næ˨
犁辕 næ˨ yẽ˨
犁壁 næ˨ pia˧ 犁铧
犁头 næ˨ tʻe˨
耙 pʻa˧
造耙 tsʻo˨ pʻa˧ 下端有一排竖齿的耙
草滚 tsʻo˨ kuən˨ 把草压进泥里的农具
牛鞅 niau˨ iõ˨
牛轭 niau˨ ŋa˧
牛桊 niau˨ tɕyẽ˨
牛绳 niau˨ sən˨
犁盘 næ˨ pʻõ˨ 套在牛身上的圈状物
芡 ɕi˧ 用篾做成的作囤粮用的器具
脱粒机 tʻe˧ ræn˨ tɕi˧
风车 fəŋ˧ tsʻa˧
磨 mə˧
磨盘 mə˧ pʻõ˨
推单 tʻæ˧ tã˧ 推磨用的T字形工具
碓 tæ˧
碓臼 tæ˧ tɕʻəu˧
石磙 sa˧ kuən˨
罗筛 nə˨ sa˧ 用来筛粉的筛
米筛 mæ˧ sa˧ 比夹筛的孔稍小一点
夹筛 ka˧ sa˧
晒簟 sa˧ tʻiẽ˧ 垫晒东西的竹器
椿杖 niẽ˨ tsõ˧
扬叉 iõ˨ tsʻa˧ 用来翻谷草的叉状物
夹担 ka˧ tã˧ 把两根长约一米五的条状篾块用火烤弯曲后，两端捆在一起，使用时将下端分开
运簊 yən˧ te˧
篮 nã˨
蒲篮 pʻu˨ nã˨ 直径约一米的圆形竹制器具，用来晒东西
系 ɕi˧ 器具上供提时用的带状物
篮系 nã˨ ɕi˧

彻箕 tsʻe˧ tɕi˧　簸箕

箩 nə˩

皮箩 pʻæ˩ nə˩　箩筐

灰络 fæ˧ nə˧　一种类似箩筐的圆
　　　　　形竹制器具

牛栏 niau˩ nã˩

猪圈 tɕy˧ tɕyẽ˩

猪食槽 tɕy˧ sɿ˧ tsʻo˩

粪瓢 fən˩ pʻie˩

鱼罩 y˩ tso˩　用来罩鱼的器具

船 tɕʻyẽ˩

桨 tɕiõ˩

竹排 tsau˧ pʻa˩　竹筏

脚鱼桶 tɕiə˩ y˩ tʻəŋ˩　两个圆形木
　　　　桶连在一起，可漂于水上，人的
　　　　脚各踩一只

虾搭 xa˩ ta˧　用来捕捉虾子的器
　　　　具，一根竹篙的前端系上丝网

扳罾 pã˧ tsẽ˧

壕 xo˩　一种捕鱼器具，放在水中，
　　　　鱼只能进不能出

扁担 piẽ˩ tã˩

扫帚 so˩ tsau˩

瓮渣 ŋã˧ tsa˧　垃圾

竹篙 tsau˧ ko˧

苕窖 se˩ ko˩

钐刀 sã˧ to˧

　柴刀 tsʻa˩ to˧

钐镰 sã˧ nie˩

斧头 fu˩ tʻe˩

剪刀 tɕiẽ˩ to˧

锄头 tsʻau˩ tʻe˩

砖刀 tɕyẽ˧ to˧

铡刀 tsa˧ to˧

挖锄 ua˧ tsʻau˩

板锄 pã˩ tsʻau˩

锹 tɕʻie˧

秧马 iõ˩ ma˩　用来扯秧用的座具

缕 ie˩　用稻草、灌木枝条等制成
　　　　的绳子、条状物

草缕 tsʻo˩ ie˩

绳 sən˩

麻绳 ma˩ sən˩

索 so˧

麻索 ma˩ sə˧

（五）植物

1. 农作物

庄稼 tsõ˧ ka˧

谷 ku˧

秕谷 pi˩ ku˧

秧 iõ˧

麦 ma˧　麦子

燕麦 iẽ˩ ma˧　野生的麦子

玉芦 y˧ nau˩　玉米

稗 pʻa˧

旱谷 tso˩ ku˧　早稻

中谷 tsəŋ˧ ku˧　中稻
晚谷 uã˥ ku˧　晚稻
谷种 ku˧ tsəŋ˥　稻种
米 mæ˥
大米 tʰa˥ mæ˥
细米 sæ˥ mæ˥　细碎的稻米
粳米 kẽ˥ mæ˥
糯米 nə˧ mæ˥
糠 kõ˧
糠头煞 kõ˧ tʰe˥ sa˧　小米、谷壳、糠等的混合物
高粱 ko˧ niõ˥
高粱秸 ko˧ niõ˥ tɕi˧
芝麻 tsɿ˧ ma˥
苕 se˥　红薯
苕种 se˥ tsəŋ˥　用来做种子的红薯
红心苕 fəŋ˥ ɕiən˥ se˥
南瓜苕 nã˧ kua˧ se˥
风水苕 fəŋ˧ ɕy˥ se˥　较白、较脆、水分多、淀粉少的红薯
洋芋 iõ˥ y˥
　土豆 tʰau˥ tʰe˧
芋头 y˥ tʰe˥
芋头娘 y˥ tʰe˥ niõ˥　分蘖出其他芋头的芋头
芋头芽 y˥ tʰe˥ ŋa˥
芋头禾 y˥ tʰe˥ xə˥　芋头叶片下的杆子
藕 ŋe˥
藕蓬 ŋe˥ pʰəŋ˥
藕带 ŋe˥ ta˥

煨藕 uæ˧ ŋe˥　用来煨汤的粉状藕
炒藕 tsʰoˇ ŋe˥　用来清炒的带甜味少粉的藕
莲子 niẽ˥ tsɿ˥
麻 ma˥　苎麻
麻骨 ma˥ kuæ˧　去皮的麻杆
甘蔗 kõ˧ tsa˥
花生 xua˧ səŋ˧
向日葵 ɕiõ˥ zɿ˧ kʰuæ˥
蓖麻 pæ˧ ma˥

2. 豆类、菜蔬

豆 tʰe˧
红豆 fəŋ˥ tʰe˧
绿豆 niau˧ tʰe˧
黄豆 uõ˥ tʰe˧
豆壳 tʰe˧ kʰə˧　豆角
蚕豆 tsʰã˥ tʰe˧
豌豆 ŋõ˧ tʰe˧
刀豆 to˧ tʰe˧
四季豆 sɿ˥ tɕi˥ tʰe˧
毛豆 mo˥ tʰe˧
茄 tɕʰi˥　茄子
黄瓜 uõ˥ kua˧
丝瓜 sɿ˧ kua˧
南瓜 nã˧ kua˧
苦瓜 kʰu˥ kua˧
冬瓜 təŋ˧ kua˧
葫芦 kʰu˥ nau˥
葱 tsʰəŋ˧
大葱 tʰa˧ tsʰəŋ˧
洋葱 iõ˥ tsʰəŋ˧

大蒜 tʰaˉ sõ˪
韭菜 tɕiau˪ tsʰa˪
藠头 tɕiˀ˪ tʰe˪
苋菜 xõˉ tsʰa˪
番茄 fãˉ tɕiˀ˪
姜 tɕiõˉ
洋姜 iõ˪ tɕiõˉ 类似姜、较白、基本无辣味
辣椒 naˉ tɕieˉ
朝天椒 tsʰe˪ tʰiẽˉ tɕieˉ 尖椒辣 tɕiẽˉ tɕieˉ naˉ
菠菜 pəˉ tsʰa˪
莴笋 uə˪ sən˪
芹菜 tɕiˀei˪ tsʰa˪
水芹菜 ɕy˪ tɕiˀei˪ tsʰa˪ 野生类似芹菜的植物
白菜 pʰa˪ tsʰa˪
包心白 poˉ ɕiən˪ pʰa˪ 一种大白菜，以其心白得名
油菜 iau˪ tsʰa˪
榨菜 tsa˪ tsʰa˪
甜菜 tʰiẽ˪ tsʰa˪
茼蒿 tʰəŋ˪ xoˉ
红萝卜 fəŋ˪ nə˪ pʰəˉ
白萝卜 pʰa˪ nə˪ pʰeˉ
萝卜菜 nə˪ pʰəˉ tsʰa˪
萝卜缨 nə˪ pʰəˉ iən˪ 萝卜叶子
菜苔 tsʰa˪ tʰa˪
红菜苔 fəŋ˪ tsʰa˪ tʰa˪
白菜苔 pʰa˪ tsʰa˪ tʰa˪
豆米菜 tʰe˪ mæ˪ tsʰa˪ 荠菜

3. 树木

树 ɕyˉ
树叶 ɕyˉ iˉ
树枝 ɕyˉ tsʅˉ
树桠 ɕyˉ ŋaˉ
树兜 ɕyˉ teˉ 兜 teˉ
树桩 ɕyˉ tsõˉ
松树 səŋˉ ɕyˉ
枞树 tsʰəŋˉ ɕyˉ "枞"常误读作 tɕʰəŋ˪
杉树 saˉ ɕyˉ
柏树 peˉ ɕyˉ
桑树 sõˉ ɕyˉ
桑叶 sõˉ iˉ
椿树 tɕʰyənˉ ɕyˉ
椿颠 tɕʰyənˉ tiẽˉ 椿树、椿树上的嫩芽（可吃）
枫树 fəŋˉ ɕyˉ
株树 tɕyˉ ɕyˉ
樟树 tsõˉ ɕyˉ
槐树 fa˪ ɕyˉ
苦连树 kʰu˪ niẽ˪ ɕyˉ
杨树 iõ˪ ɕyˉ
柳树 niau˪ ɕyˉ
梧桐 u˪ tʰəŋ˪
栎树 niaˉ ɕyˉ 一种硬木树
黄荆 uõ˪ tɕiãˉ
枫燕 fəŋˉ iẽ˪
棘杂 tɕiˉ tsʰaˉ 叶片、主干都较细的灌木，砍柴时常用来作缏

棕 tsəŋ˧
棕叶 tsəŋ˧ i˧
棕绷 tsəŋ˧ pəŋ˧
山茶 sã˧ ts'a˨
竹 tsau˧
竹娘 tsau˧ niõ˨　用来分蘖竹子的竹子
笋 sən˨
楠竹 nã˨ tsau˧
水竹 ɕy˨ tsau˧
梨树 næ˨ ɕy˧
枣树 tso˨ ɕy˧
桃树 t'o˨ ɕy˧
木李树 mə˧ næ˨ ɕy˧　李树
柿树 ts'ɿ˧ ɕy˧
字榴树 ts'ɿ˧ niau˨ ɕy˧　石榴树
桔树 tɕy˧ ɕy˧
柑树 kõ˧ ɕy˧

4. 瓜果

瓜 kua˧
西瓜 sæ˧ kua˧
香瓜 ɕiõ˧ kua˧
金瓜 tɕiən˧ kua˧
瓜子 kua˧ tsɿ˨
桂圆 kuæ˨ yẽ˨
荔枝 næ˧ tsɿ˧
苹果 p'iən˨ kuə˨
梨 næ˨　梨子
香蕉 ɕiõ˧ tɕio˧
菠萝 pə˧ nə˨
字榴 ts'ɿ˧ niau˨　石榴

桔 tɕy˧　桔子
柑 kõ˧
橙 ts'ən˨　橙子
甘蔗 kõ˧ tsa˨
荸荠 p'u˨ ts'æ˨
板栗 pã˨ næ˧
毛栗 mo˨ næ˧
核桃 xe˧ t'o˨
杏 ɕiən˧　杏子
枇杷 p'æ˨ p'a˨
柿 ts'ɿ˧　柿子
柿饼 ts'ɿ˧ piən˨

5. 花草、菌类

花 xua˧
桂花 kuæ˨ xua˧
金银花 tɕiən˧ niən˨ xua˧
指甲花 tsɿ˨ k'a˧ xua˧
鸡冠花 tɕi˧ kuõ˧ xua˧
藕花 ŋe˨ xua˧　荷花
映山红 iõ˨ sã˧ fəŋ˨
老虎花 no˨ fu˨ xua˧
水仙花 ɕy˨ ɕiẽ˧ xua˧
茶花 ts'a˨ xua˧
梨花 næ˨ xua˧
桃花 t'o˨ xua˧
菊花 tɕiau˧ xua˧
梅花 mæ˨ xua˧
芙蓉花 fu˧ iəŋ˨ xua˧
株朵花 tɕy˧ tə˨ xua˧　栀子花
兰草 nã˨ ts'o˨　兰花
梅花 mæ˨ xua˧

喇叭花 na˩ pa˧ xua˧
万年青 uã˩ niẽ˩ tɕʻən˧
仙人掌 ɕiẽ˧ zən˩ tsõ˩
草 tsʻo˩
茅草 mo˩ tsʻo˩
丝茅 sʅ˧ mo˩
苞茅 po˧ mo˩
蒿 xo˧
艾 ŋa˧
死皮缠 sʅ˩ pʻæ˩ tsẽ˩　苍耳
野麻蓼 ia˩ ma˩ nie˩　水蓼
蒎 pʻo˩　类似草莓的野生果实，味甜，可吃

藤 tʻiẽ˩
猪血藤 tɕy˧ ɕi˩ tʻiẽ˩
猫儿肠 mo˧ zʅ˩ tsõ˩　一种伏地生长、茎细长的野草，以其细长似猫肠得名，常用作猪草
时刻吵 sʅ˩ kʻe˧ tsʻo˩　一种伏地生长，类似猫儿肠，但呈节状生长的野草，常用作猪草
菇 ku˧
蘑菇 mə˩ ku˧
香菇 ɕiõ˧ ku˧
青丝 tɕʻiã˧ sʅ˧
青苔 tɕʻiã˧ tʻa˩

（六）动物

1. 牲畜

畜生 tsʻau˧ səŋ˧
六畜 nau˧ ɕiau˧
牛 niau˩
水牛 ɕy˩ niau˩
水牯 ɕy˩ ku˩　公水牛
水犅 ɕy˩ sa˧　母黄牛
黄牛 uõ˩ niau˩
黄牯 uõ˩ ku˩　公黄牛
黄犅 uõ˩ sa˧　母黄牛
牛崽 niau˩ tsa˩　小牛
浴水 iau˩ ɕy˩　牛洗澡
打牛作 ta˩ niau˩ tsə˧　专门从事贩牛生意的人
猫儿 mo˧ zʅ˩　猫
　猫儿唧 mo˧ zʅ˩ tɕi˧

猫儿牯 mo˧ zʅ˩ ku˩　公猫
猫儿婆 mo˧ zʅ˩ pʻə˩　母猫
样 iõ˧　动物发情
猪 tɕy˧
牙猪 ŋa˩ tɕy˧
公猪 kəŋ˧ tɕy˧
草猪 tsʻo˩ tɕy˧　母猪
猪郎 tɕy˧ nõ˩　专供交配用的种猪
猪崽 tɕy˧ tsa˩　小猪
半俏 põ˩ tsʻo˩　刚刚长大的小猪
猪婆 tɕy˧ pʻə˩　专门用来生小猪的母猪
看猪婆 kõ˧ tɕy˧ pʻə˩　养猪婆
落猪崽 nə˩ tɕy˧ tsa˩　生小猪
上窠 sõ˩ kʻuə˧　母猪等已交配
割猪 ke˧ tɕy˧　对猪进行阉割

马 maˇ
羊 iõˇ
羊牯 iõˇ kuˇ 公羊
羊婆 iõˇ pʻəˇ 母羊
狗 keˇ
狗公 keˇ kəŋ˧ 公狗
　牙狗 ŋaˇ keˇ
狗婆 keˇ pʻəˇ 母狗
　草狗 tsʻoˇ keˇ
狗崽 keˇ tsaˇ 小狗
四眼狗 sꞏˇ ŋãˇ keˇ 眉毛也像两只眼睛，故称四眼狗
哐 kʻuəŋ˧ 犬吠
齧人 ŋa˧ zən˧ 狗咬人
鸡 tɕi˧
鸡公 tɕi˧ kəŋ˧ 公鸡
鸡啼 tɕi˧ tʻæˇ 鸡打鸣或指鸡鸣时分
闷头鸡公啄白米 mənˇ tʻeˇ tɕi˧ kəŋ˧ tse˧ pʻa˧ mæˇ 喻有心计的人
鸡婆 tɕi˧ pʻəˇ 母鸡
鸡崽 tɕi˧ tsaˇ 小鸡
仔鸡 tsꞏˇ tɕi˧ 刚刚长大的小鸡
鐭鸡 ɕiẽˇ tɕi˧ 阉割了的公鸡，也指阉割公鸡的过程
散蛋 sãˇ tʻã˧ 下蛋
孵鸡崽 fu˧ tɕi˧ tsaˇ
菢房 pʻo˧ fõˇ 专门孵小鸡的地方
下菢 xa˧ pʻo˧ 指母鸡孵完小鸡或不再表现出孵小鸡的情状
鸭 ŋa˧ 鸭子

鹅 ŋɔˇ
豚 tʻənˇ 类似鹅，脖子较短，冠大

2. 鸟、兽

雀 tɕʻiə˧ 鸟
鹊 tɕʻiə˧
喜鹊 ɕiˇ tɕʻiə˧
麻雀 maˇ tɕʻiə˧
老鸦 noˇ ŋa˧ 乌鸦
王鹰 uõˇ iən˧ 老鹰
王鹰叨鸡 uõˇ iən˧ tie˧ tɕi˧ 老鹰抓鸡
燕 iẽ˧ 燕子
雁 ŋã˧ 大雁
麦黄枯 ma˧ uõˇ kʻu˧ 类似布谷鸟的鸟
各家插禾 kə˧ tɕia˧ tsʻa˧ xoˇ 布谷鸟
八哥 pa˧ kə˧
猫儿头 mo˧ zꞏˇ tʻeˇ 猫头鹰
鸽 kə˧ 鸽子
斑鸠 pã˧ tɕiau˧
鹤 xə˧
啄木鸟 tse˧ mə˧ nie˧
水露哼 ɕyˇ nau˧ kʻua˧
野鸭 iaˇ ŋa˧
野鸡 iaˇ tɕi˧
翅膀 tsꞏ˧ põˇ
鹊窠 tɕʻiə˧ kʻua˧
野物 iaˇ uˇ 野兽
老虎 noˇ fuˇ
野猪 iaˇ tɕy˧

兔 tʼau˩ 兔子
狮 sɿ˦ 狮子
豹 po˩ 豹子
猴 xe˩ 猴子
野狗 ia˩ ke˩
狗豻 ke˩ xõ˦ 一种类似野狗、体
　　型稍小的动物
猴 xe˩ 猴子
熊 ɕiəŋ˩
狗熊 ke˩ ɕiəŋ˩
狼 nõ˩
黄鼠狼 uõ˩ ɕy˩ nõ˩
老鼠 no˩ ɕy˩
蛇 sa˩
水蛇 ɕy˩ sa˩
黑风骚 xe˦ fəŋ˦ so˦
　　眼镜蛇 ŋã˩ tɕiən˩ sa˩
猪婆蛇 tɕy˦ pʼo˩ sa˩ 壁虎
穿山甲 tɕʼyẽ˦ sã˦ tɕai˦
檐老鼠 iẽ˩ no˩ ɕy˩ 蝙蝠

3. 虫

虫 tsʼəŋ˩
蚕 tsã˩
蛹 iəŋ˩
蚂蚁 ma˩ ni˩
土脚鱼 tʼau˩ tɕia˩ y˩ 一种生活在
　　叶渣中形似脚鱼的药用动物
土狗 tʼau˩ ke˩ 蝼蛄
屎壳郎 sɿ˩ kʼo˦ nõ˩
麻呼辣 ma˩ fu˦ na˦ 山林中的一
　　种虫，体形似蚕，浑身有毛刺，

若人皮肤接触到了会感到又痛
又痒
足蛛 tsau˦ tɕy˦ 蜘蛛
火醒 xə˩ ɕiəŋ˩ 蚯蚓
蜈蚣 u˩ kuaŋ˦
墨 me˦ 一种非常小的虫子，变天
　　的时候常成群地在人畜前飞舞
虻 məŋ˩
墨虻 me˦ məŋ˦ 苍蝇
牛虻 niau˩ məŋ˩
蚊虫 uən˩ tsʼəŋ˩
蚊帐 uən˩ tsõ˦
虱 se˦
臭虱 tsʼau˩ se˦
跳蚤 tʼie˩ tso˩
蛆 tsʼæ˦
臭虫 tsʼau˩ tsʼəŋ˩
刺骨□ tsʼɿ˩ ku˦ nia˦ 蝉
竹蚂 tsau˦ ma˩ 蝗虫
壁蟋 pia˦ sæ˩ 蟋蟀
蜂 fəŋ˦
蜜蜂 mæ˦ fəŋ˦
土蜂 tʼau˩ fəŋ˦
蜇人 tse˦ zən˩
萤火虫 iən˩ xə˩ tsʼəŋ˩
蝴蝶 fu˩ ti˦
扑灯蛾 pʼu˦ tiẽ˦ ŋə˩
线□ ɕie˩ nia˩ 蜻蜓
蚂蟥 ma˩ uõ˩

4. 鱼虾等

鱼 y˩

鲫鱼 tsæ˧ y˩   　　　鱼泡 y˩ pʻo˧   鱼鳔
鲤鱼 næ˩ y˩   　　　鱼肠 y˩ tsõ˩
饭鱼 fɑ̃˧ y˩   　　　牙鳃 ŋɑ˩ sa˧   鳃
草鱼 tsʻo˩ y˩   　　鱼牙鳃 y˩ ŋɑ˩ sa˧   鱼鳃
乌鳢 u˧ næ˩   　　　鱼刺 y˩ tsʻʅ˩
鱼秧 y˩ iõ˧   鱼苗   钓鱼 tie˧ y˩
鳌 tsɑ̃˧   河中的一种小鱼，体形扁   虾 xɑ˩   虾子
　长，喜在较清、流速较快的水域   龙虾 nəŋ˩ xɑ˩
　活动   乌龟 u˧ kuæ˧
鳊鱼 piẽ˧ y˩   　　　　王八 uõ˩ pa˧
狭鲢 ɕia˧ niẽ˩   鲢鱼，以其体形扁   脚鱼 tɕiə˧ y˩   甲鱼
　狭得名   鱼鳅 y˩ tɕʻiau˧   泥鳅
胖头 pʻõ˩ tʻe˩   　鱼鳝 y˩ sẽ˩   鳝鱼
□ nən˧   极小的鱼   老蟹 no˩ kʻa˩   螃蟹
　麻谷□ ma˩ ku˧ nən˧   蛤蟆 kʻɑ˩ ma˩   青蛙
鱼子 y˩ tsʅ˩   　　　蚌壳 pʻəŋ˩ kʻɔ˩   河蚌
鱼鳞 y˩ niən˩

（七）房舍

1. 房子

房屋 fõ˩ u˧   　　　平房 pʻiɑ̃˩ fõ˩
　屋 u˧   　　　　楼房 ne˩ fõ˩
住房 tɕʻy˧ fõ˩   　　楼上 ne˩ sõ˧
堂屋 tõ˩ u˧   　　　楼下 ne˩ xa˧
歇房 ɕi˧ fõ˩   卧室   楼梯 ne˩ tʻæ˧   包括可移动的和不能
厢楼（崽）ɕiõ˧ ne˩ (tsa˩)   规模　　移动的
　小于常规的房子   扶梯 fu˩ tʻæ˧   固定的
披厦 pʻæ˧ sa˩   与其他房屋一面墙   阳台 iõ˩ tʻa˩
　搭建只有半边屋脊的房子   院 yẽ˧
烧火房 se˧ xə˩ fõ˩   　台阶 tʻa˩ ka˧
　厨房 tɕʻy˩ fõ˩   　脚步殿 tɕiə˧ pʻu˧ tie˩

2. 房屋结构

屋甲脑 uㄧ tɕiaㄧ noˇ 屋脊
 屋顶 uㄧ tiənˇ
屋檐 uㄧ iẽˇ
大梁 tʻaㄧ niõˇ
桁条 ɕiənˇ tʻieˇ
瓦板 uaˇ pãˇ
呵皮 xəㄧ pʻæˇ 锯板时剩下的带皮
 的块状边料
楼板 neˇ pãˇ
大门 tʻaㄧ mənˇ
二门 zʅㄧ mənˇ
后门 xeㄧ mənˇ
门产 mənˇ tsã̃ˇ 门槛
门闩 mənˇ sõㄧ
大脚眼 tʻaㄧ tɕiəㄧ ŋãˇ 供鸡狗等进
 出的洞
锁 səˇ
锁匙 səˇ ʂʅˇ 钥匙
门鐩 mənˇ taㄧ 门的吊儿
阳铐 iõˇ kʻoˇ
格子 keㄧ tsʅˇ 窗户
墩 tənˇ 柱子
门框 mənˇ tɕʻiõㄧ

走廊 tseˇ nõˇ
一进三重 iㄧ tɕiənˇ sãㄧ tsʻəŋˇ 指的
 是三排房子连成一体，呈递进
 关系
连三 niẽˇ sãㄧ 一般一边一间正房，
 中间是堂屋
连三间 niẽˇ sãㄧ kãㄧ
连四 niẽˇ ʂʅˇ 横排四间房子
连五 niẽˇ uˇ 横排五间房子
天井 tʻiẽㄧ tɕiãㄧ
沟坑 keㄧ kãㄧ

3. 其他设施

茅厕 moˇ ʂʅㄧ 厕所
牛棚 niauˇ pʻəŋˇ
牛栏 niauˇ nãˇ
猪圈 tɕyㄧ tɕyẽˇ
猪栏 tɕyㄧ nãˇ
猪窠 tɕyㄧ kʻuəㄧ 猪窝
狗窠 keˇ kʻuəㄧ 狗窝
猪食巢 tɕyㄧ ʂʅㄧ tsʻoˇ
鸡笼 tɕiㄧ nəŋˇ
鸡窠 tɕiㄧ kʻuəㄧ 鸡窝
茅棚 moˇ pʻəŋˇ
烟囱 iẽㄧ tsʻəŋㄧ

（八）器具 用品

1. 一般家具

家业 kaㄧ niㄧ 家具
柜 kʻuæㄧ
橱柜 kʻuæㄧ

衣柜 iㄧ kʻuæㄧ
书柜 ɕyㄧ kʻuæㄧ
碗柜 uõˇ kʻuæㄧ
箱 ɕiõㄧ

桌 tsə˧ 桌子
圆桌 yē˩ tsə˧
八仙桌 pa˧ ɕiē˧ tsə˧
抽屉桌 ts'au˧ t'æ˩ tsə˧
案 ŋõ˩
案板 ŋõ˩ pã˩
抽屉 ts'au˧ t'æ˩
茶几 ts'ɑ˩ tɕi˧
椅 i˩
椅头 i˩ t'ɛ˩ 缺少椅靠的椅
椅靠椅 i˩ k'o˩ i˩ 有较高靠背的椅
板凳 pã˩ tiẽ˩
杌 uæ˧ 凳子
凳崽 tiẽ˩ tsa˩ 小凳子
写字台 ɕia˩ ts'ʅ˧ t'a˩

2. 卧室用具

床 ts'õ˩
铺板 p'u˧ pã˩
棕绷 tsəŋ˧ pəŋ˧
席梦思 sæ˧ məŋ˧ sʅ˧
竹床 tsau˧ ts'õ˩
椅靠床 i˩ k'o˩ ts'õ˩
蚊帐 uən˩ tsõ˩
纱布帐 sɑ˧ pu˩ tsõ˩
尼龙帐 ni˩ nəŋ˩ tsõ˩
蚊帐钩 uən˩ tsõ˩ ke˧
被 p'æ˧ 被子
　被窝 p'æ˧ k'o˩
被套 p'æ˧ t'o˩
被面 p'æ˧ miẽ˧
进被 tɕiən˩ p'æ˧ 把棉絮夹在被面

和包被之间并用棉线缝起来
包被 po˧ p'æ˧ 以前不用被套，而
是把两层布缝在一起（这叫进
被），中间是棉絮，在上面的布
叫被面，下面的叫包被
被絮 p'æ˧ sæ˩ 棉絮
被单 p'æ˧ tã˧ 床单
垫被 t'iē˧ p'æ˧
席 sæ˧
枕头 tsən˩ t'ɛ˧
枕头套 tsən˩ t'ɛ˩ t'o˩
枕头芯 tsən˩ t'ɛ˩ ɕiən˧
枕巾 tsən˩ tɕiən˧
痰盂 t'ã˩ y˩
尿罐 nie˧ kuõ˩
围桶 uæ˩ t'ɔŋ˩
衣架 i˧ tɕia˩
火盆 xo˩ p'ən˩

3. 炊事用具

罗锅 nə˩ kuə˧
炉罐 nau˩ kuõ˩
锅盖 kuə˧ ka˩
锅崽 kuə˧ tsa˩ 小锅，也指炒菜用
　的有耳朵和系的锅
耳锅 zʅ˩ kuə˧ 炒菜用的有耳朵和
　系的锅
沙吊 sa˧ tie˧ 沙锅
拨火棍 pe˧ xo˩ kuən˩
火钳 xo˩ tɕ'iẽ˩
灶 tso˩
灶背 tso˩ pæ˩

灶孔 tsoɹ kʻəŋˇ

锅铲 kuə˧ tsʻãˇ

钵 peˉ

□钵 tauˇ peˉ 较矮，肚子较大的钵

碗 uõˇ

细碗 sæˇ uõˇ

大碗 tʻaˉ uõˇ

大海碗 tʻaˉ xaˉ uõˇ

杯 pæˉ

茶杯 tsʻaˇ pæˉ

酒泡 tɕiauˇ pʻoˇ 酒杯

盅 tsəŋˉ

盘 pʻõˇ

碟 tiˉ

筷 kʻuaˇ

筷笼篓 kʻuaˇ nəŋˇ neˇ

瓢 pʻieˇ

瓢羹 pʻieˇ kẽˉ

茶匙 tsʻaˇ sʅˇ

捞篱 noˇ næˇ 笊篱

筲箕 sauˉ tɕiˉ

油流 iauˇ niauˇ 漏斗

甑 tsẽˇ

蒸笼 tsənˉ nəŋˇ

水缸 ɕyˇ kõˉ

水桶 ɕyˇ tʻəŋˇ

猪食桶 tɕyˉ sʅˉ tʻəŋˇ

瓶 pʻienˇ

煻水瓶 uəˉ ɕyˇ pʻienˇ

开水瓶 kʻaˉ ɕyˇ pʻienˇ

瓶盖 pʻienˇ kaˇ

抹布 maˉ puˇ

拖把 tʻəˉ paˇ

朴刀 pʻuˇ toˉ

砧板 tieˇ pãˇ

洋火 iõˇ xəˇ

火柴 xəˇ tsʻaˇ

4. 工匠用具

刨 pʻoˉ

锯 keˇ

斧头 fuˇ tʻeˇ

凿 tsʻəˉ

尺 tsʻaˉ

米达尺 mæˇ tʻaˉ tsʻaˉ

角尺 kəˉ tsʻaˉ

墨斗 meˉ teˇ

钉 tiãˉ

老虎钳 noˇ fuˇ tɕʻiẽˇ

起 tɕiˇ 电工刀

钉锤 tiãˉ tɕʻyˇ

绳 sənˇ

麻绳 maˇ sənˇ

索 səˉ

麻索 maˇ səˉ

线 ɕiẽˇ

砖刀 tɕyẽˉ toˉ

吊线 tieˇ ɕiẽˇ 铅垂线

灰桶 fæˉ tʻəŋˇ

遮钉 tsaˉ tiãˉ 形似订书针，但体形较大，从几寸到一尺左右都有

剃头刀 tʻæˇ tʻeˇ toˉ

剪刀 tɕiẽ˅ to˧
梳 sɑu˧
熨斗 yən˅ te˩
篦刀 mi˧ to˧
弹 tʰɑ̃˅ 弹棉花的工具

5. 其他生活用品

火笼 xə˅
脸盆 niẽ˅ pʰən˅
洗脸水 sæ˅ niẽ˅ ɕy˅
肥皂 fæ˅ tsʰo˧
袱 fu˧
 毛巾 mo˅ tɕiən˧
洗脸袱 sæ˅ niẽ˅ fu˧ 洗脸用的
 毛巾

手袱崽 sɑu˅ fu˧ tsa˅ 手帕
脚盆 tɕia˧ pʰən˅
洗澡盆 sæ˅ tso˅ pʰən˅
蜡烛 nɑ˧ tsɑu˧
水桶 ɕy˅ tʰən˧
顶针 tiən˅ tsən˧
针 tsən˧
麻杵 mɑ˅ tɕʰy˅
伞 sɑ̃˅
印 iən˩
裁 tsʰa˩
剪刀 tɕiẽ˅ to˧
褊 piẽ˅

（九）称谓

1. 一般称谓

男箇 nã˅ kə˧ 男的
 男客 nã˅ kʰa˧
女箇 y˅ kə˧ 女的
 右客 iɑu˧ kʰa˧
老者 no˅ tse˅ 老人
 老脚 no˅ tɕia˧
老妈 no˅ mã˧
老头 no˅ tʰɤ˅
伢崽 ŋa˅ tsa˅ 小孩
大人 tʰa˩ zən˅
读书箇 tʰəu˧ ɕy˧ kə˧ 学生、男孩
做花箇 tsɑu˧ xua˧ kə˧ 女孩
街上箇 ka˧ sõ˧ kə˧ 城里人
乡巴佬 ɕiõ˧ pa˧ no˅

家门 tɕia˧ mən˅ 同姓同宗
本地人 pən˅ tʰæ˧ zən˅
外地人 ua˧ tʰæ˧ zən˅
外人 ua˧ zən˅
客 kʰa˧ 客人
 人客 zən˅ kʰa˧
稀客 ɕi˧ kʰa˧
老庚 no˅ kẽ˧
同龄娘 tʰən˅ niən˅ niõ˅ 与母亲同
 龄的人
同龄爷 tʰən˅ niən˅ ia˅ 与父亲同龄
 的人
内行 næ˧ xõ˅
外行 ua˧ xõ˅
你□ n˩ nã˧ 对人的敬称

大姐 tʻa˧ tɕia˧˥　与自己同辈但年龄
　稍大的女性
光棍 kuõ˧ kuən˧˥
童养媳 tʻəŋ˧˥ iõ˧˥ sæ˧
寡妇 kua˧˥ fu˧
孤老 ku˧ no˧˥
婊子 pie˧˥ tsɿ˧˥
野老公 ia˧˥ no˧˥ kəŋ˧
野崽 ia˧˥ tsa˧˥　私生子
小气鬼 ɕie˧˥ tɕʻi˧˥ kuæ˧˥
讨饭箇 tʻo˧˥ fã˧ kə˧
八败 pa˧ pʻa˧　败家子
骗子 pʻiẽ˧˥ tsɿ˧˥
流氓 niau˧˥ mõ˧˥
流打鬼 niau˧˥ ta˧˥ kuæ˧˥
土匪 tʻau˧˥ fæ˧˥
强盗 tɕʻiõ˧˥ tʻo˧
戳白 tsʻə˧ pʻa˧　扒手
飞天雷公 fæ˧ tʻiẽ˧ næ˧˥ kəŋ˧　喻非
　常调皮的人
二百五 zɿ˧ pe˧ u˧˥
憨货 xã˧ xə˧˥
苕婆 se˧˥ pʻə˧˥

2. 职业称谓

工人 kʻuəŋ˧ zən˧˥
作田箇 tsə˧ tʻiẽ˧˥ kə˧　农民
　做农箇 tsau˧˥ nəŋ˧˥ kə˧
帮工 põ˧ kʻuəŋ˧
长年 tsõ˧˥ niẽ˧˥　长工
临时工 niən˧˥ sɿ˧˥ kʻuəŋ˧

老板 no˧˥ pã˧˥
老板娘 no˧˥ pã˧˥ niõ˧˥
主 tɕy˧˥　顾客
做生意箇 tsau˧˥ səŋ˧ i˧ kə˧
摆摊箇 pa˧˥ tʻã˧ kə˧
先生 ɕiẽ˧ sã˧
师傅 sɿ˧ fu˧
老师 no˧˥ sɿ˧
徒弟 tʻau˧˥ tʻæ˧
学徒 ɕia˧ tʻau˧˥
学生 ɕia˧ səŋ˧
同学 tʻəŋ˧˥ ɕia˧
同事 tʻəŋ˧˥ sɿ˧
朋友 pʻəŋ˧˥ iau˧˥
郎中 nõ˧˥ tsəŋ˧
赤脚医生 tsʻɿ˧ tɕia˧ i˧ səŋ˧
司机 sɿ˧ tɕi˧
　开车箇 kʻa˧ tsʻa˧ kə˧
木匠 mə˧ tɕʻiõ˧
砖匠 tɕyẽ˧ tɕʻiõ˧
漆匠 tsʻæ˧ tɕʻiõ˧
篾匠 mi˧ tɕʻiõ˧
铁匠 tʻi˧ tɕʻiõ˧
补锅箇 pu˧˥ kuə˧ kə˧
裁缝 tsʻa˧˥ fəŋ˧˥
屠户 tʻau˧˥ fu˧
杀猪箇 sa˧ tɕy˧ kə˧
剃头箇 tʻæ˧ tʻə˧˥ kə˧
做厨箇 tsau˧˥ tɕʻy˧˥ kə˧
　厨子 tɕʻy˧˥ tsɿ˧˥

丫环 iaㄧ fã˧˩
打牛桌箇 taㄧ niau˧˩ tsəㄧ kəㄧ
割猪箇 keㄧ tɕy˧˩ kəㄧ
鐰鸡箇 ɕiẽ˧˩ tɕiㄧ kəㄧ

（十）亲属

1. 长辈

爸 pa˥
　爷 ia˧˩　引称
娘 niõㄧ　面称
爹 tiㄧ　爷爷
妈 mãㄧ　奶奶
爷 iaㄧ　父亲的兄弟，爷 ia˧˩ 的音变构词
大爷 tʻaㄧ iaㄧ　大伯
大娘 tʻaㄧ niõㄧ　大婶
二爷 ʐㄧ iaㄧ
细爷 sæ˧˩ iaㄧ　最小的叔叔
细娘 sæ˧˩ niõㄧ　最小的叔叔的妻子
姑爷 kuㄧ iaㄧ　姑父
姑娘 kuㄧ niõㄧ　姑母
家婆爹 kaㄧ pʻo˧˩ tiㄧ　外公
家婆妈 kaㄧ pʻo˧˩ mãㄧ　外婆
舅爷 tɕʻiauㄧ iaㄧ　舅父
舅娘 tɕʻiauㄧ niõㄧ　舅母
姨爷 i˧˩ iaㄧ　姨父
姨娘 i˧˩ niõㄧ　姨母
同年爷 tʻɔŋ˧˩ niẽ˧˩ iaㄧ　父亲的老庚
同年娘 tʻɔŋ˧˩ niẽ˧˩ niõㄧ　母亲的老庚
后底爷 xeㄧ tæ˧˩ iaㄧ　继父
后底娘 xeㄧ tæ˧˩ niõㄧ　继母

期爷 tɕʻiㄧ ia˧˩　岳父
丈老 tsõㄧ no˧˩
期娘 tɕʻiㄧ niõㄧ　岳母
阿公 ŋaㄧ kəŋㄧ　公公
阿婆 ŋaㄧ pʻo˧˩　婆婆
太 tʻa˧˩　曾祖母
太爹 tʻa˧˩ tiㄧ　曾祖父
长辈 tsõ˧˩ pæ˧˩

2. 平辈

弟兄 tʻæㄧ ɕiəŋㄧ　兄弟，亦是兄弟姐妹的统称
姊妹 tsɿ˧˩ mæㄧ　兄弟姐妹的合称
妯娌 tsʻauㄧ næ˧˩
哥 kəㄧ　哥哥、姐姐
大哥 tʻaㄧ kəㄧ
　老星 no˧˩ ɕiãㄧ
阿嫂 ŋaㄧ so˧˩　哥哥的妻子
大姐 tʻaㄧ tɕia˧˩　"姐姐"的引称，指同年但比自己大的女性
一哥 i˥ kəㄧ　姐姐的丈夫
弟 tʻæㄧ
　老弟 no˧˩ tʻæㄧ　用于引称
弟媳 tʻæㄧ sæㄧ　弟弟的妻子
内弟 næㄧ tʻæㄧ　妻子的弟弟
妹 mæㄧ
　老妹 no˧˩ mæㄧ　用于引称

妹夫 mæ˧ fu˧
叔爸兄弟 sɑu˧ pɑ˧ ɕiəŋ˧ tʻæ˧　堂兄弟
老表 no˅ pie˅
表哥 pie˅ kə˧
表弟 pie˅ tʻæ˅
表姐 pie˅ tɕie˅
表妹 pie˅ mæ˧
男人 nã˅ zən˅　丈夫
　老公 no˅ kəŋ˧
屋里 u˧ næ˅　妻子
　老婆 no˅ pʻə˅
亲家 tɕʻiŋ˧˅ kɑ˧
连襟 niẽ˧ tɕiən˧　姊妹之夫的互称或合称
平辈 pʻiã˧ pæ˅

3. 晚辈
崽 tsa˅　儿子
媳妇 sæ˧ fu˧　儿子的妻子，引称，对称呼名

女 y˅
　女儿 y˅ zɿ˅
　女婿 y˅
过继 kuə˅ tɕi˅
过继崽 kuə˅ tɕi˅ tsa˅
侄 tsʻɿ˧
侄儿 tsʻɿ˧ zɿ˅
侄女 tsʻɿ˧ y˅
孙 sən˧　孙儿、孙女的合称或单指孙儿
孙女 sən˧ y˅
曾孙 tsẽ˅ sən˧
外甥 ua˧ sã˧
晚辈 uã˅ pæ˅

4. 其他
亲戚 tɕʻiŋ˧ tsʻæ˧
走人家 tse˅ zən˅ kɑ˧
新郎官 ɕiən˧ nõ˅ kuõ˧
歇奴家 ɕi˧ nau˅ kɑ˧　新娘

（十一）身体
1. 五官
身 sən˧
　纹身 uən˅ sən˧
　身臊 sən˧ so˧　带有贬义
块头 kʻua˅ tʻe˅
　壳暖 kʻə˧ nõ˅
骨头架 kuæ˧ tʻe˅ kɑ˅　骨架
骨头 kuæ˧ tʻe˅

头 tʻe˅
脑壳 no˅ kʻə˧
　头壳 tʻe˅ kʻə˧
　头脑壳 tʻe˅ no˅ kʻə˧
　后脑壳 xe˅ no˅ kʻə˧
额角头 ŋa˧ kə˧ tʻe˅
太阳穴 tʻa˧ iõ˅ ɕi˧
颈 tɕiã˅

后颈窝 xe˧ tɕiã˩ uə˧
急颈 tɕi˧ tɕiã˩　使人着急
骹颈 tɕiau˩ tɕiã˩　落枕："骹"有"扭"义
缔颈 tʰi˧ tɕiã˩　上吊："缔"有"拴"义
头发 tʰe˩ fa˧
落头发 nə˧ tʰe˩ fa˧
白头发 pʰa˧ tʰe˩ fa˧
　白头毛 pʰa˧ tʰe˩ mo˩
少年白 se˩ niẽ˩ pʰa˧
辫 pʰiẽ˧　辫子
麻雀尾 ma˩ tɕʰio˧ uæ˩　指扎起来的辫子形状像麻雀尾巴
刘海 niau˩ xa˩
设帚散 se˧ tsau˩ sã˩　锅刷
头皮 tʰe˩ pʰæ˩　兼有"头皮"、"头屑"义
　风皮 fəŋ˧ pʰæ˩
气门眼 tɕi˩ mən˩ ŋã˩
　囟门 ɕiẽ˩ mən˩
脸 niẽ˩
不要脸 pu˧ ie˩ niẽ˩
　冇得脸 mo˧ te˧ niẽ˩
　不怕丑 pu˧ pʰa˧ tsʰau˩
酒窝 tɕiau˩ uə˧
　酒凼 tɕiau˩ tõ˩
眼 ŋã˩
眼睛 ŋã˩ tɕiã˧
四眼狗 sɿ˩ ŋã˩ ke˩

眯眼秋 mæ˧ ŋã˩ tɕʰiau˧
绿豆眼 niau˩ tʰe˧ ŋã˩
老鼠眼 no˩ ɕy˩ ŋã˩
近视眼 tɕiən˧ sɿ˧ ŋã˩
青光眼 tɕʰi˧ nei˧ kuõ˧ ŋã˩
千里眼 tɕʰiẽ˧ næ˩ ŋã˩
瞎 xa˧
瞎嘞 xa˧ ne˧　瞎子
眼睛珠 ŋã˩ tɕiã˧ tɕy˧
　眼睛子 ŋã˩ tɕiã˧ tsɿ˩
眼泪 ŋã˩ næ˧
眼睛屉 ŋã˩ tɕiã˧ pa˧
　眼睛屎 ŋã˩ tɕiã˧ sɿ˩
眼睛皮 ŋã˩ tɕiã˧ pʰæ˩
单眼皮 tã˧ ŋã˩ pʰæ˩
双眼皮 sõ˧ ŋã˩ pʰæ˩
眼睛毛 ŋã˩ tɕiã˧ mo˩
眼睛角 ŋã˩ tɕiã˧ kə˧
眉毛 mæ˩ mo˩
鼻孔 pʰæ˧ kʰəŋ˩
塌鼻 tʰa˧ pʰæ˧
酒糟鼻 tɕiau˩ tso˧ pʰæ˧
鼻孔屎 pʰæ˧ kʰəŋ˩ sɿ˩
鼻屁 pʰæ˧ pʰæ˧　鼻涕
绿鼻屁 niau˩ pʰæ˧ pʰæ˧　浓的呈绿色的鼻涕
鼻孔毛 pʰæ˧ kʰəŋ˩ mo˩
嘴 tsæ˩
嘴巴 tsæ˩ pa˧
做嘴 tsau˩ tsæ˩　亲吻

嘴唇 tsæ˧˩ tɕʻyən˧˩

鸭死了嘴还是硬箇 ŋɑ˧ sʅ˧˩ nɑ˧˩ tsæ˧˩ xɑ˧˩ sʅ˦ ŋɑ̃˦ kə˦

濺 tsɑ̃˧˩　兼有"痰"和"口水"义

涎濺 ɕi˧˩ tsɑ̃˧˩　口水

舌头 se˦ tʻe˧˩

牙齿 ŋɑ˧˩ tsʻʅ˧˩

板牙 pɑ̃˧˩ ŋɑ˧˩

门牙 mən˧˩ ŋɑ˧˩

落牙齿 nə˦ ŋɑ˧˩ tsʻʅ˧˩　掉牙齿

虫牙 tsʻəŋ˧˩ ŋɑ˧˩　蛀牙

龅牙 po˦ ŋɑ˧˩　向外突出的门齿

黄牙齿 uõ˧˩ ŋɑ˧˩ tsʻʅ˧˩

牙膏 iɑ˧˩ ko˦

牙刷 iɑ˧˩ ɕyɑ˦

耳朵 ʐʅ˧˩ tə˧˩

顺风耳 ɕyən˦ fəŋ˦ ʐʅ˧˩　灵敏的耳朵

耳朵屎 ʐʅ˧˩ tə˧˩ sʅ˧˩

灌茶耳 kuõ˧˩ tsʻɑ˧˩ ʐʅ˧˩　患中耳炎

穿耳朵 tɕʻyẽ˦ ʐʅ˧˩ tə˧˩　给耳朵打孔以便戴耳环

下爬 xɑ˦ pʻɑ˧˩　下巴

下爬底 xɑ˦ pʻɑ˧˩ tæ˧˩　下巴下面部分

喉咙 xe˧˩ nəŋ˧˩

喉咙管 xe˧˩ nəŋ˧˩ kuõ˧˩

喉结 xe˧˩ tɕi˦

胡须 fu˧˩ sæ˦

八字胡 pɑ˦ tsʻʅ˦ fu˧˩

络腮胡 nə˦ sɑ˦ fu˧˩

2. 手、脚、胸、背

肩 tɕiẽ˦

肩头 tɕiẽ˦ tʻe˧˩

肩臂头 tɕiẽ˦ pæ˦ tʻe˧˩

肩胛骨 tɕiẽ˦ kɑ˦ ku˦

拐 kuɑ˧˩　肘

手拐 sɑu˧˩ kuɑ˧˩　手腕直肘部分

穴路下 ɕi˦ nɑu˦ xɑ˧˩　腋下

和溜 xə˧˩ niɑu˦　用手挠人腋下及其他地方使人发笑

手 sɑu˧˩

手掌 sɑu˧˩ tsõ˧˩

巴掌 pɑ˦ tsõ˧˩

手巴掌 sɑu˧˩ pɑ˦ tsõ˧˩

手背 sɑu˧˩ pæ˧˩

左手 tsə˧˩˨ sɑu˧˩

右手 iɑu˦ sɑu˧˩

指头 tsʅ˦ tʻe˧˩

手指头 sɑu˧˩ tsʅ˦ tʻe˧˩

指头拇 tsʅ˦ tʻe˧˩ mə˧˩

大拇指 tʻɑ˦ mə˧˩ tsʅ˧˩

食指 sʅ˦ tsʅ˧˩

中指 tsəŋ˦ tsʅ˧˩

无名指 u˧˩ miən˦ tsʅ˧˩

细指头 sæ˦ tsʅ˦ tʻe˧˩

毛栗磕 mo˧˩ næ˦ kʻə˦　栗凿

指甲 tsʅ˦ kʻɑ˦

拳颅牯 tɕʻy˧˩ nɑu˧˩ ku˧˩　拳头

大胯 tʻɑ˦ kʻuɑ˦　大腿

胯 kʻɑ˦　两腿之间，特别是阴部

屁股 pʻæ˦ ku˧˩

屁股眼 pʻæ˧ ku˨ ŋã˨
屙 uə˧
屙尿 uə˧ pa˨
　屙屎 uə˧ sɿ˨
揩 kʻa˧
揩屁股 kʻa˧ pʻæ˨ ku˨
屁 pʻæ˨
放屁 fõ˨ pʻæ˨
卵 nə˨　男阴
　卵积 nə˨ tsæ˧
　鸡巴 tɕi˧ pa˧
　雀雀 tɕʻiə˧˨ tɕʻiə˧　赤子阴
屄 pi˧　女阴
　麻坯 ma˨ pʻæ˧
戳 tsʻə˧　日、傝
戳屄 tsʻə˧ pi˧　性交
　跶□ ta˧ tɕiəŋ˧
精子 tɕiəŋ˧ tsɿ˨
月红 ye˧ fəŋ˨　月经
螺蛳骨 nə˨ sɿ˧ kuæ˧　踝骨
脚膝坨 tɕiə˧ sæ˧ tʻə˨　膝盖部分
膝坨盖 sæ˧ tʻə˨ ka˨　膝盖
脚连 tɕiə˧ niẽ˨　小腿
脚 tɕiə˧　腿
赤脚 tsʻa˧ tɕiə˧
脚掌 tɕiə˧ tsõ˨
脚背 tɕiə˧ pæ˨
脚板 tɕiə˧ pã˨
脚板心 tɕiə˧ pã˨ ɕiən˧
脚指头 tɕiə˧ tsɿ˧ tʻe˨
脚指头拇 tɕiə˧ tsɿ˧ tʻe˨ mə˨　脚的
大拇趾
脚后跻 tɕiə˧ xe˧ tsã˨　脚后跟
脚板印 tɕiə˧ pã˨ iən˨　光脚踩出的
印迹
脚印 tɕiə˧ iən˨
硬疹 ŋã˧ tsən˨　因长期的接触和摩
擦，皮肤上磨出的厚厚的死皮
鸡眼 tɕi˧ ŋã˨
胸门前 ɕiən˧ mən˧ tɕʻiẽ˨
排骨 pʻa˨ ku˧　肋骨
奶 na˨　兼指乳房和奶水
肚 tau˨
肚脐眼 tau˨ tsʻæ˨ ŋã˨
脐带 tsʻæ˨ ta˨
腰 ie˧
背 pæ˨
背脊 pæ˨ tsæ˧
打赤膊 ta˨ tsʻa˧ pə˨　光着上身
打赤胶 ta˨ tsʻa˧ ko˧　一丝不挂

3. 其他

膴 nə˨　圆形指纹
辙箕 tsʻe˧ tɕi˧　簸箕状指纹
汗毛 xõ˧ mo˨　寒毛
汗毛眼 xõ˧ mo˨ ŋã˨　寒毛的毛孔
痣 tsɿ˨
胎记 tʻa˧ tɕi˨
骨头 kuæ˧ tʻe˨
筋 tɕiən˧
麻筋 ma˨ tɕiən˧　筋脉的一种，如
果被碰触到，往往有发麻的感觉
线坨子 ɕiẽ˨ tʻə˨ tsɿ˨　淋巴

血 ɕi˧   肾 sən˧
血脉 ɕi˧ me˧   肠 tsõ˥
内脏 næ˧ tsõ˧   大肠 tʻa˧ tsõ˥
肝 kõ˧   小肠 ɕie˥ tsõ˥
胆 tã˥   阑尾 nã˥ uæ˥
肺 fæ˥   阑尾炎 nã˥ uæ˥ iẽ˧
胃 uæ˧

(十二) 疾病 医疗
1. 一般用语

病 pʻiã˧   医师 i˧ sʅ˧
生病 sã˧ pʻiã˧   护士 fu˧ sʅ˧
病了 pʻiã˧ na˥   中药 tsəŋ˧ iə˧
不好 pu˧ xo˥   西药 sæ˧ iə˧
  不舒服 pu˧ ɕy˧ fu˥   药店 iə˧ tiẽ˧
  不如法 pu˧ y˥ fa˧   抓药 tɕya˧ iə˧
大病 tʻa˧ pʻiã˧   药罐 iə˧ kuõ˥
细病 sæ˥ pʻiã˧ 小病   毒药 tʻau˧ iə˧
急病 tɕi˧ pʻiã˧   老鼠药 no˥ ɕy˥ iə˧
头痛 tʻɤ˥ tʻəŋ˥   煎药 tɕiẽ˧˥ iə˧
肚痛 tau˥ tʻəŋ˥   熬药 ŋo˥ iə˧
诊病 tsã˥ pʻiã˧ 治病   搽药 tsʻa˥ iə˧
  看病 kõ˥ pʻiã˧   吞药 tʻiẽ˧ iə˧
蓄 ɕiau˧ 休养   服药 fu˧ iə˧
轻了一些 tɕʻiã˧ na˥ i˧ sæ˧   喫药 tɕʻia˧ iə˧
病重 pʻiã˧ tsʻəŋ˧   打针 ta˥ tsən˧
药方 iə˧ fõ˧   药膏 iə˧ ko˧
医院 i˧ yẽ˧   燥 tso˥
中医 tsəŋ˧ i˧   燥药 tso˥ iə˧
西医 sæ˧ i˧   凉 niõ˥
医生 i˧ səŋ˧   凉药 niõ˥ iə˧
     狗皮膏药 ke˥ pʻæ˥ ko˧ iə˧

出汗 tɕʻyʅ xõ˧
上火 sõ˧ xə˥
出毒气 tɕʻyʅ tʻau˧ tɕʻi˩
拔火罐 pʻa˧ xə˩ kuõ˧

2. 内科

屙肚 uə˧ tau˥
　肚嘞屙 tau˥ ne˧ uə˧
头痛 tʻe˩ tʻəŋ˧
发烧 fa˧ se˧
打冷噤 ta˥ nã˥ tɕʻiən˧　因寒冷而浑身发抖
打脾寒 ta˥ pʻæ˩ xõ˩　发疟疾
感冒 kõ˥ mo˧
打瞌□ ta˥ xa˩ tɕʻiə˩　打喷嚏
嗽 kʻã˥　咳嗽
齁 xe˩　哮喘
齉 nəŋ˩　鼻塞
气管炎 tɕʻi˩ kuõ˥ iẽ˧
发痧 fa˧ sa˧
发急痧 fa˧ tɕi˧ sa˧
不想喫 pu˧ ɕiõ˥ tɕʻi˧
头发懵 tʻe˩ fa˧ məŋ˥
头发晕 tʻe˩ fa˧ yən˧
眼睛发黑 ŋã˥ tɕiã˧ fa˧ xe˧
晕车 yən˧ tsʻa˧
作欲 tsə˩ iau˧　难受想吐
呕 ŋe˥
疝气 ɕya tɕʻi˩
脱肛 tʻə˧ kõ˧
霍乱 xə˩ nõ˧
麻疹 ma˩ tsən˥

种痘 tsəŋ˩ tʻe˧
皮虫 pʻæ˩ tsʻəŋ˩　蛔虫

3. 外科

开刀 kʻa˧ to˧
动手术 tʻəŋ˧ sau˥ ɕy˩
跶倒 ta˩ to˥
外伤 ua˩ sõ˧
擦破皮 tsʻa˩ pʻə˩ pʻæ˩
刮条口 kua˩ tʻie˩ kʻe˥
倒鳞 to˥ niən˩　指甲根部皮肤所起的小块表皮
出血 tɕʻyʅ ɕi˩
淤血 y˧ ɕi˩
肿 tsəŋ˥
灌脓 kuõ˩ nəŋ˩
结壳 tɕi˧ kʻə˩
疤 pa˧
起坨 tɕʻi˥ tʻə˩
脈𡅯 pa˧ tsʻa˧　裂开
疮 tsʻõ˧
疥疮 ka˩ tsʻõ˧
癣 ɕiẽ˥
痱 fæ˩
瘤 næ˩
癞痢 na˩ næ˩
鱼羞 y˩ ɕiau˧
毛针 mo˩ tsən˧　眼睑中起硬的突起部分，旧时民间认为是看了异性的生殖器官所起，治疗的土法是在厕所的门上画圈
痣 tsʅ˩

肉痣 zauˇ tsʅˊ

嘴臭 tsæˇ tsʼauˇ

柳腰 niauˇ ieˉ 像女人的细腰

鸭公嗓 ŋaˉ kəŋˉ sõˇ

斗鸡眼 teˇ tɕiˉ ŋãˇ

斜眼 ɕiaˇ ŋãˇ

鸡毛眼 tɕiˉ moˇ ŋãˇ

4. 残疾等

发羊角风 faˉ iõˇ kəˉ fəŋˉ 癫痫

神经病 sənˇ tɕiənˉ pʻiãˉ

疯 fəŋˉ

疯嘞 fəŋˉ neˉ 疯子

中风 tsəŋˇ fəŋˉ

瘫 tʻãˉ

驼背 tʻɔˇ pæˇ

聋 nəŋˉ

聋嘞 nəŋˉ neˉ 聋子

一隻眼 iˉ tsaˉ ŋãˇ

独眼龙 tʻauˉ ŋãˇ nəŋˇ

瞎 xaˉ

瞎嘞 xaˉ neˉ 瞎子

一隻手 iˉ tsaˉ sauˇ

左手摆 tsəˇ sauˇ paˉ

六指 nauˇ tsʅˉ

拐脚 kuaˇ tɕiəˉ

一隻脚 iˉ tsaˉ tɕiəˉ

哑 ŋaˇ

哑包 ŋaˇ i poˉ

哑巴 ŋaˇ paˉ

苕 seˇ 傻

苕嘞 seˇ neˉ 傻子

缺牙巴 tɕʻyeˉ ŋaˇ pʻaˇ 豁牙

八字脚 paˉ tsʻʅˉ tɕiəˇ

近视眼 tɕʻiənˉ sʅˉ ŋãˇ

远视眼 yẽˇ sʅˉ ŋãˇ

老花眼 noˇ xuaˉ ŋãˇ

（十三）衣服 穿戴

1. 服装

衣 iˉ

衣服 iˉ fuˉ

　衣裤 iˉ kʻuˇ

穿戴 tɕʻyẽˉ taˇ

打扮 taˇ pãˇ

西服 sæˉ fuˉ

中山服 tsəŋˉ sãˉ fuˉ

大衣 tʻaˉ iˉ

夹衣 tɕiaˉ iˉ

　单衣 tãˉ iˉ

棉袄 miẽˇ ŋoˇ

领褂 niãˇ kuaˇ 背心

秋衫衣 tɕʻiauˉ sãˉ iˉ 秋衣

秋衫裤 tɕʻiauˉ sãˉ kʻuˇ 秋裤

怄暖衣 ŋeˇ nõˇ iˉ 贴身穿的衣服

穿衣 tɕʻyẽˉ iˉ

鞔衣 məŋˉ iˉ 在所穿衣服外面再蒙一层衣服（有遮灰尘或美化里面衣服的作用）或指用来蒙在外面的衣服

鞔棉袄 məŋˉ miẽˇ ŋoˇ 在棉袄外

再蒙一层较薄的衣服

汗衫 xõ˧ sã˧

衣领 i˧ niã˩

手袖 sau˩ tɕiau˧

长裤 tsõ˧ kʻu˩

裤头 kʻu˩ tʻə˩

　短裤 tõ˧ kʻu˩

裙 tɕʻyən˩

裤裆 kʻu˩ tõ˧

封裆裤 fəŋ˧ tõ˧ kʻu˩

开裆裤 kʻa˧ tõ˧ kʻu˩

裤腰 kʻu˩ ie˧

裤带 kʻu˩ ta˩

裤襻 kʻu˩ pã˩

裤脚 kʻu˩ tɕiɔ˧

呆袋 ŋa˩ tʻa˧　口袋、荷包

扣子 kʻə˩ tsŋ˩

扣子眼 kʻə˩ tsŋ˩ ŋã˩

脱单 tʻe˧ tã˧　指天气较暖时可以穿
　单件衣服或较少衣服

马褂 ma˩ kua˩

旗袍 tɕʻi˩ pʻo˩

皮衣 pʻæ˩ i˧

大衣 tʻa˧ i˧

风衣 fəŋ˧ i˧

背心 pæ˩ ɕiən˧

百褶裙 pe˧ tse˧ tɕʻyə˩

直筒裤 tsʻʅ˧ tʻəŋ˩ kʻu˩

喇叭裤 na˩ pa˧ kʻu˩

褊 piẽ˩

衣褊 i˧ piẽ˩

卫生衣 uæ˧ səŋ˧ i˧　机织的绒里
　衣，较厚

卫生裤 uæ˧ səŋ˧ kʻu˩　机织的绒里
　裤，较厚

2. 鞋帽

鞋 xa˩

鞋拖 xa˩ tʻə˧

　拖鞋 tʻə˧ xa˩

　拖板 tʻə˧ pã˩

布鞋 pu˩ xa˩

皮鞋 pʻæ˩ xa˩

草鞋 tsʻo˩ xa˩

鞋帮 xa˩ põ˧

鞋带 xa˩ ta˩

系鞋带 tɕi˩ xa˩ ta˩

鞋睁 xa˩ tsã˧　鞋的后帮

鞋底 xa˩ tæ˩

跂 tʻa˧　把鞋后帮踩在脚后跟下

靸 sa˧

跂靸 tʻa˧ sa˧　表示一个人生活习
　惯不好（不讲究、不讲卫生、过
　于懒散）

球鞋 tɕʻiau˩ xa˩

套鞋 tʻo˩ xa˩

陆军鞋 nau˧ tɕyən˧ xa˩

靴 ɕya˧

棉靴 miẽ˩ ɕya˧

袜 ua˧

长袜 tsõ˧ ua˧

短袜 tõ˧ ua˧

纱袜 sa˧ ua˧

布袜 pu˧ ua˧ 　　　　　　　花露水 xua˧ nau˧ ɕy˧
丝袜 s̩˧ ua˧ 　　　　　　　　镜 tɕiən˧
丝光袜 s̩˧ kuõ˧ ua˧ 　　　　　梳 sau˧
尼龙袜 ni˧ nəŋ˧ ua˧ 　　　　改 ka˧　篦子
帽 mo˧ 　　　　　　　　　　别针 pi˧ tsən˧
帽笠 mo˧ næ˧ 　　　　　　　手袖头 sau˥ tɕʰiau˥ tʰe˥　袖套
　草帽 tsʰo˥ mo˧ 　　　　　　围颈 uæ˥ tɕiã˥　围巾
戴帽笠 ta˥ mo˧ næ˧ 　　　　围裙 uæ˥ tɕʰyən˥
斗笠 te˥ næ˧ 　　　　　　　手笼 sau˥ nəŋ˥　手套
军帽 tɕyən˧ mo˧ 　　　　　　眼镜 ŋã˥ tɕiən˧
皮帽 pʰæ˥ mo˧ 　　　　　　　伞 sã˥

3. 其他穿戴用品

　　　　　　　　　　　　　　阳伞 iõ˥ sã˥
手镯 sau˥ tsə˧ 　　　　　　蓑衣 sə˧ i˧
戒指 ka˥ ts̩˥ 　　　　　　　雨衣 y˥ i˧
项链 xõ˧ niẽ˧ 　　　　　　　手表 sau˥ pie˥
耳环 z̩˥ fã˥ 　　　　　　　　雨布 y˥ pu˥
颈箍 tɕiã˥ ku˧　项圈 　　　袱 fu˧　毛巾
胭脂 iẽ˧ ts̩˧ 　　　　　　　手袱崽 sau˥ fu˧ tsa˧　手绢
水粉 ɕy˥ fən˥ 　　　　　　　洗脸袱 sæ˥ niẽ˥ fu˧　洗脸毛巾
雪花膏 ɕi˧ xua˧ ko˧ 　　　　拄手棍 tɕʰy˥ sau˥ kuən˥

（十四）饮食

1. 伙食

　　　　　　　　　　　　　　中饭 tsəŋ˧ fã˧
伙食 xə˥ s̩˧ 　　　　　　　中时饭 tsəŋ˧ s̩˥ fã˧
　场伙 tsõ˧ xə˥ 　　　　　　喫中饭 tɕʰia˧ tsəŋ˧ fã˧
饭 fã˧ 　　　　　　　　　　喫中时饭 tɕʰia˧ tsəŋ˧ s̩˥ fã˧
喫 tɕʰia˧　吃 　　　　　　　夜饭 ia˧ fã˧
喫饭 tɕʰia˧ fã˧ 　　　　　　喫夜饭 tɕʰia˧ ia˧ fã˧
早饭 tso˥ fã˧ 　　　　　　　家常便饭 tɕia˧ tsõ˥ pʰiẽ˧ fã˧
喫早饭 tɕʰia˧ tso˥ fã˧ 　　　宵夜 ɕie˧ ia˧

零碎 niã˨ sæ˨
　零食 niũ˨ sʅ˧
喫零碎 tɕʰia꜖ niũ˨ sæ˨
过钟 kuə˨ tsəŋ˧　两餐饭中间吃的便饭
打饿犊 ta˨ ŋə꜖ tʰau˧　未吃，空腹

2. 米食

米 mæ˨
大米 tʰa˧ mæ˨
细米 sæ˨ mæ˨
饭 fã˧
米饭 mæ˨ fã˧
白米饭 pʰa˧ mæ˨ fã˧
糯米饭 nə˧ mæ˨ fã˧
粘米饭 tsẽ˧ mæ˨ fã˧
锅巴 kuə˧ pa˧
锅巴粥 kuə˧ pa˧ tsau˧
粥 tsau˧
清粥 tɕʰiã˧ tsau˧
稀粥 ɕi˧ tsau˧
酽粥 niẽ˧ tsau˧　较稠的粥
米汤 mæ˨ tʰõ˧
现饭 ɕiẽ˧ fã˧
炒现饭 tsʰoʋ˨ ɕiẽ˧ fã˧
现饭炒三回狗都不喫 ɕiẽ˧ fã˧ tsʰoʋ˨ sã˧ fæ˨ keʋ˨ tau˧ pu꜖ tɕʰia˧
煳 fu˨
米泡 mæ˨ pʰoʋ˨
糖粑 tʰõ˨ pa˧　将米泡放在烧热的糖浆中搅拌，压成团后切块所得的食品

粽 tsəŋ˧
粽叶 tsəŋ˧ i˧　箬叶
扎粽 tsa˧ tsəŋ˧　包粽子
汤圆 tʰõ˧ yẽ˨
糍粑 tsʰʅ˨ pa˧
粑 pa˧
发糕 fa˧ ko˧
苕粉坨 se˨ fən˨ tʰɔ˨　红薯的淀粉用开水调和以后做成坨状煮熟后的食品
粑坨 pa˧ tʰɔ˨
麻切耳 ma˨ tɕʰi˧ zʅ˨　糯米蒸熟后用碓臼舂烂揉搓成条状，待冷却后切成薄片晒干，用油炸熟而成的食品
落口消 nə˧ kʰe˨ ɕie˧　大米经机器高温膨化而成的中空的条状食品
苕泡糕 se˨ pʰoʋ˨ ko˧　将红薯去皮蒸熟捣烂成糊，用刀将糊刮成片状晾干，最后将片状物剪成三角形，用油炸熟后所得食品

3. 面食

灰面 fæ˧ miẽ˧
面粉 miẽ˧ fən˨
麦粉 ma˧ fən˨
麦 ma˧
面 miẽ˧
下面 xa˧ miẽ˧
面汤 miẽ˧ tʰõ˧　面条煮熟后的汤水
清汤寡水 tɕʰiã˧ tʰõ˧ kua˨ ɕy˨
饺 tɕio˨

鸡公饺 tɕi˧ kəŋ˧ tɕio˧˩ 　肉皮 zau˧ pʼæ˧˩
包饺 po˧ tɕio˧˩ 　骨头 kuæ˧ tʼe˧˩
擀 kõ˧˩ 　排骨 pʼa˧˩ ku˧
擀面杖 kõ˧˩ miẽ˧ tsõ˧ 　前脚 tɕʰiẽ˧˩ tɕia˧　猪前脚的肉
包 po˧ 　后脚 xe˧ tɕia˧　猪后脚的肉
肉包 zau˧ po˧ 　前胛 tɕʰiẽ˧˩ ka˧
馍 mə˧˩　馒头 　后胛 xe˧ ka˧
　粑 pa˧ 　猪脚 tɕy˧ tɕia˧
　麦粑 ma˧ pa˧ 　膀腿 põ˧˩ tʼæ˧˩
发粑 fa˧ pa˧ 　猪舌头 tɕy˧ se˧ tʼe˧˩
粑曲 pa˧ tɕʰau˧　用来做馒头的 　刀口 to˧ kʼe˧˩　杀猪时下刀刺血的
　酵粉 　　地方
麦跶坨 ma˧ ta˧ tʼɚ˧˩　面粉用开水 　猪肝 tɕy˧ kõ˧
　调和以后做成坨状煮熟后的食品 　鲜肺 ɕiẽ˧ fæ˧˩　肺
锅底粑 kuə˧ tæ˧ pa˧　面粉用冷水 　腰子 ie˧ tsɿ˧˩
　调和以后糊在锅底上烤熟而成的 　猪肚 tɕy˧ tau˧˩
　食品 　背扭肉 pæ˧˩ niau˧˩ zau˧　里脊肉
揭 tʼa˧　用锅铲等按压 　猪头肉 tɕy˧ tʼe˧˩ zau˧
揭粑 tʼa˧ pa˧　做烧饼之类的食品 　二颈肉 ʐ̩˧ tɕiã˧˩ zau˧
油条 iau˧˩ tʼie˧˩ 　猪启座 tɕy˧ tau˧ tsɚ˧　猪尾巴和猪
蛋卷 tã˧ tɕyẽ˧˩ 　　尾巴连着的根部
麻花 ma˧˩ xua˧ 　猪尾巴 tɕy˧ uæ˧˩ pa˧
花散 xua˧ sã˧˩ 　猪耳朵 tɕy˧ ʐ̩˧˩ tə˧˩
雪枣 ɕi˧ tso˧˩ 　猪血 tɕy˧ ɕi˧
月饼 ye˧ piã˧˩ 　板油 pã˧˩ iau˧˩
面窝 miẽ˧ uə˧ 　花油 xua˧ iau˧˩

4. 肉、蛋
　　　　　　　　　　　　　　　　　猪肠 tɕy˧ tsõ˧˩
肉 zau˧ 　大肠 tʼa˧ tsõ˧˩
腈肉 tɕiã˧ zau˧ 　小肠 ɕie˧˩ tsõ˧˩
肥肉 fæ˧˩ zau˧ 　牛肉 niau˧˩ zau˧
膘 pie˧ 　牛筋 niau˧˩ tɕiən˧

牛骨髓 niau˧˩ ku˥ sæ˧˩

羊肉 iõ˧˩ zau˥

鱼肉 y˧˩ zau˥

鱼冻 y˧˩ təŋ˥ 鱼汤冷却后形成的冻状物

鸡肉 tɕi˥ zau˥

鸡杂 tɕi˥ tsɑ˥

鸡肫 tɕi˥ tɕyən˥

肉汤 zau˥ tõ˥

喫肉不如喝汤，喝汤不如嗅香 tɕʰi˥ zau˥ pu˥ y˧˩ xə˥ tõ˥, xə˥ tõ˥ pu˥ y˧˩ ɕiəŋ˥ ɕiõ˥

鸡蛋 tɕi˥ tã˥

煎鸡蛋 tɕiẽ˥ tɕi˥ tã˥

搅蛋 tʰɑ˥ tã˥

蛋汤 tã˥ tõ˥

蒸蛋 tsən˥ tã˥

藏蛋 tsõ˥ tã˥ 腌制鸡蛋，也指腌制好的蛋（咸蛋）

溏心蛋 tõ˥ ɕiən˥ tã˥

茶叶蛋 tsʰɑ˧˩ i˥ tã˥

鸭蛋 ŋɑ˥ tã˥

寡蛋 kuɑ˧˩ tã˥

皮蛋 pʰæ˧˩ tã˥

炖鸡炖膀 tən˥ tɕi˥ tən˧˩ põ˧˩ 指用整只鸡或整个膀腿做成的菜

大鱼大肉 tʰɑ˥ y˧˩ tʰɑ˥ zau˥

5. 菜

菜 tsʰɑ˥

青菜 tɕʰiã˥ tsʰɑ˥

荤菜 fən˥ tsʰɑ˥

嚼饭 iẽ˧˩ fã˥ 用菜下饭

嚼菜 iẽ˧˩ tsʰɑ˥ 吃菜

炒菜 tsʰɔ˧˩ tsʰɑ˥

煮 tɕy˧˩

煨肉 uæ˥ zau˥

煨汤 uæ˥ tõ˥

焖 mən˥

炖 tən˥

氽 tsõ˥ 把食物放到沸水里快速煮熟

氽肉元 tsõ˥ zau˥ yẽ˧˩

红烧 fəŋ˧˩ se˥

卤 nau˧˩

炸 tsɑ˧˩

打汤 tɑ˥ tõ˥ 做汤

服汤 fu˥ tõ˥ 野菜（或青菜）、腊味（如腊肉、腊猪肝、腊猪肠）切成丁，按食物和水1∶50左右的比例将水置入锅中烧开，加入切好的丁末，再加入炒熟后弄碎的花生仁、适量佐料烧开，最后用淀粉勾芡所得到的汤，也指这种烹调动作

煠 xɑ˧˩ 把块状肉等放至水锅中煮至七八成熟捞起

掸水 tã˧˩ ɕy˧˩ 把青菜直接放入开水中烫一下

鐾 pʰæ˥ 在水缸沿、皮、石头等物上把刀反复摩擦几下使其锋利

盐菜 iẽ˧˩ tsʰɑ˥ 咸菜

擦菜 tsʰɑ˥ tsʰɑ˥

酸菜 sõ˧ tsʻaʯ
萝卜丝 nəʯ pʻe˧ sʅ˧
萝卜杂 nəʯ pʻe˧ tsaʯ
豆腐 tʻe˧ fuʯ
豆腐脑 tʻe˧ fuʯ noʯ
豆腐乳 tʻe˧ fuʯ yʯ
豆豉 tʻe˧ sʅ˧
笋 sənʯ
苕粉 seʯ fənʯ
线粉 ɕiẽʯ fənʯ　用红薯粉做成的粉条
木耳 məʯ zʅʯ
等针 tiẽ˧ tsən˧　黄花菜
带皮 ta˧ pʻæʯ　海带
味道 uæ˧ tʻo˧
馊 se˧

6. 油盐佐料

油 iauʯ
猪油 tɕy˧ iauʯ
清油 tɕʻiã˧ iauʯ
麻油 ma˧ iauʯ
花生油 xua˧ səŋ˧ iauʯ
菜油 tsʻaʯ iauʯ
板油 pã˧ iauʯ
花油 xua˧ iauʯ
盐 iẽʯ
酱油 tɕiõʯ iauʯ
酱 tɕiõʯ
麦酱 ma˧ tɕiõʯ
醋 tsʻauʯ
料酒 nie˧ tɕiauʯ

红糖 fəŋʯ tʻõʯ
白糖 pʻa˧ tʻõʯ
冰糖 piən˧ tʻõʯ
苕糖 seʯ tʻõʯ　用红薯加入麦芽熬制成的糖
佐料 tsəʯ nie˧
八角葵 pa˧ ko˧ kʻauʯ
花椒 xuaʯ tɕie˧
胡椒 fuʯ tɕie˧
辣椒 na˧ tɕie˧
桂皮 kuæʯ pʻæʯ
五香粉 uʯ ɕiõ˧ fənʯ
味精 uæ˧ tɕiən˧
葱 tsʻəŋ˧
大蒜 tʻa˧ sõʯ
姜 tɕiõ˧
向 ɕiõʯ　放佐料

7. 烟、酒、茶

烟 iẽ˧
唧烟 sə˧ iẽ˧　抽烟
　喫烟 tɕʻia˧ iẽ˧
烟灰 iẽ˧ fæ˧
洋火 iõʯ xəʯ
　火柴 xəʯ tsʻaʯ
茶 tsʻaʯ
向茶 ɕiõʯ tsʻaʯ　指用米泡、黄豆、芝麻等加在一起泡成的茶
泡茶 pʻoʯ tsʻaʯ
筛茶 sa˧ tsʻaʯ
倒茶 toʯ tsʻaʯ
酒 tɕiauʯ

白酒 pa˧ tɕiau˩　　　　　　水酒 ɕy˩ tɕiau˩
糯米酒 nə˧ mæ˩ tɕiau˩　　　酒曲 tɕiau˩ tɕʰau˩
酸酒 pʰa˧ tɕiau˩　用米饭加酒曲制　酒糟 tɕiau˩ tso˧
　　作米酒

（十五）红白大事

1. 婚姻、生育

花轿 xua˧ tɕʰie˧
亲事 tɕʰiən˧ sʅ˧　　　　　　新郎官 ɕiən˧ nõ˩ kuõ˧
做媒 tsau˩ mæ˩　　　　　　歇奴家 ɕi˧ nau˩ ka˧　新娘
红叶 fəŋ˩ i˧　　　　　　　陪嫁 pʰæ˩ ka˩
　媒人 mæ˩ zən˩　　　　　接亲 tɕi˧ tɕʰiən˧　迎亲
　媒婆 mæ˩ pʰo˩　特指女性媒人　开门礼 kʰa˧ mən˩ næ˩
　做媒箇 tsau˩ mæ˩ ko˧　　发亲 fa˧ tɕʰiən˧
介绍 ka˩ se˩　　　　　　　结婚 tɕi˧ fən˧
说亲 ɕye˧ tɕʰiən˧　介绍对象　喝喜酒 xo˧ ɕi˩ tɕiau˩
接媳妇 tɕi˧ sæ˧ fu˧　娶老婆　拜堂 pa˩ tõ˩
出嫁 tɕʰy˧ ka˩　　　　　　新房 ɕiən˧ fõ˩
　出阁 tɕʰy˧ ko˧　　　　　　洞房 tʰəŋ˧ fõ˩
　说人家 ɕye˧ zən˩ ka˧　　接上亲 tɕi˧ sõ˧ tɕʰiən˧　接女方的长
相貌 ɕiõ˩ mo˧　　　　　　　　辈过来做客
　长相 tsõ˩ ɕiõ˧　　　　　过门 kua˩ mən˩
　模样 mo˩ iõ˧　　　　　　回门 fæ˩ mən˩　结婚后的第三天
皮肤 pʰæ˩ fu˧　　　　　　　　丈夫陪妻子回娘家
年纪 niẽ˩ tɕi˩　　　　　　回栏 fæ˩ nã˩
般配 põ˧ pʰæ˩　　　　　　招女婿上门 tse˧ y˩ sæ˧ sõ˧ mən˩
订婚 tiən˩ fən˧　　　　　　有喜了 iau˩ ɕi˩ na˩
见面礼 tɕiẽ˩ miẽ˧ næ˩　　　怀孕了 fa˩ yən˧ na˩
定日子 tʰiən˧ zʅ˩ tsʅ˩　　　怀伢崽了 fa˩ ŋa˩ tsa˩ na˩
报日 po˩ zʅ˩　男方向女方提出　孕妇 yən˧ fu˧
　婚期　　　　　　　　　　流产 niau˩ tsã˩
拜堂 pa˩ tõ˩　　　　　　　引产 iən˩ tsã˩

刮伢崽 kua˧ ŋa˩ tsa˩　堕胎
胞衣 po˧ i˧
看伢崽 kõ˧ ŋa˩ tsa˩　生小孩
接生 tɕi˧ sən˧
做月嘞 tsau˩ ye˧ ne˧　做月母
头胎 t'e˩ t'a˧
双胞胎 sõ˧ po˧ t'a˧
三朝 sã˧ tse˧
满月 mõ˩ ye˧
喫奶 tɕ'ia˧ na˩
乖 kua˧
不吵 pu˧ ts'o˩
认生 zən˧ sã˧
摇窠 ie˩ k'ua˧

2. 寿辰、丧葬

生 sã˧
做生 tsau˩ sã˧
请客 tɕ'iã˩ k'a˧
　接客 tɕi˧ k'a˧
办席 pã˧ sæ˧
寿 sau˧
大寿 t'a˩ sau˧
过身 kuə˩ sən˧
　过世 kuə˩ tsʅ˩
　老了 no˩ na˩
　死了 sʅ˩ na˩
落气 nə˧ tɕi˧　断气
打井 ta˩ tɕiã˩　挖墓穴
寿衣 sau˧ i˧
　寿木 sau˧ mə˧

木头 mə˧ t'e˩
戴孝 ta˩ ɕio˩
孝子 ɕio˩ tsʅ˩
装殓 tsõ˧ niẽ˧
七七 tsæ˧ tsæ˧　指七七四十九天
头七 t'e˩ tsæ˧
末七 me˧ tsæ˧
烧纸 se˧ tsʅ˩
花圈 xua˧ tɕ'yẽ˧
灵屋 niən˩ u˧　用竹、纸做成的房
　　屋模型,烧给死人用
灵牌 niən˩ p'a˩
守灵 sau˩ niən˩
出丧 tɕ'y˧ sõ˧
送丧 sən˧ sõ˧
碑 pæ˧
　碑记 pæ˧ tɕi˩
病煞 p'iã˧ sa˧　病死了
老煞 no˩ sa˧　老死了
想不开 ɕiõ˩ pu˧ k'a˧　自杀
尸首 sʅ˧ sau˩　尸体
缔颈 t'ia˧ tɕiã˩　上吊
跳水 t'ie˩ ɕy˩
喝农药 xɤ˧ nəŋ˩ iə˧

3. 迷信

菩萨 p'u˩ sa˧
观音菩萨 kuõ˧ iən˧ p'u˩ sa˧
雕菩萨 tie˧ p'u˩ sa˧
做金身 tsau˩ tɕiən˧ sən˧　塑金身
灶司妈妈 tso˩ sʅ˧ mã˧ mã˧　灶神

土地庙 tʻauˬ tʻæ˧ mie˧ 阳珓 iõˬ koˬ
祖堂屋 tsauˬ tʻõˬ u˧ 圣珓 sən˨ koˬ
牌位 pʻa˨ uæ˧ 念经 niẽ˧ tɕien˧
八仙 pa˧ ɕiẽ˧ 喫斋 tɕʻia˧ tsa˧
五系爹 u˨ ɕi˧ ti˧ 积阴德 tsæ˧ iən˧ te˧
狐狸精 fu˨ næ˨ tɕien˧ 和尚 xə˨ sõ˧
鬼 kuæˬ 尼姑 ni˨ ku˧
神 sən˨ 马脚 ma˨ tɕia˧
灌神 kuõ˨ sən˨ 牛头马面 niau˨ tʻe˨ ma˨ miẽ˧
关煞 kuã˧ sa˧ 算命 sõ˨ miã˧
解煞 ka˨ sa˧ 抽签 tsʻau˧ tɕʻiẽ˧
符 fu˨ 看相 kʻõ˧ ɕiõ˨
符水 fu˨ ɕy˨ 年庚八字 niẽ˨ kẽ˧ pa˧ tsʻɿ˧
画符水 xua˨ fu˨ ɕy˨ 八个字 pa˧ kə˧ tsʻɿ˧
阎王 iẽ˧ uõ˨ 背时 pæ˧ sɿ˨
神龛 sən˨ kʻã˧ 走运 tse˨ yən˧
香案 ɕiõ˧ ŋõ˨ 奈何桥 na˧ xə˨ tɕʻie˨
敬神 tɕien˨ sən˨ 七月半 tsʻæ˧ ye˧ põ˨ 农历七月十
香 ɕiõ˧   五，鬼节
纸 tsɿˬ 烧包袱 se˧ po˧ fu˧
烛 tsau˧ 圆梦 yẽ˨ məŋ˧
烧香 se˧ ɕiõ˧ 喊吓 xã˨ xa˨ 招魂
烧纸 se˧ tsɿˬ 报应 po˨ iən˨
射蜡烛 sa˧ na˧ tsau˧ 托梦 tʻɵ˧ məŋ˧
跪 kʻuæˬ 默佑 me˧ iau˧ 保佑
拜 pa˨ 收脚迹 sau˧ tɕia˧ tɕia˧ 人死后把
叩头 kʻə˧ tʻe˨   生前的脚印收去
打珓 ta˨ ko˨ 来世 na˨ sɿ˧
打珓子 ta˨ ko˨ tsɿˬ 投胎 tʻe˨ tʻa˧
阴珓 iən˧ ko˨

（十六）日常生活

1. 衣

穿衣 tɕʻyẽ˧ i˧

加衣 tɕiɑ˧ i˧

脱衣 tʻe˥ i˧

扯布 tsʻɑ˨ pu˩

撕布 sɿ˧ pu˩

擿尺寸 iən˩ tsʻɑ˥ tsʻən˩

做衣 tsɑu˩ i˧

锁边 sə˨ piẽ˧

纳鞋底 nɑ˥ xa˩ tæ˨

拂壳 fæ˥ kʻə˥ 淀粉加水在火上煮成糊状，将布块一层压一层地糊起来，一般三到五层。晾晒干以后可用来做鞋底等用

剟鞋垫 tə˥ xa˩ tʻiẽ˩ 用缝纫机制作鞋垫

绽扣子 tsɑ̃˩ kʻe˩ tsɿ˨ 缝扣子

剜扣子眼 uɑ˧ kʻe˩ tsɿ˨ ŋɑ̃˨

补衣 pu˨ i˧

绣花 ɕiɑu˩ xuɑ˧

洗衣 sæ˨ i˧

清 tɕʻiɑ̃˩ 用清水漂洗

敨衣 tʻe˨ i˧

漂 pʻie˩

烫衣 tʻɔ̃˩ i˧

晾衣 nɔ̃˧ i˧ 晾晒衣服

浆衣 tɕiɔ̃˧ i˧

浆被 tɕiɔ̃˧ pʻæ˧

进被 tɕiən˩ pʻæ˧ 以前不用被套，先放一层布，再在上面放上棉絮，上面再放一层布，最后把两层布折叠后以后缝在一起

2. 食

烧火 se˧ xə˨

舞饭 u˨ fɑ̃˧

弄饭 nəŋ˧ fɑ̃˧

煮饭 tɕy˨ fɑ̃˧

洗米 sæ˨ mæ˨

淘米 tʻo˩ mæ˨

浸米 tɕiən˩ mæ˨

和灰面 xə˩ fæ˧ miẽ˧ 和面粉

揉灰面 zɑu˩ fæ˧ miẽ˧

擀饺皮 kõ˨ tɕio˨ pʻæ˩

包饺 po˧ tɕio˨

发粑 fa˥ pɑ˧ 做馒头

发馍 fa˥ mə˩

掐菜苔 kʻɑ˧ tsʻa˩ tʻa˩

切菜 tɕʻi˥ tsʻa˩

炒菜 tsʻo˨ tsʻa˩

打汤 tɑ˨ tʻɔ̃˧

饭熟了 fɑ̃˧ sɑu˧ nɑ˨

饭烧煳了 fɑ̃˧ se˧ fu˩ nɑ˨

歇一下 ɕi˥ i˥ xɑ˧ 指用余热或余火继续煮一会

炖一下 tʻən˩ i˥ xɑ˧

煮齉了 tɕy˨ nəŋ˩ nɑ˨ 煮稀了

夹生 ka˥ sã˥　半生不熟
搋米汤 nia˥ mæ˥ tõ˥　米加入水锅中烧开后，将米汤过滤出来
滗米汤 pæ˩ mæ˥ tõ˥
淘米汤 tʻo˩ mæ˥ tõ˥　吃饭时在米饭中加入米汤
添饭 tʻiẽ˥ fã˥
㗖饭 iẽ˩ fã˥　用菜下饭
㗖菜 iẽ˩ tsʻa˩　吃菜
夹菜 ka˥ tsʻa˩
劝菜 tɕʻyẽ˩ tsʻa˩
兜汤 te˥ tõ˥　舀汤
添汤 tʻiẽ˥ tõ˥
拿筷 na˩ kʻua˩
咬不日 ŋa˥ pu˥ zʅ˩　咬不动
喫多了 tɕʻia˥ tə˥ na˩　吃撑了
打饿启 ta˩ ŋə˩ tau˥　打饱嗝
喝茶 xə˥ tsʻa˩
喝酒 xə˥ tɕiau˩
喫烟 tɕʻia˥ iẽ˥
嗍烟 sə˥ iẽ˥
打平伙 ta˩ pʻiən˩ xə˩　凑份子吃饭，一般为每人拿出一样或几样东西

3. 住

起来 tɕʻi˩ na˩　起身、起床
洗脸 sæ˩ niẽ˩
洗嘴 sæ˩ tsæ˩　洗口
洗脚 sæ˩ tɕiə˥
洗手 sæ˩ sau˩
漱口 so˩ kʻə˩

梳头 sau˥ tʻɤ˩
扎头发 tsa˥ tʻɤ˩ fa˥
扎扁搭 tsa˥ piẽ˩ ta˥　扎辫子
绾头发 uã˩ tʻɤ˩ fa˥
剪指甲 tɕiẽ˩ tsʅ˥ kʻa˥
刮胡须 kua˥ fu˩ sæ˥
挖耳朵 ua˥ zʅ˩ tə˩
抠鼻孔屎 ŋe˥ pʻæ˩ kʻəŋ˩ sʅ˩
洗澡 sæ˩ tso˩
擦澡 tsʻa˥ tso˩
抹澡 ma˥ tso˩
抹屁股 ma˥ pʻæ˩ ku˩
揩脚 kʻa˥ tɕiə˥
解手 ka˩ sau˩
解小手 ka˩ ɕiɛ˩ sau˩
　屙尿 uə˥ nie˥
解大手 ka˩ tʻa˥ sau˩
　屙屁 uə˥ pa˩
乘凉 sən˩ niõ˩
晒太阳 sa˩ tʻa˩ iõ˩
炙火 tsa˥ xə˩　烤火
射灯 sa˥ tiẽ˥　点灯
吹灯 tɕʻy˥ tiẽ˥
歇 ɕi˥　睡觉、休息
睏 kʻuən˩　睡觉
打瞌睡 ta˩ kʻə˥ ɕy˥
瞌睡来了不由人 kʻə˥ ɕy˥ na˩ na˩ pu˥ iau˩ zən˩　想睡而无法支撑住精神
牵床 tɕʻiẽ˥ tsʻõ˩　铺床
搁铺 kə˥ pʻu˥

搭铺 ta˧ pʻu˧
打鼾 ta˩ xõ˧
睏着了 kʻuən˩ tsʻə˧ na˩
睏不着 kʻuən˩ pu˧ tsʻə˧
仰倒睏 niõ˩ to˩ kʻuən˩
仄倒睏 tse˩ to˩ kʻuən˩
匐倒睏 pʻu˩ to˩ kʻuən˩
抻直 tsʻən˧ tsʻɿ˧　伸直
做梦 tsau˩ məŋ˧
说梦话 ɕye˧ məŋ˧ xua˩

梦游 məŋ˧ iau˩
熬夜 ŋo˩ ia˧

4. 行

出工 tɕʻy˧ kuəŋ˧
收工 sau˧ kuəŋ˧
玩 uã˩
　玩得 uã˩ te˧
逛街 kuõ˩ ka˧
打流 ta˩ niau˩　游手好闲

（十七）讼事

打官司 ta˩ kuõ˧ sɿ˧
告状 ko˩ tsõ˧
告不发 ko˩ pu˧ fa˧
投人 tʻe˩ zən˩　向有关的人诉说
　情由
状纸 tsõ˧ tsɿ˩
证据 tsən˩ tɕy˩
人证 zən˩ tsən˩
物证 u˧ tsən˩
对证 tæ˩ tsən˩
死无对证 sɿ˩ u˩ tæ˩ tsən˩
原告 ye˩ ko˩
被告 pʻæ˩ ko˩
庭审 tʻɿə˩ sən˩
判案 põ˩ ŋõ˩
刑事 ɕiən˩ sɿ˧
民事 miən˩ sɿ˧
家务事 tɕia˧ u˩ sɿ˧
律师 næ˧ sɿ˧

服 fu˧
不服 pu˧ fu˧
冤枉 yẽ˧ uõ˩
背冤枉 pæ˧ yẽ˧ uõ˩　蒙受冤枉
说冤枉 ɕye˧ yẽ˧ uõ˩　说一些使人
　蒙冤的话
栽赃 tsa˧ tsõ˧
发 fa˧　事情败露
承认 tsʻən˩ zən˧
担保 tã˧ po˩
清官 tɕʻiən˧ kuõ˧
贪污受贿 tã˧ u˧ sau˧ fæ˩
犯法 fã˧ fa˧
罚款 fa˧ kʻuõ˩
插标 tsʻa˧ pie˧
枪毙 tɕʻiõ˧ pʻæ˧
喫花生米 tɕʻɿa˧ xua˧ səŋ˧ mæ˩
捉人 tso˧ zən˩
犯人 fã˧ zən˩

捉起来了 tsə˧ tɕʰi˧˩ na˧˩ na˧˩　　　　下台 xɑ˧ tʰa˧˩
手铐 sau˧˩ kʰo˧˩　　　　　　　　　打人命 ta˧˩ zən˧˩ miã˧
关起来 kuã˧ tɕʰi˧˩ na˧˩　　　　　　寻死 tɕʰiən˧˩ sʅ˧˩
坐牢 tsʰə˧ no˧˩　　　　　　　　　赖 na˧
画押 xua˧˩ iɑ˧˩　　　　　　　　　　栽赃 tsa˧ tsõ˧
捺手印 na˧ sau˧˩ iən˧˩　　　　　　戳拐 tsʰə˧ kua˧˩　说坏话
条 tʰie˧˩　收据　　　　　　　　　扯经 tsʰɑ˧˩ tɕʰiən˧　闹矛盾
完税 uõ˧˩ ɕyæ˧˩　　　　　　　　　剁砧板 tə˧ tiẽ˧˩ pã˧˩　边砍砧板边
告示 ko˧˩ sʅ˧　　　　　　　　　　　　　骂街
房租 fõ˧˩ tsau˧　　　　　　　　　戳架 tsʰə˧ tɕiɑ˧˩
通知 tʰəŋ˧ tsʅ˧　　　　　　　　　　　骂架 ma˧ tɕiɑ˧˩
通行证 tʰəŋ˧ ɕiən˧˩ tsən˧˩　　　　解弯 ka˧˩ uã˧　调停
命令 miən˧ niən˧　　　　　　　　劝 tɕʰyẽ˧˩　劝说
交代 tɕio˧ tʰa˧˩　　　　　　　　　劝架 tɕʰyẽ˧˩ tɕiɑ˧˩
上任 sõ˧ zən˧

（十八）交际

走人家 tse˧˩ zən˧˩ ka˧˩　走亲戚　　讲礼 tɕiõ˧˩ næ˧˩
转 tɕyẽ˧˩　转悠、串门　　　　　　讲客气 tɕiõ˧˩ kʰe˧ tɕʰi˧˩
送人情 səŋ˧˩ zən˧˩ tɕʰiən˧˩　送礼　稀客 ɕi˧ kʰɑ˧　主人与客人见面时的
拜年 pa˧˩ niẽ˧˩　　　　　　　　　　　寒暄话
恭贺 kuə˧ ⟨kuəŋ˧⟩ xə˧　　　　　　到屋去坐 to˧˩ u˧ tɕʰie˧˩ tsʰə˧
送恭贺 səŋ˧˩ kuə˧ ⟨kuəŋ˧⟩ xə˧　　　落屋 nə˧ u˧
来往 na˧˩ uõ˧˩　　　　　　　　　　做客 tsau˧˩ kʰɑ˧
　来哉 na˧˩ tsa˧　　　　　　　　　陪客 pʰæ˧˩ kʰɑ˧
不来哉 pu˧ na˧˩ tsa˧　不来往　　　上席 sõ˧ sæ˧
去看一下 tɕʰie˧˩ kʰõ˧˩ i˧ xa˧　探望　下席 xɑ˧ sæ˧
　去眦一下 tɕʰie˧˩ tsʰʅ˧ i˧ xa˧　　得菜 te˧ tsʰa˧˩　端菜
请客 tɕʰiã˧˩ kʰɑ˧　　　　　　　　夹菜 ka˧ tsʰa˧˩
接客 tɕi˧ kʰɑ˧　　　　　　　　　　劝酒 tɕʰyẽ˧˩ tɕiau˧˩
催客 tsʰæ˧ kʰɑ˧

喫白饭 tɕiaɻ pʰaˋ fã˧ 光吃饭不吃菜

夹菜嗦 kaɻ tsʰaˋ ie˧

带个信 taˋ kəˋ ɕiən˧

怠慢 tʰa˧ mã˧

待客 tʰaˋ kʰaˋ

招待 tse˧ tʰa˧

冇得好招待 moɻ teɻ xoˋ tse˧ tʰa˧

招待不周 tse˧ tʰa˧ puɻ tsau˧

慢点走 mã˧ tie˧ tseˋ

好走 xoˋ tseˋ

不送 puɻ səŋˋ

聒豁 kuaɻ xeˋ 闲聊

扇帐 sẽˋ tsõˋ 讲故事

扯壁 tsʰaˋ piaɻ 瞎说

听话风 tʰiaˋ xuaˋ fəŋ˧ 察言观色

听不倒话风 tʰiaˋ puɻ toˋ xuaˋ fəŋ˧ 不会察言观色

托付 tʰəɻ fuˋ 嘱托

射你福 saɻ n̩ˋ fuɻ 蒙某人的福气

照你话转 tseˋ n̩ˋ xuaˋ tɕyẽ˧ 别人恭维时应答之语

隔壁隔索 kaɻ piaɻ kaɻ səɻ 邻居

冤家 yẽ˧ tɕia˧

不耳 puɻ z̩ˋ 不理睬

打招呼 taˋ tse˧ fu˧

不晓得下数 puɻ ɕieˋ teɻ xaˋ sau˧ 不知道轻重

斯文 s̩˧ uənˋ

多谢 təɻ ɕi˧ ⟨ɕie˧⟩

难问 nãˋ uən˧

丢脸 tiau˧ nieˋ

出洋相 tɕʰyɻ iõˋ ɕiõˋ

(十九) 商业 交通

1. 经商行业

门面 mənˋ miẽ˧

开门面 kʰa˧ mənˋ miẽ˧

招牌 tse˧ pʰaˋ

当铺 tõˋ pʰuˋ

开当铺 kʰa˧ tõˋ pʰuˋ

肉案 zauɻ ŋõˋ

卖肉 ma˧ zauɻ

摊 tʰã˧

贩 fã˧

摆摊 paˋ tʰã˧

贩子 fã˧ ts̩ˋ 小商贩

供销社 kuəŋ˧ ɕie˧ se˧

合作社 xəɻ tsəɻ se˧

小卖部 ɕieˋ ma˧ pʰuˋ

百货 peɻ xoˋ

商场 sõ˧ tsʰõˋ

粮店 niõˋ tie˧

书店 ɕyˋ tie˧

银行 nienˋ xõˋ

馆 kuõˋ

餐馆 tsʰã˧ kuõˋ

茶馆 tsʰaˋ kuõˋ

旅社 yˋ se˧

酒店 tɕiau˧˩ tiẽ˧˩
洋火 iõ˧˩ xə˧˩
　火柴 xə˧˩ tsʰa˧˩
洋布 iõ˧˩ pu˧˩
煤油 mæ˧˩ iau˧˩

2. 经营、交易

做生意 tsau˧˩ səŋ˧ i˧˩
开张 kʰa˧ tsõ˧
开张大发 kʰa˧ tsõ˧ tʰa˧ fa˧
关门 kuã˧ mən˧˩
开价 kʰa˧ tɕia˧˩
估价 ku˧˩ tɕia˧˩
还价 fã˧˩ tɕia˧˩
齩价 ŋa˧ tɕia˧˩　坚持某一价格
削价 ɕiə˧ tɕia˧˩　减价
打 ta˧˩
　批发 pʰæ˧ fa˧
便宜 pʰiẽ˧˩ ni˧˩
划得来 xua˧˩ te˧ na˧˩
贵 kuæ˧˩
俏 tɕʰie˧˩
买主 ma˧˩ tɕy˧˩
一主生意 i˧ tɕy˧ səŋ˧ i˧˩　一桩生意
盘存 põ˧˩ tsʰən˧˩
生意兴隆 səŋ˧ i˧˩ ɕiən˧ nəŋ˧˩
赚钱 tɕyæ˧˩ tɕʰiẽ˧˩
保本 po˧˩ pən˧˩
折本 se˧ pən˧˩
运脚 yən˧ tɕiə˧˩
　运气 yən˧ tɕʰi˧˩

背时 pæ˧ sŋ˧˩
水货 ɕy˧˩ xə˧˩

3. 账目、度量衡

秤 tsʰən˧˩
秤盘 tsʰən˧ põ˧˩
秤盘星 tsʰən˧ põ˧˩ ɕiã˧
秤砣 tsʰən˧ tʰə˧˩
算盘 sõ˧ põ˧˩
算账 sõ˧ tsõ˧
赊账 sa˧ tsõ˧
差 tsʰa˧　欠
　该 ka˧
讨账 tʰo˧˩ tsõ˧
还账 fã˧˩ tsõ˧
本 pən˧˩
息 sæ˧
零钱 niã˧˩ tɕʰiẽ˧˩
称得红 tsʰən˧ te˧ fəŋ˧˩
压不住砣 ŋa˧ pu˧ tɕʰy˧ tʰə˧˩
称得冷 tsʰən˧ te˧ nã˧˩
一块钱 i˧ kʰua˧˩ tɕʰiẽ˧˩
一角钱 i˧ tɕiə˧ tɕʰiẽ˧˩
一分钱 i˧ fən˧ tɕʰiẽ˧˩

4. 交通

公路 kuəŋ˧ nau˧
土路 tʰu˧˩ nau˧
柏油路 pe˧ iau˧˩ nau˧
大路 tʰa˧ nau˧
细路 sæ˧ nau˧　小路
近路 tɕʰiən˧˩ nau˧
火车 xə˧˩ tsʰa˧

汽车 tɕʻiɹ tsʻaɹ　　　　　板车 pãɹ tsʻaɹ
客车 kʻe˥ tsʻaɹ　　　　　自行车 tsʻŋɹ ɕiənɹ tsʻaɹ
客车崽 kʻe˥ tsʻaɹ tsaˇ 小客车　麻木 maˇ məɹ
中巴 tsəŋ˥ pa˥　　　　　轮船 nənˇ tɕʻyẽˇ
大客 tʻaɹ kʻe˥　　　　　船 tɕʻyẽˇ
摩托车 məˇ tʻɔɹ tsʻaɹ　　舵 tʻɔɹ
三轮车 sã˥ nənɹ tsʻaɹ　 篙 ko˥
四轮 sŋˇ nənˇ　　　　　码头 maˇ tʻeˇ

（二十）文化教育

1. 学校

学校 ɕiə˥ ɕio˥　　　　　上学期 sõ˥ ɕiə˥ tɕʻi˥
学堂 ɕiə˥ tʻõˇ　　　　　下学期 xaɹ ɕiə˥ tɕʻi˥
上学 sõ˥ ɕiə˥　　　　　小学 ɕieˇ ɕiə˥
读书去了 tʻau˥ ɕy˥ tɕʻiɹ naˇ 中学 tsəŋ˥ ɕiə˥
读书 tʻau˥ ɕy˥　　　　　初中 tsʻu˥ tsəŋ˥
读书箇 tʻau˥ ɕy˥ kə˥　　高中 ko˥ tsəŋ˥
　学生 ɕiə˥ səŋ˥　　　　大学 tʻa˥ ɕiə˥
　学生伢崽 ɕiə˥ səŋ˥ ŋaˇ tsaˇ 研究生 niẽ˥ tɕiauˇ səŋ˥
发蒙 fa˥ məŋˇ　启蒙　　博士 pə˥ sŋ˥
放学 fõˇ ɕiə˥　　　　　幼儿园 iauɹ zŋˇ yẽˇ
请假 tɕʻiõˇ tɕiaˇ　　　学前班 ɕiə˥ tɕʻiẽˇ pã˥
升级 sən˥ tɕi˥

2. 教室、文具

留级 niauˇ tɕi˥　　　　教室 tɕio˥ sŋ˥
新生 ɕiən˥ səŋ˥　　　　上课 sõ˥ kʻeu˥
老生 noˇ səŋ˥　　　　　下课 xa˥ kʻeu˥
学费 ɕiə˥ fæˇ　　　　　旷课 kʻõˇ kʻeu˥
私塾 sŋ˥ sau˥　　　　　缺课 tɕʻye˥ kʻeu˥
放假 fõˇ tɕiaˇ　　　　　迟到 tsʻŋˇ toɹ
暑假 ɕyˇ tɕiaˇ　　　　　早退 tsoˇ tʻæˇ
　　　　　　　　　　　　讲台 tɕiõˇ tʻaˇ
寒假 xõˇ tɕiaˇ　　　　　黑板 xe˥ pã˥

黑板擦 xe˧ pã˩ tsʻa˥ 分数 fən˧ su˩
粉笔 fən˩ pæ˧ 满分 mõ˩ fən˧
花名册 xua˧ miən˩ tsʻe˥ 零分 niən˩ fən˧
笔记本 pæ˧ tɕi˩ pən˩ 零鸡蛋 niən˩ tɕi˧ tã˧
练习本 niẽ˧ sæ˧ pən˩ 鸭蛋 ŋa˧ tã˧
书包 ɕy˧ po˧ 不及格 pu˧ tɕʻi˧ ke˧
书 ɕy˧ 第一名 tʻæ˧ i˧ miən˩
笔 pæ˧ 倒数第一名 to˩ su˩ tʻæ˧ i˧ miən˩
靛笔 tʻiẽ˧ pæ˧ 毕业 pæ˧ ni˧
　钢笔 kõ˧ pæ˧ 写字 ɕia˩ tsʻɿ˧
铅笔 tɕʻiẽ˧ pæ˧ 写毛笔字 ɕia˩ mo˩ pæ˧ tsʻɿ˧
圆珠油 yẽ˩ tɕy˧ iau˩　圆珠笔 笔顺 pæ˧ ɕyən˧
皮擦 pʻæ˩ tsʻa˧ 打草稿 ta˩ tsʻo˩ ko˧
笔刀 pæ˧ to˧ 点 tiẽ˩
圆规 yẽ˩ kuæ˧ 横 fən˩
三角板 sã˧ kə˧ pã˩ 竖 ɕy˩
量角器 niõ˩ kə˧ tɕi˩ 撇 pʻi˧
尺 tsʻa˥ 捺 na˧
靛水 tʻiẽ˧ ɕy˩ 偏旁 pʻiẽ˧ põ˩
　墨水 me˧ ɕy˩ 部首 pʻu˧ su˩
墨汁 me˧ tsɿ˧ 单人旁 tã˧ zən˩ põ˩
写不明 ɕia˩ pu˧ miən˩　写不现 双人旁 sõ˧ zən˩ põ˩
融 iəŋ˩　泅 提手旁 tʻæ˩ su˩ põ˩
　　3. 读书写字 耳朵旁 zɿ˩ tə˩ põ˩
预习 y˧ sæ˧ 宝盖头 po˩ ka˩ tʻe˩
复习 fu˧ sæ˧ 竖心旁 ɕy˩ ɕiən˧ põ˩
背书 pʻæ˧ ɕy˧ 反犬旁 fã˩ tɕʻyẽ˩ põ˩
发狠 fa˧ xẽ˩˥　下决心 反文旁 fã˩ uən˩ põ˩
报名 po˩ miən˩ 提土旁 tʻæ˩ tʻau˩ põ˩
考试 kʻo˩ sɿ˩ 竹字头 tsau˧ tsʻɿ˧ tʻe˩
卷纸 tɕyẽ˩ tsɿ˩ 三点水 sã˧ tiẽ˩ ɕy˩

两点水 niõ˧˩ tiẽ˧˩ ɕy˧˩
走之底 tse˧˩ tsʅ˧ tæ˧˩
草字头 tsʻo˧˩ tsʻʅ˧ tʻɤ˧˩
画 xua˧˩
鬼画糊涂 kuæ˧˩ xua˧˩ fu˧˩ tʻau˧˩
不识字 pu˧ sʅ˧ tsʻʅ˧

不认得字 pu˧ zən˧ te˧ tsʻʅ˧
考倒了 kʻo˧˩ to˧˩ nau˧˩ 考上了
冇考倒 mo˧ kʻo˧˩ to˧˩ 没考上
抄 tsʻo˧ 抄写、舞弊
　　 照抄 tse˧˩ tsʻo˧

（二十一）文体活动

1. 游戏、玩具

风筝 fəŋ˧ tsən˧
寻躲 tɕʻian˧˩ tə˧˩ 捉迷藏
打燕 ta˧˩ iẽ˧˩ 踢毽子
打子 ta˧˩ tsʅ˧˩ 用五颗石子在地上进行的游戏
斗鸡 te˧˩ tɕi˧
剔珠子 tə˧ tɕy˧˩ tsʅ˧˩ 弹珠子
跶飘飘 ta˧ pʻie˧ pʻie˧ 用纸折成四方块，然后互相用自己的那块去扇别人的，扇翻了就成了自己的
拐房 kua˧˩ fõ˧˩ 跳房子
跳绳 tʻie˧˩ sən˧˩
跳橡皮筋 tʻie˧˩ ɕiõ˧ pʻæ˧˩ tɕien˧
跶陀螺 ta˧ tʻo˧ no˧˩
结屋崽 tɕi˧ u˧ tsa˧˩ 搭积木
翻绳 fã˧ sən˧˩
打谜 ta˧˩ mæ˧ 猜谜语
打花棍 ta˧˩ xua˧˩ kuən˧˩
玩心 uã˧˩ ɕiən˧
抹牌 ma˧ pʻa˧˩
赌博 tau˧˩ pə˧
丢色子 tiau˧ se˧˩ tsʅ˧˩

打麻将 ta˧˩ ma˧˩ tɕiõ˧
上手 sõ˧ sau˧˩
下手 xa˧ sau˧˩
火气 xo˧˩ tɕʻi˧
手气 sau˧˩ tɕʻi˧

2. 体育

象棋 ɕiõ˧ tɕʻi˧˩
军棋 tɕyən˧ tɕʻi˧˩
围棋 uæ˧˩ tɕʻi˧˩
跳棋 tʻie˧˩ tɕʻi˧˩
走棋 tse˧˩ tɕʻi˧˩
将 tɕiõ˧˩
帅 ɕya˧˩
士 sʅ˧
象 ɕiõ˧
车 tɕy˧
马 ma˧˩
炮 pʻo˧˩
兵 piən˧
卒 tsau˧
拱卒 kuəŋ˧˩ tsau˧
跳马 tʻie˧˩ ma˧˩
飞象 fæ˧ ɕiõ˧

上士 sõ˧ sï˧
下士 xa˧ sï˧
将军 tɕiõ˧ tɕyən˧
和棋 xə˩ tɕi˩
悔棋 fæ˩ tɕi˩
赛跑 sa˩ pʰo˩
拔河 pʰa˧ xə˩
玩水 uã˩ ɕy˩
洗澡 sæ˩ tso˩
　游泳 iau˩ yən˩
仰 niõ˩
汋水 mæ˧ ɕy˩　潜水
踩水 tsʰa˩ ɕy˩
打球 ta˩ tɕʰiau˩
乒乓球 pʰiən˧ pʰəŋ˧ tɕʰiau˩
篮球 nã˩ tɕʰiau˩
足球 tsau˧ tɕʰiau˩
排球 pʰa˩ tɕʰiau˩
羽毛球 y˩ mo˩ tɕʰiau˩
跳高 tʰie˩ ko˧
跳远 tʰie˩ yẽ˩

3. 武术、舞蹈

跶肩斗 ta˧ tɕiẽ˧ te˩　翻跟斗
玩把戏 uã˩ pa˩ ɕi˩
　玩戏法 uã˩ ɕi˩ fa˧
玩龙灯 uã˩ nən˩ tiẽ˧
玩狮子 uã˩ sï˧ tsï˩
踩莲船 tsʰa˩ niẽ˩ tɕʰyẽ˩
划龙船 xua˩ nəŋ˩ tɕʰyẽ˩
踩高跷 tsʰa˩ ko˧ tɕʰie˧
唱歌 tsʰo˩ kə˧
跳舞 tʰie˩ u˩

4. 戏剧

唱戏 tsʰo˩ ɕi˩
锣 nə˩
鼓 ku˩
木偶 mə˧ ŋe˩
木偶戏 mə˧ ŋe˩ ɕi˩
玩猴戏 uã˩ xe˩ ɕi˩
京剧 tɕiən˧ tɕy˩
演员 iẽ˩ yẽ˩
说书 ɕye˧ ɕy˧

（二十二）动作

1. 一般动作

1.1　头的动作
点 tiẽ˩
点头 tiẽ˩ tʰe˩
摇 ie˩
摇头 ie˩ tʰe˩
低 tæ˧

低头 tæ˧ tʰe˩
歪 ua˧
翘 ŋo˩　头后仰
　仰 niõ˩
舂 tsəŋ˧　人处于睡意中头反复低
　　下又抬起
舂瞌睡 tsəŋ˧ kʰə˧ ɕy˧

转头 tɕyẽ˦˨ tˢe˦˨

1.2 眼的动作

看 kõ˦˨

看见 kõ˦˨ tɕiẽ˦˨

望 uõ˧

睁 tsã˧

闭 pæ˦˨

眯 mæ˧

眨 tsa˦˨

瞅 tɕʰiau˧ 鄙视

鼓 ku˦˨

瞄 mie˧ 看，读 mie˦˨ 时表示"瞄准"

绿 niau˧ 冷眼看人

□ tʰæ˧ 瞪

眦 tsʰʅ˧ 视力不好的人眯缝着眼看东西，也表示看、探望，如：伊病了，我去～一下。

相 ɕiõ˦˨ 看：我病了，都冇得人作我～一下。

睩 nau˧ 眼睛左右看

横 fən˦˨ 用眼凶人

流眼泪 niau˦˨ ŋã˦˨ næ˧

1.3 耳、鼻的动作

听 tʰiã˦˨

听见 tʰiã˦˨ tɕiẽ˦˨

耳 zʅ˦˨ 理睬

竖 ɕy˧

嗅 ɕiəŋ˦˨

擤 xəŋ˦˨

擤鼻屎 xəŋ˦˨ pʰæ˧ pʰæ˦˨ 擤鼻涕

1.4 口部动作

说 ɕye˧

喊 xã˦˨

叫 tɕie˧ 喊、名字是：你去～伊来，你～么呢？

□ ya˦˨ 叫、称呼

喫 tɕʰɿ˧

喝 xɤ˦˨

嘬 sɤ˦˨

嚼 ŋa˧

吹 tɕʰy˧

吞 tʰiẽ˧

咕 kʰu˧

呕 ŋe˦˨

吐 tʰau˧ 亦读作 tʰau˦˨

噜 nau˦˨ 吐出

吼 xe˦˨

嗓 sõ˦˨ 讽刺

哼 xəŋ˧

策 tsʰe˧ 骗

打策 ta˦˨ tsʰe˧ 撒谎

策人 tsʰe˧ zən˦˨ 骗人

吱声 tsʅ˧ sã˧

应 iən˦˨

吭 kʰəŋ˧

做声 tsau˦˨ sã˧ 出声

抿 miən˦˨

啃 kẽ˦˨

伸 sən˧

舔 tʰiẽ˦˨

剔 tʰæ˧

熊 ɕiəŋ˩

鲍 po˩

敲气 tʰe˥ tɕi˩ 换气

齁 xe˥ 哮喘

𤜵 pʼu˩ 睡觉时从双唇中间喷出气流

嗒 ta˥ 咂嘴

笑 ɕie˩

奢 se˥ 笑，有讽刺的味道：好了，不要~了

朱 tɕy˥ 嘟嘴

做嘴 tsau˩ tsæ˩ 亲吻

恶 ŋɤ˩ 用凶狠的语言训人

败 pʼa˩ 说坏话败坏某人名声

打瞎□ ta˩ xa˥ tɕio˩ 打喷嚏

剠 tə˥ 怂恿

啰嗦 no˩ sɤ˩

嘱咐 tsau˥ fu˩

帮腔 põ˥ tɕʰiõ˥

巴结 pa˥ tɕi˥

打岔 ta˩ tsʼa˩

獭 tʼa˥ 话多且厉害

多嘴 tə˥ tsæ˩

聒霍 kua˥ xə˩ 闲聊

扇帐 sẽ˩ tsõ˩ 讲故事

扯皮 tsʼa˩ pʼæ˩

扯皮拉筋 tsʼa˩ pʼæ˩ na˥ tɕien˥

打破 ta˩ pʼɤ˩ 劝阻、泼冷水

戳 tsʼɤ˥ 骂人

戳架 tsʼɤ˥ tɕia˩ 骂架

戳人 tsʼɤ˥ zən˩

齧蛮 ŋa˥ mɑ˩ 咬紧牙关

齧得蛮 ŋa˥ te˥ mɑ˩ 吃得苦

说古话 ɕye˥ ku˩ xua˩

说鬼话 ɕye˥ kuæ˩ xua˩

说苕话 ɕye˥ se˩ xua˩

说一些不作油盐箇话 ɕye˥ i˥ sæ˥ pu˩ tsɤ˩ iau˩ iẽ˩ kə˩ xua˩ 说一些不可能的话

1.5 手的动作

举 tɕy˩

擎 tɕʰiã˩ 举起

掌 tsõ˩ 扶

置 tsʅ˩

扶 fu˩

拂 fæ˥ 掸除

搭 kʼa˥ 用虎口掐住

掐 kʼa˥ 用指甲掐

抠 kʼe˥ 又读作 ŋe˥

揪 tɕiau˥

捏 ni˥

拈 niẽ˥

打 ta˩

扒 pʼa˩

晃 xõ˩

扪 mən˥

蒙 məŋ˥

甩 ɕya˩

扔 yã˥

扰 za˩

逗 te˥ 惹

找 tsɤ˩

扯 tsʻaˇ 挡 tõˇ
抢 tɕʻiõˇ 指 tsʅˇ
捉 tsə˧ 挣 tsən˧
扳 pã˧ 挖 ua˧
投 tʻeˇ 拨 tsʻn˧ 按
丢 tiau˧ 捆 kʻuən˧
把 pa˧ 捋 ne˧ 捏住某物从一端向另一端
抹 ma˧ 用力拉
挑 tʻie˧ 挽 uãˇ
拣 kãˇ 捧 pʻəŋ˧
扮 pãˇ 掇 tʻɔ˧ 拿
押 ŋa˧ 得 te˧ 端
抻 tsʻən˧ 伸展 摄 se˧ 不停地抖动
拆 tsʻa˧ 择 tsʻe˧
抱 pʻo˧ 缔 tʻia˧ 拴
拉 na˧ 系 tɕi˧
拄 tɕʻy˧ 扎 tsa˧
拦 nãˇ 搓 tsʻɔ˧
搅 koˇ 又读tɕioˇ 拍 pʻa˧
拌 pʻən˧ 拐 tɕʻyeˇ 折断
抖 teˇ 捒 səŋˇ 往前推
拼 pʻiən˧ 剟 tɔ˧ 刺
招 tse˧ 揩 kʻa˧ 又读作 ka˧ 擦
披 pʻæ˧ 擦 tsʻa˧
拗 ŋoˇ 搽 tsʻa˧
握 uə˧ 支 tsʅ˧
捞 noˇ 挂 kua˧
攄 nau˧ 捞 翻 fã˧
拷 kʻoˇ 栽 tsa˧
拱 kuəŋˇ 刮 kua˧
挏 təŋˇ 在水中上下抖动 弄 nəŋ˧

捺 na˧

架 ka˨˩

射 sa˧

牵 tɕiẽ˧

锤 tɕʰy˨˩

钉 tiã˧

摸 mə˧

挦 tɕʰiẽ˨˩ 寻、仔细找

摘 tsa˧

托 tʰə˧

提 tʰæ˨˩

推 tʰæ˧

赶 kõ˨˩

打架 ta˨˩ tɕia˨˩

承 sən˨˩

碰 pʰəŋ˧

塞 se˧

堵 tau˨˩

搁 kə˧

兑 tæ˨˩

选 ɕiẽ˨˩

捡 tɕiẽ˨˩

落 nə˧

寻躲 tɕʰiən˨˩ tə˨˩ 捉迷藏

1.6 脚的动作

倚 tɕi˧

站 tsã˨˩

走 tse˨˩ 行走

跑 pʰo˨˩

踢 tʰæ˧ 白读也作 tʰia˧

蹦 pəŋ˧

跳 tʰie˨˩

董 təŋ˧ 脚抬起用力往下踩

踩 tsʰa˨˩

牛 kʰa˨˩ 跨步

八 pa˧ 大步跨

跶 ta˧ 摔跤

抬 tʰa˨˩

拐 kua˨˩ 单脚跳

绊 pã˨˩

跛 tie˨˩ 脚跟抬起

跷脚 tɕʰie˧ tɕie˧ 脚抬起

架马头脚 ka˨˩ ma˨˩ tʰə˨˩ tɕie˧ 一只脚架在另一只脚上，脚膝交叠在一起

1.7 躯干动作

坐 tsʰə˧

跍 kʰu˨˩ 蹲

跪 kʰuæ˨˩

匍 pʰu˧

睏 kʰuən˨˩ 躺

靠 kʰo˨˩

撑 tsʰã˧

转 tɕyẽ˨˩

车 tsʰə˧

便 pʰiẽ˧ 斜靠在某人或某物上

扑 pʰu˧

肩 tɕiẽ˧ 用肩扛

抵 tæ˨˩

歪 ua˧ 摇晃身体

趴 pʰa˧

屙 ua˧

弯 uã˧

弓 kəŋ˧　弓着腰、哈腰

　哈 xa˧

放不下 fõ˨ pu˧ xa˧

记 tɕi˨

记得 tɕi˨ te˧

2. 心理活动

晓得 ɕie˨ te˧

懂 təŋ˨

　明白 miən˨ pʼe˧

懂水 təŋ˨ ɕy˨　知趣

　懂板 təŋ˨ pã˨

认得 zən˧ te˧

打主意 ta˨ tɕy˨ i˨

想 ɕiõ˨

想转 ɕiõ˨ tɕyẽ˨　想通

闷 mən˧　憋在心里

猜 tsʼa˧

算 sõ˨

估计 ku˨ tɕi˨

相信 ɕiõ˧ ɕiən˧

怀疑 fa˨ ni˨

怕 pʼa˨

急 tɕi˧　着急

慌 xõ˧　慌张

操心 tsʼo˧ ɕiən˧

担心 tã˨ ɕiən˧

忘 uõ˧

忘记 uõ˧ tɕi˨

想起来 ɕiõ˨ tɕʼi˨ na˧

望 uõ˧　盼望

眼热 ŋã˨ ze˧

妒忌 tau˨ tɕi˨

欢喜 xõ˧ ɕi˨

喜欢 ɕi˨ xõ˧

嫌 ɕiẽ˨　厌恶

恨 xẽ˨

卫护 uæ˧ fu˧　袒护

偏心 pʼiẽ˧ ɕiən˧

向 ɕiõ˧

怄气 ŋe˧ tɕi˨

发脾气 fa˧ pʼæ˨ tɕi˨

疼 tʼəŋ˧

惯识 kuã˧ sɿ˧　宠

讲狠 tɕiõ˨ xẽ˨

感激 kõ˨ tɕi˧

抱怨 pʼo˧ yẽ˨

（二十三）位置

上 sõ˧

上头 sõ˧ tʼe˨

　上边 sõ˧ piẽ˧

　上面 sõ˧ miẽ˧

高头 ko˧ tʼe˨

高墩 ko˧ no˨

下 xa˧

下头 xa˧ tʼe˨

下边 xɑ˧ pie˥
下面 xɑ˧ mie˥
底下 tæ˨ xɑ˧
启嘞 tau˥ ne˥　底部
左 tsə˨
左边 tsə˨ pie˥
　左手 tsə˨ sau˨
右 iau˧
右边 iau˧ pie˥
　右手 iau˧ sau˨
中 tsəŋ˥
中间 tsəŋ˥ kã˥
　中间心 tsəŋ˥ kã˥ ɕiən˥
　当中 tõ˥ tsəŋ˥
里 næ˨
里面 næ˨ mie˥
　里头 næ˨ tʻə˨
　第里 tʻæ˥ næ˨
外 ŋa˧　亦可读文读音 ua˧, 下同
外面 ŋa˧ mie˥
外头 ŋa˧ tʻə˨
外边 ŋa˧ pie˥
前 tɕʻie˨
前面 tɕʻie˨ mie˥
　前头 tɕʻie˨ tʻə˨
　前边 tɕʻie˨ pie˥
胸门前 ɕiəŋ˥ mən˨ tɕʻie˨
眼前头 ŋã˨ tɕʻie˨ tʻə˨
跟前 kẽ˥ tɕʻie˨
对面 tæ˧ mie˥
斜对面 ɕia˨ tæ˧ mie˥

后 xe˥
后面 xe˥ mie˥
后头 xe˥ tʻə˨
后边 xe˥ pie˥
后背底 xe˥ pæ˧ tæ˨
背后 pæ˧ xe˥
旁边 põ˨ pie˥
边下 pie˥ xɑ˧
边舷 pie˥ ɕie˨
附近 fu˧ tɕʻiən˥
堂近 tõ˨ tɕʻiən˥
东 təŋ˥
东边 təŋ˥ pie˥
南 nã˨
南边 nã˨ pie˥
西 sæ˥
西边 sæ˥ pie˥
北 pe˥
北边 pe˥ pie˥
哪边 na˨ pie˥
个边 kə˨ pie˥
勒边 ne˥ pie˥
么地方 mo˨ tæ˥ fõ˥
　哪里 na˨ næ˨
　哪着 na˨ tso˨
　个着 kə˨ tso˨
　勒着 ne˥ tso˨
天上 tʻie˥ sõ˥
地上 tʻia˥ sõ˥
地嘞 tʻia˥ ne˥
地里头 tʻia˥ næ˨ tʻə˨　地里面

路上 nɑu˦ sõ˦

街上 ka˦ sõ˦

墙上 tɕ'iõ˧ sõ˦

门上 mən˧ sõ˦

　门高垴 mən˧ ko˦ no˧

桌上 tsə˦ sõ˦

　桌高垴 tsə˦ ko˦ no˧

椅上 i˧ sõ˦

　椅高垴 i˧ ko˦ no˧

手嘞 sau˧ ne˦　手上

嘴嘞 tsæ˧ ne˦　嘴里

身上 sən˦ sõ˦

心嘞 ɕiən˦ ne˦　心上

肩头 tɕiẽ˦ t'e˧

　肩密头 tɕiẽ˦ mæ˦ t'e˧

额角头 ŋa˦ kə˦ t'e˧

屋嘞 u˦ ne˦　屋里

河嘞 xə˧ ne˦　河里

水嘞 ɕy˧ ne˦　水里

井嘞 tɕiã˧ ne˦　井里

沟嘞 ke˦ ne˦　沟里

乡嘞 ɕiõ˦ ne˦　乡下、乡里

畈嘞 fã˧ ne˦　野外、田畈上

　畈上 fã˧ sõ˦

门外 mən˧ ŋa˦

大门外 t'a˦ mən˧ ŋa˦

夹壁 ka˦ pia˦　隔壁

往（东走）uõ˧ (təŋ˦ tse˧)　向（东走）

山前 sã˦ tɕiẽ˧

山后 sã˦ xe˦

山背 sã˦ pæ˧

山上 sã˦ sõ˦

山高垴 sã˦ ko˦ no˧

山下 sã˦ xɑ˦

山脚 sã˦ tɕiə˦

山脚下 sã˦ tɕiə˦ xɑ˦

车上 ts'a˦ sõ˦

车高头 ts'a˦ ko˦ t'e˧

车上面 ts'a˦ sõ˦ miẽ˦

车高头 ts'a˦ ko˦ no˧

车前头 ts'a˦ tɕ'iẽ˧ t'e˧

车前面 ts'a˦ tɕ'iẽ˧ miẽ˦

车后头 ts'a˦ xe˦ t'e˧

车后面 ts'a˦ xe˦ miẽ˦

车屁股 ts'a˦ p'æ˧ ku˧

车里面 ts'a˦ næ˧ miẽ˦

车外面 ts'a˦ ŋa˦ miẽ˦

屋前 u˦ tɕ'iẽ˧　房前

屋后 u˦ xe˦　房后

屋第里 u˦ t'æ˦ næ˧　房里面

屋外面 u˦ ŋa˦ miẽ˦　房外

门背后 mən˧ pæ˧ xe˦

门背底 mən˧ pæ˧ tæ˧

楼上 ne˧ sõ˦

楼下 ne˧ xɑ˦

脚下 tɕiə˦ xɑ˦

碗嘞 uõ˧ ne˦　碗里

角落 kə˦ nə˦

角落头 kə˦ nə˦ t'e˧

床地嘞 tsõ˧ t'ia˦ ne˦　床下

（二十四）代词

1. 人称代词

我 ŋə↙

你 n̠↙

伊 e↙　他

我都 ŋə↙ʅ tau⊣　我们

畏都 uæ⊣ tau⊣　咱们

你都 n̠↙ʅ tau⊣　你们

伊都 e↙ʅ tau⊣　他们

你郎 n̠↙ nã⊣　敬称，相当于"您"

伊郎 e↙ nã⊣　第三人称单数敬称

自家 tsʅ⊣ ka⊣　自己

人家 zən↙ ka⊣

　偏人 pʰiẽ↙ zən↙

　偏人屋 pʰiẽ↙ zən↙ u⊣

个些人 kə↙ sæ⊣ zən↙　大家

2. 指示代词

个 kə↙　这

那 ne⊣

个箇 kə↙ʅ kə⊣　这个

那箇 ne⊣ kə⊣　那个

个些 kə↙ sæ⊣　这些

那些 ne⊣ sæ⊣

个着 kə↙ʅ tso↙　这儿

那着 ne⊣ tso↙　那儿

个边 kə↙ʅ piẽ⊣　这边

那边 ne⊣ piẽ⊣

个样 kə↙ iõ⊣　这样

那样 ne⊣ iõ⊣

个嘞 kə↙ ne⊣　这里

那嘞 ne⊣ ne⊣　那里

3. 疑问代词

哪个 na↙ kə↙　谁

么呢 mo↙ næ⊣　什么

雺 mæ⊣　"么呢"的合音

么时候 mo↙ sʅ↙ xe↙　什么时候

几巴早 tɕi↙ pa⊣ tso↙

哪里 na↙ʅ næ⊣　什么地方

哪着 na↙ tso↙

哪些 na↙ʅ sæ⊣

难适 nã↙ sʅ⊣　怎样、怎么样

洋适 iõ↙ sʅ⊣

几 tɕi↙

几多 tɕi↙ tə⊣　多少

几多长 tɕi↙ tə⊣ tsõ↙　多久、多长

（二十五）形容词

凹 ua↙

鼓 ku↙

凸 pəŋ↙

奥 ŋo↙　有学问、有本事

饱 po↙

饿 ŋə⊣

紧 tɕiən↙

绷紧 pəŋ⊣ tɕiən↙

硬 ŋã˧ 样非常冷

绷硬 pəŋ˧ ŋã˧ 薄 pʻə˧

干 kõ˧ 薄削 pʻə˧ ɕiə˧

蹦干 pəŋ˩ kõ˧ 非常干 厚 xe˧

湿 sʅ˧ 厚实 xe˧ sʅ˩

渍湿 tsæ˧ sʅ˧ 非常湿 不错 pu˧ tsʻə˩

透涨 tʻe˩ tsõ˩ 湿透 不乖 pu˧ kua˧

直 tsʻʅ˧ 不效 pu˧ ɕio˧

笔直 pæ˧ tsʻʅ˧ 不行 pu˧ ɕiən˩

陡 te˩ 抻 tsʻən˩ 平整

壁陡 pia˧ te˩ 非常陡 陈 tsʻən˩ 旧的、陈的

偏斜 pʻiẽ˧ ɕia˩ 稍微倾斜 丑 tsʻau˩

弯 uã˧ 丑八怪 tsʻau˩ pa˧ kua˩

正 tsən˩ 灵醒 niẽ˩ ɕiən˩ 漂亮

反 fã˩ 好看 xo˩ kõ˩

歪 ua˧ 聪明 tsʻəŋ˧ miən˩

便宜 pʻiẽ˩ ni˩ 苕 se˩ 傻

贵 kuæ˩ 糊涂 fu˩ tʻau˩

贱 tɕʻiẽ˩ 脆 tsæ˩

瘪 pi˩ 打眼 ta˩ ŋã˩ 惹人注意

圆 yẽ˩ 大 tʻa˧

圆丢 yẽ˩ tiau˧ 很圆 大硕 tʻa˧ sə˩ 很大

冷 nã˩ 细 sæ˩

热 ze˧ 淡 tã˧

煨 uə˧ 热、烫 飘淡 pʻie˧ tʻã˧ 很淡

温 uən˧ 咸 xã˩

凉 niõ˩ 地道 tʻæ˧ tʻo˧

凉快 niõ˩ kʻua˩ 调皮 tʻie˩ pæ˩

凉幽 niõ˩ iau˧ 懂事 təŋ˩ sʅ˧

潵 tsʻʅ˧ 冷 长 tsõ˩

冰铁斥 piən˧ tʻi˩ tsʻʅ˧ 像冰、铁一 短 tõ˩

多 tə˦
少 se˧˩
对 tæ˧˩
错 tsʻə˧˩
干净 kõ˦ tɕieŋ˦
腥腚 u˧˩ tsʻə˦
亘 kẽ˧˩　整个
零 niã˧˩
狗巴重 ke˧˩ pɑ˦ tsʻəŋ˦　很重
古怪 ku˧˩ kua˧˩
正常 tsən˧˩ tsʻõ˧˩
乖 kua˦
光溜 kuõ˦ niau˦　光滑
光烫 kuõ˦ tʻõ˧˩
糙 tsʻo˧˩
粗糙 tsʻau˧˩ tsʻo˧˩
毛糙 mo˧˩ tsʻo˧˩
规矩 kuæ˦ tɕy˧˩
过细 kuə˧˩ sæ˧˩　细心
大意 tʻa˦ i˧˩
憨 xã˦
好 xo˧˩
拐 kua˧˩　坏
好过 xo˧˩ kuə˧˩
好生 xo˧˩ sã˦
合式 xə˦ sɿ˧˩
黑 xe˦
漆黑 tsʻæ˦ xe˦
白 pʻa˦
白雪啰 pʻa˦ ɕi˦ nə˦　非常白
红 fəŋ˧˩

红彤 fəŋ˧˩ tʻəŋ˦　很红
通红 tʻəŋ˦ fəŋ˧˩
黄 uõ˧˩
黄垅 uõ˧˩ nəŋ˧˩
黄皮寡瘦 uõ˧˩ pʻæ˧˩ kua˧˩ se˧˩　又黄
　　　又瘦
绿 niau˦
绿挨 niau˦ ŋa˦　很绿
嘎绿 ka˧˩ niau˦　很绿
银 nien˧˩
灰 fæ˦
浑 fən˦
假马 tɕia˧˩ ma˧˩　装模作样
奸 tɕiã˦
精 tɕien˦
精光 tɕien˦ kuõ˦
鬆 tɕiau˦
旧 tɕʻiau˧˩
新 ɕien˦
崭新 tsã˧˩ ɕien˦
犟 tɕiau˧˩　倔强
客气 kʻe˦ tɕʻi˧˩
快 kʻua˧˩　快速、锋利
快活流 kʻua˧˩ xue˦ niau˧˩
快哨 kʻua˧˩ so˧˩
慢 mã˦
宽 kʻuõ˦
窄 tsa˦
蓝 nã˧˩
懒 nã˧˩
凌 nien˦　食物因吸收水分而变得

不酥

牢 noˇ

牢靠 noˇ kʼoˑ

老 noˇ

老辣 noˇ na˧

老气 noˇ tɕʼiˑ

嫩 nən˧

年轻 niẽˇ tɕʼiã˧

累 næ˧

零碎 niãuˇ sæˑ

卵了 nəˇ ˇnˇ 坏了

啰啰嗦嗦 noˇ ˇnˇ səˑ səˑ

麻烦 maˇ fãˇ

蛮锯 maˇ keˑ 粗鲁

忙 mõˇ

闲 xãˇ

冇得 mo˧ teˑ

冇得用 mo˧ teˑ iəŋ˧

猛 məŋˇ

稀 ɕi˧

密 mæˑ

密之密弄 mæˑ tsɿˑ mæˑ nəŋ˧

能文 nəŋˇ uənˇ 能干

泡 pʼoˑ

泡捋 pʼoˑ nauˑ 松软

软 yẽˇ

松 səŋ˧

批舷 pʼæ˧ 满

　堆巴尖 tæ˧ pa˧ tɕiẽ˧

皮包骨 pʼæˇ po˧ kuˑ

肉 zauˇ 胖、壮

瘦 seˑ

壮 tsõˑ

轻 tɕʼiã˧

飘轻 pʼie˧ tɕʼiã˧　很轻

重 tsʼəŋ˧

悭 tɕiẽ˧　吝啬、小气

浅 tɕʼiẽˇ

深 sən˧

强 tɕʼiõˇ

弱 niəˑ

乔 tɕʼieˇ 变弯曲

勤快 tɕʼiənˇ kʼuaˑ

青 tɕʼiã˧

清 tɕʼiã˧

清楚 tɕʼiən˧ tsʼauˑ

清幽 tɕʼiã˧ iau˧

缺德 tɕʼye˧ te˧

热闹 zeˑ no˧

易 i˧

容易 iəŋˇ iˑ

难 nãˇ

三根经 sã˧ kẽ˧ tɕiən˧　很瘦

□巴经 nã˧ pa˧ tɕiən˧

上 sõ˧

哨 soˑ 敏捷

生 sã˧

熟 sauˑ

舒服 ɕyˑ fuˑ

水 ɕyˇ

斯文 sɿˑ uənˇ

四方四印 sɿˑ fõˑ sɿˑ iənˇ

涩 seㄱ
酸 sõㄱ
甜 tʻiẽˇ
甜抿 tʻiẽˇ miənˇ
苦 kʻuˇ
辣 naㄱ
香 ɕiõㄱ
香胖 ɕiõㄱ pʻəŋㄱ 很香
臭 tsʻɑuˇ
贴裕 tʻiㄱ yㄧ
喜 ɕiˇ
下作 xɑㄧ tsəㄧ 下贱
向阳 ɕiõˇ iõㄧ
小气 ɕieˇ tɕʻiˇ
效 ɕioㄱ
行 ɕiənˇ
邪 ɕiɑˇ
斜 ɕiɑˇ
厌人 iẽˇ zənˇ 腻人
早 tsoˇ
晏 ŋãˇ 晚
酽 niẽㄧ 稠

要不得 ieˇ puㄱ teㄱ
要得 ieˇ teㄱ
要紧 ieˇ tɕiənˇ
野 iɑˇ
家 kɑㄱ
硬肘 ŋãㄧ tsɑuˇ 狠
油光水滑 iauˇ kuõㄱ ɕyˇ xuɑˇ
　　光鲜
亮旺 niõㄱ yãㄧ 很亮
有味 iauˇ uæㄧ 有意思
匀净 yənˇ 均匀
听话 tʻiãˇ xuɑˇ
顽皮 uãˇ pʻæㄧ
则理 tseㄱ næˇ 懂事且能干、有
　　效、有用
扎实 tsɑㄱ sㄱ
真一作二 tsənㄧ iㄱ tsəㄧ zㄱ 认真
正直 tsənˇ tsʻㄱ
着急 tsəㄱ tɕiㄱ
自在 tsʻㄱ tsʻaㄧ
作孽 tsəㄱ niㄱ

（二十六）副词　介词等

1. 副词

1.1 程度副词

蛮 mãˇ　很、非常：个伢崽～懂礼｜伊～好

　　很 xẽˇ

几 tɕiˇ　特别，常和"不晓得"连用，有夸张的味道，也可单用：伊不晓得～听话｜个树枣～甜哦

几么 tɕiˇ moˇ　多么：个树枣～哦｜伊箇话不晓得～多

好 xoˇ　常用于感叹句：个伢崽～懂礼啊｜汤箇味道～好啊｜歇奴

家长得~灵醒啊

最 tsæ˩ 伊~讨人嫌｜细苹果~红

太 tʼa˩ 你~嫌人了，我不跟你说｜苹果~酸了

更 kɛ˩ 伊~听话些｜勒个~丑

格外 ke˧ ua˧ 特别：伊~听话｜苹果~酸

比较 pæ˧ tɕio˩ 大箇~听话｜苹果~酸

稍微 so˩ uæ˧ 大箇~听话一点｜勒个伢崽~灵醒一点崽

略微 niə˧ uæ˩

越发 ye˧ fa˩ 听你个样说，伊~讨人嫌｜梨加糖煮~甜

1.2 范围副词

都 tɑu˧ 个几个人~动手了｜你都~好，只我不好

只 tsʅ˧ 我~说伊，又冇说你｜~我不好

统统 tʼəŋ˩ tʼəŋ˩ 通通：你都~跟我徛倒｜肉~坏了

净 tɕʼən˧ 地上~是水

拢共 nəŋ˩ kʼəŋ˧ 我~说了伊几句，伊就打了我几下

总共 tsəŋ˩ kʼuəŋ˧

一齐 i˧ tsʼæ˩ 一起：你都~慢慢喫

一路 i˧ nɑu˩ 戳白~抠过去，把钱都偷去了

一律 i˧ næ˧ 今日迟到箇~不准回屋去

一下 i˧ xɑ˧ 全部：伢崽~走｜枣~红了

压 iɑ˧ "一下"的合音

有点崽 iɑu˧ tiẽ˩ tsa˩ 有点儿：个伢崽~怕丑｜苹果有~酸

光 kuõ˧ 你不要~喫饭不嚼菜

多半 tə˧ põ˩

光秃 kuõ˧ tʼu˩

1.3 时间副词

正 tsən˩ 不要惹伊，伊~瞌睡找不到枕头

正好 tsən˩ xo˩ 我去找你，你~不在

正在 tsən˩ tsʼa˧ 伊~哭｜枣~红在 tsʼa˧

才将 tsʼa˩ tɕiõ˧ 我~说到你，你真有得脸｜饭~熟

刚 kõ˧

刚刚 kõ˧ kõ˧

刚才 kõ˧ tsʼa˩

刚才毕 kõ˧ tsʼa˩ pæ˧

嵌 kã˧ "嵌嵌 kã˧ kã˧" 的合音，表示"刚刚"的意思：我~说到伊，伊就来了

嵌嵌 kã˩ kã˧

嵌将 kã˧ tɕiõ˧

快 kʼua˩ 就要：伊~说站完了｜饭~熟了

马上 ma˩ sõ˩ 你快点说，我~就要走

立马 næ˩ ma˩

先 ɕiẽ˧ 你~去，我跟到来｜菜~

熟了饭还有熟

先前 ɕiẽ˧ tɕʰiɛ˩ 你～说箇你不记得了？

后 xe˧ 你先说我～说

后来 xe˧ nɑ˩ 你～说箇事想不想得起来？

后底 xe˧ tæ˩ 木李先红，桃～红箇

1.4 频率副词

又 iɑu˧ 叫你不要去，你～去

再 tsa˩ 你～去我就把脚跟你只打断嘞｜命～好还不是要死

一再 i˧ tsa˩ 我～跟我说，你不听

再三 tsa˩ sã˧

还 xa˩ 伊都不去了，你～去｜勒个苹果～红些

多次 tə˧ tsʰɿ˧ 我～说到你

老是 no˩ ʂɿ˧ 总是：伊～打瞌睡

一直 i˧ tsʰɿ˧ 个门～是开箇

一路来 i˧ nɑu˩ nɑ˩

一向 i˧ ɕiõ˩

紧 tɕiən˩ 老是：你个人真有味，人屋～说你还是有得脸

老是 no˩ ʂɿ˧

三不知 sã˧ pu˧ tsɿ˧ 时不时、偶尔：我眼睛不大好，～看一书

1.5 方式副词

当面 tõ˧ miẽ˧ 个件事我要～跟伊说

顺便 ɕyən˧ pʰiẽ˧ 你～把衣跟我带回来

顺手 ɕyən˧ sɑu˩ ～关门

特为是 tʰe˧ uæ˧ ʂɿ˧ 我～来看你

专门 tɕyẽ˧ mən˧

照直 tse˩ tsʰɿ˧ 有么事你就～说

只个 tsɿ˧ kə˩ 不停地：船～摆｜伊急得～蹦

有意 iɑu˩ i˩ 我不是～说了气你箇

故意 ku˩ i˩ 伊～说个些气你箇

存心 tsʰən˩ ɕiən˧

无意 u˩ i˩ 我～中听到伊箇声音

1.6 否定副词

冇 mo˧ 没、没有：我～去｜枣还冇红

白 pʰa˧ 个件事～做了，冇得用

冤枉 yẽ˧ uõ˩ 你～去箇，伊不在屋嘞

不 pu˧ 你去我就～去｜我要～大～细箇梨

不要 pu˧ iɑu˩ ～去，就在屋等

不必 pu˧ pæ˧ 伊个人不准时，～等伊得

不须 pu˧ sæ˧

不用 pu˧ iəŋ˧

不消 pu˧ ɕie˧

未必 uæ˧ pæ˧ 不一定：伊～来｜不要去乡下，枣～红

莫 mo˧ 主要用于谚语、诗词、故事中：欺人～欺小，过路～逗狗

1.7 语气副词

必定 pæ˧ tiəŋ˧ 路上有脚迹，～有人来过

肯定 kʰə˩ tiəŋ˧ 我～是伊偷了钱

趁早 tsʰən˧˨ tso˨˩˦　哪个拿了~拿出来
迟早 tsʰʅ˨˩˦ tso˨˩˦　天气变暖了，雪~要融
大概 tʰa˧˨ kʰa˨˩˦　该来箇~都来了
到底 to˨˩˦ tæ˨˩˦　姜~是老箇辣
得得 te˧˨ te˧˨　幸亏：~我回来了，不然要出大事
亏 kʰuæ˧˨　~你说得出口
幸亏 ɕiən˧˨ kʰuæ˧˨
反倒 fã˨˩˦ to˨˩˦　伢崽屙箇尿~赖伊娘
格外 ke˧˨ ua˧˨　今日天气~好
根本 ke˧˨ pən˨˩˦　我~冇说过个话
好生 xo˨˩˦ sã˧˨　~学，不要偷懒
反正 fã˨˩˦ tsən˨˩˦　不管你去不去，~我是要去箇
横竖 fən˨˩˦ ɕy˧˨　我叫伊不要去，伊~要去
会 fæ˧˨　个样哪个都~做
简直 tɕiã˨˩˦ tsʰʅ˧˨　你说个样话~不是人
究竟 tɕiəu˨˩˦ tɕiən˨˩˦　~去还是不去
可能 kʰɔ˨˩˦ nəŋ˨˩˦　我~晏点崽回
怕 pʰa˨˩˦　个个瓜~有五斤吧
恐怕 kʰuəŋ˨˩˦ pʰa˨˩˦
足怕 tsɑu˧˨ pʰa˨˩˦
落不其实 nɔ˨˩˦ pu˧˨ tɕʰʅ˨˩˦ sʅ˨˩˦　果不其然：~伊还是去了
偏偏 pʰiẽ˧˨ pʰiẽ˧˨　关键时候~停电了
偏 pʰiẽ˧˨
千万 tɕʰiẽ˧˨ uã˨˩˦　个件事~不要跟别人说

一定 i˧˨ tʰiən˧˨
确 tɕʰiɔ˧˨　老读作 kʰə˧˨，表示"一定"：猪肚你~冇腌伊
确实 tɕʰiɔ˧˨ sʅ˧˨　我~说过个话
的确 tæ˧˨ tɕʰiɔ˧˨
生来 sã˧˨ na˨˩˦　伊~来就是贱骨头
说不定 ɕye˧˨ pu˧˨ tʰiən˧˨　~我还会来看你
兴许 ɕiən˧˨ ɕy˨˩˦
瞎 xa˧˨　新读作 ɕia˧˨：不晓得就不要~说
应该 iən˨˩˦ ka˧˨　舅爷屋你~去瞄一下
硬 ŋã˨˩˦　坚持：我不要，伊~塞得我
值得 tsʰʅ˧˨ te˧˨　个本书~看
最好 tsæ˧˨ xo˨˩˦　你~不要惹我
先不先 ɕiẽ˧˨ pu˧˨ ɕiẽ˧˨　才不愿意：我~懒耳你
早不早 tso˨˩˦ pu˧˨ tso˨˩˦　老早：天还冇黑，伊~就摸得床上去睏了

1.8　关联副词

就 tɕiəu˧˨　不去~拿不到东西
既 tɕi˧˨　~来之，则安之
又 iəu˧˨　我来说，~冇要你说
也 ia˨˩˦　你不舒服，我~有一点
才 tsʰa˨˩˦　过了贺胜~进咸宁
还 xa˨˩˦　我说了，做么呢~不走

2.　介词

把 pa˨˩˦　相当于"把"和"被"：牛~草喫了｜草~牛喫了
对 tæ˨˩˦　我跟你说箇不要~伊说
到 to˨˩˦　~哪日为止

得 te˧ 丢～塘去了｜放～抽屉去了
在 tsʻa˦ ～板上写字
从 tsʻəŋ˨ ～哪里来到哪里去
自从 tsʻɿ˧ tsʻəŋ˨ ～去年起，伊冇回过屋
朝 tsʻɛ˨ 花炮要～天放
照 tsɛ˨ 我～伊屁股踢了一脚
按 ŋõ˦ ～老师说箇做
用 iəŋ˦ ～靛笔写字
顺倒 ɕyən˦ 顺着：你～倒伊个毛，不要惹伊发脾气
替 tʻæ˨ 你～我引一下伢崽
跟 kẽ˦ 我～伊打招呼，伊不耳我
比 pæ˨ 伊～我强多了
除了 tɕʻy˨ na˨ ～你，还有伊，都不是好狗戳箇
为 uæ˨ ～你都做好事，好话都冇得一句

3. 助词

3.1 结构助词

箇 kə˦（我～书｜慢慢～走）
得 te˧（说～好｜打～痛｜开～站车）

3.2 动态助词

倒 to˨（坐～喫｜睏～看）
在 tsʻa˦（伊倚倒～｜塘嘞有一群鸭～）
了 na˨（喫～｜做～就要承认）

3.3 复数助词

都 tau˦（我～｜你～｜伊～）

3.4 语气词

啊 ŋa˨ 表示疑问、惊叹、叹息的语气：真有个回事～｜好大～｜你～，我不想说了
哦 ŋo˨ 表示痛苦、惊叹的语气：好痛～｜几好看～｜好大～
吧 pa˨ 表示疑问、测度的语气：个话是你说箇～？
啦 na˦ 表示疑问语气：你屋今日是么场伙～？

4. 连词

4.1 词间连词

跟 kẽ˦ 相当于"和、与、同、及"：我～伊一路去
还有 xa˨ iau˨ 相当于"以及"：我、你还有伊，都去
或者 fe˦ tse˨ 我～你，两个人当中选一个

4.2 句间连词

所以 sə˨ i˨ 你冇请我，～我冇去
如果 y˨ kuə˨ ～你请了我，我一定会去
假如 tɕia˨ y˨ ～伊不在了，你不要伤心
只要 tsɿ˧ iɛ˨ ～你要，随时都有
只有 tsɿ˧ iau˨ ～伊才说得出口
不论 pu˧ nən˦ 无论：～么样说我都不相信
不管 pu˧ kuõ˨
即使 tsæ˧ sɿ˨ ～伊骂你，你也不要见气
但是 tʻã˦ sɿ˨ 伊冇来，我冇说么呢，～心嘞不舒服

何况 xə˨ kõ˨ 我都拿不起，～你？

免得 miẽ˨ te˧ 以免：最好把衣收去回，～打湿了

接倒 tɕi˧ to˨ 接着：伊先骂我，～骂你

而且 ʐ̩˨ tɕʰiẽ˨ 衣破了，～冇得扣子

更 kẽ˨ 你气我～气

一边 i˧ piẽ˧……一边 i˧ piẽ˧……一边说，一边骂

既 tɕi˨……又 iau˧……伊个人既长得丑，又苔

或者 fe˧ tse˨……或者 fe˧ tse˨……或者你，或者伊，你屋两个人去一个

要么 ie˨ mo˧……要么 ie˨ mo˧……要么你，要么伊，不论哪个都行

虽然 sæ˧ zẽ˨……但是 tã˧ sɿ˧……虽然我送了伊个情，但是伊不满意

不仅 pu˧……还 xa˨……我帮伊，伊不仅不难问我，还寂寂说我拐话

5. 拟音词

5.1 叹词（表示感叹或呼应）

啊 ŋa˧ 表示惊讶：～，真有个回事啊（此处是语气词，读 ŋa˨）？

唉 ŋæ˨ 表示叹惜：～，你个人真是冇得救了。

欸 e˨ 表示欲与某人说话：～，你想搞么呢？

哦 ŋo˨ 表示了解了某事：～，我早就晓得伊不是好人。

哦呵 ŋə˧ xə˧ 表示曾经错过、忘记某事或丢失某东西，现在突然想起：～，勒本书我落了。

嗯 n̩˨ 表示同意：～，你快点去。

哎哟 ŋa˧ io˨ 表示疼痛或不耐烦：～，好痛哦。～，你自家去就行了。

哼 xəŋ˧ 表示否定：～，我冇看到你箇书。

5.2 象声词

砰 pʰəŋ˨、砰砰 pʰəŋ˨ pʰəŋ˨ 类似枪弹发出的响声

咚 təŋ˨、咚咚 təŋ˨ təŋ˨ 沉闷的脚踏声等

嗡 uəŋ˧、嗡嗡 uəŋ˧ uəŋ˧ 类似蜜蜂等发出的声音：耳朵～～响

咕咕 ku˨ ku˨ 类似水开时翻滚的声音

咕嘟 ku˧ tau˧ 类似大口喝水时发出的声音

嘘 ɕy˧ 表示使唤小孩拉尿的声音

麦黄枯 ma˧ uõ˨ kʰu˧ 一种类似布谷鸟的叫声

各家插禾 kə˧ tɕia˧ tsʰa˧ xə˨ 布谷鸟的叫声

咯咯 kə˧ kə˧ 母鸡的声音、鸡发病蜷缩时发出的声音

机机公 ki˧ ki˧ kəŋ˧ 公鸡的打鸣声

溜 niau˧ 猫的叫声

汪汪 uõ˧ uõ˧ 狗吠声

哞 me˩ 牛的叫声
鹅达 əɿ tɑ˩ 呼唤鸭的声音
丢 tiəu˩ 呼唤鸡的声音
咩 me˩ 呼唤牛的声音

唧 tɕi˩ 呼唤猫的声音
蕾拈拈 næ˩ niẽ˧ niẽ˧ 呼唤猪的声音

（二十七）量词

1. 名量词

（括号后所列是能进入"一＋量＋名"结构中的名词。仅枚举，并非穷举）

把 pɑ˩（椅、锄头、锹、剪刀、锁、枪、扫帚、花、柴）
班 pã˧（人、车）
包 po˧（烟、糖）
杯 pæ˧（茶、酒、水）
本 pən˩（书、帐）
笔 pæ˧（钱、帐、债）
部 pʻu˧（车）
餐 tsʻã˧（饭）
场 tsõ˩（病、雨、电影、戏）
乘 tsʻən˩（车）
池 tsʻʅ˩（水、鱼）
苤 tsɑ˧（雨）
床 tsõ˩（被、被絮、被单、蚊帐）
袋 tʻa˧（谷、米、书、糖、盐、饼干、花生、鱼）
担 tã˩（谷、米、豆、油、糖、盐、饼干、花生、鱼、田）
刀 to˧（肉）
滴 tæ˧（雨、油、尿）
顶 tiən˩（帽、草帽、蚊帐）

段 tõ˧（路）
堆 tæ˧（巴、牛屎、谷、米、书、糖、盐、饼干、花生、鱼）
对 tæ˩（巴、屎、牛屎、耳朵、痰）
顿 tən˩（饭、打、骂）
朵 tə˧（花、云）
斗 te˩（米、谷、田）
封 fəŋ˧（信、糕）
幅 fu˧（画）
副 fu˩（对联、木头、苕相）
缸 kõ˧（鱼、水、盐、米、谷）
个 kə˩（人、客、蛋、苹果、梨、橘、桃）
合 kə˧（米）
根 kẽ˧（树、棍、绳、索、线、头发）
股 ku˩（劲、味）
挂 kuɑ˩（面、肉）
柜 kʻæ˧（衣、书）
锅 kuə˧（水、汤、茶、肉、饭、菜、猪食）
盒 xə˧（烟、糕）
壶 fu˩（茶、水）
伙 xə˩（人）
架 tɕiɑ˩（飞机）

间 kã˧(屋、庙)
件 tɕʰiẽ˧(衣、事)
节 tɕi˧(花生、甘蔗、玉芦)
句 tɕy˩(话)
卷 tɕyẽ˩(纸、棉花、报纸)
窠 kʰuə˧(树、花、鸡、狗、猪)
口 kʰe˩(痰、水、酒、饭、牙齿)
块 kʰua˩(饼干、地)
捆 kʰuən˩(书、棉花、报纸、柴、草、谷)
篮 nã˩(菜、衣、苹果、梨、花生、豆)
粒 næ˧(糖、花生米、谷、米、饭、豆、沙)
笼 nəŋ˩(鸡、鸭)
篓 ne˩(鱼、菜)
炉 nau˩(火、灰、炭)
路 nau˧(花生、蚕豆、黄豆)
枚 mæ˩(针)
门 mən˩(心思、亲、人)
面 miẽ˧(脸)
排 pʰa˩(人、树、花、谷)
盆 pʰən˩(水、花、屎、尿、豆)
批 pʰæ˧(人、树)
皮 pʰæ˩(叶)
匹 pʰæ˧(马)
篇 pʰiẽ˧(文章)
瓶 pʰiən˩(水、茶、药)
丘 tɕʰiau˧(田、水、秧)
任 zən˧(官)

身 sən˧(骚、衣、水、汗)
升 sən˧(米、田)
双 sõ˧(鞋、袜、手笼)
坛 tʰũ˩(酒、水)
套 tʰɤ˩(书)
条 tʰie˩(烟、凳、沟、裤、命)
桶 tʰəŋ˩(水、茶、猪食)
筒 tʰəŋ˩(面)
沰 tə˧(巴、屎、脚印)
坨 tʰɤ˩(饭、泥巴、巴、屎)
碗 uõ˩(饭、水、茶、酒、米)
窝 uə˧(竹、树、鸡蛋、蜂)
箱 ɕiõ˧(书、衣)
行 xõ˩(字)
眼 ŋã˩(井)
窑 ie˩(砖、瓦)
盏 tsã˩(灯)
张 tsõ˧(桌、讲台、纸、嘴、皮、票)
支 tsʅ˧(笔)
隻 tsa˧(狗、猪、牛、鸡、鸭、手、脚、眼、鞋、袜)
桌 tsə˧(饭、菜、人、酒、客、筷、碗)
座 tsʰə˧(桥)

2. 动量词

(括号后所列是能进入"动+一+量"结构中的动词。仅枚举,并非穷举)

顿 tən˩(打、喂、骂、说)

趄 tɵ˩(走、跑)　　　　　　　口 kʻe˩(喫、喝)
下 xa˧(打、骂、说、看、探、试、　阵 tsʻən˧(落、刮)
　瞄、踢)　　　　　　　　　　面 miẽ˧(见)
眼 ŋã˩(看、瞄)

(二十八)附加成分等

1. 后加成分　　　　　　　2. 前加成分

一极了 tɕi˧ nɑ˩　　　　　　飘—pʻie˩
一得很 te˧ xẽ˩　　　　　　 溜—niɑu˧
一要命 ie˩ miã˧　　　　　　 死—sŋ˩
一不行 pu˧ ɕiən˩　　　　　 崭—tsã˩
一煞了 sa˧ nɑ˩　　　　　　 生—sã˧
一不得了 pu˧ te˧ nie˩　　　 焦—tɕie˧
一得慌 te˧ xõ˧　　　　　　 精—tɕiən˧
一拉瓜 nɑ˧ kuɑ˩　　　　　 稀—ɕi˧
最……不过 tsæ˧……pu˧ kuɑ˩　怪—kuɑ˩
吃头(这个菜没~) tɕʻi˧ tʻe˩　老—no˩
喝头(那个酒没~) xɤ˧ tʻe˩
看头(这出戏有个~) kɵ˩ tʻe˩　### 3. 虚字
干头 kõ˩ tʻe˩　　　　　　　了 nɑ˩
奔头 pən˩ tʻe˩　　　　　　倒 to˩
苦头 kʻu˩ tʻe˩　　　　　　 得 te˧
甜头 tʻiẽ˩ tʻe˩　　　　　　箇 kə˧

(二十九)数字等

1. 序数

一号 i˧ xo˧　　　　　　　 初一 tsʻɑu˧ i˧
九号 tɕiɑu˩ xo˧　　　　　 初九 tsʻɑu˧ tɕiɑu˩
十一号 sŋ˧ i˧ xo˧　　　　　初十 tsʻɑu˧ sŋ˧
　　　　　　　　　　　　　十一 sŋ˧ i˧

老大 noˇ tʻa˧
老二 noˇ zɿ˧
老幺 noˇ ie˧
第一 tʻæ˧ i˧
第十 tʻæ˧ sɿ˧
第一个 tʻæ˧ i˧ kə˩
头一个 tʻeˇ i˧ kə˩
第二个 tʻæ˧ zɿ˧ kə˩
第十个 tʻæ˧ sɿ˧ kə˩
倒数第一 toˇ sauˇ tʻæ˧ i˧

2. 基数

零 niənˇ
一 i˧
二 zɿ˧
三 sã˧
四 sɿˇ
五 uˇ
六 nau˧
七 tsʻæ˧
八 pa˧
九 tɕiauˇ
十 sɿ˧
十一 sɿ˧ i˧
二十 zɿ˧ sɿ˧
九十 tɕiauˇ sɿ˧
一百 i˧ pe˧
一百一 i˧ pe˧ i˧
一百六十五 i˧ pe˧ nau˧ sɿ˧ uˇ
两百 niõˇ pe˧
两百零五 niõˇ pe˧ niənˇ uˇ

两百五 niõˇ pe˧ uˇ
一千 i˧ tɕʻiẽ˧
一千一 i˧ tɕʻiẽ˧ i˧
一千一百一 i˧ tɕʻiẽ˧ i˧ pe˧
一千一百一十五 i˧ tɕʻiẽ˧ i˧ pe˧
   sɿ˧ uˇ
一万 i˧ uã˧
一万一千一百一 i˧ uã˧ i˧ tɕʻiẽ˧ i˧ p
   e˧ i˧
一万一千一百一十五 i˧ uã˧ i˧ tɕʻiẽ˧
   i˧ pe˧ i˧ sɿ˧ uˇ
一百零一 i˧ pe˧ niənˇ i˧
一千零二 i˧ tɕʻiẽ˧ niənˇ zɿ˧
一万零两百 i˧ uã˧ niənˇ niõˇ pe˧

3. 数量组合

一个 i˧ kə˩
十个 sɿ˧ kə˩
半个 põˇ kə˩
个半 kə˩ põˇ
一斤 i˧ tɕiən˧
两斤 niõˇ tɕiən˧
半斤 põˇ tɕiən˧
斤半 tɕiən˧ põˇ
一斤半 i˧ tɕiən˧ põˇ
两 niõˇ
一两 i˧ niõˇ
二两 zɿ˧ niõˇ
两半 niõˇ põˇ
半两 põˇ niõˇ
一钱 i˧ tɕʻiẽ˧

一分 i˧ fən˧
一厘 i˧ næ˥
两丈 niõ˥ tsõ˧
两尺 niõ˥ ts'a˧
两寸 niõ˥ ts'ən˥
两丈三 niõ˥ tsõ˧ sã˧
两尺二 niõ˥ ts'a˧ z̩˧
二尺二 z̩˧ ts'a˧ z̩˧
两担 niõ˥ tã˥
两斗 niõ˥ te˥
两升 niõ˥ sən˧
两合 niõ˥ kə˧
一半 i˧ põ˥

4. 概数

几个 tɕi˥ kə˥
十几个 s̩˧ tɕi˥ kə˥
几十个 tɕi˥ s̩˧ kə˥
好几个 xo˥ tɕi˥ kə˥
一两个 i˧ niõ˥ kə˥
两三个 niõ˥ sã˧ kə˥
个把 kə˥ pa˥
百把 pe˧ pa˥
千把 tɕ'iẽ˧ pa˥
万把 uã˥ pa˥
十个左右 s̩˧ kə˥ tso˥ iau˧
五斤左右 u˥ tɕiən˧ tso˥ iau˧
两里左右 niõ˥ næ˥ tso˥ iau˧
成百 ts'ən˥ pe˧
上千 sõ˧ tɕ'iẽ˧

5. 倍、成、百分表示

一倍 i˧ p'æ˧

几倍 tɕi˥ p'æ˧
两成 niõ˥ ts'ən˥
三成 sã˧ ts'ən˥
二分之一 z̩˧ fən˧ ts̩˧ i˧
百分之三十 pe˧ fən˧ ts̩˧ sã˧ s̩˧
百分之百 pe˧ fən˧ ts̩˧ pe˧

6. 乘法

一一得一 i˧ i˧ te˧ i˧
三七二十一 sã˧ ts'æ˧ z̩˧ s̩˧ i˧
四七二十八 s̩˧ ts'æ˧ z̩˧ s̩˧ pa˧
九九八十一 tɕiau˥ tɕiau˥ pa˧ s̩˧ i˧

7. 成语

一来二去 i˧ na˥ z̩˧ tɕ'y˥ tɕ'i˥
一清二楚 i˧ tɕ'iən˧ z̩˧ ts'u˥
一举两得 i˧ tɕy˥ niõ˥ te˧
三天两头 sã˧ t'iẽ˧ niõ˥ t'e˥
三更半夜 sã˧ kẽ˧ põ˥ ia˧
四面八方 s̩˧ miẽ˧ pa˧ fõ˧
五湖四海 u˥ fu˥ s̩˧ xa˥
乱七八糟 nõ˧ ts'æ˧ pa˧ tso˧
千变万化 tɕ'iẽ˧ piẽ˥ uã˥ xua˥

8. 天干地支

甲 tɕia˧
乙 i˧
丙 piən˥
丁 tiən˧
戊 u˥
己 tɕi˥
庚 kẽ˧
辛 ɕiən˧

壬 zən˨

癸 kuæ˨

子鼠 tsๅ˥ ɕy˨

丑牛 ts'ɑu˨ niɑu˨

寅虎 iən˨ fu˨

卯兔 mo˨ t'ɑu˨

辰龙 sən˨ nəŋ˨

巳蛇 sๅ˦ sɑ˨

午马 u˨ mɑ˨

未羊 uæ˦ iõ˨

申猴 sən˦ xe˨

酉鸡 iɑu˨ tɕi˦

戌狗 sæ˦ ke˨

亥猪 xɑ˦ tɕy˦

第四章　咸宁方言语法

一、词法

(一) 重叠

重叠是汉语一种比较重要的形态，咸宁方言重叠现象有以下几种情况。

1. 名词重叠

咸宁方言有些普通名词可以重叠，构成"AA"式。例如：山山、树树、丘丘、家家、户户、人人、车车。时间名词也可以重叠，构成"AA"式。例如：时时、刻刻、日日、夜夜、月月、季季、年年。还有些双音节名词可以构成"AABB"式。例如：时时刻刻、沟沟坎坎、角角落落、边边角角、坛坛罐罐、里里外外、前前后后、汤汤水水、婆婆妈妈啰嗦。重叠以后，一般表示"周遍"的含义，如"山山"，可以理解为"每一山"；"时时"，可以理解为"每一时"；"时时刻刻"，可以理解为"每一时每一刻"。少数不表示"周遍"的含义，如"里里外外、前前后后、汤汤水水"表示"泛指"的含义。个别名词重叠后，词性有所变化，如"婆婆妈妈"，是形容词性的。

需要说明的是，北京话名词重叠式较少，只限于部分亲属称谓和极少数物名，例如：爸爸、妈妈、叔叔、婶婶、爷爷、奶奶、哥哥、姐姐、弟弟、妹妹、星星、蛐蛐、娃娃。而在咸宁方言中，以上说法要么是单音节词，要么是词根不同的词，例如：爸、娘、爷[iɑ˧]、细娘、爹、妈、哥哥或姐姐、弟、妹、星、壁蟋。咸宁方言现在虽也有"娃娃玩偶"一说，但考虑到"娃娃"是近几十年进入咸宁方言的新事物，其说法应该是直接承北京话而来。

咸宁方言中，称呼人名时，可以取名字中的某一个单字重叠使用，例如：桃桃 [tʰoʊ˩ tʰoʊ˩˥]（王红桃）、强强 [tɕʰiɔ̃˩ tɕʰiɔ̃˩˥]（张强）、红红 [fəŋ˩ fəŋ˩˥]（李小红）、平平 [pʰiən˩ pʰiən˩˥]（王平），聪聪（李聪）、刚刚（吴刚），等等。

2．动词重叠

北京话单音节动词一般可以重叠使用，构成"AA"式，重叠以后，表示"尝试"或动作的"短暂"，例如：说说、看看、走走、读读（书）、出出（气）、落落（脚）。咸宁方言一般用"A一下"代替"AA"式，例如：说一下、看一下、读一下（书）、出一下（气）、落一下（脚）。"A一下"使用频率极高。例如：

(1) 明日是么天气？你打开收音机听一下。

(2) 伢崽小孩子打一下，骂一下都不要紧，就是不能偏心。

(3) 你帮我说一下人情，个这件事烦煞死人。

(4) 伊他找人出一下气，哪晓得知道进得牢去。

还有些"AB"结构的动词，可以重叠后构成"AABB"式，数量比较多。例如：说说笑笑、吹吹打打、疯疯打打、摛摛缩缩做事犹豫不决、上上下下、进进出出、摇摇摆摆。重叠以后，表示动作主体的某一状态。如"说说笑笑"表示说话人处于说笑状态。

3．形容词重叠

北京话经常用"AA"式，例如：青青、红红、绿绿、黑黑、白白、轻轻、热热、长长。也常用"ABB"式，例如：红彤彤、绿油油、黑漆漆、白花花。咸宁方言一般不用，而较多地使用"AB"式，其中A主要是单音节形容词，个别是双音节的。例如：绿挨很绿｜黄垄很黄｜青幽很青｜红彤很红｜甜抿很甜｜凉幽很凉｜煐露nɑu˩很暖｜泡露nɑu˩很松软｜软□niən˩很软｜亮□yǎ˩很亮｜矮□tɑu˩很矮｜圆丢很圆｜香胖很香｜客气流｜快活流。B则主要是一些后缀性质的语素，本字不详，能产程度极低，"挨、垄、幽、彤、抿"几乎分别与"绿、黄、青、红、甜"构成一一对应的关系，能够加上这类后缀的颜色形容词只局限于"绿、黄、青、红"，至于"白、紫、赤、橙、蓝"则没有相应的后缀。这类后缀的主要作用是构形，起强调的作用，"绿、黄、青、红"分别附缀以后，相当于北京话中的偏正结构，可译作"很……"。咸宁方言有使用"AA"式的迹象，例如："我看见强盗了，长长脸。"也有少量"ABB"式，或者与北京话相同，例如：轻飘飘、气鼓鼓，或者在北京话中无对应说法，例如：矮□□tɑu˥ tɑu˥、脆□□tə˥ tə˥。

北京话中常见的"AABB"式在咸宁方言中也比较常用，数量也较多，如：笔笔直直、老老实实、认认真真、批批舷舷很满、清清楚楚、干干净净、明明白白、啰啰嗦嗦；咸宁方言也有类似于北京话的"A里AB"式或"AXAB"式，例如：糊里糊涂、古里古怪、四方四印、密之密弄。以上两种重叠也起强调作用，可译作"很……"，如"笔笔直直"，可以理解为"很直"，"糊里糊涂"，可以理解为"很糊涂"。

咸宁方言还有"A不A"式，比较能产。例如：早不早、晏晚不晏、前不前、后不后、高不高、低不低、长不长、短不短、新不新、旧不旧、黑不黑、白不白。表示事物的性质或状态不合人意。使用时往往与反义的"A不A"式成对使用。例如：

(1) 你来得早不早，晏不晏，冇得没有法安排饭食。

(2) 个这块板长不长，短不短嘞，冇得用。

(3) 伊他买箇叫么呢什么新衣啊，黑不黑，白不白，一点都不灵醒漂亮。

4. 量词重叠

咸宁方言量词重叠主要表现为"AA"式。物量词重叠情况比较普遍。例如：个个、根根、隻隻、棵棵、条条、粒粒、句句、本本、篇篇。动量词重叠较少。例如：回回、趟趟、下下。量词重叠使用，表示周遍义，这和名词重叠有些相似，但不是任何情况都能互换。例如：

(1) 我今年种了五棵树，棵棵都活了。

(2) 我今年种了五棵树，树树都活了。

(3) 班上的同学，个个都是好样箇。

(4) 班上的同学，人人都是好样箇。

(5) 我买了几隻鱼，隻隻都新鲜。

(6) *我买了几隻鱼，鱼鱼都新鲜。

(7) 我说箇话，句句是真话。

(8) *我说箇话，话话是真话。

（二）语缀

1. 前缀

咸宁方言的前缀有：阿、初、第、老、细、小，其中"阿"是典型前缀，其他都是类前缀。

1.1 阿 [ŋa˧]

在咸宁方言中，前缀"阿"附着在表示亲属称谓的名词性语素前，构成亲属称谓词，"阿"的作用主要是用来构词，能产程度较低，只有：～公_{夫之父}｜～婆_{夫之母}｜～嫂_{兄之妻}。这些词仅用于背称，不用于面称，而且必须用"我、你、伊_他"之一加以限定。例如：

(1) 我～嫂做事不晓得_{知道}几勤快。

(2) 你～婆对你么样_{怎么样}？

面称时，"～公"改称"爸"，"～婆"改称"娘"，"～嫂"改称"某某哥"，其中"某某"为被称呼者的名字。例如：

(3) 春贵哥，我哥几巴早_{什么时候}回来？

值得注意的是，北京话现在有"～姨"一词，咸宁方言没有；北京话可在人名前加"阿"表示对被称呼者的昵称，如"～兰｜～佳"等，咸宁方言也没有。此外，"～哥｜～妹"等表达已经开始渗入北京话中来，但咸宁方言没有吸收进来。

1.2 初 [tsɑu˧]

在咸宁方言中，前缀"初"附着在数词性语素"一"至"十"之前，构成序数词"初X"，表示农历每月前十天的次序，能产程度不高，例如：～一｜～二｜～三｜～四｜～五｜～六｜～七｜～八｜～九｜～十。"十"以后的数词性语素组合前不能加"初"，例如：

(1) 过得了～一，过不了十五。

"初X"入句时，可以充当定语、主语、谓语、宾语，作主语、谓语和宾语时，一般可在前面加上限定词，表示较为具体的时间。

(2) ～五夜嘞你在搞么呢_{做什么}？

(3) 大年～一拜自家_{大年初一给直系亲属拜年}。

(4) 今日五月～十。

(5) 提到五月～六，伊心嘞就有火。

有时候"初一"、"初二"、"初三"不表示农历每月的前三天，而是"初中一年级"、"初中二年级"、"初中三年级"的省略形式，其中的"初"不是语缀。

1.3 第 [tʻæ˧]

在咸宁方言中，前缀"第"附着在数词性语素之前构成"第X"，表示次序，例如：～一｜～二｜～十｜～十五｜～一百零一｜～一千五百九十一。如果不是单纯排序，数词性语素后边通常要用量词或量名组合，例如：～一个｜～十名｜～一件事｜～三个人。但在语意明确的情况下也可以将量词或量名组合省去不用。例如：

(1) 个这回考试伊_他得了～一（名），我只考了个～五名。

(2) 有三件事我冇_{没有}做好，～一是我冇把门锁好。

在对举的情况下，"第"不能出现，但量词必须出现，例如：

(3) 一回生，二回熟。

在表示"七七、三伏、三九"等时间单位时，往往不用"第"。例如：

(4) 一七，二七，三七，一共七七四十九天。

(5) 三伏天热煞_死人。

1.4 老 [no˅]

前缀"老"由形容词"老"虚化而来。前缀"老"在咸宁方言中是个类语缀，某些用法中还保留有形容词"老"的意义。前缀"老"主要有以下几种用法。

在咸宁方言中，前缀"老"附着在"大、幺、几"或"二"至"十"之前表示排行，虚化程度较高，例如：～大｜～二｜～三｜～四｜～五｜～六｜～七｜～八｜～九｜～十｜～幺｜～几。其中"～九"前加"臭"可以构成"臭～九_{旧指教书的}"的说法，此时"～九"不表示排行。"～几"用于询问句表示询问某人的排行。例如：

(1) ——你屋五弟兄，你是～几？

——～四。

若用于反问，则带有轻蔑的意味。例如：

(2) 你算～几？敢跑来管我？

(3) 你是～几？我把你作一摸_{我不把你当一回事}。

在咸宁方言中，前缀"老"附着在少数表示动物名称的名词性语素之前，构成动物的称谓词，所指动物与原名词性语素所指一致，虚化程度较高，例如：～虎｜～鼠｜～鸦｜～蟹_{螃蟹}。北京话里常说的"～鹰"一词在咸宁方言中不用，而是用"王鹰"来代替。

在咸宁方言中，前缀"老"附着在少数表示亲属称谓的名词性语素之前（"表、子"除外），构成亲属称谓词，虚化程度较高，例如：～弟｜～

妹｜～爷｜～娘｜～公｜～婆｜～表｜～子。其中"弟、妹、爷、娘"独用时与"～弟｜～妹｜～爷｜～娘"所指一致，加"老"则带有亲昵色彩；"公、婆、表、子"中"表、子"不能独用，"公、婆"可以独用，加缀所得词的词义与原语素不一致，因此，这时"老"兼有构词和变义两种作用。"～弟｜～妹｜～公｜～婆"多用于背称。"～爷｜～娘｜～子"面称时多用作骂人语，含有称大的意思，即把自己当作被骂人的长辈。例如：

（4）～娘今日把命跟你拼嘞！

（5）～子么什么场面没见过，还怕你不成？

"～爷｜～娘"用作背称时，分别相当北京话中的"～爸｜～妈"，是对年迈父母的一种亲昵称呼方式，最主要还是侧重于年长。例如：

（6）我～爷今年五十多了，跟你～爷同庚。

在咸宁方言中，前缀"老"附着在其他名词性语素之前，构成表人的普通名词，虚化程度较高，"老"有成词作用，例如：～师｜～乡｜～板｜～百姓。

在咸宁方言中，前缀"老"附着在表示姓氏的单音语素前，表示对年长且熟悉者的称呼，虚化程度不高，词汇意义有部分保留，例如：～张｜～李｜～王｜～朱，等。"老"在这里所表达的"年长"是相对称呼者自己而言，并不是绝对的年长。例如：

（7）我□yaɹ喊、称呼你～李，小王□yaɹ喊、称呼我～张。

从此类用法可以看出咸宁方言的前缀"老"正处于进一步的虚化之中。

1.5 细 [sæɹ]

在咸宁方言中，前缀"细"附着在名词性语素之前，构成"细X"，表示小称，如：～锅｜～盆｜～桌｜～椅｜～爷最小的叔父｜～娘最小的叔父的妻子，等。咸宁方言一般不用"小"，而用"细"和"大"相对。例如：

（1）你根本不晓得大～，难适怎么样舞做法呢？

（2）个这个大，勒那个细，你选哪个？

北京话里用"小"的地方，咸宁方言往往用"细"，例如：小盆＝～盆｜小包＝～包｜小树＝～树。有时"细"还可以与"崽"连用，有进一步称小的含义，例如：～桌崽｜～椅崽｜～伢崽小孩子。

前缀"细"是个类语缀，保留形容词"细"的词汇意义比较明显的。"细"的主要作用是用来构形，个别情况兼有构词和构形两种作用，如上面的"～爷｜～娘"。

1.6 小 [ɕie˅]

在咸宁方言中，前缀"小"附着在表示姓氏的单音节语素之前，用来称呼比自己年龄小的人，能产程度较高，例如：～王｜～李｜～张｜～吴，等。这种用法与前缀"老"相对。值得一提的是，咸宁方言除在此种用法以及"～人｜～年夜"等少数说法中用到"小"外，其他任何场合下都不用"小"，而是用"细"来代替，所以这种用法值得关注，它关系着"小"在咸宁方言中的消长，也反映了咸宁方言在词汇演变中的某种态势。

前缀"小"在咸宁方言中是个类语缀，其作用与"细"相仿，主要是用来构形。

综观咸宁方言的前缀，数量不多，所有前缀都读原调，不读轻声。与北京话及周边方言相比较，最具方言个性的前缀有：阿、细。

2. 后缀

咸宁方言的后缀主要有：崽、儿、首、头、煞、都、郎 [nã˧] 敬称后缀、嘞、把、巴、宝、子。

2.1 崽 [tsa˅]

在咸宁方言中，后缀"崽"附着在名词性语素后，表示事物的细小，能产程度极高，如：鸡～｜鸭～｜猪～｜牛～｜桌～｜椅～｜凳～。有时还可以在"崽"缀词语前加上前缀"细"，有进一步强调小的意味，例如：细鸡～｜细牛～｜细椅～｜细凳～。北京话中，有些受"小"修饰的词语在咸宁方言中则成了"崽"缀词语，例如：小孩=伢～｜小人书=图书～。

2.2 儿 [zʅ˅]

我们这里所说的后缀"儿"是指单独作为一个音节而附着在其他语素之后意义较虚的那一类，不包括儿化韵类型，咸宁方言也不存在儿化韵。"儿"缀词语在咸宁方言中非常罕见，仅有"猫～猫"一例，"猫～"与"头"结合又组成"猫～头猫头鹰"。

2.3 首 [sɑu˅]

在咸宁方言中，后缀"首"可以附着在动词性语素或形容词性语素后，构成抽象名词，表示值得、合算等意思，"首"的这种表示法真可以说是咸宁方言所独，北京话所无，例如：看～｜想～｜打～｜喫～｜喝～｜说～｜谈～｜听～｜讲～｜瞄～｜搞～｜做～｜玩～｜补～｜读～｜商量～｜

指望～｜检查～｜可怜～。

被附成分可以是单音节的，也可以是双音节的。所附形容词一般是带有积极意义的形容词，能产性强，但有些在结构的凝固性上要差一些。"首"缀词语通常作宾语，用法也比较单纯，一般出现在下面三种格式中（A 式是肯定式，B 式是否定式，C 式是肯否式）：

A. 名＋（还）有（点）＋X 首

B. 名＋冇得＋X 首

C. 名＋有冇得＋X 首

名词性的语素前往往要有指示性的成分"个这"，例如：

(1) 个这本书蛮好看嘞，还有点看～。

(2) 个这人冇得可怜～。

(3) 春天箇萝卜空心了，你说有冇得吃～？

有时，名词性的语素可以不出现，而是直接用指示性的成分"个这"、"那"或"霉 '么呢' 的合音，相当于 '什么'"，例如：

(4) 个这冇得喫～，那冇得喫～，霉才有喫～嘞？

2.4 头［te↓］

咸宁方言中，实语素"头"和虚语素"头"都读［te↓］，不读轻声。因此，要凭语音形式把它们区分开来是不可能的。从语义上来看，明确表示人和动物的头部以及由此直接引申出来而具有比较具体意义的"头"，都是实语素，不属本文讨论的范围，例如：鱼头｜平头｜船头｜羊头。

咸宁方言虚语素"头"有两类：一是有构成名词作用的后缀，我们把它记作"头₁"；另一类是表示某种语法意义的语尾，我们把它记作"头₂"，这是咸宁方言的特色所在。虚语素"头"在咸宁方言中的许多用法北京话没有，詹伯慧说："'头'在方言和北京话里都用来构词，但北京话和官话方言里的'头'尾词并不发达。"①

2.4.1 "头₁"的分布

北京话中，名词的后缀主要有"儿、子、头"等，其中以"儿"为最，"子"次之，"头"又次之。然而在咸宁方言中，由于基本上没有后缀

---

① 詹伯慧：《汉语方言及方言调查》，湖北教育出版社，1991 年版，第267 页。

"儿"、"子"缀词语也不丰富，重任自然地落到"头₁"的身上，形成了大量的"X头₁"词语。袁家骅等在谈到吴语构词时说："苏沪一带没有'儿'尾，'子'尾、'头'尾也就相应增多，这符合语言发展过程中互相补偿的原则。"① 这一现象从咸宁方言中可窥一斑。

2.4.1.1 名词性词根＋头₁——名词[X₁头₁]，例如：日～｜浪～｜山～｜石～｜砖～｜墙～｜灶背～灶台｜木～木材、棺材｜板～小木块｜炭～木材燃烧未尽留下的炭状物｜床～｜斧～｜锄～｜犁～｜布～碎布｜裤～短裤｜被～被窝的两端｜针鼻～针鼻孔｜罐～｜芋～｜舌～｜骨～｜肩臂～肩头｜和尚～男孩子｜指～（手指～｜脚指～）｜零～｜一百～一百元。

"X₁头₁"中，"X₁"在这里多半作非独立运用的名词性词根，往往要和"头₁"结合以后才能构成名词，"X₁头₁"的意义大致相当于"X₁"的语素义，"头₁"在这里起着构词的作用。

2.4.1.2 名词＋头₁——新名词[X₂头₁]，这里有两种情形。一般名词＋头₁，例如：由～借口、理由｜风～｜派～｜劲～｜手～｜势～｜气～｜火～｜年～｜苗～｜钟～｜零～｜口～｜桥～｜心～｜额角～。方位名词＋头₁，例如：前～｜后～｜上～｜下～｜里～｜外～｜角落～。

"X₂头₁"中，"X₂"本是一个独立的名词，有明确的词义，当它作为一个实语素与"头₁"结合成一个新的名词以后，词义随之发生了较大的变化，"X₂头₁"的词义和"X₂"之间存在着一定的内在联系，往往是由"X₂"的词义引申义或比喻义发展而成的。"头₁"在这里不仅起了构词作用，而且还有转变词义的作用。

2.4.1.3 非名词＋头₁——新名词[X₃头₁]，这里有三种情形。动词＋头₁，例如：念～｜来～｜赚～｜对～｜落～做某事有讨好的余地或有赚头｜接～｜开～。除"对～"表人外，其余的都是抽象名词，用法跟一般名词相同，在句子中可以作主语和宾语。形容词＋头₁，例如：甜～｜苦～｜老～｜滑～｜准～｜高～上面。量词＋头₁，例如：块～｜户～｜个～。

"X₃头₁"中，"X₃"原为非名词的他类实词，加上"头₁"构成了名词，不但词性改变，词义也发生了变化，从表示动作、形状、计量转化为表示

---

① 袁家骅：《汉语方言概要》，文字改革出版社，1960年版，第96页。

有关的实体。"头₁"在这里同时起到了构词、转变词义、改变词性三种作用。形容词性语素附"头"后构成抽象名词或表人名词,能产性较差,其中,"滑～"既是抽象名词,也是表人名词,还兼作形容词。这些例词作为名词,在句中都可以作主语或宾语,例如:

(1) 跟伊他个这多年,甜～冇尝倒,喫箇的苦还真不少。

(2) 敢在老子面前耍滑～,又不看看老子是哪个谁。

2.4.2 "头₂"的分布

《现代汉语八百词》(吕叔湘,1980)把"X头₁"和"X头₂"中的"头"统称为后缀,虽然也指出在意义上"X头₁""多表示抽象事物","X头₂""构成抽象名词,表示有做该动作的价值",但是却认为"头"的作用都是"加在名词、动词、形容词性成分后面,构成名词"。把"头₁"和"头₂"区分开来,主要原因在于:"头₁"的能产程度不高,由"头₁"构成的名词是封闭性的,可以全部列举出来,而"头₂"的能产程度较高,任何表示具有某种价值观念的动作行为的动词,都可以缀上"头₂",例如:看～|想～|盼～|奔～|听～|唱～|喫～|读～,等。以上均为抽象名词,是对某种动作行为的价值进行评议,含有"值得"的意义。

咸宁方言动词性语素加语缀"头₂、首"都可以表示动作的价值,因而呈现出"X头₂"和"X首"并存的局面,例如:搞首(头₂)|喫首(头₂)|看首(头₂)|说首(头₂)|想首(头₂)|做首(头₂)。但"头₂"和"首"的使用状况有较大的差异:"首"的能产程度更高,被附成分既可以是单音节的也可以是双音节的动词性语素或形容词性语素(详见前文),能用"头₂"的地方一般都能用"首",而"头₂"则主要限于附着在单音节的动词性语素后,形容词性语素及双音节动词性语素后一般不能用。

"X头₂"和"X首"入句时有一定的使用格式,也就是要在前面加上"有"、"冇得"或"有冇得",例如:

(3) 个这本书有点看首(头)。

(4) 那个人冇得说首(头)。

(5) 你说个这件事有冇得做首(头)?

从汉语历史看,"首"出现得较早,"头"在战国时期才出现。从这个意义上讲,"X首"应该是古语在咸宁方言中的遗存,而"X头"则明显是从北京话渗入到咸宁方言中来的。从方言的现状来看,"X头"和"X首"

并非平分秋色，"X首"仍然比"X头"常用，前者的使用频率比后者高一些。从发展趋势来看，根据北京话的强势影响，我们可以推测"X首"会被"X头"取代。

2.5 煞 [saㄱ]

在咸宁方言中，后缀"煞"附着在单音动词或形容词后，构成"X煞"，强调程度的强烈，能产程度极高，例如：跑～｜笑～｜哭～｜骂～｜打～｜气～，等；饿～｜干～｜忙～｜累～｜喜～｜热～｜酸～｜咸～，等。"X煞"相当于北京话中的偏正结构或补充结构，例如：热～（非常热、热极了）｜喜～（非常高兴、高兴极了）｜急～（非常着急、着急极了）｜跑～（跑得要命）｜哭～（哭得要命）｜笑～（笑得要命）｜打～（打得要命）。从上面可以看出，"煞"的虚化程度不是很高，仍部分地保留有"死"的意义，是个类语缀。

"煞"缀词语可在句中作谓语和补语。例如：

(1) 伊他做箇的事把让、使我气～了
(2) 今日我都累～了。
(3) 个这件事真是笑～人。
(4) 盐作放多了，咸～人。
(5) 我说得伊笑～了。
(6) 我跑得累～了。

"煞"是流行于鄂南东片及西片崇阳、通城等县市方言的说法，北京话中虽然也有，但与咸宁方言相比较而言，"煞"在咸宁方言中使用的频率更高。

2.6 都 [tɑuㄱ]

在咸宁方言中，后缀"都"可以附着在人称代词后，构成复数形式，例如：我～｜你～｜伊～。

咸宁方言的"都"，大体上相当于北京话中的"们"，但使用范围比"们"窄。北京话的"们"既可附着在单数人称代词之后表示复数，也可附着在某些指人名词后面表示多数，例如：同志们｜女士们｜先生们｜听众朋友们。咸宁方言的"都"没有这种表达法，因此下面的说法都是不能成立的：＊同志～｜＊女士～｜＊先生～｜＊听众朋友～。咸宁方言要在这些名词前面加上指代词"个这些、那些"来表示复数，例如：个些人｜个些同志｜个些老几；那些人｜那些同志｜那些老几。

与北京话相同的是，"个些、那些"后面带了指人名词后，它们的前面还可以加上表示复数的人称代词，例如：我～个些人｜你～个些同志｜伊～那些老几。

此外，复数第一人称的"我都"与北京话的"我们"，在用法上还有一种不同：北京话的"我们"有时包括说话和听话双方，有时又只包括说话人一方的若干人，而咸宁方言的"我都"是排除式，在任何时候都不包括听话人一方。例如：

(1) 我～今日去武汉，你～呢？

咸宁方言中包括说话和听话双方的第一人称复数形式是"偎都"，相当于北京话的"咱们"，略带有亲昵的口气。例如：

(2) 老王请客，叫偎～一齐去坐一下。

咸宁方言人称代词复数形式，跟邻近县市方言人称代词的复数形式互相区别，绝不混淆。根据陈有恒先生的调查①，通山县是"了"，阳新县和大冶县都是"赖"，赤壁市是"者"，嘉鱼县是"得"。

2.7　郎［nã˧］敬称形式

咸宁方言中，人称代词的敬称形式非常自足，不但第二人称单数有敬称形式：你～，第三人称单数也有敬称形式：伊～。"伊～"用于背称，一般指年长位尊的人，这是北京话没有的，打个不恰当的比方，北京话当面说到某人时很谦恭，用"您"，背地里却无关痛痒，成了"他"。

北京话有单数人称代词"你"的敬称形式"您"，但复数人称代词"你们"是否有敬称形式却是见仁见智，从交际的需要和语言的对称来看，似乎应该存在一个"您们"。咸宁方言人称代词不仅单数有敬称形式，复数也有，第二人称代词复数与第二人称代词单数共用一个敬称形式"你～"，第三人称代词单复数与它们相类，共用一个形式"伊～"。例如：

(1) 你～一齐落屋到家作客。

(2) 伊～两个老还蛮健步强健嘞。

2.8　嘞［ne˧］

"子、儿"是北京话名词的形态，凡是北京话中的"子"缀词语和

---

① 陈有恒：《鄂南方言志略》，咸宁地区地方志办公室主持编印，鄂咸地图内字第29号，1991年8月第1版。

"儿"缀词语，如果在咸宁方言中有对应的说法，那么这些对应词语要么是零缀词，也就是单音节词，例如：桌子＝桌｜椅子＝椅｜鞋子＝鞋｜桃子＝桃｜李子＝李；瓶儿＝瓶｜罐儿＝罐｜刀儿＝刀｜影儿＝影；要么附加后缀"嘞"。凭这种形态可以将咸宁方言名词区别于其他词类，也可以区别邻近县（市）的同义词，例如：桌～｜椅～｜鸡～｜鸭～｜衣～｜鞋～｜桃～｜李～。咸宁方言名词后缀"嘞"不读轻声，而且都附着在单音节名词性语素后。

后缀"嘞"的能产程度极高，几乎所有的单音节名词性语素都可以缀上"嘞"，所以有些"嘞"缀词语与北京话里面"子"缀或"儿"缀词语的对应关系是不可逆转的，即：北京话里的"子"缀或"儿"缀词语几乎都可以用咸宁方言的"嘞"缀词语来表示，而咸宁方言的"嘞"缀词语在北京话里却往往没有对应的"子"缀或"儿"缀词语，例如：桌子＝桌～｜椅子＝椅～｜瓶儿＝瓶～｜花儿＝花～；衣～≠衣子≠衣儿｜屋～≠屋子≠屋儿｜地～≠地子≠地儿。

后缀"嘞"可以附着在单音节名词后，构成表示方所意义的词语，能产程度较高。例如：手嘞、启嘞底部、地嘞、嘴嘞、心嘞、屋嘞、河嘞、碗嘞、乡嘞，"嘞"相当于北京话的"里"，但咸宁方言绝不用"里"。

2.9 巴 [pa˥]

在咸宁方言中，后缀"巴"附着在单音节名词性语素后，构成具体名词，例如：哑～｜结～｜哈～傻子｜锅～｜尾～｜嘴～｜下～｜鸡～男阴｜土～｜泥～。个别情况下，"巴"可缀于双音词后，例如"锅底～"。

部分"巴"缀词还可进一步与其他语素结合构成常用的名词性词组，例如：土～坨｜尾～蛆｜结～崽｜哈～崽｜哈～狗。

至于"中～｜大～"之类的说法虽然也日益普及，但那毕竟是北京话的词汇在咸宁方言中的直接移植，不是方言固有成分。还有一种情况比较特殊，即"巴"附着在形容词性语素之后，但这时候，"巴"要么重叠，有强调的作用，例如：紧～～｜干～～｜皱～～。要么须在"巴"后另加一个语素来补充音节，例如：肉～跶｜厚～顿｜干～迥。或者呈对称结构，例如：肉～肉跶｜厚～厚顿。

"巴"附于形容词性语素之后的任何一种情形在入句时，都须在"巴"缀词语后加"嘞"。例如：

(1) 个这身衣穿在身上紧~~嘞。

(2) 伊屋他家崽看养得肉~跶嘞。

(3) 我老爷父亲喜欢把肉切得厚~厚顿嘞。

2.10 把 [pa˩]

在咸宁方言中，后缀"把"附着在量词或位数词后，表示概数。

2.10.1 附着在量词后，前面不能再用数词，有以下几种情况：

a. 盒~｜条~｜碗~｜筒~｜桶~｜箱~

b. 个~｜根~｜件~｜间~｜只~

c. 回~｜次~｜趟~｜阵~

d. 斤~｜尺~｜里~｜升~

e. 天~｜日~｜夜~｜年~（无"月~"的说法，一般只说"个~月"）

a组和b组量词稍有区别，a组是集合量词，b组是个体量词，"把"附着在集合量词后，表示数量在"一"左右；附着在个体量词后，表示的数量通常为"一"，往往表示数量少。这两组词后边都可以出现名词，如果名词成分在上文已出现，后面再次出现时可以承前省。例如：

(1) 个这样箇袜我看块~钱就能买一双。

(2) 伊箇病好些了，饭也能喫碗~了。

(3) 毯子平常盖箇时候不是蛮多，买箇床~就行了。

c组量词是动量单位，表示的数量与b组相同，与b组不同的是，"把"后不出现中心语成分，例如：

(4) 天还早，大家还挑箇趟~。

d组量词是度量衡单位，表示的数量与a组相同，不同的是，d组后边既可以出现名词，也可以出现形容词，两者还可以同现，形前名后，中间可加"箇的"。例如：

(5) 到县城还有里~路。

(6) 水井要打丈~深，浅了水不好。

(7) 我买了几条斤~重大鱼。

(8) 我在组合柜四边做了寸~宽箇花边。

e组量词是时间单位，附"把"也是表示数量在"一"左右，如果用来表示时间本身量的多少，后边可以出现名词；如用来说明动作持续时间的长短，后边不出现中心语成分。"月"与"天、夜、年"同类，但不能附

"把",只能用"个～月"的形式来表示概数。例如:

(9) 只要大学齐心协力,年～功夫就可以把本钱赚回来。

(10) 我再等天～走。

(11) 个～月工夫就把屋做起来了。

2.10.2 "把"附着在位数词后,构成"X 把",表示接近某个位数,或在某个位数左右,例如:百～｜千～｜万～｜亿～。"X 把"后边常出现量词或量名结构,有时量词或量名结构也可以不出现,例如:百～斤(鱼)｜千～块(钱)｜万～吨(钢)。

值得注意的是,位数词"十"和"百、千、万"等不同,没有"十～"的说法,表示概数要用"几十"来表达,并且后边一定要跟量词或量名结构。例如:

(12) 回屋去的时候,把水果带几十斤回去。

(13) 我看养了几十隻鸡。

"X 把"还可以在后面加上"两 X",构成"X～两 X"的格式,表示概数。例如:

(14) 伊一年总要买套～两套新衣嘞。

(15) 我有箇是钱,送箇百～两百对我来说不算得么呢什么。

2.11 宝 [poʋ]

在咸宁方言中,后缀"宝"附着在单音节语素后,表示对熟悉的平辈或下辈的昵称。"宝"的能产程度极高,例如:丽～｜佳～｜平～｜红～｜金～,等等。

单音节语素一般取自被称呼者名字中最后一个字(单名则就选择单名)。另外,"宝"还可加在"猪、狗"之后,表示对小孩的贱称,取其越贱越好养大之意。六畜之中,一般只用到"猪"和"狗"。这种贱称往往保留到小孩长大成人。

2.12 子 [tsʅʋ]

咸宁方言中,"子"主要附着在名词性语素之后,构成表物或表人名词,例如:日～｜腰～动物的肾｜棋～｜沙～｜狮～｜珠～类似玻璃球的粒状物｜雪～｜戏～相当于演员,但多指古时唱戏的｜厨～厨师。"子"也可以附着在名词或名词性词组后,例如:石头～｜眼睛～眼珠｜黄珠～栀子花。

"子"是北京话和许多方言里常用的名词后缀。在咸宁方言中,后缀

"子"并不常用,北京话里常见的"子"缀名词在咸宁方言里都成了零缀词,例如:椅子＝椅｜桌子＝桌｜儿子＝崽｜鸭子＝鸭｜夹子＝夹。

咸宁方言后缀"子"的作用主要表现在:

改变词性。"子"缀所附着的成分多是名词性质的语素,但也有一些其他类型的语素可以缀"子"而成为名词。例如:

(1) 尖(形容词性):尖子(名词)

(2) 老(形容词性):老子(名词)

(3) 矮(形容词性):矮子(名词)

(4) 骗(动词性):骗子(名词)

(5) 贩(动词性):贩子(名词)

(6) 滚(动词性):滚子 轮子(名词)

(7) 个(量词性):个子(名词)

使所缀语素单独成词时的意义发生改变。例如:

(1) 腰:人体胯上、肋下部分——腰子:动物的肾

(2) 矮:个子不高——矮子:个子矮的人

(3) 骗:欺骗——骗子:欺骗人的人

成词作用。一些不能单独成词的语素,缀上"子"以后便成了词,例如:狮～｜珠～｜厨～。

3. 中缀

咸宁方言的中缀目前只有"里"一个。

里 [næ˩]

在咸宁方言中,中缀"里"附着在两个语素之间,构成多音节形容词"A 里 AB"式,能产程度不高,例如:胡～胡涂｜龌～龌龊｜小～小气｜苔～苔气｜规～规矩｜马～马虎。这类形容词表达的感情色彩义多为消极性的贬义。

此外,"A 里 AB"式有时还可以形成变式"X 里 AB",例如:稀～胡涂。

(三) 方所

咸宁方言表示方向和处所的词语较为丰富。单音节词主要有:上、下、左、右、前、后、东、南、西、北、里、外、中,这与北京话和其他方言完全一致。有差异和有特色的方所词语主要体现在多音节词语上。

咸宁方言有两个语缀"头[tʻəˇ]"和"嘚[ne˧]",可以附着在其他词语后面构成表示方所意义的词语。

语缀"头"可以附着在部分单音节方位词后,构成新的表示方所意义的词语,例如:上头、下头、里头、外头、前头、后头。"头"相当于北京话的"面",受北京话的影响,以上词语可以将"头"换成"面",意义一致。语缀"头"可以附着在个别形容词后,例如:高头上面,"高头"还可以进一步和单音节名词组合,例如:车高头、桌高头、椅高头、墙高头;语缀"头"还可以附着在部分带有明显方所意义的双音节名词后,例如:额角头额角上、角落头角落里。

语缀"嘚"可以附着在单音节名词后,构成表示方所意义的词语,能产程度较高。例如:手嘚、启嘚底部、地嘚、嘴嘚、心嘚、屋嘚、河嘚、碗嘚、乡嘚。

咸宁方言有几个常用且富有特色的方所词语,例如:个边[kəˇ piẽ˧]这边、个着[kəˇ tsoˇ]这儿、这里、那着[ne˧ tsoˇ]那儿、那里、第里[tʻæ˧ æˇ]里面、边舷[piẽ˧ ɕiɛˇ]边上、堂近[tõˇ tɕʻne˧]附近、夹壁[ka˧ piɑˇ]隔壁、床地[tsõˇ tʻiã˧]地上。

(四)时间

表示时间的词包括时间副词和时间名词。咸宁方言时间副词比较丰富,根据所表示时间概念的不同,可分为:表示持续时间如"正、正好、在、正在、一直、一向、一路来、从来、始终、渐渐、仍然"等;表示经常时间如"常、经常、往往、永远、时刻"等;表示过去时间如"嵌[kãˇ]、嵌嵌[kãˇ kãˇ]、嵌将[kãˇ tɕiõ˧]、刚、刚刚、已经、早、早就、原先"等;表示将来时间如"快、马上、立马、就、就要"等;表示短暂时间如"暂时、有时、一时"等。北京话时间副词一般用于主语后谓语前充当状语,咸宁方言时间副词,有些可以位于主语前,起强调作用。例如:

(1)正好我要出门了。

(2)从来伊冇没说我一句好话!

(3)嵌嵌刚刚我都我们把饭喫站完,伊就回屋来了。

(4)暂时我还不想说么呢什么。

咸宁方言时间名词与北京话时间名词有一定的差别,根据所表示时间意义的不同,有以下几个方面:表示年、月、日如"今日、明日、昨日、前日、后日、三十夜除夕"等，"今天"之类的说法是受北京话影响，并逐步在年轻人口头语中使用的；表示节日如"正月十五元宵节、端阳端午节"等；表示一天内各种时间如"日嘞白天、上昼上午、下昼下午、中时中午、下昼边傍晚、夜嘞晚上"等，"昼"是古语词的保留；表示短暂时间如"一刻崽一会儿、一下崽一下子"等，"崽"相当于北京话的"儿、子"，有称小作用；表示相对时间如"刚才毕刚才、眼前头当前"等。

（五）趋向

趋向动词是表示动作行为趋向的动词。分为单纯和合成两类，单纯的由一个趋向动词表示，合成的由两个趋向动词合成。咸宁方言趋向动词构成情况详见表 4-1：

表 4-1 咸宁方言趋向动词表

	上	下	进	出	回	过	起
来	上来	下来	进来	出来	回来	过来	起来
去	上去	下去	进去	出去	回去	过去	起去

一般认为，北京话趋向动词"起"与其他单音节趋向动词在同"来"、"去"组合时，呈非对称现象，即有"起来"而无"起去"。而咸宁方言有"起去"一词。"X 来"和"X 去"的方向性是很明显的，"X 来"和"X 去"不能混用。例如：

(1) 你上来！下头渍湿箇。(说话者位于高处，而听话者位于低处)

(2) 你上去！上头是干箇。(说话者和听话者同时位于低处)

(3) 把车开进来！(说话者位于室内，而听话者位于室外)

(4) 把车开进去！(说话者和听话者同时位于室外)

(5) 早点回来，等你喫饭。(若是打电话，说话者在家里，而听话者在外面。也可以是说话者和听话者都在家里，但听话者即将外出)

(6) 早点回去！你屋人可能在等你喫夜饭晚饭。(说话者和听话者同在外面)

(7) 快起来，等你一路一起去上街 (说话者没有躺或坐着，而听话者正躺或坐着)

(8) 你先起去，我还想瞓一下。(说话者和听话者都躺着)

趋向动词可以直接作谓语，更常见的是用在动词、形容词后面做趋向补语。当补语是复杂趋向补语（合成的）时，若宾语是表示一般的事物或人的名词，北京话的宾语位于补语中间或补语之后都可以，而咸宁方言的宾语只能位于补语之后。例如：

（9）走进一个人来/走进来一个人（北京话）

（10）走进来一个人（咸宁方言）

（11）递过一本书来/递过来一本书（北京话）

（12）递过来一本书（咸宁方言）

若宾语是处所词语，北京话的宾语只能位于补语中间。而咸宁方言需要把复杂趋向补语的第一个趋向动词改为"得"，宾语位于"得"之后，趋向动词之前；必要时，宾语还要作适当变化。例如：

（13）跑进教室里去/＊跑进去教室里（北京话）

（14）跑得教室里去（咸宁方言）

（15）走下楼来/＊走下来楼（北京话）

（16）走得楼下来（咸宁方言）

（六）数量

这里简要说明数词、量词和数量名短语在咸宁方言中的构成和使用情况。

1. 数词

咸宁方言基数词和序数词与北京话无明显差别。基数超过一百的词语，一般要省略末尾的"十、百、千"，例如：一百五、两千三（百）、九万四（千），其中"十"以不出现为常，"百、千"可出现也可以不出现。如果数词或数量短语开头出现"二"，一般读"两"，例如：二（两）百一十五、二（两）斤、二（两）分、二（两）斗。但也有例外，例如：二百五（骂人语）、二两（二和两连用，两是量词）、二斗（斗是度量单位，如果一块田刚好是二斗，人们可以把这块田叫作"二斗"，不会叫作"两斗"）。

咸宁方言概数词与北京话有一定的差异。"一点儿"，咸宁方言叫作"一点崽"或"点崽"；"好多"或"一些些"，咸宁方言叫作"好些"。例如：

（1）你去锅嘞添盛，还剩一点崽。

（2）个这点崽饭喫么呢什么？

（3）好些伢崽病了，冇去读书。

咸宁方言可以在数词、名词和量词后附加"把"，构成概数词，例如：

百把、千把、万把、天把、岁把、年把、个把、隻把、块把。表示的意义往往是不足数词、名词所表达的一个单位数量："百把"是将近一百;"万把"是将近一万;"天把"是将近一天;"年把"是将近一年。或恰好是量词所表达的一个单位数量:"个把"就是刚好一个;"隻把"就是刚好一隻;"块把"就是刚好一块。

2. 量词

咸宁方言名量词较为丰富,根据约定俗成,有些名词前所用量词与北京话有明显的不同,下面举例说明,详见表4-2。

表4-2 咸宁方言名量搭配示例表

名词	咸宁方言所用量词	北京话所用量词
蛋	一个蛋	一只蛋
客（人）	一个客	一位客人
叶（子）	一皮叶	一片叶子
花	一窠花	一棵花
糖	一粒糖	一颗糖
雨	一茬雨	一阵雨
车（子）	一乘车	一辆车子
肉	一刀肉	一块肉
痰	一对痰	一口痰
鱼	一隻鱼	一条鱼
牛	隻牛	一头牛

咸宁方言一般不使用"位、棵、颗、辆、头"等量词,而较多使用与之相对应的"个、窠、粒、乘、隻"等量词。

咸宁方言动量词与北京话差异不大。北京话"V一V"结构中,第二个V有些带有明显的动量词特征,咸宁方言一般要用"V一下"结构来表示,例如:看一看/看一下,说一说/说一下,等一等/等一下,试一试/试一下,歇一歇/歇一下。

3. 数量名短语

咸宁方言数量名短语中,当数词为"一"时,一般要省略"一",显得较为紧凑。例如:

(1) 买了（一）隻鸡走了。

(2) 我跟伊说了（一）句话就各人走各人。

（3）把给（一）本书得你回去看。

（4）得端（一）碗汤伊喝。

（5）来，唰抽（一）根烟。

（七）指代

咸宁方言表示指代意义的词语包括人称代词、指示代词和疑问代词三大类。

1. 人称代词

咸宁方言人称代词比较齐备，详见表4-3。

表4-3　咸宁方言人称代词表

范畴 人称	单数	复数		敬称
		排除式	包括式	
第一身	我 [ŋə˅] 自家 [tsʅ˧ ka˧]	偎 [uæ˅]、 偎都 [uæ˅ tau˧]	我都 [ŋə˅ tau˧]	
第二身	你 [n̩˅]	你都 [n̩˅ tau˧]		你郎 [n̩˅ nã˧]
第三身	伊 [e˅]	伊都 [e˅ tau˧]、 人家 [zən˅ ka˅]、 偏人 [p'iẽ˧ zən˅]、 偏人屋 [p'iẽ˧ zən˅ u˧]		伊郎 [e˅ nã˧]

咸宁方言第一身人称代词单数"自家"相当于北京话的"自己"，复数包括式是"我都"，"都"相当于北京话的"们"，排除式有"偎、偎都"。排除式显得较为亲热。

第二身人称代词有敬称"你郎"，相当于北京话的"您"，可兼用作单数和复数的敬称形式，北京话仅有与单数"你"相对应的敬称"您"。"郎"读作 [nã˧]，与读音 [nɔ˅] 区别较大，应当是起区别意义作用。

第三身人称代词单数为"伊"，咸宁方言第三身人称代词也有敬称"伊郎"，这是明显有别于北京话的一个特点。

咸宁方言人称代词加上复数词尾"都"以后，人称代词必须变调，即"我 [ŋə˅]"和"你 [n̩˅]"由原来的上声变为阴去调"我 [ŋə˧]"和"你 [n̩˧]"，"伊 [e˅]"由原来的阳平变为阴去调"伊 [e˧]"。

2. 指示代词

咸宁方言指示代词分近指和远指两大类。详见表4-4。

表4-4　咸宁方言指示代词表

	近指	远指
基准式	个 [kə˧˩]	那 [ne˧]
个体/名物	个箇 [kə˧˩ kə˧]	那箇 [ne˧ kə˧]
程度	个么 [kə˧˩ mo˧˩]	那么 [ne˧ mo˧˩]
方式/性状	个样 [kə˧˩ iõ˧]	那样 [ne˧ iõ˧]
处所	个着 [kə˧˩ tso˧˩]、个边 [kə˧˩ piɛ˧]、个嘚 [kə˧˩ ne˧]	那着 [ne˧ tso˧˩]、那边 [ne˧ piɛ˧]、那嘚 [ne˧ ne˧]
时间	个巴早 [kə˧˩ pa˧ tso˧˩]	那巴早 [ne˧ pa˧ tso˧˩]
数量	个些 [kə˧˩ sæ˧]	那些 [ne˧ sæ˧]

咸宁方言近指代词基准式为"个",是古汉语词汇在咸宁方言的遗存,李白《秋浦歌》诗句中有"缘愁似个长","个"相当于现代汉语北京话的"这"。咸宁方言不说"这"。由基准式衍生的其他近指代词中,有时"个"要由阳平调变读为阴去调。

咸宁方言远指代词基准式为"那",由基准式衍生的其他远指代词中,有时"那"要由阴平调变读为入声调。

3. 疑问代词

咸宁方言疑问代词可以在"何时、何地、何人、何事、何因、怎么样"基础上增加"多少"来列表说明,详见表4-5。

表4-5　咸宁方言疑问代词

疑问范畴	疑问代词
何时	几巴早 [tɕi˧˩ pa˧ tso˧˩]、么时候 [mo˧˩ sɿ˧˩ xe˧]
何地	哪着 [nau˧˩ tso˧˩]、哪里 [nau˧˩ næ˧]
何人	哪个 [nau˧˩ kə˧]
何事	么呢 [mo˧˩ næ˧]、霉 [mæ˧] "么呢"的合音
何因	做么呢 [tsau˧˩ mo˧˩ næ˧]、做霉 [tsau˧˩ mæ˧]
怎么样	难适 [nã˧˩ sɿ˧]、徉适 [iõ˧ sɿ˧]、尝适 [sõ˧ sɿ˧]
多少	几 [tɕi˧˩]、几多 [tɕi˧˩ to˧]、哪些 [nau˧˩ sæ˧]

咸宁方言表示时间范畴的疑问代词一般用"几巴早",和指示代词"个巴早"、"那巴早"相对应,"么时候"应是受北京话影响后起的说法。表示处所范畴的疑问代词一般用"哪着",和指示代词"个着"、"那着"相对应,"哪里"应是受北京话影响后起的说法。

咸宁方言表示人物范畴的疑问代词用"哪个",绝不说"谁"。表示事物范畴的疑问代词用"么呢 [moˇ nænˉ]",说快时,合音为"霉 [mæ˧]",绝不说"什么"。与此相对应,表示原因范畴的疑问代词用"做么呢"或"做霉",绝不说"为什么"。

咸宁方言表示性状范畴的疑问代词按使用频率高低依次是:难适、佯适、尝适,绝不说"怎么样"。表示数量范畴的疑问代词,如果用来说明事物一般用"几"、"几多",一般用"哪些",绝不说"多少"。

(八) 性状

形容词表示性质状态,可以区分为性质形容词和状态形容词。性质形容词单纯表示属性;状态形容词表示事物的状态。由于方言的主要表现形式是口语,口语句子简短,修饰语使用较少,所以做定语不是方言形容词的主要语法功能。咸宁方言形容词经常充当谓语、补语或状语,除单音节形容词外,多音节形容词一般很少做名词的修饰语。例如:

(1) 伊箇脸通红箇。/＊通红箇脸

(2) 伊箇脸红铁彤箇。/＊红铁彤箇脸

(3) 水井箇青丝 青苔 绿挨嘞。/＊绿挨箇青丝

(4) 伢崽箇手冻得冰铁冷。/＊冰铁冷箇手

(5) 东西太重了,肩臂头 肩膀 都压紫了。

(6) 一个妈者 老年妇女 慌嘞慌张箇跑来了。

(7) 那棵大树把 被 人家屋斫去了。

(8) 黄鸡婆,尾巴拖,三岁伢崽会唱歌。(咸宁民谣)

北京话形容词生动形式包括:重叠、单音节形容词 A 加叠音节或多音节后缀。咸宁方言形容词生动形式则为:重叠、单音节形容词 A 加单音节或多音节后缀,但无 ABB 式。例如:

(9) 红彤 /＊红通通

(10) 绿挨 /＊绿油油

(11) 肉趺 /＊肉乎乎

(12) 亮晖 /＊亮晶晶

(13) 香胖 /＊香喷喷

(14) 干巴□tɕiəŋ˧ /＊干巴巴

(15) 白雪□nə˧ /＊白花花

(16) 黄滴□nəŋ˧ /＊黄澄澄

就重叠而言，北京话单音节形容词 A 的重叠式是"AA"，咸宁方言单音节形容词一般不能重叠使用，而要用单音节形容词 A 加单音节后缀的生动形式。例如：

(17) 长 /＊长长 /长硕箇树 /＊长长箇树

(18) 大 /＊大大 /大硕箇蛇 /＊大大箇蛇

(19) 红 /＊红红 /红彤箇苹果 /＊红红箇苹果

北京话性质形容词 AB 的重叠方式是 AABB，而状态形容词 AB 的重叠方式是 ABAB。咸宁方言性质形容词和部分状态形容词 AB 式的重叠方式都是 AABB，状态形容词 AB 式一般不能重叠为 ABAB，而要用单音节形容词 A 加单音节或多音节后缀。例如：

(20) 干干净净 /清清楚楚 /恭恭敬敬 /笔笔直直

(21) ＊雪白雪白 /白雪□nə˧

(22) ＊冰凉冰凉 /冰铁斥

(23) ＊通红通红 /红彤

(24) ＊碧绿碧绿 /绿挨

(25) ＊鲜红鲜红 /红滴彤

咸宁方言形容词最有特色的部分主要体现在单音节形容词 A 加单音节或多音节后缀的生动形式上。

（九）程度

咸宁方言常用程度副词主要有：蛮 [mãu] 很、很、几 [tɕiʌ] 多么、几么 [tɕiʌ moʌ] 多么、好、太、特、特别、最、更、格外、非常、越、越发、过于、比较、稍微、略微、有点崽 [iɑu˩ tiẽ˩ tsa˩] 有点儿。

"蛮"是老派咸宁方言中较有特色、使用频率最高的程度副词，相当于北京话的程度副词"很"。受北京话影响，"很"开始渗入咸宁方言口语中来，特别是在中青年人口语中较为常见。"蛮"所在的偏正结构，如果处于句末，句末可以出现也可以不出现语气词"嘞"，以出现为常。例如：

(1) 个这东西真是蛮好（唰），几多钱买箇？

(2) 坐在石头上乘凉，蛮舒服（唰）。

(3) 我都我们个着这儿箇泉水好喝，蛮多人来个里这里挑水喝。

(4) 个伢崽很不错，懂事。/个伢崽蛮不错（唰），懂事。

(5) 歇奴家新娘很灵醒漂亮。/歇奴家蛮灵醒（唰）。

"几"和"几么"使用频率也较高，语速较快时，一般用"几"，较舒缓时用"几么"，相当于北京话的"多么"。"几"和"多"经常连用构成"几多"，北京话用"多么"，而咸宁方言用"几么"，体现了在构词时方言与北京话不同的语素选择倾向，有的选此弃彼，有的则选彼弃此。咸宁方言一般不说"多么"。"几"、"几么"所在的偏正结构如果单独成句，一般在句末用语气词"哦"，如果不用，则在"几"前用"不晓得 [puˀ ɕieˇ teˀ] 不知道"，有夸张或极言的味道。例如：

(6) 不说伊屋，几龌龊脏哦。/不说伊屋，不晓得几龌龊。

(7) 自家自己屋梨树结箇梨，几么香哦。/自家屋梨树结箇梨，不晓得几么香。

(8) 你嫌臭，你说我听箇唰，伢崽箇屁大便到底有几臭？

"比较、稍微、略微、有点崽 [iɑuˇ tiẽˇ tsaˇ] 有点儿"，是咸宁方言中表示程度较浅的几个程度副词，其中，"有点崽"使用频率最高。例如：

(9) 外面箇人有点崽拐坏，不要惹伊。

(10) 学生有点崽不听话，不好教。

受北京话影响，程度副词"非常"开始进入咸宁方言，但咸宁方言绝不用"十分"。

（十）介引

咸宁方言常用介词主要有：从、自从、到、在、当、朝、顺倒、沿倒、按、照、按照、依、依倒、本倒、经过、根据、凭、为、为了、因、由于、因为、对、对于、把、跟、关于、除、除了、把、叫、比、跟。

北京话里既有介词"朝"也有"向"，咸宁方言一般用"朝"，不说"向"；咸宁方言不用助词"着"而用"倒"，所以北京话里的介词"顺着、沿着、依着、本着"，在咸宁方言里成了"顺倒、沿倒、依倒、本倒"，"为着"则说"为了"。例如：

(1) 我看倒伊朝我走过来。

(2) 他向我走过来。（北京话）

(3) 伊朝我走过来。（咸宁方言）

(4) 水顺倒屋檐沟流下来了。

(5) 沿倒河边走。

(6) 伊属虎，只能依倒伊说。

(7) 本倒为个些人大家服务箇想法，我想说几句。

(8) 为了伊都他们，我个这些年不晓得喫了几多苦。

咸宁方言介词"把[pa↗]"一身兼两职，既用于处置句引出受事者，相当于处置句标志"把"；又用于被动句引出施事者，相当于被动句标志"被"。详见本章"处置句"和"被动句"。又由于介词"把[pa↗]"是由动词"把[pa↘]"虚化而来，而咸宁方言动词"把[pa↘]"虚化程度不高，常用作实义动词，表示"给、给与"意义，通过变调与介词相区别，所以咸宁方言不用表示被动的介词"给"，凡是北京话用介词"给"的地方，都可以代换为介词"把"。咸宁方言表示被动的介词还有"叫"。例如：

(9) 说鬼账鬼故事把我人吓煞死了。

(10) 牛把草喫了。（处置）/草把牛喫了。（被动）

(11) 良心给狗吃了。（北京话）

(12) 良心把狗喫了。（咸宁方言）

(13) 良心叫狗喫了。（咸宁方言）

咸宁方言介词"跟"同时兼有北京话介词"跟"、"同"、"和"的职能，一般不用介词"同"、"和"。例如：

(14) 跟这种人讲是白讲。（北京话）

(15) 跟个种人说是白说了箇。（咸宁方言）

(16) 同我比你还差那么一点儿。（北京话）

(17) 跟我比你还差那么一点崽。（咸宁方言）

(18) 和人家比还差得远。（北京话）

(19) 跟偏人比还差得远。（咸宁方言）

（十一）关联

咸宁方言关联词语包括词间关联词语和句间关联词语。词间关联词语主要有：跟、还有、或者、还、一路……一路……、又……又……。其中，"跟"、"还有"、"或者"主要用于体词性短语内部词语关联，"跟"表示并列关系，咸宁方言不用"和"；"还有"表示递进关系；"或者"表示选择关系。例如：

(1) 我跟伊是好朋友。

(2) 苹果跟香蕉是我屋伢崽最喜欢喫箇水果。

(3) 我爸还有我娘，年纪都大了。

(4) 我呆袋荷包破了，钱还有身份证都落掉了。

(5) 今日杀鸡或者鸭喫。

(6) 桌或者椅，你只能要一样。

"还"、"一路……一路……"主要用于动词之间的关联，"又……又……"既用于动词之间的关联，也用于形容词间的关联。例如：

(7) 伊就是泼妇，不仅打还骂我。

(8) 喫饭还说话，真是要不得。

(9) 一路说一路笑，真是热闹。

(10) 又哭又闹，烦煞人。

(11) 又粗又硬，个这米不好喫。

(12) 偏人屋别人家箇伢崽又聪明又听话。

咸宁方言句间关联词语可按关系来分类。表示并列关系的关联词语有：又……又……、一边……一边……、不是……是……，咸宁方言不用既……又……、一面……一面……。例如：

(13) 又说我好，又说我热心。

(14) 一边打，一边骂。

(15) 不是我不晓得，是我不想说。

咸宁方言表示顺承关系的关联词语有：接倒、就、才、先……后……。例如：

(16) 伊提起水桶，接倒把水倒得水缸里头去。

(17) 屋嘞箇田还没栽站完，伊就溜了。

(18) 我走得楼下来了，才想起来门冇锁。

(19) 我先去银行，后去菜场。

咸宁方言表示递进关系的关联词语有：不但……而且……，其中"不但"可以替换为"不仅、不只、不光"；"而且"可以替换为"并且、甚至、就连、更"。例如：

(20) 我不但要说，而且还要跟伊屋爷娘说。

(21) 不只你想走，我更想走。

(22) 不光人受不了，就连狗都受不了。

咸宁方言表示选择关系的关联词语有：或者……或者……，是……还是……，不是……就是……，要么……要么……。例如：

(23) 或者你去，或者我去，反正得一个人去。

(24) 是你说，还是我说，由你作主。

(25) 不是你买菜，就是我买菜，冇得其他人帮忙。

(26) 要么搭车去，要么骑车去。

咸宁方言表示转折关系的关联词语有：但是，不过，虽然……但是……、即使……也……、哪怕……也……、就算……也……、宁可……也……、不管……都……。例如：

(27) 我说了，但是伊不听。

(28) 都送人情了，不过伊冇收。

(29) 虽然你不说，但是我心里清楚。

(30) 即使天塌了，也不要怕。

(31) 哪怕我穷煞，也不会去求你。

(32) 就算伊是好心，偏人听了也受不了。

(33) 小王宁可走路，也不坐人家箇车。

(34) 不管你么样说，我都不会相信你。

咸宁方言表示因果关系的关联词语有：因为……所以……、既然……就……、既然……那……。例如：

(35) 因为天冇落雨下雨，所以田嘞箇水干了。

(36) 爷娘既然看生了你，就有责任教你。

(37) 既然话说到个着这里，那我就把脸皮撕破。

咸宁方言表示目的关系的关联词语有：……便得……、……免得……。例如：

(38) 把东西放边下旁边一点，便得人家好走路。

(39) 早点打电话回屋去，免得上人长辈心里羁牵绊倒。

咸宁方言表示假设关系的关联词语有：如果……就……、要是……就……。例如：

(40) 如果外面不好玩，就早点崽回来。

(41) 你要是想少点麻烦，就过细小心点。

咸宁方言表示条件关系的关联词语有：只有……才……、只要……就……、除非……才……、一……就……、越……越……。例如：

(42) 只有像伊个种人，才会说个种话。

(43) 开会只要有人说话，下面就听不太清楚。

(44) 除非你买，我才会买。

(45) 天一落雨下雨，就赶紧把眼晾晒外头箇衣收回来。

(46) 越是劝伊，伊越是哭得伤心。

（十二）体貌

"体"表示动作、事件在一定时间进程中的状态，"貌"表示动作行为的情貌特征。咸宁方言的体貌系统主要用词汇手段（虚词，主要是助词）来实现，有时也用形态手段（词的重叠）来实现。这里主要介绍咸宁方言与北京话有差异的体貌现象。

1. 完成体

完成体表示动作行为在某一参照时间之前已经完成，完成以后所产生的状态延续到参照时间。咸宁方言完成体的标记也是"了 [nɑ˧]"，但不像北京话那样读轻声。例如：

(1) 我喫了饭，伊还有喫。

(2) 找了一个座位。

(3) 阳台高头上面箇衣收了。

(4) 兀场禾场上箇谷稻子把被鸡喫了。

有些北京话里通过进行体来表达的句子，咸宁方言也可以用完成体来表述。例如：

(5) 开着灯睡觉。（北京话）

(6) 开倒灯眍瞌睡。/ 开了灯眍瞌睡。（咸宁方言）

2. 进行体

进行体表示动作行为在某一参照时间仍在进行。北京话进行体的标记是"着"，而咸宁方言进行体的标记是"倒 [to˧]"，可以在后面附加"在 [tsʽa˧]"进一步表明动作行为的进行状态；还可以省略"倒"，只在句尾附

加"在";北京话通过"正在、在"等来表达的进行体,咸宁方言也可以通过在句尾附加"在"的方式来表达。例如:

(1) 坐着吃比站着吃好。(北京话)

(2) 坐倒喫比徛倒喫好。(咸宁方言)

(3) 看着他来。(北京话)

(4) 看倒伊来。(咸宁方言)

(5) 他坐着。(北京话)

(6) 伊坐倒在。(咸宁方言)

(7) 屋里的灯还亮着。(北京话)

(8) 屋嘞箇灯还亮倒在。(咸宁方言)

(9) 天下着雨。(北京话)

(10) 天正落倒雨在。/天落雨在。(咸宁方言)

(11) 他们夫妻俩正在吵架。(北京话)

(12) 伊都两婆佬正在争架。/伊都两婆佬争架在。(咸宁方言)

3. 尝试貌

咸宁方言尝试貌一般用"V 一下"来表示,在年轻人口语中偶尔可见使用动词重叠的方式。例如:

(1) 喫了看一下。

(2) 说来听一下。

(3) 挖了看看。

有时候,在动词后面附加"箇呢 [kə˧ ne˧]",例如:

(4) 把个件衣穿了看箇呢。

(5) 借我开了试箇呢。

(6) 说了听箇呢。

4. 完结貌

咸宁方言完结貌一般用"V 站 [tsã˨]"表示,"站"相当于北京话的"完","V 站"可以独立成句,北京话"V 完"一般不能。完结貌不同于完成体,它强调动作行为本身的完结状态,而不考虑动作行为发生的时间与说话时间之间的参照关系,但完结貌也经常和完成体标记"了"结合使用。例如:

(1) —柴斫砍冇斫站啦?

—斫站。/*斫了。

(2) —书看冇看站?

—看站。/*看了。

(3) 做站事再来跟我结工资。

(4) 喫站了。

(5) 等你看站了再说。

(十三) 语气

表达语气的词有两大类:语气副词和语气助词。咸宁方言的语气副词比较丰富,常见的语气副词有:必定、肯定、趁早、迟早、大概、到底、得得幸亏[teˀ teˀ]、亏、幸亏、反倒、格外、根本、好生、反正、横竖、会、简直、究竟、可能、怕、恐怕、足怕只怕[tsauˀ p'ɑˇ]、落不其实果然[nəˀ puˀ tɕiˇ sˀ]、偏偏、偏、千万、一定、确、确实、生来、说不定、兴许、应该、硬、值得、最好、先不先无所谓地[ɕiẽˀ puˀ ɕiẽˀ]、早不早不合时宜地[tsɔˇ puˀ tsɔˇ]。用法与北京话差异不大,这里仅列举几个北京话里没有的语气副词的用法。

(1) 得得我倚站开了,差一点崽石头打倒我脑壳脑袋。

(2) 伊他落不其实还是去了。

(3) 足怕伊是喫多了。

(4) 我先不先懒耳理睬伊得。

(5) 你早不早跑去做么呢什么啦?

咸宁方言的语气助词比较少,包括:笛[kəˀ]、了[naˇ]、啊[ŋaˀ]、呢[neˀ]、吧[pAˇ]、哦[əˇ]、啦[naˀ]、呗[peˀ]。例如:

(6) 我都我们不会忘记你都你们笛。(陈述语气)

(7) 那个瓶是用来装油笛。(陈述语气)

(8) 不说了。(祈使语气)

(9) 阿牛把草喫了。(陈述语气)

(10) 哪个啊?(疑问语气)

(11) 走啊!(祈使语气)

(12) 老四呢?(疑问语气)

(13) 你想难适怎么样呢?(疑问语气)

(14) 个话是你说箇吧？（测度、疑问语气）

(15) 是伊屋种箇树吧。（测度语气）

(16) 好红哦！（感叹语气）

(17) 真灵醒漂亮哦！（感叹语气）

(18) 你想不想去啦？（疑问语气）

(19) 你郎您个巴早现在在做么呢什么啦？（疑问语气）

(20) 去呗，接你郎。（祈使语气）

(21) 钱数是对箇呗。（陈述语气）

咸宁方言语气助词"啊"无类似北京话的语流音变现象。以上例子，除例（7）中的"箇"，例（8）、（9）中的"了"，例（12）中的"呢"不能省略外，其余的语气助词既可出现也可不出现。出现时，语气显得相对平和些，不那么生硬，这在祈使句中尤为明显。相对北京话来说，咸宁方言语气助词使用频率较低，有些北京话倾向于使用语气词的句子，在咸宁方言中，一般不使用语气词，试比较以下句子：

(22) 你在干什么呢？（北京话）

(23) 你在做霉什么？（咸宁方言）

(24) 这是你父亲吗？（北京话）

(25) 个是你爷？（咸宁方言）

(26) 你是谁啊？（北京话）

(27) 你是哪个？（咸宁方言）

（十四）拟音

这里主要介绍咸宁方言的叹词和象声词。

1. 叹词

叹词是表示强烈感情（惊讶、赞美、埋怨、叹息等）以及表示召唤、应答的词。北京话里常用的叹词主要有：哈哈、唉呀、啊、哼、呸、哎哟、嗨、哦、喂、嗯、哎等等。咸宁方言叹词主要有：啊 [ŋaˀ]、唉 [ŋæˀ]、欤 [ŋeˀ]、哦 [ŋoˀ]、哦呵 [ʔeˀxeˀ]、嗯 [n̩ˀ]、哎哟 [ŋaˀioˀ]、秀禾 [ɕiəuˀxəˀ]、哼 [xəŋˀ]。与北京话相比较，咸宁方言以下几个叹词比较特殊："欤"相当于"喂"；"哦呵"是猛然醒悟后发出的声音，北京话中没有相应的词可以对应；"哼"在咸宁方言中，主要是用来表示否定的应答；"秀禾"表示赞叹之意。

北京话中，叹词的独立性很强，能独立成句，不跟其他词组合，有时活用为其他词，作句子成分。咸宁方言叹词除了独立成句外，也经常入句，充当谓语。例如：

(1) 啊，你刚才说么呢？

(2) 你"啊"么呢？

(3) 哦呵，我把书搞忘记擔拿来。

(4) 伊郎"他"或"她"的敬称"哦呵"一声，把东西落掉得地上去。

(5) 哼，我不嘞烟抽烟。

(6) 你"哼"么呢啦"哼"？

(7) 秀禾，个这大一隻鱼，亏你把伊捉倒箇。

2. 象声词

象声词，是摹仿自然声音构成的词，在书面语上，可用方言同音或近音字或字串来记录，更多的是无字可记。同样的声音，用不同的方言来表达，可谓千差万别。咸宁方言的象声词鲜明生动，在一定程度上还原了自然声音的原貌，有的还呈现出独特的地方风采，反映了方言区人们的心理和态度。常见且与北京话差异较大的象声词有：

(1) □□公 [ki˧ ki˧ kəŋ˧]：公鸡鸣叫声。

(2) □□ [kə˧ tɑ˧]：母鸡鸣叫声。

(3) □ [niau˧]：猫的叫声。

(4) □ [eŋ˧]：猪的哼叫声。

(5) 嘎嘎 [ka˩ ka˩]：鸭子的叫声。

(6) □□ [eŋ˧ eŋ˧]：苍蝇、蚊子、蜜蜂等昆虫的叫声。

(7) 妈 [mã˧]：牛的叫声。

(8) □ [əŋ˧]：门轴转动的声音。

(9) □ [pəŋ˧]：物体入水的声音。

(10) 呜呜 [u˧ u˧]：风声、汽车驶过声音等。

(11) 麦黄枯 [mɑ˧ uã˧ kʻu˧]：一种类似布谷鸟的候鸟的叫声。每当麦子快成熟的时候，这种鸟儿飞来咸宁，并不停地发出鸣叫声，咸宁人认为，这种鸟儿的叫声是在提示人们要及时收割小麦，否则，小麦容易枯萎在地里，没法收割。

(12) 各家插禾 [kə˧ tɕia˧ tsʻɑ˧ xo˩]：布谷鸟的叫声。咸宁有个传说，讲以前有个人贪于眼前的一饭一食，专门为他人打工，自己家的农事却不去做，后来人家都收获了，而他家却颗粒无收。饿死以后他变成了一只小鸟。每到农忙季节，就飞出来，并发出凄厉的叫声。咸宁人认为，这种鸟儿的叫声是在提示人们不要错过农时。

咸宁方言象声词既受制于方言语音系统，又有一定的突破。说受制于方言语音系统，是因为绝大多数象声词的语音来自于方言声韵调；说有一定的突破，是因为有的象声词音节超出了方言声韵调正常配合情况。

（十五）变音

咸宁方言无小称变音和主宾格变音现象，但是，咸宁方言人称代词作定语要变音。咸宁方言人称代词作主语、宾语时读本音，"我"读 [ŋəʌ]；"你"读 [ɲʌ]；"伊"读 [eʌ]；作定语则要变音，声调都读为阴去213调。例如：

(1) 我明日去武汉。
(2) 不要策我。
(3) 个是我 [ŋeʌ] 爷。
(4) 你到底想哪适怎么样？
(5) 说你不是说我。
(6) 你 [ɲʌ] 屋箇钱多得用不了。
(7) 伊不想活了。
(8) 哪个敢惹伊哦。
(9) 老王想接伊 [eʌ] 娘来住。

人称代词复数形式也变音，例如：我 [ŋeʌ] 都、你 [ɲʌ] 都、伊 [eʌ] 都。这种变音现象服务于语义表达和语法结构，显然不同于纯语音层面的语流音变现象，也不同于词汇层面的音变构词。

（十六）其他

1. 特殊动词

真正意义上的特殊动词，如判断动词"是"、能愿类动词、趋向动词的用法，咸宁方言和北京话基本上无差异。这里主要介绍几个在咸宁方言中使用频率较高，而在北京话没有或不常用的动词。

1.1 把 [paʌ]

咸宁方言的动词"把"相当于北京话的动词"给"，而北京话的"把"

主要用作介词，作实义动词用的"把"一般不单用，例如：把握、把关、把持，更不用来表示"给"的意思。咸宁方言"把"的虚化程度没有北京话高，但使用频率却极高，咸宁方言绝不用"给"。例如：

(1) 把命哦，还把钱得伊，做梦！

(2) 把一个苹果你喫。

(3) 每个月把几多钱你崽用啦？

(4) 把还是不把，随你。

(5) 阿鸡进笼箇时候，把点崽谷得伊喫了。

1.2 舞 [u˧]

咸宁方言的动词"舞"相当于北京话的动词"做"，咸宁方言有"舞饭做饭"一词。从目前来看，"舞"有逐步被"做"取代的趋势，呈现混用状态。例如：

(1) 个东西你舞不舞得站啦？这东西你会不会做呢？

(2) 青菜交得我来炒，其他菜你来舞。

(3) 我要回去了，伢崽放学得快要，我要舞饭。

凡是用"舞"的地方都可以用"做"或其他动词如"炒"来代替，例如上面的例子。但用"做"的地方不一定都能用"舞"来代替。例如：

(4) 个崽肉事情舞煞死人。

(5) 个崽肉事情做煞人。

(6) 做事要哨腊动作快点。／＊舞事要哨腊点。

(7) 做人在老实点。／＊舞人要老实点。

(8) 做嘴亲嘴。／＊舞嘴。

1.3 冇得 [mo˧ te˥]

咸宁方言表示"有无"义的动词"冇得"相当于北京话的动词"没"、"没有"，使用频率极高，咸宁方言绝不用"没"、"没有"。例如：

(1) 还有冇得饭，我还想喫。

(2) 冇得菜噾和饭吃，啃猪脚。（咸宁童谣）

(3) 有爷娘父母看生育，冇得爷娘教。（咸宁熟语）

(4) ——我跟你说箇事是有还是冇得？

——冇得。

2. 范围副词

咸宁方言的范围副词主要有：都、只、统统、净、拢共总共、总共、一齐、一路、一律、一下全部、都 [iʔ xɑ˧]、压 [iɑʔ] "一下" 的合音、有点崽、光、光秃光、只、多半，这里仅举例说明：

（1）我拢共冇得五个，还分得你？

（2）一齐慢点走。

（3）我都一路去上街。

（4）你都一下说批评我！／你都压说我！

（5）我人有点崽不如法不舒服。

（6）你光秃喫饭不喫啊。

3. 情态副词

咸宁方言的情态副词也非常丰富，这里仅介绍一个在咸宁方言中常用，但北京话没有的情态副词"特为是特意 [tɕʰɤʔ uæʔ sʅʔ]"。

（1）我特为是跑得乡下去秤来箇乡猪肉。

（2）算了，伊又不是特为是箇，是失错不小心。

（3）我特为是说得伊听箇。

4. 结构助词

北京话里结构助词一般区分为"的、得、地"，"的"是定语的标志，"得"是补语的标志，"地"是状语的标志。咸宁方言定语和状语的标志都用"箇"，有人建议将北京话的定语和状语标志合并为"的"，从方言事实来看，有一定的合理性。例如：

（1）桌上箇书要还人家了。

（2）伊打煞了夹壁隔壁箇狗。

（3）伊娘伤心箇走了。

（4）慢慢箇走回屋去了。

作状语标志的"箇"有时候可以省略。例如：

（5）慢慢（箇）走回屋去了。

（6）好生（箇）想一下。

咸宁方言补语的标志与北京话相同。例如：

（7）打得好！

（8）看得倒还是看不倒？

5. 有定成分

有定是关于名词指称的概念，如果在交际中，某个名词性成分所指称的对象能够为交际双方所共知，那么这个名词性成分就是有定的。咸宁方言有一种较为特殊的有定成分，由"阿＋NP"构成。例如：

(1) 阿牛把谷_{稻子}喫了。

(2) 阿牛把我屋箇谷喫了。

(3) 阿牛把阿谷喫了。

(4) 一隻猫儿跑得屋第里来，把阿鱼衔走了。

(5) 阿风把屋吹垮了。

(6) 阿狗喫了夜饭就冇见了。

(7) 阿黄鸡婆开始孵鸡崽了。

"阿"读 [aㄱ]，NP 主要是光杆名词，如例（1）至例（6）中的"牛、谷、鱼、风、狗"，也可以是名词性短语，如例（7）中的"黄鸡婆"。例（1）和例（3）相比较，例（1）中的"谷"是无定的，而例（3）中的"谷"是有定的。也就是说，凡是前面出现"阿"的名词性成分（除"阿"缀词语外）都是交际双方所熟知的。

二、句法

（一）处置句

咸宁方言的处置句非常有特色，表现在：表示被动的介词和表示处置的介词都共用一个"把"，也就是说咸宁方言的"把"一身兼北京话里的"被"和"把"两职。例如：

(1) 读书箇_{读书的}把书落了，映牛箇_{放牛的}把牛落了。（读书的把书丢了，放牛的把牛丢了。）

(2) 伊把花生喫刮光了。

(3) 风把屋吹倒了。

由于"把"一身兼两职，有时候，通过变换主语和宾语所得到的两个句子，一个是被动句，另一个是主动句，表达出来的意思却都是一样的。例如：

(4) 草把牛喫了。(被动句)

(5) 牛把草喫了。(处置句)

草不可能吃牛,所以上面的两个句子意思是一样的。有时候,当主语和介词宾语是对等的两个成分时,单独看一句话,被动和处置的界限就比较模糊。例如:

(6) 我把伊吓煞了。

(7) 小王把小李捅了。

上面两个句子分别有表示被动和处置两种可能。当作被动句理解时,(6) 表示"我被他吓坏了",(7) 表示"小王被小李捅了";当作处置句理解时,(6) 表示"我吓坏了他",(7) 表示"小王捅了小李"。但在具体的言语交际中,交际双方可以根据具体的语言环境作出正确的判断,一般不会引起交际障碍。

另外,咸宁方言中动词"把",读作 [pa˧],与介词"把",读作 [pa˩],共用相同的词形。例如:

(8) 把那本书把(得)我。

(9) 把个这个苹果把伊喫,把那个梨把(得)我喫。

例 (8) 中前一个"把"是介词,后一个"把"是动词,例 (9) 中两个分句中的前一个"把"都是介词,后一个"把"都是动词。

(二) 被动句

在汉语中,被动句有两大类型:一种是意念被动句,这种句子在形式上同主动句完全一样,没有任何形式上表示被动意义的标志。另一种是有形式标志的被动句,可以称为被动句式。在现代汉语北京话中,常见的形式标志主要是"被",由"被"字构成的被动句称之为"被字句",此外,还有"给"、"叫"、"让"等等。现代汉语各方言在形式上的标志则呈现出一定的差异性。

咸宁方言没有"被"字句。咸宁方言表示被动意义的句子也有以上两大类:

1. 意念被动句

(1) 碗打破了,大万幸,伢崽冇趺倒。(碗被打破了,幸好,孩子没有摔着。)

（2）人压煞了，开车箇跑了。（人被压死了，开车的跑了。）

（3）鱼喫了瓶还在，猫儿不晓得到哪里去了。（鱼被吃了瓶还在，猫不知道到哪去了。）

意念被动句在表述时，一般都有比较具体的语言环境，其动作的施行者一般都是对话双方心知肚明的，因此主语和谓语动词之间所构成的被动意义能够很顺利地被受话人所理解。

2. 被动句式

（4）草把牛喫了。

（5）钱把戳白小偷偷去了。

（6）那本书把得伊落掉了。

咸宁方言中被动句式的标志是"把"，读作[pɑ˩]，与处置句共用同一个介词，这是咸宁方言与北京话被动句式有差异的地方。咸宁方言没有"被"字构成的被动句式，"被"在咸宁方言中仍未虚化，可以单用或者出现在合成词中，如：被窝、棉被、被面、被心、被里、被单，都表示"棉被、被子"的含义，这和《说文》"寝衣也"的释义一致。王力先生认为："带关系语（施事者）的'被'字句在汉末已经有了萌芽。"① 而在此之前，被动标志"于、为、见、为……所"等早已广泛使用。由此可见，较之于古代汉语被动句式其他几个形式标志，"被"用作引入施动对象的介词是最晚的，咸宁方言至今未能产生表被动的被字句，也证明了这个事实。

咸宁方言被动句式可以概括为"受动＋把（得）＋施动＋谓动＋（补）＋了"格式。需要说明的是，介词"把"和施动者必须同时出现，或者同时不出现（这时构成意念被动句），而北京话的被动句式有只出现介词而不出现施动者的情况，如："小狗被打死了"。咸宁方言被动句"把"的后面还可以跟上一个"得"，这大概是承作动词的"把"的用法而来。

咸宁方言"把"字被动句的谓语动词可以是单纯的单音节动词，如例（4）、（6）中的"喫、落"，也可以是动补结构的双音节动词或短语，如例（5）中的"偷去"及下例中的"打破、搞落"：

（7）茶杯把得伊打破了。

---

① 王力：《汉语史稿》，中华书局，1980年版，第427页。

(8) 钱把伢崽搞落掉了。

所有的"把"字被动句，在句尾都有一个"了"，表示受动主语所遭受的一切已经完结。

（三）致使句

致使句是表示使令意义的句子，即主语使宾语怎么样。在现代汉语北京话中，致使句广泛采用具有使令意义的动词"使、让、令"等，这些表示使令含义的句子都是兼语句式。在咸宁方言中，也可以使用具有使令意义的动词"叫、让"等来构成兼语句，从而表达使令意义。例如：

(1) 哪个叫你来簹？
(2) 做事情要让人家屋别人满意。

但在咸宁方言中，更多的情况是直接保留古代汉语的使动用法。例如：

(3) 你说话真气人。
(4) 伊做事真急人。
(5) 个件事情想起来伤脑筋。
(6) 总个来说，你蛮嫌人。

北京话中虽然也有类似的表达，但是不及咸宁方言使用的频率高，这些表达在咸宁方言中都是常用口头语。与古代汉语使动用法相比，咸宁方言不再采用名词来构成使动用法。

（四）比较句

在言语实际中，当人们运用语言对两个或多个同类事物进行质或量的比较时，就构成了比较句。从结构上看，比较句通常包含比较项、比较值和比较词。比较项包括比项（简称A）和被比项（简称B），比项A和被比项B可以是体词性成分，如名词、代词等，也可以是谓词性成分，如动词、形容词或动词、形容词性短语等。比较值有时只是一种笼统值（简称W），有时则是一种量化值（简称Z）。比较词（简称C）在北京话和各方言中所用的形式不尽相同。

根据被比较事物之间的差异，咸宁方言的比较句可以分为以下几种类型：

1. 等比句

当被比较事物在质或量上具有一致性时，可以使用等比句，如果被比较的双方都出现，可以采用"A+C+B+一样+W"的形式，其中，C通常用"跟"。例如：

(1) 我跟伊一样高。

(2) 伊爷父亲跟我爷父亲年纪一样大。

(3) 做爷父亲箇跟做崽儿子箇一样冇得取没用。

有时候，可以采用否定的形式来说明被比较事物难分高下，结构为"A+不见得+C+B+W"，其中，C通常用"比"。例如：

(4) 个这个不见得比那个好。

(5) 红箇不见得比绿箇好看。

有时候被比较的两方或多方被包含在一起（简称AB），可以采用"AB+一样+W"或"AB+都+W"的形式。例如：

(6) 我都我们一样高。

(7) 苹果跟梨都好喫。

(8) 那几个老几都不是么好人。

(9) 那些人都不好惹。

2. 差比句

当被比较事物之间存在质或量的不同时，可以使用差比句，常用的格式有"A+C+B+W"或"A+C+B+W+Z"，其中，C通常用"比"，有时候用"冇得"或"不如"。例如：

(10) 坐倒喫比倚站倒喫好。

(11) 伊比我还不如。

(12) 我比伊高一点崽。

(13) 伊比我矮好几届。

(14) 个这里冇得你屋好玩。

(15) 红箇不如绿箇好。

有时候，比较值同时起到比较值和比较词的作用，比较词不出现，格式为"A+W+B+Z"。例如：

(16) 伊矮我两届。

(17) 我高伊一个头。

在特定语境下，被比较事物可以只出现一方，但另一方往往是交际双方心知肚明的。例如：

(18) 伊高些。

(19) 个这个瓜甜些。

(20) 伊屋我去得最多。

(五) 疑问句

咸宁方言的是非问句可以单纯用语调来表示，不使用语气词。例如：

(1) 这是你爷父亲？

(2) 今日是星期一？

(3) 我说过个这话？

(4) 你拿得起？

(5) 锄头是你屋箇？

(6) 今日煮箇是粥？

咸宁方言的特指问与北京话最大的不同表现在疑问代词的差别比较大。例如：

(7) 你是哪个谁？

(8) 你找哪个？

(9) 哪个跟我一路去武汉？

(10) 你跟哪个一路去？

(11) 你到哪里去？

(12) 你几巴早什么时候去武汉？

(13) 今日箇会要开到几巴早？

(14) 你要几多多少蛋？

(15) 鸡蛋几多钱一斤？

(16) 你说么呢什么？

(17) 么呢事情比看生孩子还重要？

(18) 个这件事情么样怎么、怎样说解决？

咸宁方言的选择问句一般用"……还是……"结构，而北京话除"……还是……"结构外，还经常使用"是……还是……"结构。咸宁方言的选择问句一般不用语气词。近年来，受北京话影响，青年人中也开始使用"是……还是……"结构。例如：

(19) 先喫还是先睏?

(20) 你去还是我去?

(21) 喜欢读书还是喜欢映牛放牛?

(22) 是先喫还是先睏?

咸宁方言的反复问句较多使用"V不V"结构或"V冇V"结构,有时使用"全句+V不V"结构。不使用"V不"结构。例如:

(23) 你拿不拿得起?

(24) 个这个人是不是你爷父亲?

(25) 听冇听伊说我箇拐话坏话?

(26) 我跟你说话,你听冇听倒?

(27) 有冇得个件事?

(28) 你根本就没去,是不是?

(29) 个这件衣蛮灵醒漂亮,要不要?

"V不V"结构侧重的是"是与否","V冇V"结构侧重的是"有与无",二者并不能互换。

当"V"是双音节词时,使用"V不V"结构和"V冇V"结构须作适当变形,即前一个"V"只是后一个"V"的一部分。例如:

(30) 看到高不高兴?

(31) 我买箇衣你喜不喜欢?

(32) 菜场箇菜便不便宜?

(33) 你听冇听说个这件事?

(34) 牛过冇过去呀?

(六) 否定句

咸宁方言表示否定的词主要有副词:不、冇、莫,还有否定性动词:冇得。"不"主要用在动词、形容词前表示否定。例如:

(1) 你想去就去,我不想去。

(2) 我问了半天,伊就是不吱声。

(3) 今日下昼不开会。

(4) 打煞死我也不说。

(5) 个这女崽长得不灵醒漂亮。

(6) 伊年纪大，人一点都不糊涂。

(7) 个子高，长得不肉肥胖。

(8) 不大不细小，正好。

否定性祈使句，主要用"不"来否定，"不"后也可接上"要"。例如：

(9) 不去！／不要去！

(10) 不吱声！／不要吱声！

(11) 不开！我不想看到伊。／不要开！我不想看到伊。

"不"可以构成"V不X"动补结构，表示动作行为的不可能，一般不用"不能"、"不会"来修饰动词或动词性结构。例如：

(12) 太重了，我拿不起来。

(13) 少说多做，累不煞死你。

(14) 个这件事复杂得很，外人搞不清白。

常见的"V不X"结构有：V不得、V不倒。例如：

(15) 做错事还说不得？

(16) 如今箇伢崽金贵，打打不得，骂骂不得。

(17) 我脚跌摔了，走不得路。

(18) 个这大箇人了，还听不到话。

(19) 女伢崽打不倒毛衣。

(20) 乡下老妈用不倒煤气灶。

"冇"主要修饰动词，相当于北京话的"没"，咸宁方言不用"没"。例如：

(21) 桂花还冇开。

(22) 蛇尾巴打断了，还冇死。

(23) 早晨买的包包子，我冇喫，都已经馊了。

(24) 我冇看到你屋箇牛。

"冇"有时可以用在祈使句中，相当于"别、不要"，"冇"后面的成分一般是多音节的。例如：

(25) 冇吱声！

(26) 冇瞎说！看清楚了再说。

(27) 冇做咁事！

(28) 冇做对不起我箇事。

肯否式问句，咸宁方言可以用"V 不 V"和"V 冇 V"来进行表达。"V 不 V"主要表达主观意愿和可能性，回答时，不能直接用"不"来表示；"V 冇 V"主要表达已然和未然，回答时，可以直接用"冇"来表示。例如：

(29) —去不去？
—不去。

(30) —下昼开不开会？
—不开会。

(31) —你说不说？
—不说。

(32) —桂花开冇开？
—冇。/冇开。

(33) —蛇打冇打煞？
—冇。/冇打煞。

(34) —早晨箇包喫冇喫？
—冇。/冇喫。

"冇得"是一个否定性动词，相当于北京话的"没有"。例如：

(35) 今日应该冇得雨。

(36) 班嘞冇得姓王的人。

(37) 冇得事就不要来烦我。

(38) 今年六月间冇得往年热。

(39) 崽儿子冇得爷父亲高。

(40) 红包冇得绿包好看。

"冇"和"冇得"分属不同的词类，意义和分工明确，北京话中歧义句"门没有锁"在咸宁方言中是不存在的。"门冇得锁"和"门冇锁"界限分明。

"莫"主要用于个别熟语中，带有警示性味道。例如：

(41) 欺人莫欺小，过路莫逗狗。

(42) 大哥莫说二哥。

(七) 可能句

可能句是表示"可能"语义范畴的句子。咸宁方言可能句除了通过在动词前加能愿助动词来实现外，更多的是采用可能补语来表达，有三种情况：

一是在述语和结果补语之间加入"得［te˧］"或"不［pu˧］"，表示动作的结果、趋向可能或不可能出现。例如：

写得（不）站完｜听得（不）懂｜出得（不）去｜解决得（不）好｜看得（不）清楚

二是将"得"或"不得"用在述语之后作补语，表示动作行为的结果可能实现或不能实现。例如：

去得（去不得）｜喫得（喫不得）｜认得（认不得）｜落丢失得（不得）｜大意得（不得）｜耽搁得（不得）

三是将"得了"或"不了"用在述语后面作补语，表示动作行为的结果可能实现或不能实现。例如：

走得了（走不了）｜办得了（办不了）｜定得了（定不了）

可能句用于疑问句时，北京话一般用"V得V不得"或"V得了V不了"或"V得CV不C"来表示，咸宁方言则用"V不V得"或"V不V得了"或"V不V得C"来表示。例如：

(1) 这些果子吃得吃不得？（北京话）
(2) 个些果嘞喫不喫得？（咸宁方言）
(3) 你们来得了来不了？（北京话）
(4) 你都来不来得了？（咸宁方言）
(5) 这个东西很重，拿得动拿不动？（北京话）
(6) 个个东西蛮重，拿不拿得起？（咸宁方言）

（八）存现句

存现句是表示某人某物在某处（或某时）存在、出现或消失的句子。与北京话相比，咸宁方言的存现句的主语也往往是处所词或时间词，但是，北京话存现句的动词后常附着有动态助词"着"，咸宁方言则用"倒"，而且句末还要附加上"在"，表示动作产生状态的持续。例如：

(1) 门口倚倒两个人在。（门口站着两个人。）
(2) 桌嘞放倒一本书在。（桌上放着一本书。）

有时，咸宁方言存现句的动词后附着的动态助词是"了"，句末就不用附加"在"。例如：

（3）墙高墶挂了一张画。（墙上挂着一幅画。）

（4）脑壳戴了一顶帽。（脑袋戴着一顶帽。）

（5）屋嘞来了人客。（家里来了客人。）

（6）伊屋嘞死了人。（他家里死了人。）

（7）个间屋出了鬼。（这间房子出了鬼。）

（8）那时候落了雨。（那时候下着雨。）

咸宁方言存现句也经常把北京话存现句的宾语提前，充当施事主语。此时，动词后的动态助词可以是"在"，也可以是"倒"，句末可加"在"，也可不加。例如：

（9）两个兵徛在（/倒）门口（在）。（门口站着两个兵。）

（10）主席团坐在（/倒）台上（在）。（台上坐着主席团。）

不能把咸宁方言上面的存现句简单理解为转换以后的主谓句。因为北京话存现句转化为主谓句后，处所词一般放在介词"在"后面构成介宾短语，充当状语。例如：

（11）存现句：门口站着两个兵。

　　　　主谓句：两个兵在门口站着。

（12）存现句：台上坐着主席团。

　　　　主谓句：主席团在台上坐着。

（九）祈使句

用于表达命令、请求、禁止、劝阻等意义的句子叫做祈使句。祈使句因对象（即主语）往往是第二人称，所以主语通常省略。按照意义的不同，咸宁方言的祈使句大致可以分为以下几类。

1. 表示命令的祈使句

表示命令的祈使句都带有强制性，要求对方必须服从，言辞肯定，态度严肃。例如：

（1）架倒！（放着！）

（2）站倒！（站着！）

（3）叫伊进来！（让他进来！）

（4）快去打火！（快去救火！）

2. 表示请求的祈使句

与表示命令的祈使句相比，表示请求的祈使句的语气要舒缓一些，有

时可以使用语气词"啊",主语可出现,也可不出现。例如:

(5) 请跟我都多提意见(啊)!(请给我们多提意见!)
(6) 你郎坐(啊)!(您请坐啊!)
(7) 个个问题你来回答!(这个问题你来回答吧!)
(8) 帮我一下忙!(帮帮我的忙吧!)

3. 表示禁止的祈使句

表示禁止的祈使句明确表示禁止对方做什么事情,言辞强硬,态度坚决,不用语气词。为了强调,主语有时可以出现。例如:

(9) 别蠕!(别动!)
(10) 不准瞎说!(不许胡说!)
(11) 个着不准嗍烟!(此处不准吸烟!)
(12) 你不要去!
(13) 哪个都不要随便说话!

4. 表示劝阻的祈使句

表示劝阻的祈使句语调比较平缓,可以用语气词"吧"。例如:

(14) 要好生听老师箇话!(要好好听老师的话啊!)
(15) 你都几个去休息一下(吧)!(你们几个休息一会儿吧!)
(16) 一下都少说几句!(大家都少说几句吧!)
(17) 你都不要拿伊开玩笑!(你们不要拿他开玩笑!)

(十)感叹句

感叹句是用来表达喜、怒、哀、乐等强烈感情的句子。咸宁方言的感叹句可以分成两大类。一类含有表示程度的限制词,如"真"、"几么"、"太"、"好"等;一类不用表示程度的限制词,而是直接抒发感叹。咸宁方言感叹词主要有"啊"、"哦"。例如:

(1) 真好!
(2) 真缺德(啊)!
(3) 几么高哦!(多么高啊!)
(4) 太高!
(5) 个本书太烂了!(这本书太烂了!)
(6) 好拐(啊)!(真坏啊!)
(7) 好!真好!

(8) 破!

(9) 丑!

(10) 缺德!

(十一) 双宾句

双宾句是谓语动词后跟两个宾语的句子,其中一个是直接宾语,表物,另一个是间接宾语,表人。现代汉语北京话中,双宾句的典型结构为:S+V+O_1+O_2,其中 O_1 是间接宾语,O_2 是直接宾语。咸宁方言双宾句与北京话的区别主要表现在宾语的位置,大多数情况下,O_2 在 O_1 前,可以表示为:S+V+O_2+(得)+O_1。例如:

(1) 把一本书我。/把一本书得我。

(2) 送两块钱伊。/送两块钱得伊。

(3) 得端一把椅我。/得一把椅得我。

(4) 掴两巴掌你。/掴两巴掌得你。

有时候,为了强调动作施加的对象,间接宾语只能放在直接宾语前,这时双宾的位置与北京话的一致。例如:

(5) 嗓训斥、讽刺伊几句。

(6) 打伊一毛栗磕栗凿。

(7) 差我两块钱。

(十二) 动补句

咸宁方言的动补句,可以分为有标记动补句和无标记动补句。有标记动被句的补语标记是"得",格式为"谓语+得+补语",当出现宾语时,宾语有时可在补语前,也可以在后。格式为"谓语+得+补语+宾语",或"谓语+得+宾语+补语";有时宾语只能放在补语后。例如:

(1) 打得痛。

(2) 瞓得香。

(3) 说得赢伊。

(4) 说得伊赢。

(5) 我打得赢伊。

(6) 我打得伊赢。

(7) 打得煞人。

(8) 喊得出名号。

无标记动补句也有两种情况。一种补语是肯定性的，当出现宾语时，宾语有时可以在补语前，也可以在后；有时宾语只能放在补语后。例如：

(9) 打煞人了。

(10) 刺真多，□tsə˧扎煞人了。

(11) 打开门。

(12) 等一下老王。

(13) 等老王一下。

(14) 丢落锄头就是爬梳钉耙。

(15) 伊打你崽几巴掌。

一种补语是否定性的，格式为"谓语＋不＋补语中心语"。当出现宾语时，宾语有时可以在补语前，也可以在后，格式为"谓语＋不＋补语中心语＋宾语"，或"谓语＋宾语＋不＋补语中心语"；有时宾语只能放在补语后。例如：

(16) 说不快。

(17) 看不清。

(18) 我打不赢伊。

(19) 我打伊不赢。

(20) 策骗不倒我。

(21) 策骗我不倒。

(22) 喊不出名号。

(23) 个伢崽真缠人，丢不脱手。

(24) 我看不清楚字。

（十三）其他

1. "只［tsʅ˧］（箇）［kə˧］V"句

在咸宁方言中，"只［tsʅ˧］（箇）［kə˧］"附着在单音节动词前构成"只［tsʅ˧］（箇）［kə˧］V"。［tsʅ˧］的本字是否是"只"，目前还很难说，但因它的读音和"只"的文读音相同，而且它有时有"只"的意义，所以我们这里写作"只"。［kə˧］意义上相当于北京话中的助词"地"，如果把"的、得、地"看作同一个"的"的变体的话，那么［kə˧］可以用"箇"来记录。咸宁方言中的"只"在句中有时相当于北京话中的"只、只管"。

例如：

(1) 你只说，不要怕，有我在。

(2) 你只徛足，我保证不得耳你。

更多的时候，"只"表示"直、一直"的意思。例如：

(3) 伊只跑只跑，一直跑到车站。

(4) 伊只奢笑只奢，不晓得奢一些么呢。

(5) 今年箇雪真大，只呕不停地往下落，仿佛人呕吐一样。

"只"可以直接修饰动词，显然是个副词，如"只说、只跑、只颠"等，但"只"不能修饰形容词，也不能单独用来回答问题。

"箇"可以出现也可以不出现，以出现为常，"V"可以是普通单音节动词，能产程度极高，例如：只（箇）笑｜只（箇）蹦｜只（箇）跑｜只（箇）翻｜只（箇）□tɑ⌐喋喋不休，等。也可以是兼有象声或摹状意义的动词，例如：只（箇）呜｜霍闪只（箇）□yɑ⌐火光闪烁的样子。

"只（箇）V"强调动作急促或频率较高，有"一个劲儿地 V"的意思，如"只（箇）笑"就是"一个劲儿地笑"，"只（箇）跑"就是"一个劲儿地跑"。

"只（箇）V"是流行于鄂南大冶、阳新、通山、咸宁等东片县市的说法，相当于流行于鄂南嘉鱼、蒲圻、崇阳、通城等西片县市的"VV甚"①，例如：只（箇）笑＝笑笑甚｜只（箇）蹦＝蹦蹦甚｜只（箇）跑＝跑跑甚｜只（箇）翻＝翻翻甚｜只（箇）呜＝呜呜甚，等。

"只（箇）V"可以作谓语、补语、状语、定语。例如：

(6) 风一吹，树桠只（箇）摆。

(7) 绳一扯脱，牛崽就只（箇）纵箇，不晓得跑得哪里去了。

(8) 我出劲一吼，吓得伊他只（箇）蹦箇。

(9) 伊笑得只（箇）搋。

(10) 火车只（箇）呜箇开过去了。

(11) 猫儿只（箇）溜猫叫箇跑了。

(12) 只（箇）抖箇手难适怎么样写得好字？

---

① 陈有恒：《鄂南方言的几个语法现象》，载《咸宁师专学报》1990年第1期。

(13) 嘴巴只（箇）□tʻaʔ 喋喋不休箇人做不站事不会做事。

为了强调动作的急促和持续不断，"只（箇）V"可以重叠使用。例如：

(14) 喜得只（箇）蹦只（箇）蹦。

(15) 伊他手只（箇）舞只（箇）舞，一冇注意，碰得门上去了。

2．"V 倒 [toʌ]"句

在咸宁方言中，助词"倒"附着在动词后，构成"V 倒"，其主要作用是构形，表示动词的进行体，例如：坐倒｜倚倒｜跕倒｜放倒｜听倒｜睏倒，等。咸宁方言动词"倒"的本义是"倒下"，例如：打倒"四人帮"｜日嘞不断桥，夜嘞不倒屋，等。助词"倒"由动词"倒"虚化而来，虚化程度较高，除略微有点"下来"的意味外，基本上只有语法意义，表示动作完成并进入持续状态，相当于北京话的"着"。

"V 倒"这种用法在湖北的其他地方，几乎半数以上也如此。因为"倒"相当于北京话的"着"，所以"坐倒"就是"坐着"，"睏倒"就是"睡着"，"拿倒"就是"拿着"，"听倒"就是"听着"，"跟倒伊走"就是"跟着他（她）走"，"看倒伊来"就是"看着他（她）来"。

在"V 倒"中，后缀"倒"要求动词所表示动作必须在完成之后能够进入某种状态，也就是说并非所有动词都能进入"V 倒"中来，"V 倒"中的动词大多是无动作过程的点结构动词，这些动词具有［＋完成］和［＋状态］两种语义特征，例如：坐、倚、跕、睏。

"V 倒"在句中以不带宾语为常，也可以带上宾语，构成"V 倒 O"结构，还可以采用"把"字句将宾语提前。例如：

(1) 你跟我倚倒！

(2) 我看倒伊来。

(3) 我听倒伊说个件事。

(4) 你爷陪倒客在。

(5) 把书敦放倒！

(6) 把门锁倒！

"V 倒"还常与"在"配合使用，构成"V 倒在"结构，强调动作行为处于持续进行之中。例如：

(7) 伊坐倒在。

(8) 伢崽还睏倒在。

(9) 小王跍倒在。

(10) 你爷陪倒客在。

3. "一［i˧］V（V）"句

在咸宁方言中，"一"附着在动词性语素之前，构成"一V"或"一VV"，能产程度较高，例如：一昂｜一闩｜一搁｜一掩掩 太阳欲出不出的样子｜一眯眯｜一垮垮，等等。"一V"入句时，主要充当谓语，前面往往出现"把"字结构，表示动作的对象。例如：

(1) 把头一昂。

(2) 伊把门一闩，走了。

"一VV"入句时也充当谓语，但前面有时不能出现"把"字结构，这时，"VV"表示前面主语的状态。例如：

(3) 天一掩掩嘞。

(4) 人一哈哈呆呆的样子嘞。

有时则可以出现也可以不出现"把"字结构，不出现的时候，"VV"表示前面主语的状态，出现的时候，"把"字后的宾语是"VV"支配的对象。例如：

(5) 眼睛一眯眯。

(6) 伊把眼睛一眯眯嘞。

(7) 脸一垮垮。

(8) 伊把脸一垮垮。

在咸宁方言中，"一V"或"一VV"表示的语法意义主要有以下三种情况。

表示动作已经完成。例如：

(9) 把帽一扔。

(10) 把标语一撕。

表示动作正在持续。例如：

(11) 把书包一背。

(12) 把饭碗一得 te˧ 端。

表示短促性动作的非连续性。例如：

(13) 把桌一拍。

(14) 把旗一甩。

4. 紧缩句

紧缩句，是指采用单句形式表达复句内容的句子。这种句子，往往是由具有并列、承接、假设、条件等关系的复句紧缩而成。所谓紧，就是紧凑，没有了分句间的语音停顿；所谓缩，就是压缩，省略了各分句的某些词语。在日常交际中，为了简洁、明快地表情达意，人们常常使用紧缩句。在咸宁方言中，紧缩句也广泛用于日常交际。例如：

(1) 书书冇读好，事事冇做站会。

(2) 书书冇见了，笔笔冇得，真是出了鬼。

(3) 说说不站会，做做不到，你有狗卵用！

(4) 高高不成，低低不就。

(5) 长长不了几多，短短不了几多，差不多嘞。

(6) 打打不得，骂骂不得。

紧缩句往往有未言尽但又不须明说的话。这里对例（1）作简单分析。例（1）可以理解为：你读书，书没有读好；你做事，事情也不会做；你到底能做什么？这个紧缩句其实包含三句话，前两句又各是复句。两个复句各有一个单句的关键词被抽出来，"你读书"被抽出来的是"书"；"你做事"被抽出来的是"事"，"书"和"事"分别置于后一个单句之前，形成句首重叠，两单句合而为一。表达时重叠部分有明显的停顿，而且都需要重读。

三、语法例句

说明：先出北京话例句，后列咸宁方言对应说法，最后用国际音标标音。

001（这句话用咸宁话怎么说？）

个句话用咸宁话么样说？

kəɹ tɕyɹ xuaʌ iəŋ˥ ɕiaʌ niənɹ xuaʌ moʌ iõ˥ ɕyeㄱ?

002（你还会说别的地方的话吗？）

你还会不会说其他地方簡话？

n̩ʌ xaʌ fæ˥ puㄱ fæɹ ɕyeʌ tɕi˥ tʼaㄱ tʼæ˥ fõ˥ kəㄱ xuaʌ?

003 (不会了，我从小就没出过门，只会说咸宁话。)

　　不会，我从细就冇出过门，只会说咸宁话。

　　pu˧ fæ˧, ŋə˩ tsʰə˩ ɕæ˩ tɕʰɑu˩ mo˧ tɕʰy˩ kuə˩ mən˩, tsɿ˧ fæ˧ ɕye˧ ɕiã˩ niən˩ xuɑ˩。

004 (会，还会说通山话、武汉话，不过说得不怎么好。)

　　会，还会说通山话、武汉话，不过说得不么样好。

　　fæ˧, xɑ˩ fæ˧ ɕye˧ tʰu˧ sã˩ xuɑ˩, u˩ xõ˩ xuɑ˩, pu˧ kuə˩ ɕye˧ te˧ pu˧ mo˧ iõ˧ xo˩。

005 (会说北京话吗?)

　　会不会说北京话?

　　fæ˧ pu˧ fæ˧ ɕye˧ pʰu˩ tʰəŋ˧ xuɑ˩?

006 (不会说，没有学过。)

　　不会说，冇学过。

　　pu˧ fæ˧ ɕye˧, mo˧ ɕiə˧ kuə˩。

007 (会说一点儿，不标准就是了。)

　　会说一点崽，不过不标准。

　　fæ˧ ɕye˧ i˧ tiẽ˩ tsɑ˩, pu˧ kuə˩ pu˧ pie˧ tɕyən˩。

008 (在什么地方学的普通话?)

　　在么地方学箇普通话?

　　tsʰa˧ mo˩ tʰæ˧ fõ˧ ɕiə˧ kə˧ pʰu˩ tʰəŋ˧ xuɑ˩ ?

009 (上小学中学都学普通话。)

　　读小学中学都学普通话。

　　tʰɑu˧ ɕie˩ ɕiə˧ tsəŋ˧ ɕiə˧ tɑu˧ ɕiə˧ pʰu˩ tʰəŋ˧ xuɑ˩。

010 (谁呀? 我是老王。)

　　哪个啊? 我是老王。

　　na˩ kə˩ ŋa˩? ŋə˩ sɿ˧ no˩ uõ˩。

011 (您贵姓? 我姓王，您呢?)

　　你郎贵姓? 我姓王，您郎呢?

　　n̩˩ nã˧ kuæ˩ ɕiən˩? ŋə˩ ɕiən˩ uõ˩, n̩˩ nã˧ ne˧?

012 (我也姓王，咱俩都姓王。)

　　我也姓王，我都都姓王。

　　ŋə˩ iɑ˩ ɕiən˩ uõ˩, ŋə˩ tɑu˧ tɑu˧ ɕiən˩ uõ˩。

013（巧了，他也姓王，本来是一家嘛。）

巧事，伊也姓王，本来就是一家人。

tɕʰiɑu˧˩ sɿ˥, e˧˩ iɑ˧˩ ɕien˧˩ uõ˧˩, pən˥ nai˧˩ tɕʰiau˥ sɿ˥ i˥ kɑ˥ zən˧˩。

014（老张来了吗？说好他也来的！）

老张来冇来？说好了伊也要来箇！

no˧˩ tsõ˥ nai˧˩ mo˥ nai˧˩? ɕye˥ xo˧˩ nai˧˩ e˧˩ iɑ˧˩ ie˧˩ nai˧˩ kə˥!

015（他没来，还没到吧。）

伊冇来，可能还冇到。

e˧˩ mo˥ nai˧˩, kʰə˧˩ nəŋ˧˩ xa˧˩ mo˥ to˧˩。

016（他上哪儿了？还在家里呢。）

伊到哪里去了？还在屋嘞。

e˧˩ to˧˩ nai˧˩ næ˧˩ tɕʰi˧˩ nai˧˩? xa˧˩ tsʰa˥ u˥ ne˥。

017（在家做什么？在家吃饭呢。）

在屋做么呢？在屋喫饭。

tsʰa˥ u˥ tsau˧˩ mo˥ næ˧˩? tsʰa˥ u˥ tɕʰi˥ fã˥。

018（都几点了，怎么还没吃完？）

都几点了，难适还冇喫站？

tau˥ tɕi˧˩ tiẽ˧˩ nai˧˩, nã˧˩ sɿ˥ xa˧˩ mo˥ tɕʰi˥ tsã˧˩?

019（还没有呢，再有一会儿就吃完了。）

还冇，再过一刻崽就喫站了。

xa˧˩ mo˥, tsai˧˩ kuə˥ i˥ kʰe˥ tsai˧˩ tɕʰiau˥ tɕʰi˥ tsã˧˩ nai˧˩。

020（他在哪儿吃的饭？）

伊在哪里喫箇饭？

e˧˩ tsʰa˥ nai˧˩ næ˧˩ tɕʰi˥ kə˥ fã˥?

021（他是在我家吃的饭。）

伊是在我屋喫箇饭。

e˧˩ sɿ˥ tsʰa˥ ŋo˧˩ u˥ tɕʰi˥ kə˥ fã˥。

022（真的吗？真的，他是在我家吃的饭。）

真箇啊？真箇，伊是在我屋喫箇饭。

tsən˥ kə˥ ŋa˥? tsən˥ kə˥, e˧˩ sɿ˥ tsʰa˥ ŋo˧˩ u˥ tɕʰi˥ kə˥ fã˥。

023（先喝一杯茶再说吧！）
先喝一杯茶再说！
ɕiẽ˧ xə˧ i˧ pæ˧ tsʰa˩ tsa˩ ɕye˧!

024（说好了就走的，怎么半天了还不走？）
说好了就走箇，难适半天还不走？
ɕye˧ xo˩ na˩ tɕiau˧ tse˩ kə˧, nã˩ sɿ˧ põ˩ tʰiẽ˧ xa˩ pu˧ tse˩?

025（他磨磨蹭蹭的，做什么呢？）
伊懈得，在做么呢？
e˩ xa˧ te˧, tsʰa˧ tsau˩ mo˩ næ˩?

026（他正在那儿跟一个朋友说话呢。）
伊正在那着跟一个朋友说话。
e˩ tsən˩ tsʰa˧ ne˧ tso˩ kẽ˧ i˧ kə˩ pʰəŋ˩ iau˩ ɕye˧ xua˩。

027（还没说完啊？催他快点儿！）
还有说站啊？催伊快点！
xa˩ mo˧ ɕye˧ tsã˩ ŋa˩? tsʰæ˧ e˩ kʰua˩ tiẽ˩!

028（好，好，他就来了。）
好，好，伊就来。
xo˩, xo˩, e˩ tɕiau˧ na˩。

029（你上哪儿去？我上街去。）
你到哪里去？我上街去。
n̩˩ to˩ na˩ næ˩ tɕʰie˩? ŋə˩ sõ˧ ka˧ tɕʰie˩。

030（你多会儿去？我马上就去。）
你几巴早去？我马上就去。
n̩˩ tɕi˩ pa˧ tso˩ tɕʰie˩? ŋə˩ ma˩ sõ˧ tɕiau˧ tɕʰie˩。

031（做什么去呀？家里来客人了，买点儿菜去。）
去做么呢？屋里来人客了，去买点崽菜。
tɕʰie˩ tsau˩ mo˩ næ˩? u˧ næ˩ na˩ zən˩ kʰa˩ na˩, tɕʰie˩ ma˩ tiẽ˩ tsa˩ tsʰa˩。

032（你先去吧，我们一会儿再去。）
你先去，我都等一下崽再去。
n̩˩ ɕiẽ˧ tɕʰie˩, ŋə˩ tau˧ tiẽ˩ i˧ xa˧ tsa˩ tsa˩ tɕʰie˩。

033（好好儿走，别跑！小心摔跤了。）

好生走，不要跑！过细点，冇跶了。

xoˇ sã˦ tseˇ, puˀ ieˇ pʼóˇ! kuəˇ sæˇ tiẽˇ, moˀ ta˦ naˇ。

034（小心点儿，不然的话摔下去爬都爬不起来。）

过点细，搞不好跶下去爬都爬不起来。

kuəˇ tiẽˇ sæˇ, koˇ puˀ xoˇ ta˦ xa˦ tɕʼieˇ pʼáˇ tau˦ pʼáˇ puˀ tɕʼiˇ naˇ。

035（不早了，快去吧！）

不早了，快点去！

puˀ tsoˇ naˇ, kʼuaˇ tiẽˇ tɕʼieˇ!

036（这会儿还早呢，过一会儿再去吧。）

个巴早还早，过一刻崽再去。

kəˇ pa˦ tsoˇ xaˇ tsoˇ, kuəˇ li˦ kʼeˀ tsaˇ tsaˇ tɕʼieˇ。

037（吃了饭再去好不好？）

喫了饭再去行不行？

tɕʼiaˀ naˇ fã˦ tsaˇ tɕʼieˇ ɕiənˇ puˀ ɕiənˇ?

038（不行，那可就来不及了。）

不行，那就来不及了。

puˀ ɕiənˇ, ne˦ tɕʼiauˀ naˇ puˀ tɕʼiˀ naˇ。

039（不管你去不去，反正我是要去的。）

不管你去不去，反正我是要去箇。

puˀ kuõˇ n̩ˇ tɕʼieˇ puˀ tɕʼieˇ, fã˦ tsən˦ ŋeˇ sɿ˦ ieˇ tɕʼieˇ kəˇ。

040（你爱去不去。你爱去就去，不爱去就不去。）

随你去不去。你想去就去，不去就算了。

sæˇ n̩ˇ tɕʼieˇ puˀ tɕʼieˇ。n̩ˇ ɕiõˇ tɕʼieˇ tɕʼiauˇ tɕʼieˇ, puˀ tɕʼieˇ tɕʼiauˇ sõˇ naˇ。

041 那我非去不可！

ne˦ ŋəˇ fæ˦ tɕʼieˇ puˀ kʼɔˇ!

042（那个东西不在那儿，也不在这儿。）

那个东西不在那着，也不在个着。

ne˦ kəˇ təŋ˦ sæˇ puˀ tsʼa˦ ne˦ tsoˇ, iaˇ puˀ tsʼa˦ kəˇ tsoˇ。

043 (那到底在哪儿?)

那到底在哪里?

ne˧ to˦ tæ˦ tsʼa˧ na˦ næ˦?

044 (我也说不清楚，你问他去!)

我也说不清，你去问伊!

ŋə˦ ia˦ ɕye˧ pu˧ tɕʼən˧, n̩˦ tɕʼie˦ uən˦ e˦!

045 (怎么办呢? 不是那么办，要这么办才对。)

难适得了? 不是那样做，是个样做才行。

nã˦ sɿ˧ te˧ nie˦? pu˧ sɿ˧ ne˧ iõ˧ tsau˦, sɿ˧ kə˦ iõ˦ tsau˦ tsʼa˦ ɕiən˦。

046 (要多少才够呢?)

要几多才有了?

ie˦ tɕi˦ tə˧ tsʼa˦ iau˦ na˦?

047 (太多了，要不了那么多，只要这么多就够了。)

太多了，要不了那多，只要个么多就够了。

tʼa˦ tə˧ na˦, ie˦ pu˧ nie˦ ne˧ tə˧, tsɿ˧ ie˦ kə˦ mo˦ tə˧ tɕʼau˧ kə˦ na˦。

048 (不管怎么忙，也得好好儿学习。)

不管么样忙，也要好生学习。

pu˧ kuõ˦ mo˦ iõ˧ mõ˦, ia˦ ie˦ xo˦ sã˧ ɕiə˦ sæ˧。

049 (你闻闻这朵花香不香?)

你嗅一下个朵花香不香?

n̩˦ ɕiəŋ˦ li˦ ɣuə˧ kə˦ tə˦ xua˧ ɕiõ˧ pu˧ ɕiõ˧!

050 (好香呀，是不是?)

真香，是不是箇啊?

tsən˧ ɕiõ˧, sɿ˧ pu˧ sɿ˧ kə˧ ŋa˦?

051 (你是抽烟呢，还是喝茶?)

你是嘞烟还是喝茶?

n̩˦ sɿ˧ sə˧ iẽ˧ xa˦ sɿ˧ xo˦ tsʼa˦?

052 烟也好，茶也好，我都不会。

iẽ˧ ia˦ xo˦, tsʼa˦ ia˦ xo˦, ŋə˦ tau˧ pu˧ fæ˧。

053（医生叫你多睡一睡，抽烟喝茶都不行。）

医生叫你多睏一下，嗍烟喝茶都不行。

i˧ səŋ˧ tɕieɹ˧ n̩ɹ tɘ˧ kʰuɐn˩ i˧ xa˧, sə˩ iẽ˧ xɛ˩ tsʼa˩ tau˧ pu˧ ɕiən˩。

054（咱们一边走一边说。）

我都一边走一边说。

ŋəɹ tau˧ i˧ piẽ˧ tse˩ i˧ piẽ˧ ɕye˩。

055（这个东西好是好，就是太贵了。）

个个东西好是好，就是太贵了。

kə˩ kə˩ təŋ˧ sæ˧ xo˩ sʅ˩ xo˩, tɕiau˧ sʅ˩ tʰa˩ kuæ˩ na˩。

056（这个东西虽说贵了点儿，不过挺结实的。）

个个东西虽说贵了点，不过蛮扎实嘞。

kə˩ kə˩ təŋ˧ sæ˧ sæ˧ ɕye˧ kuæ˩ na˩ tiẽ˩, pu˧ kuə˩ ma˩ tsa˩ sʅ˩ ne˧。

057（他今年多大了？）

伊今年几大年纪？

e˩ tɕiən˧ niẽ˩ tɕi˩ tʰa˧ niẽ˩ tɕi˩ ?

058（也就是三十来岁吧。）

大概三十几岁。

tʰa˧ kʰa˧ sã˧ sʅ˩ tɕi˩ sæ˩。

059（看上去不过三十多岁的样子。）

看上去像得只有三十几岁。

kõ˩ sõ˧ tɕʼie˩ tɕiõ˩ te˧ tsʅ˩ iau˩ sã˧ sʅ˩ tɕi˩ sæ˩。

060（这个东西有多重呢？）

个个东西有几重？

kə˩ kə˩ təŋ˧ sæ˧ iau˩ tɕi˩ tsʼəŋ˧ ?

061（怕有五十多斤吧。）

只怕有五十几斤。

tsʅ˧ pʼa˩ iau˩ u˩ sʅ˩ tɕi˩ tɕiən˧。

062（我五点半就起来了，你怎么七点了还不起来？）

我五点半就起来了，你难适七点了还冇起来？

ŋə˩ u˩ tiẽ˩ põ˩ tɕiau˧ tɕi˩ na˩ na˩。n̩˩ nã˩ sʅ˩ tsʼæ˩ tiẽ˩ na˩ xa˩ mo˩ tɕi˩ na˩ ?

063 三四个人盖一床被。一床被盖三四个人。

sã˧ sʅ˩ kə˩ zən˩ ka˩ i˧ tsʰõ˩ pʰæ˧。i˧ tsʰõ˩ pʰæ˧ ka˩ sã˧ sʅ˩ kə˩ zən˩。

064 一个大饼夹一根油条。一根油条外加一个大饼。

i˧ kə˩ tʰa˧ piã˩ ka˧ i˧ kẽ˧ iau˩ tʰiɛ˩。i˧ kẽ˧ iau˩ tʰiɛ˩ ua˩ tɕia˧ i˧ kə˩ tʰa˧ piã˩。

065 (两个人坐一张凳子。一张凳子坐了两个人。)

两个人坐一把凳。一把凳坐两个人。

niõ˩ kə˩ zən˩ tsʰə˧ i˧ pa˩ tiɛ˩。i˧ pa˩ tiɛ˩ tsʰə˧ niõ˩ kə˩ zən˩。

066 (一辆车装三千斤麦子。三千斤麦子刚好够装一辆车。)

一乘车装三千斤麦。三千斤麦将好装一乘车。

i˧ tsʰən˩ tsʰa˧ tsõ˧ sã˧ tɕʰiẽ˧ tɕiən˧ ma˩。sã˧ tɕʰiẽ˧ tɕiən˧ ma˩ tɕiõ˧ xo˩ tsõ˧ i˧ tsʰən˩ tsʰa˧。

067 (十个人吃一锅饭。一锅饭够吃十个人。)

十个人喫一锅饭。一锅饭够十个人喫。

sʅ˧ kə˩ zən˩ tɕʰia˧ i˧ kuə˧ fã˧。i˧ kuə˧ fã˧ kɛ˩ sʅ˧ kə˩ zən˩ tɕʰia˧。

068 (十个人吃不了这锅饭。这锅饭吃不了十个人。)

十个人喫不了个锅饭。个锅饭喫不了十个人。

sʅ˧ kə˩ zən˩ tɕʰia˧ pu˧ nie˩ kə˩ kuə˧ fã˧。kə˩ kuə˧ fã˧ tɕʰia˧ pu˧ nie˩ sʅ˧ kə˩ zən˩。

069 (这个屋子住不下十个人。)

个屋住不下十个人。

kə˩ u˧ tɕʰy˧ pu˧ xa˧ sʅ˧ kə˩ zən˩。

070 (小屋堆东西，大屋住人。)

细屋堆东西，大屋住人。

sæ˩ u˧ tæ˧ təŋ˧ sæ˧，tʰa˧ u˧ tɕʰy˧ zən˩。

071 (他们几个人正说着话呢。)

伊都几个人正在说话。

e˩ tau˧ tɕi˩ kə˩ zən˩ tsən˩ tsʰa˧ ɕye˧ xua˩。

072（桌上放着一碗水，小心别碰倒了。）

桌嘞放了一碗水，过点细，冇碰泼了。

tsɛ˧ nɛ˧ fõ˧ nɑ˥ i˥ uõ˥ ɕy˥, kuɑ˥ tiɛ̃˥ sæ˥, moʊ˧ p'ə˧ pʻɛ˧ nɑ˥。

073（门口站着一帮人，在说着什么。）

门口站倒一伙人在，正在说么呢。

mən˥ k'ɛ˥ tsã˥ toʊ˥ i˥ xɤ˥ zən˥ ts'ɑ˥, tsən˧ ts'ɑ˧ ɕyɛ˧ moʊ˥ næ˥。

074（坐着吃好，还是站着吃好？）

坐倒喫好，还是徛倒喫好？

ts'ɤ˧ toʊ˥ tɕ'i˧ xoʊ˥, xɑ˥ sɿ˧ tɕ'i˧ toʊ˥ tɕ'i˧ xoʊ˥？

075（想着说，不要抢着说。）

想了再说，不要抢倒说。

ɕiõ˥ nɑ˥ tsɑ˥ ɕyɛ˧, pu˥ iɛ˥ tɕ'iõ˥ toʊ˥ ɕyɛ˧。

076（说着说着就笑起来了。）

一边说一边就笑起来了。

i˧ piɛ̃˧ ɕyɛ˧ i˧ piɛ̃˧ tɕ'iɑu˥ ɕiɛ˥ t̚ɕʻi˥ nɑ˥ nɑ˥。

077（别怕！你大着胆子说吧。）

不要怕！你大点胆说。

pu˥ iɛ˥ p'ɑ˥! n̩˥ t'ɑ˧ tiɛ̃˧ tã˥ ɕyɛ˧。

078（这个东西重着呢，足有一百来斤。）

个个东西重呢，足有百把斤。

kɤ˥ kɤ˥ təŋ˧ sæ˧ ts'əŋ˧ næ˥, tsɑu˧ iɑu˥ pɛ˧ pɑ˥ tɕiən˧。

079（他对人可好着呢。）

伊对偏人屋不晓得几好。

ɛ˥ tæ˧ p'iɛ̃˧ zən˥ u˧ pu˥ ɕiɛ˥ tɛ˧ tɕi˥ xoʊ˥。

080（这小伙子可有劲着呢。）

个男伢崽不晓得几有劲。

kɤ˥ nã˥ ŋɑ˥ tsɑ˥ pu˥ ɕiɛ˥ tɛ˧ tɕi˥ iɑu˥ tɕiən˥。

081（别跑，你给我站着！）

不要跑，你跟我站倒！

pu˥ iɛ˥ p'oʊ˥, n̩˥ kɛ̃˧ ŋɤ˥ tsã˥ toʊ˥!

082（下雨了，路上小心着！）
　　落雨了，路上过点细！
　　nə˧ y˧˩ na˧˩, nau˧˩ sõ˧ kuə˧˩ tiẽ˧˩ sæ˧˩!

083（点着火了。着凉了。）
　　火打燃了。冻了。
　　xə˧˩ ta˧˩ zẽ˧˩ na˧˩。təŋ˧˩ na˧˩。

084（甭着急，慢慢儿来。）
　　不要着急，慢慢来。
　　pu˧ ie˧˩ tsˀə˧ tɕi˧, mã˧ mã˧ na˧˩。

085（我正在这儿找着你，还没照着。）
　　我正在个里找你，还冇照倒。
　　ŋə˧˩ tsən˧˩ tsˀa˧ kə˧˩ næ˧˩ tso˧˩ n̩˧˩, xa˧˩ mo˧ tse˧˩ to˧˩。

086（她呀，可厉害着呢！）
　　伊啊，厉害得很！
　　e˧˩ ŋa˧˩, næ˧ xa˧ te˧ xẽ˧˩!

087（这本书好看着呢。）
　　个本书蛮好看呢。
　　kə˧˩ pən˧˩ ɕy˧ ma˧˩ xo˧˩ kõ˧˩ næ˧˩。

088（饭好了，快来吃吧。）
　　饭熟了，快来喫。
　　fã˧ sau˧ na˧˩, kʰua˧˩ na˧˩ tɕˀa˧。

089（锅里还有饭没有？你去看一看。）
　　锅嘞还有冇得饭？你去看一下。
　　kuə˧ ne˧ xa˧˩ iau˧˩ mo˧ te˧ fã˧? n̩˧ tɕˀi˧˩ kõ˧˩ i˧ xa˧。

090（我去看了，没有饭了。）
　　我去看了，冇得饭了。
　　ŋə˧˩ tɕˀi˧˩ kõ˧˩ na˧˩, mo˧ te˧ fã˧ na˧˩。

091（就剩一点儿了，吃了得了。）
　　只剩一点崽了。喫了算了。
　　tsɿ˧ sən˧ i˧ tiẽ˧˩ tsa˧˩ na˧˩。tɕˀa˧˩ na˧˩ sõ˧ na˧˩。

092（吃了饭要慢慢儿地走，别跑，小心肚子疼。）

喫了饭要慢慢走，不要跑，好生点，冇肚嘞痛。

tɕiaʔ˧ na˧ fã˧ ieʔ˧ mã˧ mã˧ tse˧, puʔ ieʔ˩ p'o˧, xo˧ sã˧ tiẽ˧, mo˧ tau˧ ne˧ t'əŋ˧。

093（他吃了饭了，你吃了饭没有呢？）

伊喫了饭，你喫冇喫饭？

e˧ tɕiaʔ˧ na˧ fã˧, nʔ tɕiaʔ˧ mo˧ tɕiaʔ˧ fã˧?

094（我喝了茶还是渴。）

我喝了茶还是口嘞干。

ŋəʔ˧ xəʔ˧ na˧ ts'a˧ xa˧ sʔ˧ k'eʔ˧ ne˧ kõ˧。

095（我吃了晚饭，出去溜达了一会儿，回来就睡下了，还做了个梦。）

我喫了夜饭，出去玩一下崽，回来就睏了，还做了一个梦。

ŋəʔ˧ tɕiaʔ˧ na˧ ia˧ fã˧, tɕ'yʔ tɕ'ieʔ˧ uã˧ iʔ xa˧ tsa˧, fæ˧ na˧ tɕiau˧ k'uən˧ na˧, xa˧ tsau˧ na˧ iʔ kəʔ məŋ˧。

096（吃了这碗饭再说。）

喫了个碗饭再说。

tɕiaʔ˧ na˧ kəʔ˧ uõ˧ fã˧ tsa˧ ɕye˧。

097（我昨天照了相了。）

我昨日照了相。

ŋəʔ˧ ts'əʔ˧ zʔ˧ tse˧ na˧ ɕiõ˧。

098 有了人，什么事都好办。

iau˧ na˧ zən˧, sʔ˧ mo˧ sʔ˧ tau˧ xo˧ pã˧。

099（不要把茶杯打碎了。）

不要把茶杯打破了。

puʔ ieʔ˧ paʔ˧ ts'a˧ pæ˧ ʔa˧ p'o˧ na˧。

100（你快把这碗饭吃了，饭都凉了。）

你快点把个碗饭喫了，饭都冷了。

nʔ k'ua˧ tieʔ˧ paʔ˧ kəʔ˧ uõ˧ fã˧ tɕiaʔ˧ na˧, fã˧ tau˧ nã˧ na˧。

101（下雨了。雨不下了，天晴开了。）

落雨了。雨不落了，天晴了。

nəʔ˧ y˧ na˧。y˧ puʔ nəʔ˧ na˧, t'iẽ˧ tɕiã˧ na˧。

102 打了一下。去了一趟。

ta˧˩ na˧˩ i˧ xa˦。 tɕʰie˦ i˧ tʰõ˧˩。

103 (晚了就不好了，咱们快点儿走吧！)

晏了就不好了，我都快点走！

ŋã˩ na˧˩ tɕʰiau˦ pu˧ xo˧˩ na˧˩, ŋə˧˩ tau˦ kʰua˧˩ tie˧˩ tse˧˩!

104 (给你三天时间做得了做不了?)

把三日时间你做不做得了?

pa˧˩ sã˦ zɿ˧˩ sɿ˧˩ tɕiã˦ n̩˧˩ tsau˧˩ pu˧ tsau˧˩ te˧ nie˧˩?

105 你做得了，我做不了。

n̩˧˩ tsau˧˩ te˧ nie˧˩, ŋə˧˩ tsau˧˩ pu˧ nie˧˩。

106 (你骗不了我。)

你策不倒我。

n̩˧˩ tsʰe˧ pu˧ to˧˩ ŋə˧˩。

107 (了了这桩事情再说。)

把个件事情了了再说。

pa˧˩ kə˧˩ tɕʰie˦ sɿ˦ tɕʰie˧˩ nie˧˩ na˧˩ tsai˧˩ ɕye˧。

108 (这间房没住过人。)

个间屋冇住过人。

kə˧˩ kã˦ u˧ mo˦ tɕʰy˦ kua˧˩ zən˧˩。

109 (这牛拉过车，没骑过人。)

个隻牛拉过车，冇骑过人。

kə˧˩ tsa˧ niau˧˩ na˦ kua˧˩ tsʰa˦, mo˦ tɕʰi˦ kua˧˩ zən˧˩。

110 (这小马还没骑过人，你小心点儿。)

个隻马崽还冇骑过人，你过点细。

kə˧˩ tsa˧ ma˧˩ tsa˧˩ xa˧˩ mo˦ tɕʰi˦ kua˧˩ zən˧˩, n̩˧˩ kua˧˩ tie˧˩ sæ˧˩。

111 (以前我坐过船，可从来没骑过马。)

以前我坐过船，但从来冇骑过马。

i˧ tɕʰie˧˩ ŋə˧˩ tsʰə˦ kua˧˩ tɕʰyẽ˧˩, tã˦ tsʰəŋ˧˩ na˧˩ mo˦ tɕʰi˦ kua˧˩ ma˧˩。

112 (丢在街上了。搁在桌上了。)

丢在街嘞。搁在桌嘞。

tiau˦ tsʰa˦ ka˦ ne˦。 kə˧ tsʰa˦ tsə˦ ne˦。

113（掉到地上了，怎么都没找着。）

　　落得地嘞去了，不管难适都找不到。

　　noɿ teㄱ tʰiaㄱ neㄧ tɕieㄧ naʋ, puㄱ kuõʋ nãʋ sɿㄱ tauㄱ tsoʋ puㄱ toʋ。

114（今晚别走了，就在我家住下吧！）

　　今夜不走，就在我屋歇！

　　tɕiənㄧ iaㄧ puㄱ tseʋ, tɕʰuauㄧ tsʰaㄧ ŋəʋ uㄱ ɕiㄱ！

115（这些果子吃得吃不得？）

　　个些果嘞喫不喫得？

　　kəʋ sæㄧ kuəʋ neㄧ tɕʰiaㄱ puㄱ tɕʰiaㄱ teㄱ？

116（这是熟的，吃得。那是生的，吃不得。）

　　个是熟筒，喫得。那是生筒，喫不得。

　　kəʋ sɿㄧ sauㄧ kəㄧ, tɕʰiaㄱ teㄱ。neㄧ sɿㄧ sãㄧ kəㄧ, tɕʰiaㄱ puㄱ teㄱ。

117（你们来得了来不了？）

　　你都来不来得了？

　　n̩ʋ tauㄧ naʋ puㄱ naʋ teㄱ nieʋ？

118（我没事，来得了，他太忙，来不了。）

　　我冇得事，来得了，伊太忙，来不了。

　　ŋəʋ moㄧ teㄱ sɿㄧ, naʋ teㄱ nieʋ, eʋ tʰaʋ mõʋ, naʋ puㄱ nieʋ。

119（这个东西很重，拿得动拿不动？）

　　个个东西蛮重，拿不拿得起？

　　kəʋ kəʋ təŋㄧ sæㄧ mãʋ tsʰəŋㄧ, naʋ puʋ naʋ teㄱ tɕʰiʋ？

120（我拿得动，他拿不动。）

　　我拿得起，伊拿不起。

　　ŋəʋ naʋ teㄱ tɕʰiʋ, eʋ naʋ puㄱ tɕʰiʋ。

121（真不轻，重得连我都拿不动了。）

　　真不轻，重得连我都拿不起了。

　　tsənㄧ puㄱ tɕʰiãㄧ, tsʰəŋㄧ teㄱ nieʋ ŋəʋ tauㄧ naʋ puㄱ tɕʰiʋ naʋ。

122（他手巧，画得很好看。）

　　伊手巧，画得蛮好看。

　　eʋ sauʋ tɕʰioʋ, xuaʋ teㄱ mãʋ xoʋ kõʋ。

123（他忙得很，忙得连吃过饭没有都忘了。）

伊忙得很，忙得喫冇喫饭都不记得了。

eᴠ mõꜜ te꜐ xẽᴠ, mõꜜ te꜐ tɕia꜐ mo꜐ tɕia꜐ fã꜐ tau꜐ pu꜐ tɕi꜐ te꜐ naᴠ。

124（你看他急得，急得脸都红了。）

你看伊急哦，急得脸都红了。

n̩ᴠ kõꜜ eᴠ tɕi꜐ ŋə꜐, tɕi꜐ te꜐ niẽᴠ tau꜐ fəŋ꜐ naᴠ。

125（你说得很好，你还会说些什么呢？）

你说得蛮好，你还会说么呢呢？

n̩ᴠ ɕye꜐ te꜐ maᴠ xoᴠ, n̩ᴠ xaᴠ fæ꜐ ɕye꜐ moᴠ næ꜐ ne꜐?

126（说得到，做得了，真棒！）

说得到，做得到，真不错！

ɕye꜐ te꜐ toꜜ, tsauꜜ te꜐ toꜜ, tsən꜐ pu꜐ ts'ɤꜜ!

127（这个事情说得说不得呀？）

个个事情说不说得？

kəꜜ kəᴠ sı̩꜐ tɕiəŋ꜐ ɕye꜐ pu꜐ ɕye꜐ te꜐?

128（他说得快不快？听清楚了吗？）

伊说得快不快？听冇听清楚？

eᴠ ɕye꜐ te꜐ k'uaꜜ pu꜐ k'ua? t'iãꜜ mo꜐ t'iãꜜ tɕiəŋ꜐ ts'auꜜ?

129（他说得快不快？只有五分钟时间了。）

伊说得快不快？只有五分钟时间了。

eᴠ ɕye꜐ te꜐ k'uaꜜ pu꜐ k'ua? tsı̩꜐ iauᴠ uᴠ fən꜐ tsəŋ꜐ sı̩꜐ tɕiã꜐ naᴠ。

130（这是他的书。）

个是伊箇书。

kəꜜ sı̩꜐ eᴠ kə꜐ ɕy꜐。

131（那本书是他哥哥的。）

那本书是伊哥箇。

ne꜐ pənᴠ ɕy꜐ sı̩꜐ eᴠ kə꜐ kə꜐。

132（桌子上的书是谁的？是老王的。）

桌上箇书是哪个箇？是老王箇。

tsə꜐ sõ꜐ kə꜐ ɕy꜐ sı̩꜐ naᴠ kəᴠ kə꜐? sı̩꜐ noᴠ uõᴠ kə꜐。

133（屋子里坐着很多人，看书的看书，看报的看报，写字的写字。）

屋嘞坐了蛮多人，看书箇看书，看报箇看报，写字箇写字。

u˧ ne˧ tsʰə˩ na˥ mã˥ tə˧ zən˥, kŏ˥ ɕy˧ kə˧ kŏ˥ ɕy˧, kŏ˥ po˥ kə˧ kŏ˥ po˥, ɕia˥ tsʰʅ˧ kə˧ ɕia˥ tsʰʅ˧。

134（要说他的好话，不要说他的坏话。）

要说伊箇好话，不要说伊箇拐话。

ie˥ ɕye˧ e˥ kə˧ xo˥ xua˥, pu˧ ie˥ ɕye˧ e˥ kə˧ kua˥ xua˥。

135（上次是谁请的客？是我请的。）

上次是哪个请箇客？是我请箇。

sõ˥ tsʰʅ˧ ʂʅ˧ na˥ kə˧ tɕʰiã˥ kə˧ kʰaʅ？ ʂʅ˧ ŋo˥ tɕʰiã˥ kə˧。

136（你是哪年来的？）

你是哪年来箇？

n̩˥ ʂʅ˧ na˥ niẽ˥ na˥ kə˧？

137（我是前年到的北京。）

我是前年来北京箇。

ŋo˥ ʂʅ˧ tɕʰiẽ˥ niẽ˥ na˥ pe˧ tɕiən˧ kə˧。

138（你说的是谁？）

你说箇是哪个？

n̩˥ ɕye˧ kə˧ ʂʅ˧ na˥ kə˥？

139（我反正不是说的你。）

我反正不是说你。

ŋo˥ fã˥ tsən˥ pu˧ ʂʅ˧ ɕye˧ n̩˥。

140（他那天是见的老张，不是见的老王。）

伊那日看箇是老张，不是看老王。

e˥ ne˥ zʅ˧ kŏ˥ kə˧ ʂʅ˧ no˥ tsõ˧, pu˧ ʂʅ˧ kŏ˥ no˥ uõ˥。

141（只要他肯来，我就没的说了。）

只要伊肯来，我就冇得话说。

tsʅ˧ ie˥ e˥ kʰə˥ na˥, ŋo˥ tɕiau˧ mo˧ te˧ xua˥ ɕye˧。

142（以前是有的做，没的吃。）

以前是有做箇，冇得喫箇。

i˥ tɕʰiẽ˥ ʂʅ˧ iau˥ tsau˥ kə˧, mo˧ te˧ tɕʰia˧ kə˧。

143（现在是有的做，也有的吃。）

如今是有做箇，也有喫箇。

yʌ˧ tɕiən˧ sๅ˧ iau˧ tsau˧ kə˧, iaʌ˧ iau˧ tɕʰia˧ kə˧。

144（上街买个蒜啊葱的，也方便。）

上街买点崽葱蒜，也方便。

sõ˧ ka˧ maʌ˧ tiẽʌ˧ tsaʌ˧ tsʰŋ˧ sõʌ˧, iaʌ˧ fõ˧ pʰiẽ˧。

145（柴米油盐什么的，都有的是。）

柴米油盐个些东西，都有。

tsʰaʌ˧ mæʌ˧ iau˧ iẽʌ˧ kə˧ sæ˧ təŋ˧ sæ˧, tau˧ iau˧。

146（写字算账什么的，他都能行。）

写字算账个些东西，伊都行。

ɕiaʌ˧ tsʰๅ˧ sõʌ˧ tsõʌ˧ kə˧ sæ˧ təŋ˧ sæ˧, e˧ tau˧ ɕiən˧。

147（把那个东西递给我。）

把那个东西递得我。

paʌ˧ ne˧ kə˧ təŋ˧ sæ˧ tæʌ˧ te˧ ŋə˧。

148（是他把那个杯子打碎了。）

是伊把那个杯打破了。

sๅ˧ e˧ paʌ˧ ne˧ kə˧ pæ˧ taʌ˧ pʰɔʌ˧ naʌ˧。

149（把人家脑袋都打出血了，你还笑！）

把人家屋脑壳都打出血了，你还笑！

paʌ˧ zən˧ ka˧ u˧ no˧ kʰə˧ tau˧ taʌ˧ tɕʰy˧ ɕi˧ naʌ, n̩˧ xa˧ ɕie˧!

150（快去把书还给他。）

快去把书还得伊。

kʰuaʌ˧ tɕʰeʌ˧ paʌ˧ ɕy˧ fãʌ˧ te˧ e˧。

151（我真后悔当时没把他留住。）

我真失悔那时候冇把伊留倒。

ŋə˧ tsən˧ sๅ˧ fæ˧ ne˧ sๅ˧ xe˧ mo˧ paʌ˧ e˧ niau˧ to˧。

152（你怎么能不把人当人呢？）

你难样把人不当人啊？

n̩˧ nã˧ iõ˧ paʌ˧ zən˧ pu˧ tõ˧ zən˧ ŋa˧？

153（有的地方管太阳叫日头。）

有些地方把太阳叫日头。

iau˧ sæ˦ t'æ˧ fõ˩ pa˨ t'a˩ iõ˨ tɕie˨ zŋ˩ t'e˨。

154（什么？她管你叫爸爸！）

么呢？伊喊你箇爷！

mo˨ næ˨？ e˨ xã˨ ŋ˨ kə˧ ia˨！

155（你拿什么都当真的，我看没必要。）

你拿么呢都当真箇，我觉得冇得必要。

ŋ˨ na˨ mo˨ næ˨ tau˧ tõ˧ tsən˧ kə˧，ŋə˨ tɕiə˧ te˧ mo˧ te˧ pæ˧ ie˨。

156（真拿他没办法，烦死我了。）

真把伊冇得法，把我人烦煞了。

tsən˧ pa˨ e˨ mo˧ te˧ fa˧，pa˨ ŋə˨ zən˨ fã˨ sa˧ na˨。

157（看你现在拿什么还人家。）

看你现在拿么呢还得人家。

kõ˨ ŋ˨ ɕie˩ tsʰa˨ na˨ mo˨ næ˨ fã˨ te˧ zən˨ ka˧。

158（他被妈妈说哭了。）

伊把伊娘说哭了。

e˨ pa˨ e˨ niõ˨ ɕye˧ k'u˧ na˨。

159（所有的书信都被火烧了，一点儿剩的都没有。）

所有箇书信都把火烧了，一点崽都冇留下来。

sə˨ iau˨ kə˧ ɕy˧ ɕiə˨ tau˧ pa˨ xə˨ se˨ na˨，i˧ tiẽ˨ tsa˨ tau˧ mo˧ niau˨ xa˧ na˨。

160（被他缠了一下午，什么都没做成。）

把伊缠了一下昼，什么事情都冇做成。

pa˨ e˨ tsʰə˩ na˨ i˧ xa˧ tsau˨，sŋ˧ mo˨ sŋ˧ tɕiəŋ˨ tau˧ mo˧ tsau˨ tsʰən˨。

161（让人给打憷了，一下子没明白过来。）

把人家屋打憷了，一下崽还冇明白过来。

pa˨ zən˨ ka˧ u˧ ta˨ məŋ˨ na˨，i˧ xa˧ tsa˨ xa˨ mo˧ miəŋ˨ p'e˧ kuə˨ na˨。

162（给雨淋了个浑身湿透。）

把雨把浑身都淋湿透了。

pa↘ y↗ pa↘ fən→ sən→ tau→ niən↘ sʅ→ tʻɛ↗ na↘。

163（给我一本书。给他三本书。）

把一本书得我。把三本书伊。

pa↘ i→ pən↘ ɕy→ te→ ɛ↘。pa↘ sã→ pən↘ ɕy→ ɛ↘。

164（这里没有书，书在那里。）

个里冇得书，书在那里。

kə↘ næ↘ mo→ te→ ɕy→，ɕy→ tsʻa→ ne→ ne→。

165（叫他快来找我。）

叫伊快点来找我。

tɕiɛ↘ ɛ↘ kʻua↘ tiɛ↘ na↘ tso↘ ŋa↘。

166（赶快把他请来。）

赶紧把伊请来。

kõ↘ tɕiən↘ pa↘ ɛ↘ tɕʻiã↘ na↘。

167（我写了条子请病假。）

我写了条请病假。

ŋa↘ ɕia↘ na↘ tʻiɛ↘ tɕʻiã↘ pʻiã→ tɕia↘。

168（我上街买了份报纸看。）

我上街买份报看。

ŋa↘ sõ→ ka→ ma↘ fən→ po↘ kõ↘。

169（我笑着躲开了他。）

我一边笑一边躲倒伊。

ŋa↘ i→ piẽ→ ɕiɛ↘ i→ piẽ→ tə↘ to↘ ɛ↘。

170（我抬起头笑了一下。）

我鳌起头笑了一下。

ŋa↘ ŋo→ tɕʻi↘ tʻɛ↘ ɕiɛ↘ na↘ i→ xa↘。

171（我就是坐着不动，看你能把我怎么着。）

我就是坐倒不蠕，看你能把我么样。

ŋa↘ tɕiau→ sʅ→ tsʻɔ↘ to↘ pu→ niəŋ↘，kõ↘ n̩↘ nəŋ↘ pa↘ ŋa↘ mo↘ iõ→。

172（她照顾病人很细心。）

伊照顾病人蛮过细。

eˇ tseˇ kuˇ pĭãˉ zənˇ mãˇ kuəˇ sæˇ。

173（他接过苹果就咬了一口。）

伊接了苹果就嚼了一口。

eˇ tɕiˉ naˇ pĭəŋˉ kuəˇ tɕʰauˇ ŋa naˇ iˉ kʰeˇ。

174（他的一番话使在场的所有人都流了眼泪。）

伊箇几句话把在场箇个些人说得落了眼泪。

eˇ kəˉ tɕiˇ tɕyˇ xuaˇ paˇ tsʰaˉ tsõˇ kəˉ kəˉ sæˇ zənˇ ɕyeˇ teˉ nəˇ naˇ ŋãˇ næˉ。

175（我们请他唱了一首歌。）

我都请伊唱了一首歌。

ŋəˇ tauˉ tɕʰĭãˇ eˇ tsʰõˇ naˇ iˉ sauˇ kəˉ。

176 我有几个亲戚在外地做工。

ŋəˇ iauˇ tɕiˇ kəˇ tɕʰiˉ ənˉ tsʰaˉ tsʰaˉ uaˉ tʰæˉ tsauˇ kuəŋˉ。

177（他整天都陪着我说话。）

伊整日都陪倒我说话。

eˇ tsənˇ zˌˉ tauˇ pʰæˇ toˇ ŋəˇ ɕyeˇ xuaˇ。

178（我骂他是个大笨蛋，他居然不恼火。）

我骂伊是大笨蛋，伊都不发脾气。

ŋəˇ maˉ eˇ sˌˉ tʰaˉ pʰənˉ tʰãˉ, eˇ tauˉ puˉ faˉ pʰæˇ tɕʰiˇ。

179（他把钱一扔，二话不说，转身就走。）

伊把钱一扔，二话冇说，转身就走了。

eˇ paˇ tɕʰĭẽˇ iˉ yãˇ, zˌˉ xuaˇ moˉ ɕyeˇ, tɕyẽˇ sənˉ tɕʰiauˉ tseˇ naˇ。

180 我该不该来呢？

ŋəˇ kaˉ puˉ kaˉ naˇ næˇ?

181 你来也行，不来也行。

n̩ˇ naˇ iaˇ ɕiəŋˇ, puˉ naˇ iaˇ ɕiəŋˇ。

182（要我说，你就不应该来。）

要我说，你就不该来。

ieˇ ŋəˇ ɕyeˉ, n̩ˇ tɕʰiauˉ puˉ kaˉ naˇ。

183 你能不能来？

ȵ˧˩ nəŋ˧˩ pu˥ ȵɛn˧˩ na˧˩？

184（看看吧，现在说不准。）

迈看，现在说不准。

ma˥ kõ˧˩, ɕiẽ˦ tsʼa˦ ɕyɛ˥ pu˥ tɕyən˧˩。

185 能来就来，不能来就不来。

nəŋ˧˩ na˧˩ tɕiɑu˦ na˧˩, pu˥ nəŋ˧˩ na˧˩ tɕiɑu˦ pu˥ na˧˩。

186（你打算不打算去？）

你打不打算去？

ȵ˧˩ ta˧˩ pu˥ ta˧˩ sõ˧˩ tɕʼiɛ˥？

187（去呀！谁说我不打算去？）

去啊！哪个说我不打算去？

tɕʼiɛ˥ ŋa˦！na˧˩ kə˥ ɕyɛ˦ ŋɛ˧˩ pu˥ ta˧˩ sõ˧˩ tɕʼiɛ˥？

188（他一个人敢去吗？）

伊一个人敢不敢去？

e˥ i˥ kə˧˩ zən˧˩ kõ˧˩ pu˥ kõ˧˩ tɕʼiɛ˥？

189（敢！那有什么不敢的？）

敢！有么呢不敢？

kõ˧˩！iɑu˧˩ mo˧˩ næ˦ pu˥ kõ˧˩？

190（他到底愿不愿意说？）

伊到底愿不愿意说？

e˧˩ to˦ tæ˧˩ yẽ˦ pu˥ yẽ˦ i˧˩ ɕyɛ˥？

191（谁知道他愿意不愿意说？）

哪个晓得伊愿不愿意说？

na˧˩ kə˦ ɕie˧˩ ta˦ e˧˩ yẽ˦ pu˥ yẽ˦ i˧˩ ɕyɛ˥？

192（愿意说得说，不愿意说也得说。）

愿意说要说，不愿意说也要说。

yẽ˦ i˧˩ ɕyɛ˥ iei˦ ɕyɛ˥, pu˥ yẽ˦ i˧˩ ɕyɛ˥ iɑi˧˩ iei˧˩ ɕyɛ˥。

193（反正我得让他说，不说不行。）

反正我要让伊说，不说不行。

fã˧˩ tsən˧˩ ŋɛ˦ iei˧˩ zõ˦ e˧˩ ɕyɛ˥, pu˥ ɕyɛ˥ pu˥ ɕiən˧˩。

194 (还有没有饭吃?)

　　还有冇得饭喫?

　　xa˅ iau˅ mo˧ te˧ fã˧ tɕʰa˧ ?

195 (有，刚吃呢。)

　　有，将喫。

　　iau˅, tɕiõ˧ tɕʰa˧。

196 (没有了，谁叫你不早来!)

　　冇得了，哪个叫你不早点来!

　　mo˧ te˧ na˅, na˅ kə˅ tɕie˅ n̩˅ pu˧ tso˅ tie˅ na˅ !

197 (你去过北京吗? 我没去过。)

　　你去冇去过北京啊? 我冇去过。

　　n̩˅ tɕʰie˅ mo˧ tɕʰie˅ kuə˅ pe˧ tɕiən˧ ŋa˧ ?　　ŋə˅ mo˧ tɕʰie˅ kuə˅。

198 (我十几年前去过，可没怎么玩，都没印象了。)

　　我十几年前去过，冇么样玩，都冇得印象了。

　　ŋə˅ sŋ˧ tɕi˧ niẽ˧ tɕʰiẽ˅ tɕʰie˅ kuə˅, mo˧ mo˅ iõ˧ uã˅, tau˧ mo˧ te˧ iən˅ ɕiõ˧ na˅。

199 (这件事他知道不知道?)

　　个件事伊晓不晓得?

　　kə˅ tɕʰiẽ˧ sŋ˧ e˅ ɕie˅ pu˧ ɕie˅ te˧ ?

200 (这件事他肯定知道。)

　　个件事伊肯定晓得。

　　kə˅ tɕʰiẽ˧ sŋ˧ e˅ kʰẽ˅ tʰiən˧ ɕie˅ te˧。

201 (据我了解，他好像不知道。)

　　根据我箇了解，伊好像不晓得。

　　kẽ˧ tɕy˅ ŋə˅ kə˅ nie˅ ka˅, e˅ xo˅ tɕʰiõ˧ pu˧ ɕie˅ te˧。

202 (这些字你认得不认得?)

　　个些字你认不认得?

　　kə˅ sæ˧ tsʰŋ˧ n̩˅ zən˧ pu˧ zən˧ te˧ ?

203 (我一个大字也不认得。)

　　我一个大字都不认得。

　　ŋə˅ i˧ kə˅ tʰa˧ tsʰŋ˧ tau˧ pu˧ zən˧ te˧。

204 (只有这个字我不认得，其他字都认得。)

只有个个字我不认得，其他箇字都认得。

tsʅ˥ iau˥ kə˩ kə˩ tsʅ˥ ŋə˩ pu˥ zən˥ te˥, tɕi˥ t'a˥ kə˩ tsʅ˥ tau˥ zən˥ te˥。

205 (你还记得不记得我了？)

你还记不记得我？

n̩˩ xa˩ tɕi˩ pu˥ tɕi˩ te˥ ŋə˩？

206 (记得，怎么能不记得！)

记得，怎么可能不记得！

tɕi˩ te˥, tsən˩ mo˩ k'ə˩ nəŋ˥ pu˥ tɕi˩ te˥！

207 (我忘了，一点都不记得了。)

我忘记了，一点崽都不记得了。

ŋə˩ uõ˥ tɕi˩ na˩, i˥ tiẽ˥ tsa˩ tau˥ pu˥ tɕi˩ te˥ na˩。

208 (你在前边走，我在后边走。)

你在前面走，我在后面走。

n̩˩ ts'a˥ tɕ'iẽ˩ miẽ˥ tse˩, ŋə˩ ts'a˥ xe˥ miẽ˥ tse˩。

209 (我告诉他了，你不用再说了。)

我跟伊说了，你不用再说了。

ŋə˩ kẽ˥ e˩ ɕye˥ na˩, n̩˩ pu˥ iəŋ˥ tsa˩ ɕye˥ na˩。

210 (这个大，那个小，你看哪个好？)

个个大，那个细，你看哪个好？

kə˩ kə˩ t'a˥, ne˥ kə˩ sæ˩, n̩˩ kõ˩ na˩ kə˩ xo˩？

211 (这个比那个好。)

个个比那个好。

kə˩ kə˩ pæ˩ ne˥ kə˩ xo˩。

212 (那个没有这个好，差多了。)

那个冇得个个好，差不少。

ne˥ kə˩ mo˥ te˥ kə˩ kə˩ xo˩, ts'a˥ pu˥ se˩。

213 (要我说这两个都好。)

要我说个两个都好。

ie˩ ŋə˩ ɕye˥ kə˩ niõ˩ kə˩ tau˥ xo˩。

214 (其实这个比那个好多了。)

其实个个比那个好不少。

tɕʰi˩ sʐ˩ kə˩ kə˩ pæ˥ ne˧ kə˩ xo˥ pu˧ se˥。

215 (今天的天气没有昨天好。)

今日箇天气冇得昨日箇好。

tɕiən˧ zʐ˩ kə˧ tʰiẽ˧ tɕʰi˩ mo˧ te˧ tsʰə˧ zʐ˩ kə˧ xo˥。

216 (昨天的天气比今天好多了。)

昨日箇天气比今日好多了。

tsʰə˧ zʐ˩ kə˧ tʰiẽ˧ tɕʰi˩ pæ˥ tɕiən˧ zʐ˩ xo˥ tə˧ na˥。

217 (明天的天气肯定比今天好。)

明日箇天气肯定比今日好。

miã˩ zʐ˩ kə˧ tʰiẽ˧ tɕʰi˩ kʰẽ˥ tʰiən˧ pæ˥ tɕiən˧ zʐ˩ xo˥。

218 (那个房子没有这个房子好。)

那个屋冇得个个屋好。

ne˧ kə˩ u˧ mo˧ te˧ kə˩ kə˩ u˧ xo˥。

219 (这些房子不如那些房子好。)

个些房屋冇得那些房屋好。

kə˩ sæ˧ fõ˩ u˧ mo˧ te˧ ne˧ sæ˧ fõ˩ u˧ xo˥。

220 (这个有那个大没有?)

个个有冇得那个大?

kə˩ kə˩ iɑu˥ mo˧ te˧ ne˧ kə˩ tʰa˥?

221 (这个跟那个一般大。)

个个跟那个一样大。

kə˩ kə˩ kẽ˧ ne˧ kə˩ i˩ iõ˧ tʰa˥。

222 (这个比那个小了一点点儿, 不怎么看得出来。)

个个比那个细一点崽, 看不么出来。

kə˩ kə˩ pæ˧ ne˧ kə˩ sæ˥ i˩ tiẽ˥ tsai˩, kʰõ˥ pu˧ mo˥ tɕʰy˧ na˥。

223 (这个大, 那个小, 两个不一般大。)

个个大, 那个细, 两个不是一样大。

kə˩ kə˩ tʰa˥, ne˧ kə˩ sæ˥, niõ˥ kə˩ pu˧ sʐ˧ i˩ iõ˧ tʰa˥。

224 (这个跟那个大小一样，分不出来。)

个个跟那个大细一样，分不出来。

kəɹ kəɹ kẽ˧ ne˧ kəɹ tʼa˧ sæɹ i˧ iõ˧, fən˧ pu˧ tɕʼy˧ naɹ。

225 (这个人比那个人高。)

个个人比那个人高。

kəɹ kəɹ zən˧ pæɹ ne˧ kəɹ zən˧ ko˧。

226 (是高一点儿，可是没有那个人胖。)

是高一点崽，但是有得那个人肉。

sʅ˧ ko˧ i˧ tiẽ˧ tsaɹ, tɑ̃˧ sʅ˧ ɤo˧ te˧ ne˧ kəɹ zən˧ zauɹ。

227 (他们一般高，我看不出谁高谁矮。)

伊都一样高，我看不出哪个高哪个矮。

eɹ tau˧ i˧ iõ˧ ko˧, ŋaɹ kŏɹ pu˧ tɕʼy˧ naɹ kəɹ ko˧ naɹ kəɹ ŋaɹ。

228 (胖的好还是瘦的好?)

肉箇好还是瘦箇好?

zau˧ kə˧ xoɹ xaɹ sʅ˧ seɹ kə˧ xoɹ?

229 (瘦的比胖的好。)

瘦箇比肉箇好。

seɹ kə˧ pæɹ zau˧ kə˧ xoɹ。

230 (瘦的胖的都不好，不瘦不胖最好。)

瘦箇肉箇都不好，不瘦不肉最好。

seɹ kəɹ zauɹ kə˧ tau˧ pu˧ xoɹ, pu˧ seɹ pu˧ zau˧ tsæɹ xoɹ。

231 (这个东西没有那个东西好用。)

个个东西有得那个东西好用。

kəɹ kəɹ toŋ˧ sæ˧ mo˧ te˧ ne˧ kəɹ toŋ˧ sæɹ xoɹ ioŋ˧。

232 (这两种颜色一样吗?)

个两样颜色是不是一样箇?

kəɹ niõɹ iõ˧ iãɹ seɹ sʅ˧ pu˧ sʅ˧ i˧ iõ˧ kə˧?

233 (不一样，一种色淡，一种色浓。)

不一样，一种色浅，一种色深。

pu˧ i˧ iõ˧, i˧ tsoŋ˧ seɹ tɕʼiẽɹ, i˧ tsoŋɹ seɹ sən˧。

234（这种颜色比那种颜色淡多了，你都看不出来？）

个种颜色比那种颜色浅不少，你都冇看出来？

kəˍ tsəŋˍ iãˍ seˉ pæˍ neˉ tsəŋˍ iãˍ seˉ tɕʻiẽˍ puˉ seˍ, n̩ˍ tauˉ moˉ kŏˍ tɕʻyˉ naˍ?

235（你看看现在，现在的日子比过去强多了。）

你看一下如是今，如是今箇日子比过去强多了。

n̩ˍ kŏˍ iˉ xaˉ yˍ sʅˉ tɕiənˉ, yˍ sʅˉ tɕiənˉ kəˍ zʅˉ tsʅˉ pæˍ kuəˍ tɕʻyˉ tɕʻiõˍ təˉ naˍ。

236（以后的日子比现在更好。）

以后箇日子比现在更好。

iˍ xeˉ kəˍ zʅˉ tsʅˉ pæˍ ɕiẽˉ tsʻaˉ kɐ̃ˍ xoˍ。

237（好好干吧，这日子一天比一天好。）

好生做，日子一日比一日好。

xoˍ sãˉ tsauˍ, zʅˉ tsʅˉ iˉ zʅˉ pæˍ iˉ zʅˉ xoˍ。

238（这些年的生活一年比一年好，越来越好。）

个些年箇生活一年比一年好，越来越好。

kəˍ sæˍ niẽˍ kəˍ səŋˉ xueˉ iˉ niẽˍ pæˍ iˉ niẽˍ xoˍ, yeˉ naˍ yeˉ xoˍ。

239（咱兄弟俩比一比谁跑得快。）

偎都两弟兄比一下哪个跑得赢。

uæˍ tauˉ niõˍ tʻæˍ ɕiəŋˉ pæˍ iˉ xaˉ naˍ kəˍ pʻoˍ teˉ iãˍ。

240（我比不上你，你跑得比我快。）

我比不赢你，你跑得比我快。

ŋʻoˍ pæˍ puˉ iãˍ n̩ˍ, n̩ˍ pʻoˍ teˉ pæˍ ŋʻoˍ kʻuaˍ。

241（他跑得比我还快，一个比一个跑得快。）

伊跑得比我还快，一个比一个跑得快。

eˍ pʻoˍ teˉ pæˍ ŋʻoˍ xaˍ kʻuaˍ, iˉ kəˍ pæˍ iˉ kəˍ pʻoˍ teˉ kʻuaˍ。

242（他比我吃得多，干得也多。）

伊比我喫得多，做得也多。

eˍ pæˍ ŋʻoˍ tɕʻiaˉ teˉ təˉ, tsauˍ teˉ iaˍ təˉ。

243（他干起活来，比谁都快。）

伊做起事来，比哪个都快。

e˅ tsɑu˩ tɕʰi˩ sɿ˧ nɑ˩, pæ˩ nɑ˩ kə˩ tɑu˧ kʰuɑ˩。

244（说了一遍，又说一遍，不知说了多少遍。）

说了一遍，又说一遍，不晓得说了几多遍。

ɕye˧ nɑ˅ i˧ pʰiẽ˩, iɑu˧ ɕye˧ i˧ pʰiẽ˩, pu˧ ɕie˅ te˧ ɕye˧ nɑ˅ tɕi˅ tə˧ pʰiẽ˩。

245（我嘴笨，可是怎么也说不过他。）

我嘴笨，可是么样也说不赢伊。

ŋə˅ tsæ˅ pʰən˧, kʰə˅ sɿ˧ mo˅ iõ˧ iɑ˅ ɕye˧ pu˧ iã˅ e˅。

246（他走得越来越快，我都跟不上了。）

伊走得越来越快，我都跟不上了。

e˅ tse˅ te˧ ye˧ nɑ˅ ye˧ kʰuɑ˩, ŋə˅ tɑu˧ kẽ˧ pu˧ sõ˧ nɑ˅。

247 越走越快，越说越快。

ye˧ tse˅ ye˧ kʰuɑ˩, ye˧ ɕye˧ ye˧ kʰuɑ˩。

248（慢慢说，一句一句地说。）

慢点说，一句一句簡说。

mã˧ tiẽ˅ ɕye˧, i˧ tɕy˩ i˧ tɕy˩ kə˧ ɕye˧。

第五章 咸宁方言的现代发展

本章主要讨论近百年来，咸宁方言的发展变化。目前可资利用的书面文献主要有：

(1)《湖北方言调查报告》，赵元任等著，上海商务印书馆，1948年版。

(2)《湖北方言概况（初稿）》，湖北省方言调查指导组编著，1960年9月。

(3)《鄂南方言志略》，陈有恒著，咸宁地区地方志办公室主持编印，1991年8月。

(4)《咸宁市志》，湖北省咸宁市地方志编纂委员会编，中国城市出版社，1992年版。

(5)《湖北省志·方言》，湖北省地方志编纂委员会，湖北人民出版社，1996年版。

(6)《鄂东南方音辨正》，陈有恒、尤翠云主编，中国地质大学出版社，2002年版。

(7)《鄂东南方言音汇》，黄群建主编，华中师范大学出版社，2002年版。

(8)《中国咸宁咸安区方言词典》，吴培根著，鄂咸内图字2004年第43号，2004年。

(9)《咸宁方言词汇研究》，王宏佳著，华中师范大学出版社，2009年版。

(10)《咸安区方言志》，吴培根编著，崇文书局，2012年版。

在撰写过程中，我们还分老中青三个年龄层次，进行过多次的实地调查。一方面是为了验证文献中的某些说法，另一方面也在某种程度上弥补文献的不足。根据成书年代和作者的年龄等因素，以上文献大致可以分成四类，分别对应咸宁方言发展的四个历史阶段。

（一）《湖北方言调查报告》中关于咸宁方言的报告，反映的是20世纪

40年代及以前的咸宁方言。但由于当时所找的主要发音合作人是贺胜桥人，其发音与咸宁中心城区的发音有较大的出入，因此在引用数据时必须加以甄别，要和老派咸宁方言进行对照。

（二）《湖北方言概况（初稿）》、《中国咸宁咸安区方言词典》和《咸宁市咸安区方言志》，反映的是20世纪60年代及以前的咸宁方言。

（三）《鄂南方言志略》、《咸宁市志》中关于咸宁方言的记载，《鄂东南方音辨正》、《湖北省志·方言》反映的是20世纪90年代及以前的咸宁方言。

（四）《鄂东南方言音汇》、《咸宁方言词汇研究》反映的是现阶段咸宁方言。

另外，还参考了陈有恒、万献初和王宏佳等人撰写的部分论文。除以上学术性文献外，以下文献所记载内容也为我们提供了一定的方言材料和参考：

(1)《咸宁市歌谣分册》（中国民间歌谣集成·湖北卷），咸宁市民间文学集成领导小组、咸宁市群众艺术馆编，咸宁市群众艺术馆，1989年版。

(2)《咸宁地区民间故事集》（《中国民间故事集成·湖北卷》），咸宁地区民间文学三套集成编委会、咸宁地区群众艺术馆、咸宁地区民间文艺家协会编，中国民间文艺出版社，1990年版。

(3)《咸宁市民间故事集》（《中国民间故事集成·湖北卷》），咸宁市民间故事集成办公室、咸宁市群众艺术馆编印，鄂咸地图内第9号，1990年。

根据我们的调查研究，受北京话和周边武汉方言的强势影响，咸宁方言的发展速度明显加快。

一、语音的发展

（一）声母的发展

(1)《湖北方言调查报告》中的记载——20世纪40年代及以前咸宁方言的声母

《湖北方言调查报告》认为咸宁方言有 20 个声母（含零声母）。详见表 5-1：

表 5-1　《湖北方言调查报告》所记载咸宁方言声母表

p 半必	pʻ 怕旁辨白	m 门谋勉	f 飞灰冯红活滑	
t 到节酒	tʻ 太同电达秋绝详	n 南路连绿		
ts 左斩积	tsʻ 仓齐郑七集		s 森算洗熟	z 认而日
tɕ 结专减	tɕʻ 巧轻舅杰椿船垂	ȵ 年娘宜虐	ɕ 心瑞晓薛	
k 刚龟格戒	kʻ 开葵共	ŋ 艾暗硬	x 好亥方黄祸霍	
ø 衣无余有牙元人软约				

《湖北方言调查报告》认为："晓匣合口洪音跟非敷奉不分。在宕摄都读 x，如'黄'='防'xoŋ，在其他各摄皆读 f，如'虎'='府'fu，'灰'='飞'fei，'昏'='分'fən，'活'fe，'滑'fa。"根据我们的调查研究，"'黄'='防'xoŋ"的说法不符合核心区域老派咸宁方言的事实，"黄"文读声母为 [x]，白读声母为 [ø]。而"防"的声母为 [f]。

《湖北方言调查报告》认为："精组今细音：精清从三母读 t，tʻ，跟端组混。如'剪'='典'tiẽ，'妾'='铁'tʻi，'渐'='电'tiẽ……邪母读 tʻ 或 ɕ 不定，如'徐'ɕy，'详'tʻioŋ，'像'tʻioŋ，ɕioŋ。"《湖北方言调查报告》在声母 [t] 中用到例字"节酒"；在声母 [tʻ] 中用到例字"秋绝详"，根据我们的调查研究，这种说法不符合核心区域老派咸宁方言的事实。造成这种现象的出现，和当时的选点有关，主要发音合作人是贺胜桥人，因而《湖北方言调查报告》所记载的这种现象，恰好是贺胜桥方言的特点。

《湖北方言调查报告》认为咸宁方言有声母 [ȵ]："泥来洪音全混，皆读 n……今细音除遇摄皆读 [ø] 外（如'女'='吕'y），泥母读 ȵ，来母读 n。如'纽'ȵiau，'林'niən，'娘'ȵioŋ，'两'nioŋ，'年'ȵiẽ≠'连'niẽ。"开口三四等影母读 [ø]，疑母读 ȵ，如'噎'i≠业 ȵi，'约'io≠'虐'ȵio，'烟'iẽ≠'研'ȵiẽ。"根据我们的调查研究，在老派咸宁方言中，是客观事实。

《湖北方言调查报告》在 [ɕ] 声母中所用例字"瑞"，在典型老派咸宁方言中不存在此种说法。在 [ø] 声母中所用例字"牙",记录的是文读音而不是白读音。

(2)《湖北方言概况（初稿）》、《中国咸宁咸安区方言词典》和《咸宁市咸安区方言志》中的记载——20 世纪 60 年代及以前咸宁方言的声母

《湖北方言概况（初稿）》认为咸宁方言有 19 个声母（含零声母）。详见表 5-2：

表 5-2　《湖北方言概况（初稿）》所记载咸宁方言声母表

p 玻	p' 坡别	m 妈	f 肥	
t 多	t' 他地	n 拿罗业		
ts 资争济	ts' 错自昌齐妻		s 所师细	z 而热
tɕ 基准	tɕ' 欺春具		ɕ 西顺	
k 挂街	k' 克	ŋ 硬	x 孩鞋	
ø 我驴软				

在"北京声、韵、调与湖北各地方言声、韵、调对应总表"中,《湖北方言概况（初稿）》认为：北京的 [p] 对应咸宁的 [p] 玻和 [p'] 别；北京的 [t] 对应咸宁的 [t] 多和 [t'] 地；北京的 [l] 对应咸宁的 [n] 罗和 [ø] 驴；北京的 [ts] 对应咸宁的 [ts] 资和 [ts'] 自；北京的 [tʂ] 对应咸宁的 [ts] 争和 [tɕ] 准；北京的 [tʂ'] 对应咸宁的 [ts'] 昌和 [tɕ'] 春；北京的 [ʂ] 对应咸宁的 [s] 师和 [ɕ] 顺；北京的 [ʐ] 对应咸宁的 [z] 热和 [ø] 软；北京的 [tɕ] 对应咸宁的 [tɕ] 基、[k] 街、[tɕ'] 具、[ts] 济和 [ts'] 齐；北京的 [tɕ'] 对应咸宁的 [tɕ'] 欺和 [ts'] 妻；北京的 [ɕ] 对应咸宁的 [ɕ] 西、[x] 鞋和 [s] 细；北京的 [ø] 对应咸宁的 [ø] 我、[ŋ] 硬、[n] 业和 [z] 而。

根据我们的调查研究,《湖北方言概况（初稿）》中所用例字"西"当读 [s],而不是文读 [ɕ]；"孩"读 [x] 当是文读,咸宁一般不说"孩",而用"伢"；"我"当读 [ŋ],而不是文读 [ø]；"驴"在老一辈人中的确有读 [ø] 的现象,但更多的是读 [n]。

《中国咸宁咸安区方言词典》和《咸宁市咸安区方言志》出自吴培根一人之手,都认为咸宁方言有 19 个声母（含零声母）。下面以《咸宁市咸安区方言志》为例,详见表 5-3：

表 5-3 《咸宁市咸安区方言志》所记载咸宁方言声母表

p 玻补布	pʻ 坡普蒲	m 模马末	f 夫飞胡	
t 得打到	tʻ 特大脱	n 讷拉路		
ts 资知庄	tsʻ 雌从仓		s 师思式	z 日入认
tɕ 机精交	tɕʻ 欺秋区		ɕ 希休书	
k 哥该贵	kʻ 渴开刻	ŋ 额傲岸	x 喝合核	
ø 衣乌玉				

吴培根认为，"n、l 自由变读"，"f、x 相混，主是是 x 在合口韵前读成 f，如'灰换呼'都读 f 声母"，"不分尖团音"。表述基本符合事实。

(3)《鄂南方言志略》、《咸宁市志》、《鄂东南方音辨正》、《湖北省志·方言》中的记载——20 世纪 90 年代及以前咸宁方言的声母

《鄂南方言志略》、《咸宁市志》、《鄂东南方音辨正》同出自陈有恒老先生之手。这里以《鄂南方言志略》为准。《鄂南方言志略》认为咸宁方言有 19 个声母（含零声母）。详见表 5-4：

表 5-4 《鄂南方言志略》所记载咸宁方言声母表

p 波布半	pʻ 攀步泊	m 摸门马	f 分飞红	
t 单低到	tʻ 宜夺太	n 南兰女		
ts 招总租	tsʻ 仓昌从		s 苏肩散	z 认绕岩
tɕ 精经节	tɕʻ 秋丘切		ɕ 修休	
k 关盖贵	kʻ 开葵类	ŋ 硬袄恶	x 花河黑	
ø 衣鸟于				

《鄂南方言志略》认为："[n] 和 [l] 自由变读，今记为 [n]，舌位略上。""市区外有 [ȵ]，拼齐齿韵，市区内在齐齿韵前常 [n-ȵ] 自由变读，今用 [n]。"

《鄂南方言志略》所用例字"宜、肩、岩、类、鸟"存在文字编辑错误，考虑到《鄂南方言志略》、《咸宁市志》、《鄂东南方音辨正》出自陈有恒先生一人之手，经过互相参证，可用《咸宁市志》中的记载进行修正，"宜、肩、岩、类、鸟"分别为"道、扇、若、困、乌"。根据我们的调查研究，《鄂南方言志略》和《咸宁市志》中所用例字"女"不准确，白读当为 [ø]。

《鄂东南方音辨正》所记载咸宁方言声母与上述两部文献完全相同。《湖北省志·方言》认为咸宁方言有20个声母，比上述三部文献多出了一个[ȵ]。

（4）《鄂东南方言音汇》、《咸宁方言词汇研究》中的记载——现阶段咸宁方言的声母

《鄂东南方言音汇》中咸宁方言部分、《咸宁方言词汇研究》出自王宏佳博士一人之手，都认为咸宁方言有19个声母（含零声母），这里以《咸宁方言词汇研究》为准。详见表5-5：

表5-5 《咸宁方言词汇研究》所记载咸宁方言声母表

p 波本不	p' 坡跑匹	m 摸谋灰	f 方废法	
t 多等督	t' 拖度铁	n 罗南勒		
ts 知招足	ts' 痴迟赤		s 思苏索	z 认然日
tɕ 鸡朱局	tɕ' 区去切		ɕ 修新狭	
k 哥锅刮	k' 棵夸哭	ŋ 压硬额	x 呵河鹤	
ø 衣乌玉				

（5）近百年来咸宁方言声母的发展

从数量上看，近百年来，咸宁方言声母变化不大，主要体现在[ȵ]的有无上。老派咸宁方言有20个声母，[ȵ]声母比较明显；中年人说咸宁方言，[ȵ]和[n]处于自由变读状态中；青年人说咸宁方言，[ȵ]已合并到[n]中来，声母数量为19个。

从具体声母来看，个别声母所领字有变化。主要有：

随着社会的发展，新词新语不断出现，咸宁方言文读音增多，使部分字的声母有变化，例如"牙膏"中的"牙"，白读[ŋ]声母，文读[ø]声母。"约束"中"束"，白读[ts']声母，文读[s]声母。"艺术"中的"艺"，白读[n]声母，文读[ø]声母。

受北京话影响，[x]与[f]互混局面有所改变。老派咸宁方言中，晓匣合口洪音跟非敷奉互混。在宕摄都读[x]，在其他各摄都读[f]，但主要是[x]混入[f]，例如：虎＝府[fu˩]、灰＝飞[fæ˧]、昏＝分[fən˧]、湖[fu˩]、话[fɑ˩]、活[fɐ˧]、滑[fɑ˩]、换[fõ˩]；方[xõ˧]、放[xõ˩]，中青年人说咸宁方言，互混已成为单向的[x]混入[f]，[f]不再混入[x]，

例如：方[fõ˧]、放[fõ˦]。且[x]混入[f]的数量有所减少，例如：话[xuʌ˦]、活[xue˦]、滑[xuʌ˦]。

受北京话影响，不送气音字有所增加。老派咸宁方言中，古全浊声母字，今读塞音、塞擦音时，不论平仄，一般读为送气清音，例如：坐[tsʰɐ˧]、赵[tsʰɐ˦]、助[tsʰau˦]、植[tsʰɿ˧]、导[tʰau˦]、但[tʰã˦]、笛[tʰæ˧]。中青年人说咸宁方言，有些原本读送气音的开始读不送气音，例如：导[tau˦]、但[tã˦]、笛[tæ˧]。有些古非全浊声母字，老派咸宁方言原本读送气音的，在中青年特别是青年一代中，也开始出现与不送气音并存的局面，例如：达[tʰɐ˧]｜[tɐ˧]、蝶[tʰi˧]｜[ti˧]、奏[tsʰɐ˧]｜[tsɐ˦]、歼[tɕʰiẽ˧]｜[tɕiẽ˧]。

受北京话影响，零声母字有所增减。在老派咸宁方言中，日母字"入=日[zɿ˧]"，都读[z]声母，中青年说咸宁方言，"入"读[y˧]，"日"仍读[zɿ˧]。"绒=茸[iəŋ˦]"，都读[ø]声母，中青年说咸宁方言，"绒=茸[zəŋ˦]"，都读[z]声母。以母"容=溶=榕=蓉[yei˦]"，都读[ø]声母，中青年说咸宁方言，"容=溶=榕=蓉[zəŋ˦]"，都读[z]声母。

（二）韵母的发展

（1）《湖北方言调查报告》中的记载——20世纪40年代以前的咸宁方言的韵母

《湖北方言调查报告》认为咸宁方言有46个韵母。详见表5-6：

表5-6 《湖北方言调查报告》所记载咸宁方言韵母表

ɿ	世次而日	i	计灭业邑铁	u	孤负屋物	y	书须余出局役
ɔ	包草	iɔ	巧孝				
o	多过合目	io	瘸略学	uo	窝握		
e	惹北彻格活或	ie	野接列劣绝叶	ue	国阔	ye	靴拙说月
a	巴话塔辣蛇	ia	加匣写爷	ua	瓜挂刮	ya	靴刷
æ	该鞋怀帅	iæ	谐	uæ	外快	yæ	揣
ei	聚梅李积戌回的最			uei	桂未位	yei	税垂
au	图楚柔熟卒秃	iau	酒休幼育				
eø	昭某愁偶	ieø	表乔				
ã	三旦咸山反	iã	衔监限	uã	关惯弯万		

续表

ẽ	展沾恩吞更	iẽ	谦年贬恋			yẽ	专员软宣
œ̃	半唤短			uœ̃	官鳏碗		
oŋ	刚床椿黄巷	ioŋ	香江两	uoŋ	汪往		
ən	森门等郑昏横	iən	侵贫陵静旬行	uən	坤文	yən	云尹琼纯
əŋ	孟中龙宋红弘	iəŋ	兄用穷	uəŋ	公恐翁		

(2)《湖北方言概况（初稿）》、《中国咸宁咸安区方言词典》、《咸宁市咸安区方言志》中的记载——20世纪60年代以前的咸宁方言的韵母

《湖北方言概况（初稿）》在介绍鄂南区方言时，仅以嘉鱼方言为例；《中国咸宁咸安区方言词典》、《咸宁市咸安区方言志》都出自吴培根老先生之手，这里以《咸宁市咸安区方言志》所记载为准。详见表5-7：

表5-7 《咸宁市咸安区方言志》所记载咸宁方言韵母表

ɿ	知雌师	i	衣灭希	u	乌夫枯	y	于居书
ɒ	巴妈哈	iɒ	呀加假	uɒ	哇夸瓜	yɒ	刷抓靴
o	波多合	io	约雀学	ou	窝锅棵		
ɔ	包刀抛	iɔ	咬交滑				
e	欸北革	ie	耶姐也	ue	或国阔	ye	月决说
ø	某逗偷	iø	夭标消				
a	牌开呆	ia	岩解偕	ua	歪乖快	ya	喘揣甩
ai	杯飞西			uai	威归飞	yai	锐追吹
ao	肚都奴	iao	优秋休				
ã	班单争	iã	颜饼星	uã	弯关惯	yã	兄揞咺
ẽ	灯很闪	iẽ	烟天边			yẽ	冤专川
õ	般当昌	iõ	央江香	uõ	汪光		
an	奔本分	ian	英兵心	uan	温滚坤	yan	晕春勋
ʌŋ	孟东公	iʌŋ	痈穷凶	uʌŋ	翁工空		
n̩	尔呕嗯						

(3)《鄂南方言志略》、《咸宁市志》、《鄂东南方音辨正》、《湖北省志·方言》中的记载——20世纪90年代以前的咸宁方言的韵母

《鄂南方言志略》、《咸宁市志》、《鄂东南方音辨正》同出自陈有恒老先生之手。这里以《鄂南方言志略》所记载为准，详见表5-8：

表5-8 《鄂南方言志略》所记载咸宁方言韵母

ɿ	资友耳	i	衣以野	u	乌天故	y	于虚出
ɑ	巴惹辣	iɑ	鸦加洽	uɑ	蛙花刮	yɑ	靴刷
o	波多合	io	约略却	uo	窝锅		
ɔ	包高倒	iɔ	交				
e	北	ie	叶	ue	国获	ye	月缺
ø	烧	iø	妖				
a	买盖	ia	谐	ua	歪怪	ya	揣
ai	悲低挤			uai	威桂	yai	锐税
ao	都足肉	iao	优纠溜				
ã	班单三	iã	颜间	uã	弯关	yã	扔
ẽ	根占闪	iẽ	烟边尖			yẽ	冤专
õ	忙党刚	iõ	尖娘	uõ	汪光		
an	奔登声	ian	因英兵	uan	温滚横	yan	晕均
ʌŋ	孟东公	iʌŋ	痛穷兄	uʌŋ	翁公空		

陈有恒先生认为："从整个韵母系统看，多圆唇元音，多单元音，多鼻化元音。"由于排版错误，经过对比确认，"友"当为"支"，"天"当为"夫"，"尖"当为"央"，"痛"当为"痈"。根据后面的同音字汇，"野"记音有误，当为"野"[ia↙]，"获"根据考证[xue˧]的记音有误，当为[fe˧]。《鄂东南方音辨正》对《鄂南方言志略》作了个别调整。韵母数量由45个变成44个，少了[yã]。[a ia ua ya]改成[ɒ iɒ uɒ yɒ]。[ao iao]改成[ɑu iɑu]。陈先生著作均漏列自成音节的[n̩]。

(4)《鄂东南方言音汇》、《咸宁方言词汇研究》中的记载——现阶段咸宁方言的韵母

《鄂东南方言音汇》中咸宁方言部分、《咸宁方言词汇研究》出自王宏佳博士一人之手，这里以《咸宁方言词汇研究》为准，认为咸宁方言有44个韵母（包括自成音节的[n̩]），详见表5-9：

表 5-9　《咸宁方言词汇研究》所记载咸宁方言韵母表

ɿ	支痴思而	i	衣机奇希	u	乌姑哭补	y	迁虚朱输
ɑ	巴打桠沙	iɑ	鸦加恰夏	uɑ	蛙瓜夸花	yɑ	抓靴刷
o	包刀劳抄	io	交敲孝效				
ə	波哥多喝	iə	约略雀学	uə	窝锅过课		
e	北偷克社	ie	妖瞄焦肖	ue	国阔活	ye	月决缺
a	八胎海杀	ia	解谐蟹	ua	歪乖怪筷	ya	偓喘甩
æ	悲飞嘴洗			uæ	威胃亏柜	yæ	锐追吹税
ɑu	都图周肉	iɑu	优流秋休				
ã	班单眼争	iã	颜平轻醒	uã	弯玩关贯	yã	扔
ẽ	更肯恒然	iẽ	咽边研先			yẽ	冤元全宣
õ	邦方安霜	iõ	央娘江香	uõ	汪王官宽		
ən	登本孙认	iən	因兵宁姓	uən	温文滚困	yən	晕军春训
əŋ	绷东通生	iəŋ	勇用穷凶	uəŋ	翁功空共		
n̩	你嗯						

(5) 近百年来咸宁方言韵母的发展

从数量来看，咸宁方言韵母由最初的46个演变为现在的44个，减少了2个，韵母系统有合并简化的趋势。这主要表现为 [e、ie] 与 [eø、ieø]（《湖北方言调查报告》所记）或 [ø、iø]（《鄂南方言志略》所记）的合并。从《鄂南方言志略》来看，"典型的 [e] 主要是入声字"，也就是说入声字归 [e]，而非入声字归 [ø] 或 [eø]，这显然不符合语言的经济原则。[e] 和 [ø] 仅存在不圆唇和圆唇的差别，区分度不够大。这些因素导致 [e、ie] 与 [eø、ieø] 或 [ø、iø] 合并。

韵尾 [i] 的脱落。《湖北方言调查报告》记载咸宁方言有 [ei、uei、yei] 三个韵母；《咸宁市咸安区方言志》和《鄂南方言志略》等文献记载咸宁方言有 [ai、uai、yai] 三个韵母。而根据《咸宁方言词汇研究》的记载，韵尾 [i] 已经脱落，进一步突出了咸宁方言单元音多的特点。

某些领字较少的韵母，如 [ia]：解、谐、蟹，[yã] 扔、眃，有进一步萎缩甚至消失的趋势，年轻人已经不太会读这些韵母了。例如很多人只知道"解"读 [kaˬ]，而不知道可以读 [tɕiaˬ]，很多人甚至看到"和谐

[xəˇ ɕiaˇ]"一词时,不知道该怎么读。

受北京话影响,有些韵组内部出现混读现象。例如"棵、科、课",老派咸宁方言读成合口韵 [uə]:棵 [kʻuə˧]、科 [kʻuə˧]、课 [kʻuə˩],而青年人也读成开口韵 [ə]:棵 [kʻə˧]、科 [kʻə˧]、课 [kʻə˩];"或、活、获",老派咸宁方言读成开口韵 [e]:或 [fe˧]、活 [fe˧]、获 [fe˧],而青年人也读成合口韵 [ue]:或 [xue˧]、活 [xue˧]、获 [xue˧];"划、画、猾、话、滑",老派咸宁方言读成开口韵 [ɑ]:划 [fɑˇ]、画 [fɑ˧]、猾 [fɑˇ]、话 [fɑ˧]、滑 [fɑˇ],而青年人也读成合口韵 [ua]:划 [xuaˇ]、画 [xua˧]、猾 [xuaˇ]、话 [xua˧]、滑 [xuaˇ]。

随着社会的发展,新词语不断涌现,咸宁方言文白异读现象比较突出,表现在韵母层面的也比较多。详见文白异读部分。

(三)声调的发展

以下是不同历史时期的文献对咸宁方言声调的描写和说明:

(1)《湖北方言调查报告》

《湖北方言调查报告》认为:"咸宁分阴阳去。古去清读阴去,如'更,斗'等字。古上全浊,去浊及入全浊读阳去,如'坐,共,岸,白'等字。"详见表5-10:

表5-10 《湖北方言调查报告》所记载咸宁方言单字调表

阴平	阳平	上	阴去	阳去	入声
˧	ˇ	ˋ	˩	˧	˥
刚知	穷娘	古五	盖放	共近食熟	急各入六

(2)《鄂南方言志略》

《鄂南方言志略》认为:"入声偏高促,但一般无明显塞尾,只在少数音节如'革'[ke]'黑'[xe]后略现轻弱 [—ʔ],今记为 [55]。"详见表5-11:

表5-11 《鄂南方言志略》所记载咸宁方言单字调表

阴平	阳平	上	阴去	阳去	入声
˧	ˇ	ˋ	˩	˧	˥
师刚	提时	使体	替世	弟十	识育

(3)《鄂东南方言音汇》

《鄂东南方言音汇》对咸宁方言声调的描写较为详细,因基本观点和本书一致，这里略去不述。

单字调情况详见表 5-12：

表 5-12 《鄂东南方言音汇》所记载咸宁方言单字调表

阴平	˥	诗衣资乌迂巴蛙包波坡妖悲
阳平	˩	时移奇扶茶袍驼谋摇条盘盆
上声	˥˩	使椅启雨卡保火蟹娶楚展长
阴去	˨˩	试意记句瘦爱肺兔炭更汉秤
阳去	˧	事易步下号合社在罪受命善
入声	˥	识叶日切哭括喝热辣绿肉畜

(4) 近百年来咸宁方言声调的发展

从调类来看，近百年来，以上文献以及其他文献如《湖北方言概况（初稿）》、《中国咸宁咸安区方言词典》、《咸宁市志》、《鄂东南方音辨正》、《咸宁方言词汇研究》、《咸宁市咸安区方言志》，都认为咸宁方言有 6 个单字调，即平声和去声分阴阳，古上声主要归今上声，保留有入声。惟有《湖北省志·方言》认为咸宁方言只有 5 个单字调，即去声不分阴阳。根据我们的调查研究，《湖北省志·方言》的记载是不符合咸宁方言事实的。

从调值来看，咸宁方言各调类的调值比较稳定，特别是阴平、阳去和入声。阳平可读成 21 或 31，一般记成 31；上声可读成 53 或 42，一般记成 42；阴去可读成 312、313 或 213，一般记成 213；入声短急高促，一般记成 55。

从具体调类来看，入声塞尾 [-ʔ] 在老派咸宁方言中有所表现，并逐步脱落，中青年人读咸宁方言，已无明显塞尾 [-ʔ]。入声虽然自成调类，且特征明显，但转到非入声的字有增多趋势。

二、词汇的发展

本部分研究数据的主要来源和分类如下：

(1) 20 世纪 40 年代以前咸宁方言词汇的状况主要来自笔者对老一辈咸宁人的调查和研究。

(2)《湖北方言概况（初稿）》第五章第二节系统地阐述了湖北方言词汇的特点，在一定程度上揭示了咸宁方言词汇的特点；《中国咸宁咸安区方言词典》、《咸宁市咸安区方言志》系统地记录了咸宁方言的词汇，以上可作为20世纪60年代以前咸宁方言词汇的代表。

(3)《鄂南方言志略》在同鄂南其他县市方言词汇进行对比的基础上，选录了300余例咸宁方言日常生活中的基本用词，同时还列举了不少常用于口语而不见或罕见于书面语的口语词；《湖北省志·方言》在同湖北省其他县市方言词汇进行对比的基础上，选录了148个咸宁方言常用词语；《咸宁市志》选录了部分咸宁方言基本词，以上可作为20世纪90年代以前咸宁方言词汇的代表。

(4)《咸宁方言词汇研究》则在详尽描写咸宁方言词汇的基础上，对咸宁方言的词汇进行了纵横向的对比研究，可作为现阶段咸宁方言词汇的代表。

根据我们的调查研究，近百年来，咸宁方言词汇的发展变化呈现以下面貌：

（一）新旧词语交替

随着咸宁经济社会的不断发展，一大批新词语不断进入咸宁方言词汇系统。例如：电灯、电话、收音机、电视机、电影、冰棒、雪糕、牙膏、牙刷、麻将、扑克、打工、汽车、火车、电脑、手机、开发区、股票，等等。

与之相对应的是，一大批旧词语慢慢退出历史舞台，例如：生产队、工分、公社、合作社、洋火火柴、洋布、读书箇男孩子、做花箇女孩子、郎中、书生学生、秀才有学问的人、学堂、红叶媒人、晒簟用竹篾制成可供垫晒东西的器具、风车使谷物等与细碎叶片等分离的器具、围桶木制尿桶，等等。

（二）双音节化有所加强

咸宁方言单音节词所占比重较大，很多北京话里的双音节词语在咸宁方言里都是单音节词语。近百年来，咸宁方言双音节化有所加强。表现在咸宁方言一些常用的单音节词语开始和双音合成词混用，例如：灰｜灰尘、衣｜衣服、壁｜墙壁、屋｜房屋、生｜生日，等等。也表现在咸宁方言中开始出现子缀词语，例如：格子窗户、珠子、狮子、滚子轮子，个别单音节词还和子缀词混用，例如：沙｜沙子。咸宁方言还产生了一个与名词后缀"子"相当的后缀"嘞"，北京话里的"子"缀词一般可以咸宁方言的"嘞"缀词来对应，呈现出单音节词与"嘞"缀词混用的局面，例如：桌子：桌｜桌嘞、椅子：椅｜椅嘞、金子：金｜金嘞、银子：银｜银嘞、燕子：燕｜燕嘞、鸽子：鸽｜鸽嘞、钉子：钉｜钉嘞、鞋子：鞋｜鞋嘞、袜子：袜｜袜嘞、蚊子：蚊｜蚊嘞，等等。咸宁方言还有一个比较特殊的"儿"缀词"猫儿猫"，这在北京话和其他方言中没有或少见。

（三）向北京话靠拢的趋势增强

受周边强势方言武汉方言以及北京话推广的影响，咸宁方言词语向普通话靠拢的趋势日益明显。表现在语音上，就是文读音不断产生，这在语音部分"文白异读"一节已有论及，这里不赘述；表现在词形上，就是咸宁方言某些固有的说法被北京话的说法所取代。有以下几种情况：

(1) 古语词被北京话词语取代或处于混用中。咸宁方言词汇保留古语词较多，受北京话影响，有些古语词被北京话词语取代或处于混用中，例如：老者｜老人、驾驷｜开始、炙火｜烤火、红叶｜媒人、出阁｜出嫁、袱｜毛巾、晏｜晚。

(2) 同素逆序词开始向北京话靠拢，呈现混用局面，例如：欢喜｜喜欢、鸡公｜公鸡、闹热｜热闹、弟兄｜兄弟、人客｜客人、宵夜｜夜宵、气力｜力气、去回｜回去、鱼鳝｜鳝鱼、鞋拖｜拖鞋。老年人倾向于用前者，而中青年人较多地使用后者。

(3) 一些日常生活中的基本词开始受到北京话的侵蚀。例如：日头｜太阳、茅厕｜厕所、格子｜窗户、难问｜谢谢、诊病｜看病、围颈｜围巾、藏蛋｜盐蛋、做嘴｜亲嘴、解手｜上厕所、徛｜站、冤｜蜷缩、蛮｜很、灵醒｜漂亮、山应｜回声、灰面｜面粉、帽笠｜草帽、屋里｜老婆，等等。就连具有较强保守性的亲属称谓词语，也受到了北京话的侵蚀，例如：爷爷、奶奶，这种称谓方式越来越普及，其对应的说法"爹、妈"的生存空间受到挤压。

(4) 少数常用的方言后缀也受到了北京话的影响。例如"煞"，往往可以用"死"来代替：急煞｜急死、气煞｜气死、想煞｜想死、饿煞｜饿死、痛煞｜痛死、热煞｜热死、冻煞｜冻死，等等。又如"首"，往往可以用"头"来代替：看首｜看头、说首｜说头、做首｜做头、搞首｜搞头、想首

|想头、喫首|喫头,等等。

三、语法的发展

语法的发展,相对较慢,目前研究文献提供的材料较少,这里谈的主要是针对老中青三代人进行调查所得的结论。

(一) 词法的发展

1. 重叠式有所发展

名词受北京话影响,有些亲属称谓词语可以重叠使用,例如:爷爷 [ie˅ ie˅r]、奶奶、姐姐 [tɕie˅ tɕie˅r],不光小字辈这么喊,老年人也跟着这么用。例如:

(1) 爷爷,我要买气球。
(2) 桃桃,你爷爷今日不在屋啊?
(3) 姐姐,你教我写字好不好?
(4) 你要跟姐姐学习哦。

有时候,单音节动词也可以"AA"式出现,目前来看,还有些勉强,可接受性远不如"A一下"。例如:

(5) 你打我看看!
(6) 你打我看一下!
(7) 你说了听听。
(8) 你说了听一下。

2. 个别语缀功能增强

在咸宁方言中,一般不说"小",凡言"小",一般用"细"代替,或在名词后附"崽"缀称小,例如:细蛇(小蛇)、大细(大小)、过点细(小心)、细伢崽(小孩子)、牛崽(小牛)。与"老"缀相比附,有"老王"之类的说法,在咸宁方言中慢慢出现北京话中常见的"小王"之类的说法,"小"成为咸宁方言的类语缀。

咸宁方言后缀"首"可以附着在动词性语素或形容词性语素后,构成抽象名词,表示值得、合算等意思,例如:看首、想首、说首、做首、可怜首,北京话对应的后缀为"头"。近些年来,咸宁方言"X头"和"X

首"呈现并存的局面，且有"X头"取代"X首"的趋势，这表明"头"缀功能进一步增强。

"子"是北京话名词后缀，北京话里绝大多数的子缀词语在咸宁方言里都是零缀词语，也可以用"唰"缀来表示，咸宁方言"唰"缀词语的增多其实是咸宁方言词汇由单音化向双音化发展的一种具体表现形式。此外，咸宁方言也有个别"子"缀词语，如：狮子、珠子、厨子。还有些非名词性语素缀上"子"后也变成名词，如：尖子、老子、矮子、骗子、贩子、滚子轮子、个子，这也是咸宁方言词汇发展并向北京话词汇靠近的一种具体表现形式。

3. 数量名组合更加紧密

在老派咸宁方言中，当数词为"一"时，可以省略，只出现"量名"结构，但年轻人说咸宁方言，一般倾向于加上"一"。例如：

(1) 捉隻鸡得伊喫。(老、中年人)

(2) 捉一隻鸡得伊喫。(青年人)

4. 程度副词"很"使用范围扩大

咸宁方言表示程度的副词主要有：蛮、几、好、很、最、太。最能体现咸宁方言特色的当是"蛮"。受北京话影响，"很"的使用范围逐步扩大，凡是可以用"蛮"的都可以用"很"，有些年轻人甚至不怎么用"蛮"。这表明"蛮"开始弱化。此外，"非常"也开始渗透进入咸宁方言。

5. 方所词语的变化

咸宁方言方所词语"上头、下头、里头、外头、前头、后头"常见于老派口语中，受北京话的影响，以上词语中的"头"可以换成"面"，年轻人一般说"上面、下面、里面、外面、前面、后面"。

（二）句法的发展

1. 使动用法日趋萎缩

古代汉语使动用法非常普遍，演变到现代汉语中来，使动用法往往被动补结构后接宾语的方式和致使句所取代。与北京话相比，咸宁方言保留的使动用法相对要多一些，但是这些使动用法也日趋萎缩，老派咸宁方言一般用使动用法，青年人则一般不用。例如：

(1) 你蛮嫌人。(老年人)

(2) 你很讨人嫌。/你蛮让人烦不过。/你真是嫌死人。(中青年)

(3) 伊做事懈拖拉得，真急人。（老年人）

(4) 伊做事懈得，真叫人着急。/伊做事懈得，真让人急不过。/伊做事懈得，真是急煞死人。（中青年）

(5) 你说话太气人。（老年人）

(6) 你说话气煞人。（中青年）

2. 双宾语位置变化

咸宁方言双宾句中，一般是直接宾语在前，间接宾语在后，这和北京话正好相反。近年来，这种宾语位置正在悄悄发生变化，老派咸宁方言直接宾语在前，间接宾语在后，而中青年人对宾语的位置，要求不太严格，可以互换。例如：

(1) 老者老人人蛮好，把给两本书我。/老者人蛮好，把两本书得我。（老年人）

(2) 老者人蛮好，把两本书我。/老者人蛮好，把两本书得我。/老者人蛮好，把我两本书。（中青年）

(3) 借五块钱我。/借五块钱得我。（老年人）

(4) 借五块钱我。/借五块钱得我。/借我五块钱。（中青年）

3. 动补句宾语位置

北京话动补句宾语一般放在补语后，而咸宁方言宾语一般放在补语前。受北京话影响，这种差别正在日益缩小，呈现混用局面。例如：

(1) 说你不赢。

(2) 说你不赢。/说不赢你。

(3) 打你不死。

(4) 打你不死。/打不死你。

(5) 策骗我不倒。

(6) 策我不倒。/策不倒我。

第六章 咸宁方言语料记音

本章搜集整理了在咸宁广为流传的一部分民间歌谣、谚语、歇后语和民间故事,通过这些方言语料,可以更好地了解咸宁方言的面貌,从而加深人们对咸宁方言的认识。需要说明的是:

(1) 本章语料来源有三个方面。一是相关文献,包括:《咸宁市歌谣分册》(《中国民间歌谣集成·湖北卷》)、《咸宁市谚语集》(《中国谚语集成·湖北卷》)、《咸宁市民间故事集》(《中国民间故事集成·湖北卷》);二是笔者在田野调查过程中记录的,本章来自书面文献的语料,基本上在调查过程中被核实过;三是笔者的记忆,本章大部分歌谣,笔者小时候唱过,至今还依稀记得。大部分谚语也是笔者在成长过程中不知不觉听大人讲过的。故事则在过去有所耳闻,如关于钱六姐的故事。

(2) 由于上述文献在记录咸宁民间歌谣、谚语、歇后语和民间故事的时候,受北京话影响颇多,有些词或句子不够地道。本章采编语料时,基本上都按照咸宁方言的现状进行了口头转译,以期能反映方言的真实面貌。

(3) 所有语料先标音后出对应汉字,本字不详的示以缺字符号。必要的时候,在语料的最后作出相关说明。

一、故事 传说

咸宁民间故事和传说是咸宁人民群众口头创作并在口头流传的文学样式。咸宁民间故事和传说具有以下的特点:故事性强,情节生动;口语化,朴素明快;想象奇特丰富;常用夸张、比喻,艺术感染力强。本章选录几则较能反映咸宁方言特色的故事和传说。

(1) 懒得说

懒得说
nã˧˩ te˧ ɕye˧

tsʰən˧˩ tɕʰiẽ˧˩, iau˩ niõ˩ pʰə˩ nɔ˩, nã˩ te˧ tɕy˧ tɕi˩。
从　前，有　两　婆佬，懒得　出　奇。

iau˩ i˧ zɿ˧, nã˩ kə˧ tsʰən˩ uaɥ miẽ˩ ma˩ na˩ tɕi˩ tɕien˧ zauɥ fæ˩ na˩, tɕie˩
有　一　日，男　箇从　外　面　买了　几　斤　肉　回来，叫

u˧ næ˩ na˩ tɔ˧ tɕʰi˧ zau˩。e˩ ɕye˧: "ŋə˩ nã˩ te˧ nieŋ˩, nʅ˩ tsɿ˧ ka˧ tɕʰi˩ tɕi˩。"
屋里拿刀切肉。伊说："我懒得蠕，你自家去切。"

e˩ nã˩ zən˩ ɕye˧: "ŋə˩ tsʰaɥ uaɥ miẽ˩ ma˩ zauɥ næ˩ ɥai, ia˩ nã˩ te˧ nieŋ˩。" e˩
伊男人说："我在外面买肉累了，也懒得蠕。"伊

ɕye˧: "na˩ kə˧ va˩ kə˧ zau˩, tɕʰiau˧ kuæ˧ na˩ kə˧ tɕʰi˩。" nã˩ kə˧ ɕiõ˧ tɕʰi˧
说："那个买箇肉，就归那个切。"男箇想喫

zau˩, mɔ˧ te˧ fa˧, tsɿ˧ iau˩ tsɿ˧ ka˧ tɕʰi˩。
肉，冇得法，只有自家去切。

nã˩ kə˧ tɕʰi˧ zau˩, yɥ kə˧ tɕi˧ tsʰaɥ pʰõ˩ pieᴴ kʰo˩, nã˩ kə˧ ɕye˧ yɥ kə˧ tʰaɥ
男箇切肉，女箇倚在旁边看，男箇说女箇太

nã˩, paɥ tɔ˧ pæ˩ tsʰe˩ sau˩ sõ˩ kʰe˧ na˩ i˧ xaɥ, naɥ ɕie˩ te˧ kʰe˧ na˩ i˧
懒，把刀背朝伊手上磕了一下，哪晓得磕了一

niauᴴtsʰo kʰe˩。nã˩ kə˧ uen˩ e˩ tʰəŋ˧ pu˩ tʰəŋ˧, e˩ pʰõ˩ tʰiẽ˧ pu˩ tsuau˧ sã˧, nã˩
绺长口。男箇问伊痛不痛，伊半天不做声，男

kə˧iau˩ uen˩ e˩, e˩ kueɥ na˩ i˧ kʰe˩ tsaɥ tsʰaɥ mãᴴ i˧ mãᴴ kə˧ ɕye˧: "tʰəŋ˩
箇又问伊，伊过了一刻崽才慢一慢箇说："痛

tʰəŋ˩, tsɿ˩ sɿ˧ nã˩ te˧ ɕye˧。"
痛，只是懒得说。"

　　记录整理：施良湖

　　流传地点：浮山

　　采集时间：一九八六年十月

(2) 蚂蟥听不得水响

ma˩ uõ˩ tʰiã˩ pu˧ te˧ ɕy˩ ɕiõ˩
蚂蟥听不得水响

tʰiã˧ ɕye˧ nã˩ xaɥ kuõ˧ ɥei˧ tɔ˧ ɕiãᴴ nien˧ na˩ kʰo˩ fəŋ˧ tɕien˩, kʰo˩ tɕie˩ sã˧
听说南海观音到咸宁来看风景，看见山

tɕiɔ˩ xaɥ kə˧ tʰiẽ˩ næ˩ miẽ˩ iau i˧ xeɥ zən˩ tsʰa˧ tsʰa˧ tʰiẽ˩, i˧ kə˧ niẽ˩ tɕʰiŋ˧
脚下箇田里面有一伙人在栽田，一个年轻

tsaɥtɕʰi˧ tsʰa˧ tɕiẽ˧ sən˩ sõ˩ taɥ ku˩ tsʰõ˩ kəɥ, kuõ˧ iən˧ pʰu˩ sa˧ tɕie˧ te˧ mã
崽倚在田塍上打鼓唱歌，观音菩萨觉得蛮

iau˧ uæ˧ ne˧, tɕiau˦ xuɑ˧ tsʰə˧ ne˧ li˨ kə˨ nie̍˨ tɕiɑ̃˦ y˨ tsa˨, nəŋ˨ tɕiə˨ kŏ˨. nɑ˨
有 味 唦，就 化 成 一 个 年 轻 女 崽，拢 去 看。哪

ɕie˨ te˦ ne˨ kə˨ nie̍˨ tɕiɑ̃˦ tsa˨ tɑ˨ kə˨ sŋ˧ sa˨ tʰie̍˧ ku˨, e˨ kŏ˨ tɕie̍˨ kuə˨ nɑ˨
晓 得 勒 个 年 轻 崽 打 箇 是 栽 田 鼓，伊 看 见 过 来

i˧ kə˨ y˨ kə˨, tɕiau˦ ɕiən˨ kʰə˨ tsʰŏ˧ nɑ˨ tɕi˦ nɑ˨:
一 个 女 箇，就 信 口 唱 了 起 来：

nau˦ pie̍˧ xuɑ˦ tə˨ fən˦ uɑ˦ ɕiõ˨,
路 边 花 朵 分 外 香，

y˧ xuŏ˨ koɤ ŋə˨ tsau˨ tɕʰie˨ nŏ˨.
玉 皇 教 我 做 情 郎。

tsʰŏ˨ kə˦ tɕi˦ ku˨ niən˨ y˧ y˨,
唱 歌 击 鼓 迎 玉 女，

kŏ˨ kʰua˨ tʰəŋ˦ ŋə˨ rŋ˨ tʰəŋ˦ fŏ˨.
赶 快 同 我 入 洞 房。

kuõ˦ iən˧ i˧ tʰiã˨, tɕi˨ sa˧ nɑ˨: "kə˨ zən˨ tsən˦ kuɑ˨!" e˨ ɕyən˦ sau˨
观 音 一 听，气 煞 了："个 人 真 拐！"伊 顺 手

tsʰəŋ˧ nɑu˦ pie̍˧ tsʰa˨ nɑ˨ i˧ kẽ˦ mɑ˨ uŏ˨ tsʰŏ˨, tse˨ tsʰə˦ tɕi˨ tɕi˦ tiau˦ te˦ ɕy˨
从 路 边 扯 了 一 根 蚂 蝗 草，折 成 几 节 丢 得 水

næ˨ tə˨ tɕi˨, ɕye˨: "n̩˨ tʰi˨ tɕie̍˧ ku˨ ɕiõ˨ tɕʰiə˨ ŋa˨ zən˨." nɑ˨ ɕie˨ te˦ mɑ˨
里 头 去，说："你 听 见 鼓 响 就 齧 人。"哪 晓 得 蚂

uŏ˨ tsən˨ məŋ˨ nɑ˨ tə˨, tʰiã˦ tsʰə˨ tsʰən˨: "n̩˨ tʰi˨ tɕie̍˧ ɕy˨ ɕiõ˨ tɕʰiə˨ ŋa˨
蝗 震 懵 了 头，听 错 成："你 听 见 水 响 就 齧

zən˨." e˨ tɕiau˦ pɑ˨ tsa˦ tʰie̍˧ kə˦ i˧ kə˨ kə˨ ŋa˦ te˦ ɕi˧ tsŋ˨ kə˨ niuə˨ kə˨, xɑ˨
人。"伊 就 把 栽 田 箇 一 个 个 齧 得 血 只 个 流 箇，吓

te˦ kə˨ sæ˦ zən˨ uŏ˨ ŋŏ˨ sõ˦ tsŋ˨ pʰŏ˨.
得 个 些 人 往 岸 上 只 跑。

tsʰəŋ˨ tsʰŋ˨, ɕy˨ tʰie̍˦ tɕiau˦ iau˨ nɑ˨ mɑ˨ uŏ˨, e˨ i˧ tʰiã˦ tɕie̍˧ ɕy˨ ɕiõ˨,
从 此，水 田 就 有 了 蚂 蝗，伊 一 听 见 水 响，

tɕiau˦ tɕʰy˦ nɑ˨ ŋa˦ zən˨.
就 出 来 齧 人。

记录整理：代辉

流传地点：汀泗桥聂家一带

采集时间：一九八二年五月

（3）郭婆娘骂街

kə˦ pʰə˨ niõ˨ mɑ˦ ka˦
郭 婆 娘 骂 街

tɕʰyẽ˨ ɕye˨ xŏ˨ sŋ˦ tɕʰie˨ iau˦ kə˨ ɕien˦ kə˨ kə˦ pʰə˨ niõ˨, tsəŋ˨ xo˨ mɑ˦
传 说 黄 石 桥 有 个 姓 郭 箇 婆 娘，总 好 骂

ka˧, na˨ kə˨ ieㄣ s̩˥ za˨ nv˨ e˨, tsɿ˨ se˨ te˧ sã˧ ʐ̩˥ sã˧ iəi ɹu˧ te˧ ŋõ˧ niən˨。
街，哪个要是惹了伊，至少得三日三夜不得安宁。

iau˨ li˧ ʐ̩˥, kə˧ p'ə˨ niõ˨ u˧ kə˨ i˧ tsaɹ tɕi˧ kəŋ˧ mo˧ tɕie˧ na˨, e˨ na˨
有一日，郭婆娘屋箇一隻鸡公冇见了，伊拿

na˨ p'u˧ to˧, tie˨ pã˨ e˧ ts'a˧ ka˧ sõ˧ ma˧ te˧ tsu˨ tsɿ˧ kə˨ fən˨。kə˨ sɿ˨ xe˨,
了朴刀、砧板坐在街上骂得澰只个喷。个时候，

iau˨ zən˨ kẽ˧ e˨ ɕye˨, e˨ tsa˨ ɿ˨ tsa˧ u˧ ne˧ fa˧ tɕi˧ p'iã˨ sɿ˨ na˨, tɕie˨ e˨ pu˧
有人跟伊说，伊崽在屋嘞发急病死了，叫伊不

ie˧ma˧ na˨, e˨ pu˧ t'iã˨, ŋã˨ sɿ˥ pa˨ i˧ pe˧ ʐ̩˥ s̩˥ iõ˧ ma˧ to˧ na˨ t'e˨
要骂了，伊不听，硬是把一百二十四样骂到了头

ts'a˨fæ˨ u˧ tɕi˨。kõ˧ to˧ e˨ tsa˨ tsən˧ kə˨ sɿ˥ na˨, kə˨ p'ə˨ niõ˨ k'u˧ te˧ ts'a˧
才回屋去。看到伊崽真箇死了，郭婆娘哭得在

ti˧ sõ˧ ta˧ kuən˨, i˧ tɕie˧ pa˨ tso˧ ts'a˧ ti˧ sõ˧ kə˨ p'i˨ n˨ t'i˧ fã˨ na˨, i˧
地上打滚，一脚把罩在地上箇皮箩踢翻了，一

tsa˧ p'a˨ tɕi˧ kəŋ˧ ts'əŋ˨ ne˨ a˧ næ˨ fæ˨ na˨ tɕ'y˨ na˨, kə˨ kə˨ tsɿ˥ kə˨ ya˨。
隻白鸡公从箩第里飞了出来，咯咯只个□

ye˨ na˨, k'uəŋ˧ p'æ˨ n˨ ka˨ ts'a˧ tie˨ sõ˧, p'a˧ tɕi˧ kəŋ˧ fæ˨
（鸡发出声音）。原来，空皮箩架在凳上，白鸡公飞

te˧ p'æ˨ n˨ k'e˨ sõ˧ i˧ tsã˨, pa˨ p'æ˨ n˨ ko˨ fã˨ na˨, pa˨ tsɿ˧ ka˧ kõ˨
得皮箩口上一站，把皮箩搞翻了，把自家罱（盖、

ts'a˧ t'æ˨ næ˨。kə˨ p'ə˨ niõ˨ kə˨ i˧ ma˧, tsən˨ xo˨ ma˧ na˨ tsɿ˧ ka˧。
罩住）在第里。郭婆娘个一骂，正好骂了自家。

ts'əŋ˨ ts'ɿ˨, e˨ tsa˨ pu˧ sæ˨ p'iẽ˧ ma˧ ka˧ na˨。
从此，伊再不随便骂街了。

记录整理：饶杰才

流传地点：张公庙

采集时间：一九八八年三月

(4) 斗话把

te˧ xua˨ pa˨
斗话把

iau˨ i˧ ia˨, u˧ ts'õ˨ sõ˧ iau˨ ma˧ te˧ zən˨ sən˨ niõ˨, t'iã˧ tsõ˧ no˨ tɕiau˨
有一夜，屋场上有蛮多人乘凉，听张老九

kua˧ ku˨。
呱古。

tɕie˨ nau˨ tɕia˨ na˨ te˧ ŋã˨, tɕ'ie˨ mie˧ ɕye˨ kə˨ mo˧ t'iã˧ to˧, e˨ tsəŋ˧ kã˧
钱六姐来得晏，前面说箇冇听到，伊中间

uən˦ nɑ˨ i˧ tɕy˧: "tɕʰĩ˨ miẽ˦ ɕye˦ kə˦ sŋ˧ mo˨ næ˨?" tsõ˨ no˨ tɕiau˨ pæ˨ tsæ˦
问 了 一 句："前 面 说 箇 是 么 呢？"张 老 九 闭 嘴

pu˦tɕiõ˨ nɑ˨。kə˨ sæ˦ zən˨ uən˦ e˨ tsɑu˨ mæ˨ pu˦ tɕiõ˨ nɑ˨, e˨ ɕye˦: "xuɑ˨
不 讲 了。个 些 人 问 伊 做 霉 不 讲 了, 伊 说："话

pɑ˨nɑu˦ kʰu˦ tɑ˨ tʰõ˨ nɑ˨, ie˨ tɕiõ˨ te˦ tɕʰɛ̃˨ e˨ pɑ˨ xuɑ˨ tʰe˨ te˨ tɕʰi˨ nɑ˨。"
把 六 姑 打 断 了, 要 讲 得 请 伊 把 话 头 斗 起 来。"

sŋ˨ sõ˨ tsŋ˧ iɑu˦ te˨ tɔ˦ pɑ˨, te˨ tsʰuɑ˨ tʰe˨ pɑ˨ kə˦, mo˨ tʰiɑ̃˨ ɕye˦ te˨ xuɑ˨
世 上 只 有 斗 刀 把, 斗 锄 头 把 箇, 冇 听 说 斗 话

pɑ˨ kə˦, kə˨ miən˨ miən˧ sŋ˦ ie˨ nɑ̃˨ tɕʰi̯˨ nɑu˦ tɕiɑ˨。
把 箇, 个 明 明 是 要 难 钱 六 姐。

tɕʰi̯˨ nɑu˦ tɕiɑ˨ niən˨ tɕi˦ i˧ tʰɤ˦, te˦ nɑ˨ tiẽ˦ tsɑ˨ tɕʰu̯˦ uõ˨ fæ˨ tse˨。
钱 六 姐 灵 机 一 动, 得 了 凳 崽 就 往 回 走。

tsõ˦ no˨ tɕye˨ te˦ i˨ kə˦ ɕye˦: "n̩˨ pu˦ fæ˨ te˦ xuɑ˨ pɑ˨, nɑ̃˨ sŋ˨
张 老 九 得 意 箇 说："你 不 会 斗 话 把, 难 适

pʰo˨ nɑ˨?"
跑 了？"

tɕʰi̯˨ nɑu˦ tɕiɑ˨ ɕye˦: "tɕiən˦ iɑ˨ tʰiẽ˦ tɕʰi˨ tʰɑ˨ ze˨, sŋ˧ yɛ˨ iɑ˨ pɑ˨ fəŋ˦ kẽ˦
钱 六 姐 说："今 夜 天 气 太 热, 是 我 爷 把 风 根

tʰiɑ˨ to˨ tsʰɑ˦, ŋɤ˨ tɕʰe˨ fæ˨ pɑ˨ fəŋ˦ kɑ˨ kʰɑ˦, nɑ˨ nɑ˨ zõ˨ kə˨ sæ˨ zən˨ niõ˨
缔 倒 在, 我 去 回 把 风 解 开, 拿 来 让 个 些 人 凉

kʰuɑ˧ i˧ xɑ˨。"
快 一 下。"

tsõ˦ no˨ tɕiɑu˨ ɕiən˦ næ˨ ɕiõ˨: kə˨ y˨ tsɑ˨ tsən˦ sŋ˨ tsʰəŋ˦ miən˨ i˧ sŋ˨, fu˨
张 老 九 心 里 想: 个 女 崽 真 是 聪 明 一 世, 胡

tʰɑu˨ i˧ sŋ˨。e˨ ɕye˦: "n̩˨ kə˨ ŋɑ˨ tsɑ˨ ɕye˦ se˨ xuɑ˨。fəŋ˦ nɑ˨ u˨ iɑ̃˨ tɕʰi˨ u˨
涂 一 时。伊 说："你 个 伢 崽 说 苔 话。风 来 无 影 去 无

tsəŋ˦, nɑ˨ næ˨ iɑu˨ kẽ˦, n̩˨ iɑu˨ nɑ̃˨ sŋ˧ pɑ˨ e˨ nɑ˨ te˦ nɑ˨?"
踪, 哪 里 有 根, 你 又 难 适 把 伊 拿 得 来？"

tɕʰi̯˨ nɑu˦ tɕiɑ˨ fɑ˨ uən˦ "niõ˨ fəŋ˦ u˨ kẽ˦ u˨ fɑ˦ nɑ˨, n̩˨ tsən˦ tɕiɑ˨ ŋɤ˨
钱 六 姐 反 问："凉 风 无 根 无 法 拿, 你 怎 叫 我

te˨xuɑ˨ pɑ˨?"
斗 话 把？"

i˧ tɕy˧ xuɑ˨, pɑ˨ tsõ˦ no˨ tɕiɑu˨ tɕʰo˦ to˨ nɑ˨。
一 句 话, 把 张 老 九 呛 倒 了。

记录整理：廖明瑜

流传地点：横沟桥

采集时间：一九八〇年十月

二、民谣 儿歌

咸宁歌谣是在咸宁人民口头创作的民间文学，包括民歌、民谣和儿歌、童谣。咸宁歌谣词句简练，大多押韵，风格朴实清新，直接表达了咸宁人民对现实生活的感受和愿望。从字数来看，咸宁歌谣有二、三、四、五、六、七言，个别字数更多，其中以三、五、七言为主；从句子上讲，有单句、双句、三句、四句、五句和多句，其中以四句、五句和多句为主；在韵律方面，大都押尾韵。咸宁歌谣种类繁多，按传唱者来分，可分为成人歌谣和儿童歌谣两大类；按内容来分，可分为劳动歌谣、仪式歌谣、时政歌谣、生活歌谣、爱情歌谣、儿歌童谣等等。这里仅选录十几首最能反映咸宁方言特色的歌谣。

(1) 背背驼驼（谣）

背 背 驼 驼
pæ˧ pæ˧ tɛʌ˧ tʰəʌ˧

pæ˧ pæ˧ tɛʌ˧ tʰəʌ˧,
背 背 驼 驼,

taʌ tɕiau˅ xəʌ.
打 酒 喝。

mo˧ te˧ tsʰɑɪ˧ iɛ̃˅,
冇 得 菜 嚼,

kẽ˅ tɕy˧ tɕiəʌ.
啃 猪 脚。

tɕy˧ tɕiəʌ pu˧ xoʌ tɕʰiɑ˧,
猪 脚 不 好 喫,

paʌ n̩ʌ tʰi˧ sõ˧ piaɪ.
把 你 贴 上 壁。

口述者：张友文（男，四十八岁，文盲，农民）

搜集者：黄寅午

流传地点：咸宁各地

搜集时间：一九八二年四月

说明：编入本章时有改动。

(2) 虫崽虫崽飞（谣）

tsʰəŋ˧ tsa˩ tsʰəŋ˧ tsa˩ fæ˩

虫 崽 虫 崽 飞

tsʰəŋ˧ tsa˩ tsʰəŋ˧ tsa˩ fæ˩,
虫 崽 虫 崽 飞，

fæ˩ to˩ ku˧ nɔ˩ tæ˧,
飞 到 谷 罗 堆，

fæ˩ to˩ tsʰa˩ yẽ˩ kə˩,
飞 到 菜 园 角，

ia˩ tɕi˧ kə˧ kə˧ kə˩,
野 鸡 咯 咯 咯，

tɕiẽ˩ to˩ ia˩ tɕi˧ tɕiə˧,
捡 倒 野 鸡 脚，

na˩ fæ˩ na˩ i˧ sə˩,
拿 回 来 一 嗍，

tɕiẽ˩ to˩ ia˩ tɕi˧ tã˧,
捡 到 野 鸡 蛋，

na˩ fæ˩ na˩ iẽ˩ fã˧。
拿 回 来 嗍 饭。

口述者：余永生（男，六十岁，文盲，农民）

搜集者：叶正学

流传地点：马桥

搜集时间：一九八七年四月

说明：文献收录时，个别字记录不准确，编入本章时有改动。

(3) 数胴（谣）

sɑu˩ nə˩ ie˩

数 胴 谣

i˧ nə˩ tɕʰəŋ˩, zɿ˧ nə˩ fu˩,
一 胴 穷， 二 胴 富，

sã˧ nə˩ sɿ˩ nə˩ kʰa˧ tõ˧ pʰu˩,
三 胴 四 胴 开 当 铺，

u˩ nə˩ nɑu˩ nə˩ tʰie˧ tʰa˧ sɿ˩,
五 胴 六 胴 挑 大 屎，

tsʰə˧ nə˩ pa˧ nə˩ tsau˩ tʰa˧ kuõ˧,
七 胴 八 胴 做 大 官，

     tɕiau˨ nə˨ sɿ˧ nə˨ xuein˧ pa˧ kuõ˧。
     九　脶　十　脶　□　巴　光。

口述者：张汉民（男，五十八岁，文盲，农民）

搜集者：黄寅午

流传地点：温泉

搜集时间：一九八一年四月

注释：这里的"脶"是指指头上圆圈状的指纹。"□巴光 niən˧ pa˧ kuõ˧"表示"精光"的意思。本谣以脶的多少来判断人的前途，是一种唯心的看法。

(4) 映牛（谣）

     iã˨ niau˨ ie˨
     映　牛　谣

     tɕy˧ tə˨ xua˧, nau˨ pæ˨ i˨,
     株　朵　花，六　皮　叶，

     iã˨ niau˨ ŋa˨ tsa˨ tsə˧ ni˧。
     映　牛　伢　崽　真　作　孽。

     i˧ tiẽ˧ to˨ xe˧ niau˨ tsau˨ põ˧,
     一　天　到　黑　牛　做　伴，

     tõ˨ ne˧ sæ˨ tɕiə˧ mie˧ ne˧ ɕi˧。
     塘　嘞　洗　脚　庙　嘞　歇。

口述者：胡陈氏（女，七十五岁，文盲，农民）

搜集者：胡盛忠

流传地点：温泉

搜集时间：一九八八年二月

(5) 三岁伢崽会唱歌（谣）

     sã˧ sæ˨ ŋa˨ tsa˨ fæ˧ tsõ˧ kə˧
     三　岁　伢　崽　会　唱　歌

     uõ˨ tɕi˧ pə˨, uæ˨ pa˧ tə˧,
     黄　鸡　婆，尾　巴　拖，

     sã˧ sæ˨ ŋa˨ tsa˨ fæ˧ tsõ˧ kə˧。
     三　岁　伢　崽　会　唱　歌。

     pu˧ ie˨ ia˨ niõ˨ ko˨ sau˨ ŋa˨,
     不　要　爷　娘　告　诉　我，

tsɿ˧ ka˧ tsʻəŋ˧ miən˩ ɕiɐ˩ te˧ kə˧。
自 家 聪 明 晓 得 歌。

i˧ zɿ˩ tsõ˩ kə˩ ɕiɑ˩ kə˧ tsa˩,
一 日 唱 个 邪 歌 崽,

za˩ te˧ iɑ˩ niõ˩ ma˧ tɕi˩ tə˧。
惹 得 爷 娘 骂 几 多。

口述者：胡陈氏（女，七十五岁，文盲，农民）

搜集者：胡盛忠

流传地点：温泉

搜集时间：一九八七年五月

说明："邪歌崽"大意是说"内容不大健康的歌曲"。

(6) 赶烟歌（谣）

kõ˩ iẽ˧ kə˧
赶 烟 歌

iẽ˧ ŋa˧ iẽ˧,
烟 啊 烟,

pu˧ iẽ˧ ŋə˩,
不 烟 我,

tsɿ˧ iẽ˧ ka˧ piɑ˧ tɕy˧ zɿ˩ tə˩。
只 烟 隔 壁 猪 耳 朵。

tɕy˧ pʻɑ˩ tsʻa˩,
猪 扒 柴,

ke˩ se˧ xə˩,
狗 烧 火,

mo˧ zɿ˩ tɑ˩ mæ˧ ɕie˩ sa˩ ŋə˩。
猫 儿 打 谜 笑 煞 我。

tɕi˧ kəŋ˧ tʻie˧ ɕy˩ tɕi˩ tə˧ sɿ˩,
鸡 公 挑 水 几 多 时,

kõ˩ to˩ u˧ kuæ˧ kɑ˩ y˩ zɿ˩。
看 到 乌 龟 嫁 女 儿。

kɑ˩ tsʻa˧ nɑ˩ næ˩?
嫁 在 哪 里?

kɑ˩ tsʻa˧ tɕiõ˧ sæ˩。
嫁 在 江 西。

tɕiõ˧ sæ˧ mo˧ te˧ tsʻa˩ se˩,
江 西 冇 得 柴 烧,

uaˉ iõˇ teˉ seˇ。
挖 洋 菀 烧。

iõˇ teˉ seˉ puˉ zẽˇ,
洋 菀 烧 不 燃,

tɕʰauˉ teˉ ŋãˇ næˉ tæˇ ɕiənˉ tɕʰẽˇ。
焳 得 眼 泪 滴 胸 前。

naˉ iˉ tɕʰiuˉ kʰaˉ ŋãˇ næˉ,
拉 衣 袖 揩 眼 泪,

naˉ miẽˇ sæˇ kʰaˉ pʰæˉ,
拉 棉 絮 揩 鼻 屎,

naˉ iˉ kəˉ poˉ sæˇ tɕiˉ,
拉 衣 角 包 细 脚,

sæˇ tɕiˉ sæˇ sauˇ sæˇ uenˇ sənˉ,
细 脚 细 手 细 纹 身,

tɕʰyˉ tɕʰyˉ taˇ taˇ toˇ nãˇ tɕiənˉ,
吹 吹 打 打 到 南 京,

nãˇ tɕiənˉ peˉ tɕiənˉ tauˉ tseˇ toˇ,
南 京 北 京 都 走 到,

tseˇ toˇ iẽˉ tsʰənˉ taˇ tɕyẽˇ sənˉ。
走 到 烟 城 打 转 身。

口述者：涂兰英（女，五十四岁，文盲，农民）

搜集者：王焰

流行地区：横沟桥

搜集时间：一九八七年三月

说明：这里的"南京、北京"都非实指，在咸宁，当人们要表达一个非常远的概念时，常说到"南京、南京凶"，必要时顺势带出"北京"，例如：□maˉ还到南京去哦！我一脚把你踢到南京凶去。

(7) 月亮走，我也走（谣）

yeˇ niõˉ tseˇ, ŋəˇ ieˇ tseˇ.
月 亮 走，我 也 走

yeˉ niõˉ tseˇ, ŋəˇ ieˇ tseˇ,
月 亮 走，我 也 走,

ŋəˇ kẽˉ yeˉ niõˉ tʰæˇ xuaˉ neˇ。
我 跟 月 亮 提 花 篓。

yeˉ iõˉ ɕiənˇ, ŋəˇ ieˇ ɕiənˇ,
月 亮 行，我 也 行，

ŋa˧ kẽ˧ ye˧ niõ˧ na˅ niẽ˅ pʰə˩˨。
我 跟 月 亮 拿 脸 盆。

pu˧ ie˅ n̩˅ tɕiən˧ pu˧ ie˅ niən˅,
不 要 你 金 不 要 银,

tsl˅ ie˅ i˧ kə˧ xua˧ tsʰl˅ pʰə˩˨,
只 要 一 个 花 瓷 盆,

ta˅ kʰa˧ ɕiõ˧, xua˧ ku˧ niõ˧,
打 开 箱, 花 姑 娘,

ta˅ kʰa˧ kʰuæ˧, xua˧ mæ˧ mæ˧,
打 开 柜, 花 妹 妹,

sõ˧ sau˅ ta˅ kʰa˧ tɕʰy˅ kʰuæ˧ tsa˅,
双 手 打 开 橱 柜 崽,

i˧ sõ˧ pʰie˅ niõ˧ ɕie˅ xua˧ xa˅。
一 双 漂 亮 小 花 鞋。

口述者：何平英（女，四十岁，文盲，农民）

搜集者：何立文

流传地点：桂花镇

搜集时间：一九八七年五月

说明：本谣中出现了一些带有现代汉语北京话味道的词，如"姑娘 ku˧ niõ˧"、"妹妹 mæ˧ mæ˧"、"漂亮 pʰie˅ niõ˧"、"小 ɕie˅"，这在咸宁口语中一般用："做花伢崽 tsau˅ xua˧ ŋa˅ tsa˅"、"老妹 no˅ mæ˧"、"灵醒 niẽ˅ ɕiən˅"、"细 sæ˅"。咸宁方言是一个开放的系统，它不可避免地受到北京话的影响和冲击，即使是八十年代采写的歌谣，从中也能看到明显的痕迹。本谣收入本章时，一仍其旧，不作改动，以便客观地反映事实。

(8) 铺床（谣）

pʰu˧ tsõ˅ ie˅
铺 床 谣

pʰu˧ tsõ˅ pʰu˧ to˅ kə˧,
铺 床 铺 到 角,

i˧ tsõ˅ tæ˧ pu˧ nə˅。
一 床 堆 不 落。

sl˅ kə˧ tsʰən˧ tɕi˅ tsʰən˅,
四 角 捵 几 捵,

tsa˅ y˅ tsl˧ kə˧ kuən˅。
崽 女 只 箇 滚。

口述者：刘珍先（女，四十八岁，初小，农民）

搜集者：黄寅午

流传地点：咸宁各地

搜集时间：一九八七年三月

说明：按咸宁风俗，结婚当天，洞房新床必须由子女双全的两名妇女来铺排，在为新人铺新床时，要求边铺边呼彩。本章编入的是其中最典型的一种呼彩语，主要是祝福新人能够早得贵子，多生子女。"堆不落 tæ˦ pu˦ nə˦"表示"很多，以致放不下"，"捘 tsʻən˅"表示"按"。"只箇滚 tsʅ˦ kə˦ kuən˅"表示"不停地生下来"，极言生育能力强、子女多。

(9) 癫痫壳（谣）

na˦ næ˅ kʻə˦
癫 痫 壳

na˦ næ˅ kʻə˦,
癫 痫 壳,

piẽ˅ tã˦ tə˦,
扁 担 剟,

ŋə˅ iau˅ iɔ˦,
我 有 药,

pu˦ pɑ˅ n̩˅ tsʻɑ˅,
不 把 你 搽,

iɛ˅ n̩˅ yɑ˅ kə˦ n̩˦ ɛ˦
要 你 □ 我 箇 爷。

说明：本谣在文献中没有记载，但笔者记忆却非常深刻，谨记之。"癫痫壳 na˦ næ˅ kʻə˦"是指头上长癫痫的人；"剟 tə˦"意为"用力戳"；"□ yɑ˅"意为"叫、喊"。

(10) 茶它枳（谣）

tsʻɑ˅ tʻɑ˦ tsʅ˦
茶 它 枳

tsʻɑ˅ tʻɑ˦ tsʅ˦,
茶 它 枳,

pʻɑ˦ ɕy˅ tɕiau˅,
酸 水 酒,

tɕiən˦ zʅ˦ pʻɑ˦,
今 日 酸,

miã˧ zı˧ iɑu˧
明　日　有。

说明：本谣在文献中也没有记载，这里同样如实记录。"茶它枳 tsʰɑ˩ tʰɑ˧ tsı˧"：金缨子。蓬生，开白花，结的果实呈黄色长圆形，外表有刺，里面有密集的子，果肉可吃，带甜味，这种果实是民间制作酒曲的原料之一。"酘 pʰɑ˧"，酿酒。

(11) 十八少女正要郎（山歌·高腔）

sı˩ pa˥ se˩ y˩ tsən˩ y˧ nõ˩
十 八 少 女 正 要 郎

fəŋ˥ tsa˩ iau˥ ʔuai˩ xo˩ sən˩ ʔɛŋ˧,
风　崴　悠　悠　好　乘　凉，

tsən˩ xõ˩ zı˥ ye˥ xo˩ nie˩ nõ˩,
正　寒　二　月　好　撩　郎，

iõ˩ tɕʰyən˥ sã˥ ye˥ kuəŋ˥ fu˥ tɕiən˩,
阳　春　三　月　工　夫　紧，

u˩ xuõ˩ nau˥ ye˥ zɛ˥ mõ˩ mõ˩,
五　黄　六　月　热　忙　忙，

i˥ kʰe˩ tsʰı˩ tɕia˩ to˩ tɕʰiəu˩ niõ˩.
一　口　辞　姐　到　秋　凉。

tɕʰiən˥ ke˥ ɕye˥ xua˩ pu˧ tsʰa˥ xõ˩,
情　哥　说　话　不　在　行，

uæ˩ xə˩ tsʰı˩ tɕia˩ to˩ tɕʰiau˩ niõ˩,
为　何　辞　姐　到　秋　凉，

tso˩ ku˥ iõ˩ xua˥ tsən˩ ie˩ ɕy˩,
早　谷　扬　花　正　要　水，

sı˩ pa˥ se˩ y˩ tsən˩ y˧ nõ˩,
十　八　少　女　正　要　郎，

y˩ xə˩ tiẽ˩ te˥ to˩ tɕʰiau˥ niõ˩.
如　何　等　得　到　秋　凉。

口述者：熊福和（男，五十岁，初小，农民）

搜集者：王焰

流传地点：官埠桥

搜集时间：一九八七年五月

说明：这里的"郎 nõ˩"与"姐 tɕia˩"相对，相当于北京话中的"情哥"与"情妹"。这首山歌把十八岁情窦正开的姑娘渴望得到心上人的心态

刻画得栩栩如生,一个热情、开朗、青春、大胆而又泼辣的女孩形象跃然纸上。

(12) 秧田里面凤连凰(山歌·高腔)

$$\text{iõ˧ t'iẽ˩ næ˩ miẽ˧ fəŋ˧ niẽ˩ xŏ˩}$$
秧 田 里 面 凤 连 凰

sõ˧ tsau˩ tsʻa˩ iõ˧ iõ˧ uã˩ iõ˧,
上 昼 扯 秧 秧 挽 秧,

xa˧ tsau˩ tsa˧ t'iẽ˩ xŏ˩ tæ˩ xŏ˩,
下 昼 栽 田 行 对 行,

nŏ˩ tsa˧ tsʻæ˧ kʻə˧ na˩ ta˩ tɕia˩,
郎 栽 七 棵 来 带 姐,

tɕia˩ tsa˧ tsʻæ˧ kʻə˧ na˩ ta˩ nŏ˩,
姐 栽 七 棵 来 带 郎,

iõ˧ t'iẽ˩ næ˩ miẽ˧ fəŋ˧ niẽ˩ xŏ˩。
秧 田 里 面 凤 连 凰。

sõ˧ tsau˩ tsʻa˩ iõ˧ xa˩ tsau˩ tsa˧,
上 昼 扯 秧 下 昼 栽,

ko˧ pʻə˧ tiau˧ kə˩ iõ˧ tʻe˩ na˩,
高 坡 丢 个 秧 头 来,

pa˩ tɕia˩ ta˩ te˧ fən˧ sən˧ ɕy˩,
把 姐 打 得 浑 身 水,

niẽ˩ pa˩ tsẽ˧ tɕʻiɛ˧ mõ˩ ɕiəŋ˧ fa˩,
泥 巴 沾 溅 满 胸 怀,

tʻa˧ t'iẽ˩ te˧ mæ˩ tsən˧ pu˧ ka˧。
大 田 逗 妹 真 不 该。

演唱者:刘菊英(女,六十四岁,文盲,农民)

搜集者:黄寅午

流传地点:桂花镇

搜集时间:一九八二年四月

(13) 古怪歌(小调)

$$\text{ku˩ kua˩ kə˧}$$
古 怪 歌

kə˧ uæ˧ no˩ tse˩ tʻõ˩ tɕʻiẽ˩ tsʻə˧,
各 位 老 者 堂 前 坐,

tʰiã˧ ŋo˨ tsʰõ˧ kə˧ ku˨ kuɑ˨ kɤ˨。
听 我 唱 个 古 怪 歌。

i˧ tʰieu˨ pã˨ tiẽ˧ pʰɑ˨ sõ˧ piɑ˧,
一 条 板 凳 爬 上 壁,

fəŋ˧ tɕʰy˧ tiẽ˧ tsʰo˨ tɑ˧ pʰɤ˨ kuə˧。
风 吹 灯 草 打 破 锅。

y˨ zŋ˧ tʰa˧ niõ˨ sŋ˧ pa˧ sæ˨,
女 儿 大 娘 十 八 岁,

ua˧ sã˧ tʰa˧ kuə˨ no˨ ka˧ pʰɤ˨。
外 甥 大 过 老 家 婆。

niõ˨ kə˨ ɕiau˨ tsʰa˨ pu˧ sŋ˧ tsʰŋ˧,
两 个 秀 才 不 识 字,

niõ˨ kə˨ ŋa˨ pa˧ tæ˨ sã˧ kɤ˨。
两 个 哑 巴 对 山 歌。

põ˨ tʰiẽ˧ yən˨ ne˧ kõ˨ y˨ tɕʰiu˧,
半 天 云 嘞 赶 鱼 鳅,

təŋ˧ ɕy˨ tʰiẽ˧ ne˧ fa˧ nɑ˨ xɤ˨。
冬 水 田 嘞 发 了 火。

tsʰə˧ zŋ˧ kʰõ˨ tɕiẽ˨ niau˨ sã˨ tʰã˧,
昨 日 看 见 牛 生 蛋,

tɕiən˧ zŋ˧ kʰõ˨ tɕiẽ˨ tɕi˧ xa˨ xɤ˨。
今 日 看 见 鸡 下 河。

ŋa˧ tsa˨ nə˧ ɕy˨ tsʰən˨ to˨ tau˧,
鸭 崽 落 水 沉 到 启,

fəŋ˧ tɕʰy˧ sa˧ kuən˨ sõ˧ nɑ˨ pʰɤ˨。
风 吹 石 磙 上 了 坡。

tsə˧ tsɑ˧ tsʰau˨ se˧ pa˧ tɕiən˧ põ˨,
捉 隻 臭 虱 八 斤 半,

tsə˧ tsɑ˧ tʰieu˨ tso˨ tɕiau˨ tɕiən˧ tə˧。
捉 隻 跳 蚤 九 斤 多。

niõ˨ kə˨ xə˨ sõ˧ tsʰa˧ tɑ˨ tɕia˨,
两 个 和 尚 在 打 架,

tsa˨ tɕʰi˨ tʰe˨ fa˧ niõ˨ piẽ˧ tʰə˧。
扯 起 头 发 两 边 拖。

kʰa˧ ɕy˨ kuə˧ ne˧ tɕi˧ niən˧ piən˧,
开 水 锅 嘞 结 凌 冰,

niən˧ piən˧ sõ˧ miẽ˧ kʰõ˨ mə˨ mə˨。
凌 冰 上 面 炕 馍 馍。

iŏ˧ niau˨ tsʅ˧ tʼɤ˨ yˇ sã˨ tsʅ˨,
杨 柳 枝 头 鱼 生 子,

tɕi˧ niau˧ xɤ˨ tsəŋ˧ tɕʰi˧ tsau˨ kʼuə˧。
激 流 河 中 雀 做 窠。

口述者：郭远续（男，四十一岁，初小文化，炊事员）

搜集者：刘民、刘昌杰

流行地点：大幕一带

搜集时间：一九八二年四月

说明：本小调编入本章时个别字眼有改动。"赶鱼鳅"是指"捕捉泥鳅"，很多时候是在水沟的一头放上类似簸箕之类的竹制器具，人从另一头拿锄头或其他工具一路赶过来，把泥鳅都赶到竹制器具中，所以叫"赶鱼鳅"。凡是产卵都可以叫"生"，所以有文中的"牛生蛋"和"鱼生子"之类的说法。

(14) 婚嫁歌

kʼu˧ ka˨ tsʼʅ˨
哭 嫁 辞

niŏ˨ ŋe˧……
娘 哎……

i˧ tɕei˧ tsʼa˨ tɕiən˧ xua˧ tɕʰie˨ mən˨,
一 脚 踩 进 花 轿 门,

i˧ ɕieŋ˨ yˇ tsʅ˧ ka˨ tsʰəŋ˧ niŏ˨ ɕieŋ˨ zən˨。
一 姓 女 子 改 成 两 姓 人。

sã˧ tsæ˨ ɕye˧ sã˧ xua˨,
生 嘴 说 生 话,

sŏ˧ sau˨ mə˧ sã˧ mən˨,
双 手 摸 生 门,

sŏ˧ tɕei˧ tʼɑ˧ sã˧ tʼia˨,
双 脚 踏 生 地,

sŏ˧ ŋã˨ tɕiẽ˧ sã˧ zən˨,
双 眼 见 生 人,

tʼa˧ ɕi˧ iɑ˨ ie˨ tsɤ˨,
大 雪 也 要 走,

tʼa˧ yˇ iɑ˨ ie˨ ɕiən˨,
大 雨 也 要 行,

niŏ˨ ŋa˨……
娘 啊……

口述者：方汉英、赵和英

搜集者：黄寅午

流传地点：温泉

搜集时间：一九八七年八月

说明：咸宁以前有哭嫁之风，这是新娘出嫁临上轿前，辞别父母及亲人时所唱的一首歌谣。

三、熟语　谜语

(一) 熟语

熟语指常用的固定短语。它包括成语、谚语、歇后语和惯用语。这里选录部分能反映咸宁方言特色的谚语、歇后语和惯用语。

1. 谚语

人们常说"最清的水是泉水，最精炼的话是谚语"。咸宁方言的谚语是咸宁人民创造并在口头广为流传的言简意赅的定型语句，是咸宁人民智慧和经验的结晶。根据内容，咸宁方言的谚语可以分为三类：

1.1　认识自然和总结生产经验的谚语

(1) u˅ ye˧ nã˅ fəŋ˧ tsõ˅ t'a˧ ɕy˅, nɑu˧ ye˧ nã˅ fəŋ˧ t'a˧ t'iẽ˧ kõ˧。

五月南风涨大水，六月南风大天干。

(2) mo˅ iã˅ nã˅ təŋ˧, iɑu˅ y˅ pu˧ ɕiəŋ˧; mo˅ iã˅ nã˅ sæ˧, t'a˧ y˅ tsʼən˅ tæ˧。

毛影拦东，有雨不凶；毛影拦西，大雨成堆。

(3) t'iẽ˧ fã˧ uõ˅, nə˧ mõ˅ t'õ˅。

天翻黄，落满塘。

(4) nɑu˧ ye˧ nə˧ y˅ ke˧ t'iẽ˅ sən˅。

六月落雨隔田塍。

(5) t'a˅ iõ˅ sa˧ tɕiəʔ˧ iɑu˅ y˅ nə˅。

太阳射脚有雨落（"射"是指"太阳光线从云缝中射出"）。

(6) tɕiaʔ˧ nə˅ ye˧ põ˅ pa˧, ke˧ zən˅ tsʼən˅ tsõ˧ kɑ˧。

喫了月半粑，各人种庄稼（过了正月十五，各家各户都开始忙自己的农活了)。

(7) kʰaɹ maɹ yaɹ kʰu˧ təŋɹ, tɕia˧ tɕia˧ xa˧ ku˧ tsəŋɹ。

蛤蟆□咕咚，家家下谷种（"□yaɹ"表示"叫鸣"，"咕咚"模拟青蛙的叫声，整个意思是：青蛙开始叫鸣的时候，各家各户都应该准备播稻种了）。

(8) tsa˧ tʰiẽ˩ kaɹ yɹ, pu˧ fən˧ tɕʰiã˩ yɹ。

栽田嫁女，不分晴雨。

(9) ɕyɹ tʰiẽ˩ sɹ˧ kəɹ kəɹ, tɕʰiẽ˩ kʰoɹ zənɹ tɕʰiɹ tsoɹ。

水田四个角，全靠人去作。

(10) tɕʰiən˧ miənɹ tɕʰiẽ˩ xoɹ tsəŋɹ tʰiẽ˩, tɕʰin˧ miənɹ xe˧ xoɹ tsəŋɹ tʰeɹ。

清明前好种田，清明后好种豆。

(11) kõ˧ tɕy˧ uɹ tɕʰioɹ, nãɹ kõ˧ sɹ˧ poɹ。

看猪无巧，栏杆食饱（"看kõ˧"意为"饲养"）。

(12) næɹ taɹ təŋ˧, sɹ˧ kəɹ niauɹ nãɹ tɕiauɹ kəɹ kʰuəŋ˧。

雷打冬，十个牛栏九个空。

(13) zənɹ uɹ kuəɹ xe˧ ŋẽ˧, tsauɹ uɹ tiã˧ tæɹ kẽ˧。

人无过后恩，竹无钉底根。

1.2 认识社会和总结社会活动经验的谚语

(1) tɕʰiẽɹ zənɹ tsa˧ ɕyɹ, xe˧ zənɹ ɕiɹ iən˧。

前人栽树，后人歇荫。

(2) tʰa˧ yɹ tɕʰiɹ sæɹ yɹ, sæɹ yɹ tɕʰiɹ xaɹ, xaɹ tɕʰiɹ niəɹ pa˧。

大鱼喫细鱼，细鱼喫虾，虾喫泥巴（通过枚举生物链中的某一环节来说明事物之间是互相制约的，但更多的时候是用来形容人欺负人，就像"大鱼喫细鱼，细鱼喫虾，虾喫泥巴"一样）。

(3) iaɹ niõɹ təŋɹ uãɹ tsa˧, ti˧ mã˧ təŋɹ tsõɹ sən˧。

爷娘痛晚崽，爹妈痛长孙。

(4) zənɹ ieɹ sɹ˧ ɕiən˧, xoɹ ieɹ kʰuəŋ˧ ɕiən˧。

人要实心，火要空心。

(5) i˧ kəɹ pa˧ tsõɹ pʰa˧ puɹ ɕiõɹ。

一个巴掌拍不响。

（6）næ˩ tə˧ zən˩ pu˧ kua˩。
礼多人不怪。

（7）zən˩ tɕiən˩ t'a˧ ʂʅ˧ tsa˩。
人情大似债。

（8）pu˧ sõ˧ tõ˩ pu˧ ts'ən˩ ɕiõ˩。
不上当不成相。

（9）tɕ'ʅ˧ zən˩ mə˧ tɕ'ʅ˧ ɕie˩, kua˩ nau˧ ɿəm˩ tə˧ ke˩。
欺人莫欺小，过路莫逗狗（这里的"逗"意为"撩拨"）。

（10）i˧ niõ˩ kõ˧ tɕiau˩ tsʅ˩, tɕiau˩ tsʅ˩ tɕiau˩ kə˩ iõ˩。
一娘看九子，九子九个样（"看"表示"生育"）。

（11）tɕ'iən˧ kuõ˧ nã˩ tõ˩ tɕia˧ u˧ sʅ˧。
清官难断家务事。

（12）i˧ t'a˧ ku˧, zʅ˧ t'a˧ pie˩, sã˧ t'a˧ sʅ˧ t'a˧ nie˩。
一代姑，二代表，三代四代了（意思是亲情一代比一代疏远，三四代过后就没有什么了）。

1.3 总结一般生活经验的谚语

（1）ma˩ uõ˩ t'iã˩ pu˧ tə˧ ɕy˩ ɕiõ˩。
蚂蟥听不得水响。

（2）tɕ'ia˧ zau˧ pu˧ y˩ xɤ˧ t'õ˧, xə˧ t'õ˧ pu˧ y˩ ɕiəŋ˩ ɕiõ˩。
喫肉不如喝汤，喝汤不如嗅香。

（3）i˧ xõ˩ fu˧ i˧ xõ˩, t'ɛ˧ fu˩ fu˩ y˩ ts'õ˩。
一行服一行，豆腐服鱼肠（"服"有"适合"义，整个意思是说，食物之间是要讲究搭配的，豆腐和鱼肠一起煮最合适。后面一句带有举例性质，却有画龙点睛之功效）。

（4）tɕ'ia˧ pu˧ tɕ'iəŋ˩, tɕ'yẽ˧ pu˧ tɕ'iəŋ˩, sõ˩ tɕi˧ pu˧ na˩ li˧ sʅ˧ tɕ'iəŋ˩。
喫不穷，穿不穷，算计不来一世穷。

（5）nau˧ ye˧ nau˧, sa˩ fəŋ˩ niau˧。
六月六，晒红绿。

（6）pa˧ ye˧ tsəŋ˧ tɕ'iu˧, tsa˩ xə˩ pu˧ ɕiau˧。
八月中秋，炙火不羞（意思是说过了中秋节，天气变冷了，即使烤火也不是什么害羞的事了)。

(7) sã˧ fən˧ zən˩ tsʼa˩ tsʼæ˧ fən˧ ta˩ pã˩。

三分人材七分打扮。

(8) pu˧ tĩã˩ no˩ zən˩ niẽ˩, tɕia˧ kʼæ˧ tsʼa˧ ŋã˩ tɕiẽ˩。

不听老人言，喫亏在眼前。

(9) ɕiõ˩ ku˩ pu˧ iəŋ˧ tsʼəŋ˧ tɕʼy˩, ɕiõ˩ nə˩ pu˧ iəŋ˧ tsʼəŋ˧ kʼo˧。

响鼓不用重捶，响锣不用重敲。

(10) kẽ˧ xo˩ zən˩ ɕiə˧ xo˩ zən˩, kẽ˧ ɕiẽ˧ mã˧ kuõ˩ tɕia˩ sən˩。

跟好人学好人，跟仙妈逛假神。

(11) næ˧ sɿ˧ ŋa˧ tʼa˧ kə˧, tã˩ sɿ˧ xa˧ tʼa˧ kə˧。

力是压大筲，胆是吓大筲。

(12) tɕʼiəŋ˩ pu˧ tiau˧ tɕy˧, fu˩ pu˧ tiau˧ ɕy˧。

穷不丢猪，富不丢书。

(13) miã˧ tsəŋ˧ tsɿ˧ iau˧ pa˧ kə˧ mæ˩, tse˩ pʼiẽ˩ tʼiẽ˧ ɕia˧ pu˧ mõ˩ sən˧。

命中只有八合米，走遍天下不满升。

(14) ɕien˧ tsəŋ˧ iau˧ sɿ˧ kʼuən˧ pu˧ tsʼə˧, ɕien˧ tsəŋ˧ u˩ sɿ˧ kʼo˧ ɕy˧ tə˧。

心中有事睏不着，心中无事瞌睡多。

(15) te˧ xə˧ te˧ xə˧, i˧ te˧ tɕʼiau˧ sɿ˧ xə˧。

逗祸逗祸，一逗就是祸("逗"意为"惹")。

(16) i˧ kə˩ nə˩ pʼe˩ i˧ kə˩ tõ˩。

一个萝卜一个凼(意为"各有所归")。

(17) tʼa˧ kə˧ pu˧ ɕye˧ zɿ˧ kə˧。

大哥不说二哥(相当于北京话中的"彼此彼此"，指两方都不好，分不出上下)。

(18) pa˧ tsʼɿ˧ xa˩ mo˧ te˧ i˧ pʼi˧。

八字还有得一撇(喻指事情还没有完全定下来)。

(19) kõ˧ tsa˩ pu˧ tʼau˧ ɕy˧, pu˧ y˩ kõ˧ tsa˧ tɕy˧。

看崽不读书，不如看隻猪(前一个"看"表示"生育和抚养"，后一个

"看"表示"饲养")。

（20）nã˩ pu˧ tsau˩ sã˧, y˩ pu˧ tsau˩ sɿ˩

男不做三，女不做四（过生日，男不做三十岁，女不做四十岁）。

2. 歇后语

咸宁方言歇后语由两部分组成，前面是假托语，是比喻；后面是目的语，是说明，一般分为寓意的和谐音的两种，主要用来表现生活中的某种情景和人们的某种心理感受。

（1）tɕiə˩ y˩ piẽ˩ u˧ kuæ˧ —— t'e˧ pu˧ nie˩ k'ɔ˧

脚鱼变乌龟——脱不了壳（"脱不了壳"寓意为"脱不了干系"）

（2）xa˧ ne˧ tɕ'ɑ˧ t'õ˧ yẽ˩ —— ɕiŋ˧ ne˧ iau˩ sau˩

瞎唲喫汤圆——心唲有数

（3）mi˧ tɕ'iẽ˧ tɕ'yẽ˧ t'e˧ fu˩ —— t'æ˩ pu˧ sõ˧ sau˩

篾签穿豆腐——提不上手

（4）ɕiɛ˩ tɕi˧ kəŋ˧ ta˧ ɕy˩ —— pie˩ tɕiən˩

鐰鸡公打水——表情（"表情"是两个词组成的短语，"表"是"表达"，"情"是"情意"，"打水"是禽类交配（一般是公鸡主动接近母鸡），鐰鸡公不再具有雄性，因此它"打水"也只能是"表情"，含有"虚情假意"的意思）

（5）ta˩ te˩ næ˩ tsau˩ tsæ˩ —— ts'a˧ te˧ yẽ˩

戴斗笠做嘴——差得远（"做嘴"是"亲吻"，斗笠有很宽的边沿，两个斗笠可以凑在一起，两个嘴巴却隔得很远，比喻所说或所做的事与事实本身或要达到的目标还相差甚远）

（6）tã˧ t'e˧ fu˩ ˩ sən˩ tɕiə˧ —— mə˧ tsɿ˩ uõ˧

儋豆腐承脚——莫指望（"儋"是"拿"、"承"是"垫"，豆腐块虽然可以很厚，但它却很软，不可能用来垫脚，意指做一件不可能实现的事件，告诫人们不要把希望寄托在不可能的人或事上）

（7）mo˩ sɿ˧ kõ˧ kə˧ sa˧ t'ɤ˩ —— iau˩ ts'au˩ iau˩ ŋã˧

茅厮缸箇石头——又臭又硬

（8）mo˧ zɿ˧ k'u˧ no˩ ɕy˩ —— tɕia˩ ts'ɿ˩ pæ˧

猫儿哭老鼠——假慈悲

(9) pʰɚ˩ ˥nəˇ tsõ˩ ˥sa˩ ˥fæ˩ —— to˩ tɕʰyˇ sʅ˩ tɕiaˇ

破箩装石灰——到处是迹

(10) tʰe˩ kʰuˇ taˇ pʰæ˩ —— tə˩ yˇ li˩ næˇ

脱裤打屁——多余一理

3. 惯用语

咸宁方言的俗语是一种形象的定型化的通俗语句。这些语句出现在日常的口语、对话中，使语言显得格外生动活泼、形象简练，具有很强的表现力。

(1) ɕyæ˩ niauˇ pi˩

吹牛屁

(2) tɕʰiaˇ tɕieˇ sʅˇ

喫叫死（这里"叫"相当于"等于"。诅咒之语）

(3) ne˩ tɕiə˩ kuãˇ

㧢脚梗（没有准备而出洋相。按咸宁风俗，新人结婚时，要端茶给亲人喝，这时，亲人要给茶钱，如果哪位亲人没有准备钱，就会被称作"㧢脚梗"）

(4) sã˩ nau˩ tsʅˇ

生六指（诅咒某人偷东西，等于说别人是小偷或将来会做小偷）

(5) sa˩ tɕiãˇ

杀颈（猪被杀时，刀从颈下刺入，这时猪会发出惨叫声，这里用来喻指某人大声叫喊，仿佛猪被杀一样）

(6) ɕye˩ yẽ˩ uõˇ

说冤枉（说一些使人蒙冤的话）

(7) niẽˇ pʰæˇ kʰã˩ tsʰa˩ xe˩

脸皮堪尺厚（脸皮接近一尺厚，极言脸皮厚）

(8) uə˩ sʅˇ pu˩ kʰa˩ pʰæˇ kuˇ

屙屎不揩屁股（"揩"意为"擦"。喻做事情有始无终）

(9) nəŋ˩ ne˩ fæ˩ tsə˩ tæˇ

聋嘞会作对（当某个人没有听到或领会别人的意思而多次跟在别人话语后面作出毫不相干的答语时，就会被人称为"聋嘞会作对"）

（10）tʻeˇ noˇ kʻəˎ tsəˀ iõˇ

头脑壳作痒（恐吓对方要打人）

（11）tʻãˇ tauˀ puˀ tʻãˇ

谈都不谈（免谈）

（12）mənˇ tʻeˇ tɕiˀ kəŋˀ tseˀ pʻaˀ mæˇ

闷头鸡公啄白米（比喻有心计的人做事情不声不响）

（13）iˀ tʻəŋˇ sɿˇ koˇ puˀ ɕiãˇ

一桶屎搅不醒（指某个人不开悟或不醒事）

（14）ɕyeˀ iˀ sæˀ puˀ tsəˀ iauˇ iẽˇ kəˇ xuaˇ

说一些不作油盐的话（说一些不着边际或不现实的话）

（15）saˀ kuənˇ tauˀ ŋaˀ puˀ tɕʻyˀ iˀ kəˇ pʻæˇ naˇ

石磙都压不出一个屁来（指某人不善言辞或一窍不通）

（16）teˇ tʻaˀ kəˀ tsʻɿˀ puˀ zənˀ teˀ iˀ kəˇ

斗大箇字不认得一个（指某人没有文化，不学无术）

（17）tɕʻieˇ kəˀ pő̃ˇ tsʻẽ̃ˇ, naˇ kəˀ nauˀ fæˇ。

去箇盘缠，来箇路费（在估算做某事的可行性时，常说此语，而且往往后面得出的结论是做某事不划算）。

（18）sauˇ tsőˇ sauˇ pæˀ pæˇ tauˀ sɿˀ zauˀ

手掌手背都是肉（无区别对待）

（19）kʻaˇ maˇ uˇ tɕiãˇ, ŋaˇ tsaˇ uˇ ieˀ。

蛤蟆无颈，伢崽无腰（由"蛤蟆无颈"引出"伢崽无腰"，重点是在后者，意思是说某人还没有长大，暗指小孩子不要介入大人的事情）。

（20）tõˀ tsauˇ puˀ tsauˇ, iõˇ tsʻaˀ taˇ tʻauˇ。

当做不做，扬叉打兔（扬叉前端是分岔的，用它来打兔是很困难的，比喻该做的不做，尽做一些无用功）。

（21）tʻauˇ ɕyˀ kəˀ paˇ ɕyˀ nəˀ naˇ, iãˇ niauˇ kəˀ paˇ niauˇ nəˀ naˇ。

读书箇把书落了，映牛箇把牛落了（指没有做好本职工作）。

（22）mæˇ yˇ tsʻauˇ zauˇ nãˀ tʻeˇ fuˇ

霉鱼臭肉烂豆腐（"烂豆腐"是指制作出来的"豆腐乳"，而"霉鱼"

和"臭肉"是什么，目前无考）

（23）i˧ tɕy˧ zʅ˧ tsʻa˩ sã˧ xua˩ ʂəŋ˧ sʅ˩ tsʅ˧ ma˩

一猪二茶三花生四芝麻（是说猪油最好，其次茶油，再次花生油，最后是芝麻油）

（24）tʻa˧ nau˧ tsʻe˩ tʻiẽ˧, i˧ zən˩ i˧ piẽ˧。

大路朝天，一人一边（井水不犯河水）。

（25）xo˩ nã˩ pu˧ kẽ˧ y˧ te˩

好男不跟女斗

（二）谜语

咸宁方言的谜语是咸宁人民在长期的生产劳动和生活实践中创造出来的，是咸宁人民智慧的结晶，主要通过口头传承，一般要求押韵，朗朗上口。受现代娱乐方式和普通话推广的冲击，一些原来广为人知的谜语正慢慢湮灭，年轻人知道的很少。

（1）ta˩ mæ˧ tsʻa˧, ta˩ mæ˧ tsʻa˧, u˧ yan˩ ke˧ kua˩ mæ˩ sa˧。（tsau˧ tɕy˧ uõ˩）

打谜猜，打谜猜，屋檐沟挂米筛。（谜底：足蛛网。足蛛：蜘蛛）

（2）ma˩ u˧ tsa˩, fəŋ˩ tsõ˧ tsa˩, tʻæ˧ næ˩ tɕy˧ niõ˩ kə˩ pʻa˧ põ˩ tsa˩。（xua˧ səŋ˧）

麻屋崽，红帐崽，第里住两个白胖崽。（谜底：花生。第里：里面）

（3）niõ˩ tʻæ˧ ɕiəŋ˧, i˧ iõ˧ tsõ˩, zʅ˧ ne˧ tsa˧ xə˩, ia˧ ne˧ sən˩ niõ˩。（xə˩ tɕʻe˩）

两弟兄，一样长，日嘞炙火，夜嘞乘凉。（谜底：火钳。炙火：烤火）

（4）i˧ tsa˧ tɕy˧ tsa˩ pu˧ tɕʻa˧ kõ˧, pʻia˧ e˩ pʻæ˩ ku˩ i˧ tɕʻiõ˧。（iə˩ sʅ˩ kʻa˧ sə˩）

一只猪崽不喫糠，劈伊屁股一枪。（谜底：钥匙开锁）

（5）sõ˧ iau˩ tsõ˧ niõ˩ tsʅ˧ tɕi˩, ɕia˩ iau˩ nə˩ tsʻən˩ tʻən˩ piən˧。u˩ tsʅ˩ tɕiõ˧ tɕyn˧ kõ˧ to˩, tɕʻy˧ sã˩ pe˧ uã˩ ɕiəŋ˩ piən˧。（fəŋ˩ tsʻa˧）

上有张良之计，下有罗成屯兵。伍子将军赶到，吹散百万雄兵。（谜底：风车）

主要参考文献

[1] 赵元任、丁声树、杨时逢等. 湖北方言调查报告 [R]. 北京：商务印书馆, 1948.

[2] 丁声树. 古今字音对照手册 [M]. 北京：中华书局, 1981.

[3] 语言研究所方言组. 方言调查词汇表 [J]. 方言, 1981 (3).

[4] 詹伯慧. 汉语方言及方言调查 [M]. 武汉：湖北教育出版社, 1991.

[5] 王福堂. 汉语方言语音的演变与层次 [M]. 北京：语文出版社, 1999.

[6] 陈彭年. 宋本广韵 [M]. 北京：北京市中国书店, 1982.

[7] 中国社会科学院语言研究所. 方言调查字表 [M]. 北京：商务印书馆, 1983.

[8] 许宝华、宫田一郎. 汉语方言大词典 [Z]. 北京：中华书局, 1988.

[9] 北京大学中文系. 汉语方言词汇 [M]. 北京：语文出版社, 1995.

[10] 黄伯荣. 汉语方言语法类编 [M]. 青岛：青岛出版社, 1996.

[11] 咸宁市地方志编纂委员会. 咸宁市志 [M]. 北京：中国城市出版社, 1992.

[12] 湖北省地方志编纂委员会. 湖北省志·方言 [Z]. 武汉：湖北人民出版社, 1996.

[13] 陈有恒. 鄂东南方言的特征 [J]. 咸宁师专学报, 1979 (2).

[14] 陈有恒. 鄂南方言里的"把""到""在"[J]. 咸宁师专学报, 1982 (3).

[15] 陈有恒. 咸宁口语拾零 [J]. 咸宁师专学报, 1984 (1).

[16] 陈有恒. 鄂东南的活古话 [J]. 咸宁师专学报, 1986 (1).

[17] 陈有恒. 鄂南方言的词汇特点 [J]. 咸宁师专学报, 1989 (1).

[18] 陈有恒. 鄂南方言的几个语法现象 [J]. 咸宁师专学报, 1990 (1).

[19] 陈有恒. 鄂南方言志略 [M]. 鄂咸地图内字第29号, 1991.

[20] 刘国斌. 通城方言 [M]. 北京: 中国文史出版社, 1991.

[21] 黄群建. 通山方言志 [M]. 武汉: 武汉大学出版社, 1994.

[22] 黄群建. 阳新方言志 [M]. 北京: 中国三峡出版社, 1995.

[23] 黄群建. 鄂东南方言音汇 [M]. 武汉: 华中师范大学出版社, 2002.

[24] 汪国胜. 大冶方言语法研究 [M]. 武汉: 湖北教育出版社, 1994.

[25] 万献初. 《论语》词语在现代咸宁口语中的反映 [J]. 咸宁师专学报, 1990 (4).

[26] 万献初. 汉语构词论 [M]. 武汉: 湖北人民出版社, 2004.

[27] 王宏佳. 咸宁方言词汇研究 [M]. 武汉: 华中师范大学出版社, 2009.

[28] 吴培根. 咸安区方言志 [M]. 武汉: 崇文书局, 2012.

附　　录

一、咸宁方言地图

咸宁市咸安区地图

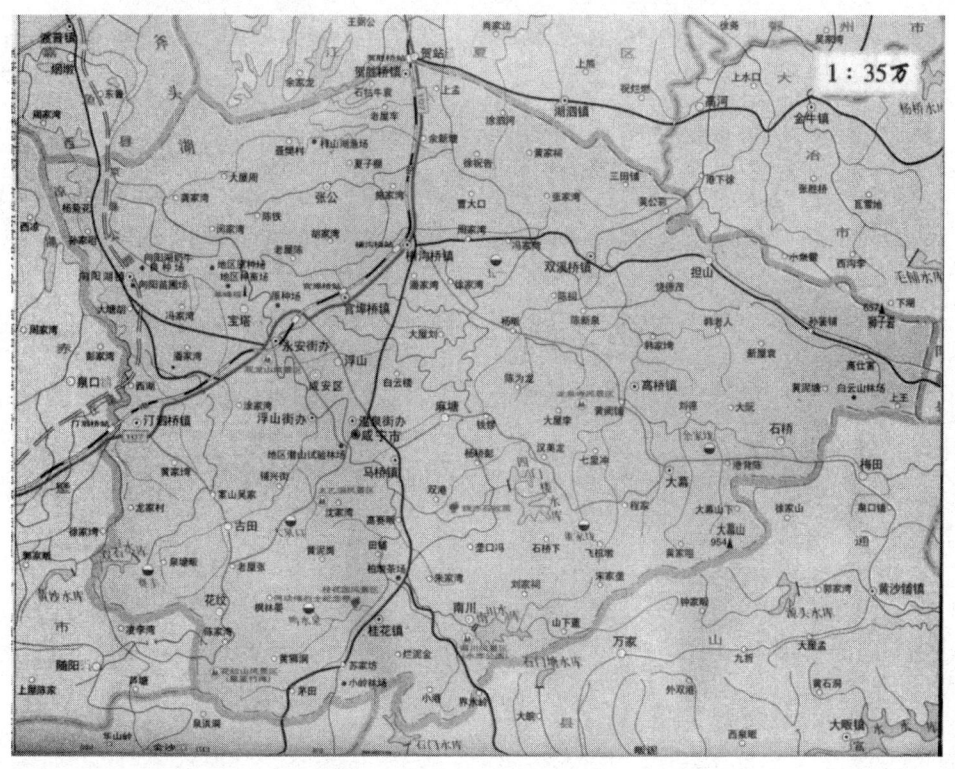

二、咸宁地方器物

图1　千年桂树

图2　白桂

图3　丹桂

图4　黄桂

图5　金桂

图6　银桂

图7 楠竹

图8 茶

图9 麻

图10 刘家桥

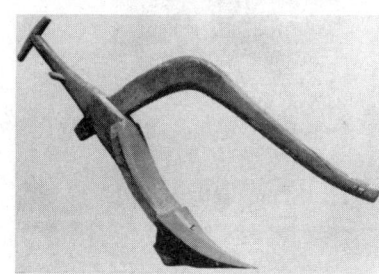
图11 犁

图12 草滚

图13 运笆

图14 灰络

图 15 皮箩

图 16 撮箕

图 17 晒簟

图 18 榢杖

图 19 旋

图 20 斗笠

附录

 图21 蓑衣
 图22 风车
 图23 水车
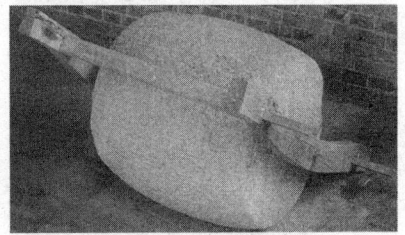 图24 石滚
 图25 茶盆
 图26 八仙桌
 图27 饼篓
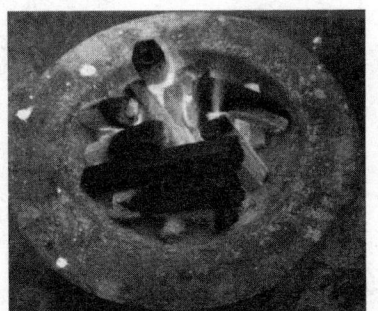 图28 火盆

图 29 升

图 30 灶台

图 31 煨坛

图 32 花轿

图 33 兀场

三、咸宁民俗文化

（一）咸宁的桥文化

咸宁古桥很多。当人们乘车穿行在国道、省道、通村公路上时，各种独具特色的古桥会映入眼帘。

咸宁古桥蕴藏着历史画卷。刘家桥，位于中华桂花之乡咸宁桂花镇境内。今天的刘家桥，深藏在群山环抱之中，保持完好的四处明清古民居群落，大小房间共 2000 多间，古朴典雅，疏密有致，融青山、秀水、翠竹、古树、栈道、廊桥、田园于一体。

据传桥边刘家村，竟是汉刘邦之后。刘邦幼弟，西汉楚元王刘交，被封为"彭城王"，是为刘家桥人的封王始祖，由他而始，传承至刘家桥已有八十一代。现刘家桥刘氏皇族近 9000 人聚族而居，自然而然形成一个庞大的大汉皇族群体，这一罕见的汉王朝后裔的活体发现，引起了世人的关注！现如今，借助古桥声名，该地兴起农家酒店，各路食客接踵而来。

咸宁古桥蕴藏着红色记忆。北伐战争就与咸宁古桥结下不解之缘，一是汀泗桥战役，发生在咸宁汀泗桥镇境内。1926 年 8 月，国民革命军从湖南向湖北挺进，军阀吴佩孚以主力扼守湖北咸宁境内的军事要隘汀泗桥。26 日，国民革命军向汀泗桥发起进攻。担负先锋任务的叶挺独立团，迂回敌后，敌军腹背受敌，全线崩溃。此战为北伐胜利的关键战斗之一，遂使汀泗古桥千古垂名。今汀泗桥镇建有北伐汀泗桥战役遗址纪念馆。

二是贺胜桥战役，发生在咸宁贺胜桥镇境内。为了挽救直系军阀败亡的厄运，吴佩孚调重兵退守另一军事要隘——贺胜桥。1926 年 8 月，国民革命军第 4、7 军在贺胜桥击溃北洋军阀吴佩孚军主力，俘敌 3500 余人，获重大胜利。历经千载的贺胜古桥见证了战地的惨烈，也使得古桥蜚声中外。

咸宁古桥蕴藏地理印记。咸宁是一个高山、丘陵和平原相交的地区，大自然的造化和历史的变迁，造就了这里山河湖泊遍布、沟壑溪流纵横，桥是这里最基本的交通设施，咸宁素有"千桥之乡"的美称。咸宁之地，常因桥而得名。如高桥镇、贺胜桥镇、汀泗桥镇、双溪桥镇、马桥镇、官埠桥镇、横沟桥镇等，这些集镇皆因本地古桥而得名，历史久远。光是淦河河床上横跨的桥梁就有 50 余座，有明代建的桃坪桥、高升桥、白沙桥、刘家桥；有清代建的白泉桥、万寿桥；有民国建的玉凤桥、朱家桥；有新中国成立后五六十年代建的石城桥、温泉一号桥；有七十年代建的温泉二号桥、三号桥；有八十年代建的双鹤桥、西河二桥；有九十年代建的温泉四号桥、龙潭大桥；有跨入新世纪建的京珠高速公路河背特大桥。咸宁的桥或大或小、或曲或折，既有拱桥，也有平桥、廊桥，有石桥，也有木桥、竹桥、铁桥，可谓千姿百态。这些桥得天地之灵气，和山水融为一体，相映成趣，给这片土地增添了无限的神韵。

（二）咸宁的嫦娥文化

2009年8月8日，湖北省民间文艺家协会授予湖北咸宁为"嫦娥文化之乡"。

嫦娥是神话传说中的人物。嫦娥的本名叫"恒娥"，因避汉文帝刘恒讳改名"嫦娥"。湖北省民间文艺家协会专家委员会认为，咸宁势扼吴楚，曾为上古南蛮居处之地，亦是后世楚文化、吴越文化交融之地。来自北方的"嫦娥传说"在咸宁落地生根，并在变异后繁衍、壮大。古老的月亮崇拜与当地桂花种植习俗相结合，催生了咸宁独有的"嫦娥文化"。

咸宁从古至今盛传"月宫仙子嫦娥成亲"、"桂树开花"的传说，至今境内仍有很多地名佐证了这个传说，如嫦娥湖、太阳山、飞仙洞、仙人墩、月亮湾等。据说远古时境内有一对常姓夫妇，50多岁还不曾生育，于是在桃花尖修炼的凤凰萌发恻隐之心，变成一只大蛾扑向老夫人怀中。次年夫人便产下一女婴，因是飞蛾扑怀而孕，遂取名为嫦娥。后来，嫦娥与对面睏龙山居住的后羿情投意合，商定八月十五成婚。当时，他们拜高堂时对着家中老桂树叩头，顿时桂树开花，香气扑鼻，随后便有了嫦娥飞天、吴刚伐桂等美丽传说。

此外，在咸宁民间传说、歌谣、谚语、歇后语中，"嫦娥文化"也有较为丰富的显现。体现在"杠春神"民俗活动中，嫦娥崇拜取代了"春牛"的中心位置，是古代祭春神习俗因桂花种植而出现的本土化变异。"守月华"、"祭嫦娥"、拜月、桂花撒帐等风俗活动，打破了汉族地区"男不拜月、女不祭灶"的传统习俗，为咸宁所独有。从民间文化遗存来看，嫦娥已成为咸安区桂花种植、生产的"保护神"，这一切都与嫦娥文化有着千丝万缕的联系。

（三）咸宁的桂花文化

咸宁种植桂花始于唐代，盛于清朝，至今已有1200多年的历史。2000年被国家林业部、全国苗木花卉协会联合授予"中国桂花之乡"的荣誉称号。作为桂花之乡的咸宁，在千年的熏染中有着深厚的桂花文化积淀。

桂花象征着高洁。在咸宁，旧时有些附庸风雅的老先生，就以桂斋、桂堂、桂亭、桂庵等作为自己的字号。在今天的桂花镇，女孩子多用"桂"字取名。以品种取名的，有金桂、银桂、丹桂、月桂、春桂、秋桂、晚桂等；以花朵取名的，有桂花、桂英、桂朵等；以花香取名的，有桂芬、桂芳、桂香等；与其他美好字眼搭配取名的，有桂芝、桂珍、桂玉、桂凤等。

桂花象征着荣誉。宋代，咸宁人冯京连中解、会、状三元，为蟾宫折桂、一枝独秀的佼佼者，后代学子一直把他当作楷模。明代，咸宁学宫里有一棵桂树，当时人把它视作吉祥之兆。学宫有这样一副对联："何物动人？二月杏花八月桂；有谁益我？三更灯火五更鸡。""二月杏花"，是指每年春天在京师礼部举行的考试（春闱）；"八月桂"是秋天在直省举行的乡试（秋闱）。现在，人们也常用折桂、蟾宫折桂来称在竞技场上取得好名次。

咸宁挂榜山原名洪崖山，因为产桂，又称作挂榜山。蟾宫折桂就是高中皇榜，这挂榜山，自然挂的也是皇榜了。向湖镇一座清朝道光年间重修的宝塔，七层八面，高达28米，底座门楣的匾额，题写的就是"直达蟾宫"四字，意在激励后生学子攻读应试，蟾宫折桂。至今，桂乡人子女启蒙入学或升学，父母要带着他们在向阳坡栽一株桂花树，希望其出类拔萃，金榜题名。

桂花象征着长寿。四五百年前，咸宁人就把桂花作为配料，制作出了桂花茶、桂花糕等饮食佳品。尽管食桂未必能让人长生不老，但桂花还是广泛地渗入咸宁的饮食文化，尤其是节令饮食民俗之中。

元宵节，俗称正月半，是一年中除春节外最重要的一个节，所以有"年小月半大"之说。这天，各家灯火通明，玩龙灯，舞狮子，还要合家团圆吃应时食品——元宵。元宵都用糖桂花作馅，借月中桂子的传说，把月亮和人间联系起来，取一年中"月圆人圆，事事如愿"的吉兆。五月初五是端午节，咸宁人称"端阳"。世传五月为恶月，因此，桂花镇等地除了许多避灾食俗，亲友间还互相馈赠桂花绿豆糕、桂花麻烘糕、桂花云片糕、桂花糖果和桂花茶等，借以预祝对方得到桂花仙子的护佑。八月十五中秋节，传统习俗认为这一天是土地神的生日。土地神是决定一年收成的神灵，每到这一天，农民要隆重祭谢，以求土地神保佑。时值桂花飘香，所以家家采摘一束鲜花作为贡品，祭奠神灵。中秋之夜赏月，咸宁人称为"守月华",是中秋节的重要活动。月亮升起来了,一家老小围坐在月下或桂树旁,仰望月中桂树,尝桂花月饼,喝桂花酒,吃桂花糕,品桂花茶,老年人便跟小孩闲聊起嫦娥奔月、吴刚伐桂、桂花仙子下凡的故事;小孩子望着月中阴影,问这问那,刨根问底,直到兴尽而散。

桂花象征着吉祥。在咸宁民俗中,因"桂"谐音"贵",所以象征富贵的图案常以桂花入画。衣料、器什、鞋面、鞋垫上,如"连生贵子",绘的是莲花、桂花的花样;"福增贵子",描的是蝙蝠和桂花的纹图;"贵寿无极",画的是桂花与桃花。桂花吉祥的文化含义,在咸宁得到充分的展示。在桂花镇,凡嫁娶、寿诞等喜庆之期,如适逢植树节,必定要栽植桂花树以为纪念;女儿出嫁前,要在娘家屋后山坡栽一株桂花树,表达对亲人和家乡的眷念;新婚夫妇也要在房前屋后栽一株桂花树,以期玉树交柯、夫妻恩爱、兰香桂馥、早生贵子。

最为动人的,是那摇曳多姿的桂乡歌谣:"郎在山上打桂花,姐在门前喊喝茶,喝了茶来歇一下,饱满精神再去打。""郎在山上打桂花,姐在家中团糍粑,桂花芝麻加蜜糖,情郎吃了乐开花。"

(四)咸宁的楚文化

咸宁所在位置,古代属于楚地,咸宁文化有着浓郁的地域性,带有明显的楚文化特征。楚人好巫,《汉书·地理志》说:"楚人信巫鬼,重淫祀。"《楚辞·九歌》就是荆楚地区最早的巫歌。王逸《楚辞章句》云:"昔楚国南郢之邑,沅湘之间,其俗信鬼而好祠,其祠必作歌乐鼓舞以乐诸神……屈原放逐……屈见俗人祭祀之礼,歌舞之乐,其词鄙陋,因为作九歌之曲。"楚人好巫,其中一个重要的表现形式就是招魂。《楚辞》中的《大招》和《招魂》,都与招魂有关。咸宁有"喊吓"的习俗,这大概与楚人好巫分不开。"楚国的招魂风俗在楚地一直延续下来,及至解放前,乃至解放后,江西、湖南一带,民间还残留着为死人'喊魂'和活人自招其魂的风俗,两湖一带还有招魂之类的民歌。时至今日,这些典型的楚国古老风气在荆楚一带的乡间依然存在。"[①] 笔者小时候受到惊吓,祖母就为我喊吓。所谓"喊吓",也就是把受到惊吓的魂魄喊回来(普通话里说:吓得魂飞魄散)。具体做法是:到了晚上,受到惊吓的人睡着了以后,喊吓的人站

---

① 李倩:《楚辞、汉赋之巫技巫法综探》,载《江汉论坛》2005年第12期,第105页。

在户外高处（有的人站在屋顶上或楼梯上），嘴里大声喊某人的名字："某某，你吓了到屋来歇嘞，到屋来歇。"然后一边喊，一边往回走，喊声也逐渐变小，每到拐弯抹角的地方还要用提醒之语告诉魂魄不要走错路，最后把魂魄引至受惊吓的人的床前。

  咸宁方言称"儿子"或"儿女"为"崽"。《方言》卷十："崽者，子也。湘沅之会凡言是子者谓之崽，若东齐言子矣。"第二个"崽"字下，郭璞注云："声如宰。"《广韵》平声皆韵山皆切："《方言》云：'江湘间凡言是子者谓之崽。'自高而侮人也。"湘沅之会属于古楚地，清钱绎《方言笺疏》："湘沅会合处，汉为长沙郡下隽县，今湖南岳州府临湘县是。"因而"崽"是古楚方言。咸宁方言的"崽"是古楚语的遗留。"崽"在咸宁方言中使用很广泛，如"一会儿"叫"一刻崽"，"一下子"叫"一下崽"，普通话的"儿"和"子"大致与咸宁话的"崽"相当。咸宁方言"崽"还可以用来称小，凡小物都可以称为"某崽"，例如：小孩子（伢崽）、小桌子（桌崽）、小椅子（椅崽）、小牛（牛崽）、小狗（狗崽）、小鸡（鸡崽）。

  咸宁方言称"姐姐"为"哥"。普通话的称呼严格区分"哥哥"和"姐姐"，咸宁方言则共用一词。中国古代传统思想是重男轻女，但这并不排除人们对女性的喜爱和尊重，比如有的家庭有多个男孩，就是没有女孩，做父母的就往往希望拥有一个女孩，如果幸运生得一女孩，咸宁方言一般不说"千金"，要说"女儿种"，和"崽种"相对。咸宁呼姐为哥，正是通过称呼的改变来表达对女性的喜爱和尊重。之所以如此，是因为咸宁地处丘陵和山区，交通相对闭塞，当地民风淳厚，生产以传统的农业耕作为主，女性在农业生产和传宗接代中的作用比较突出，使得咸宁重男轻女的思想并不严重，表现在语言中，就是"哥"兼表示"哥哥"和"姐姐"。

后　记

《咸宁方言研究》终于完稿了，于是乎，我长吁了一口气。

提起这本书的写作，还得从1999年我考上黄群建教授的硕士研究生说起。那时我攻读的是古代汉语方向硕士研究生，而黄教授给我影响最深的却是方言。记得有一次师徒两人聊天的时候，我"夸夸其谈"地说了很多话，最后说到咸宁至今没有方言志的事，并且当即表示，如果有机会，一定要为咸宁撰写方言志。因为，在鄂东南五县（阳新、通山、通城、崇阳、嘉鱼）、二市（赤壁、大冶）、一区（咸安）中，阳新、通山、通城、赤壁都有了方言志，而咸宁作为鄂东南的中心城市，却没有方言志，这不能不说是一件憾事。《湖北方言调查报告》虽然对咸宁方言的语音系统作了描述，但是词汇、语法还没有涉及，加之当年特殊的时代背景，其描述有的还不太准确；陈有恒先生在《鄂东南方言志略》中也论及咸宁方言，但还不能当作咸宁方言志；《咸宁市志》"民俗方言"部分有关咸宁方言的轮廓概述，也只能给人一点皮毛的认识。

从2000年起，跟随黄老师学了一些关于方言调查的基本技能，之后我自己就开始尝试着对咸宁方言进行调查，并不断地搜集、记录在日常生活中听到的关于咸宁方言的片言只语，先后整理出了咸宁方言的同音字表、词汇表。到2002年我快毕业的时候，我高兴地告诉黄老师，我已经基本上写出了关于咸宁方言的初稿。黄老师也很为我高兴，鼓励我继续做下去。2002年，黄群建教授带领湖北师范学院及咸宁学院两所高校五位教师（包括我自己）赴鄂东南各地调查方言，使得我能有机会把咸宁方言同周边的方言进行比较，其后出版《鄂东南方言音汇》，我负责咸宁方言部分；我的硕士毕业论文《湖北咸宁方言的语缀》，是我对咸宁方言词汇所作的一些探讨；2003年，北京语言大学曹志耘教授率四位博士会同咸宁学院三位教师赴通城、崇阳、通山调查方言，我参与其中，受益匪浅。根据两次调查，我对已有的初稿进行了大量的修补工作。

然而，不幸的事情发生了。2003年有一次我误操作，把我存放书稿的硬盘格式化了。我费尽心思，终于找到一个名字叫作 EASY RECOVERY 的软件将我的书稿恢复过来，我欣喜若狂，但最终还是发现我所造的音标都不能显示了，以前所造的汉字也没有了。这曾经一度让我灰心，说句实在话，重新对书稿的同音字表、词汇表进行标音，实在是一件浩大而又费力的事情。

这种心情一直持续到2004年我考上华中师范大学公费博士研究生。从那年起，我师从汪国胜教授攻读现代汉语语法和方言，然而我发现这时的我已经对方言研究有了难以割舍的情结。从跨进华中师大的校门开始，我又开始想到我的咸宁方言研究，并且告诉汪老师，我想继续做下去。我的博士论文选题是《湖北咸宁方言词汇研究》，打算对咸宁方言的词汇作一些比较深入的对比研究，以期揭示咸宁方言在词汇方面的个性，同时结合语音标准对咸宁方言的归属问题作一个总结。

2006年下半年，咸宁学院人文学院单长江教授跟我说，人文学院想组织教授和博士各自出版一本专著，问我有没有书稿。我踌躇再三，最后还是告诉他，我有书稿。我不想面对的事终于还是要面对了，这意味着我不得不重新对书稿进行标音。人逼急了，有时候倒也能变聪明点，我花了一个星期做数据库，把咸宁方言的语音信息数字化，并对同音字表进行编码，最后通过抄袭、改装等办法弄出了一个自动转换软件，这样我终于有了信心，花了将近半个月的时间对咸宁方言所有的数据进行了标音。前几天，单老师来电话催我要书稿，说是要送到北京去审稿，我只好抱歉地对他说，你们先审，我要再过一个星期才能把稿子打印出来。

我已经等不及把我的博士学位论文的内容写进来了。因为我知道，出书难，出语言学特别是方言学方面的书更难，如今有这么一个机会，我自然不愿错过。这本书叫作《咸宁方言研究》，可能会有名不副实的地方，而我自己也终究还有些青涩，但一切我都不想去管了，我只是想，继续地吁一口长气。只有书出了，才算是我对自己有一个交待，也算是我兑现了自己曾经的诺言。

行文至此，免不了要说几句感激的话。首先得感谢黄老师，他是我的学术引路人，没有他，我可能还在创作我的长篇小说《城乡》；感谢汪老师，是他使得我能有机会进一步领略方言学这个枯燥而又神圣的殿堂；感谢我的老师、领导单长江老师，从我进大学到我成为他手下的兵，他都给予了我许多关怀；感谢年事已高、为鄂东南方言研究作出卓越贡献的陈有恒教授，每次碰到他的时候，他总是握着我的手说："小王，好好干！"我知道这是长者对我在方言学术路上的鼓励和期待；感谢所有从事方言研究的工作者，是他们为我提供了宝贵的方言数据；感谢我的那些方言调查发音合作人，是他们为我提供了方言食粮和灵感；感谢我身边的同事和朋友们，他们给了我许多的关心和帮助；感谢室友骆焱平博士，他经常告诉我一些关于 WORD 使用的方法和经验；感谢我年迈的双亲（王明和、吴贵珍大人），是他们给了我生命，也给了我力量，使我从农民的儿子走到今天；感谢我的岳父岳母，为我生了一个好妻子；感谢妻子刘晶女士，是她在背后默默地支持并鼓舞我，从 2006 年 10 月 9 日结婚起，我几乎都没有时间陪在她的身边，连蜜月也没能度成。我为我俩写的婚联是：王家男宏图大展喜获佳偶，刘氏女晶莹娴婉永结同心（横批：珠联璧合），可表我心，谨识于此。

  由于笔者水平有限，本书肯定有许多不尽如人意的地方，衷心希望得到大家的批评。

王宏佳
2006 年 12 月 25 日于华师桂子山

补　　记

　　本书为教育部人文社会科学重点研究基地重大项目"湖北东南片语言问题研究"（08JJD740066）的研究成果。

　　由于经费等原因，书稿在写成后并未如期出版。这一拖就是八年多过去了。我的博士生导师、华中师范大学教授汪国胜先生主持"湖北省方言研究"，使得我有幸参与子课题"湖北咸宁方言研究"。最近几年中，我按照"湖北省方言研究"的体例和要求，对书稿进行了修改和增补。对有些数据进行了核查，并且把我最近几年研究所得的某些成果，适当地吸收进来了。

　　2012年9月起，我在武汉大学文学院中国语言文学博士后科研流动站从事研究工作，本书是我研究工作的主要成果。感谢湖北省重点人文社科基地鄂南文化研究中心的支持与帮助，本书是教育部人文社会科学重点研究基地华中师范大学语言与语言教育研究中心项目成果，也是专项项目"鄂东南方言语音比较研究"（ZX1109）的研究成果。

　　由于有汪老师的鼎力支持，本书最终能得以与读者见面，在此，特致最诚挚的谢意。中国社会科学院语言研究所张振兴教授为本书提出了诸多修改意见，特致谢忱。

王宏佳
2014年8月6日于湖北科技学院

新出图证（鄂）字 10 号
图书在版编目（CIP）数据

咸宁方言研究/王宏佳 著．—武汉：华中师范大学出版社，2015.1
（湖北方言研究丛书）
ISBN 978-7-5622-6379-1

Ⅰ．①咸…　Ⅱ．①王…　Ⅲ．①赣语—方言研究—咸宁市
Ⅳ．①H172.3

中国版本图书馆 CIP 数据核字（2015）第 047048 号

咸宁方言研究

作　者	王宏佳
责任编辑	廖国春
责任校对	王　炜
封面设计	罗明波
编辑室	学术出版中心
电　话	027－67863220
出版发行	华中师范大学出版社
社　址	湖北省武汉市洪山区珞喻路 152 号
电　话	027－67863426/67863280（发行部）
	027－67861321（邮购）
传　真	027－67863291
网　址	http://www.ccnupress.com
电子邮箱	hscbs@public.wh.hb.cn
印　刷	湖北新华印务有限公司
督　印	王兴平
字　数	320 千字
开　本	710mm×1000mm　1/16
印　张	20.5
版　次	2015 年 1 月第 1 版
印　次	2015 年 1 月第 1 次印刷

ISBN 978-7-5622-6379-1

定价：60.00 元

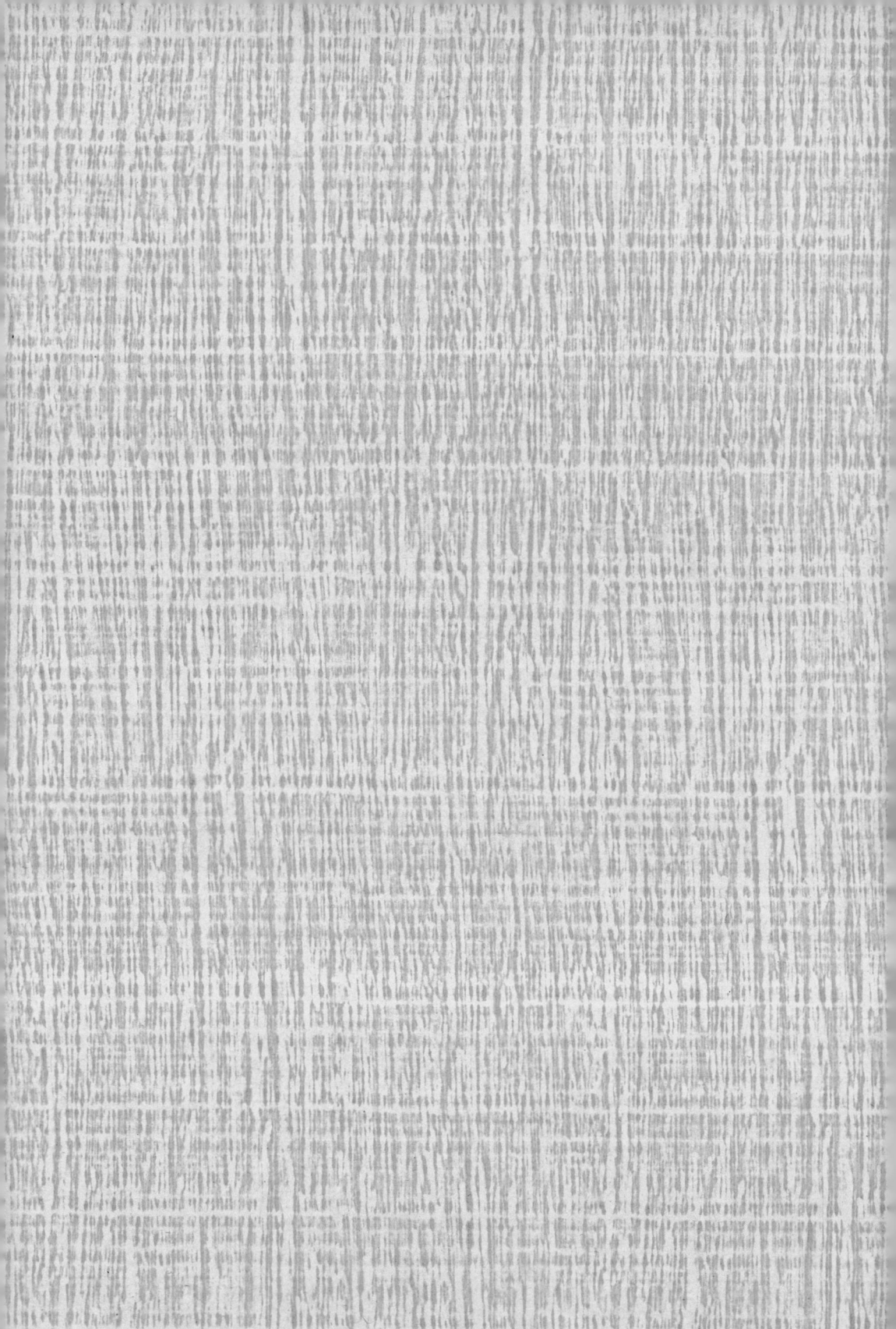